国家社科基金重大项目最终成果（一）

建设服务型政府的战略与路径

薄贵利　樊继达　等著

人民出版社

责任编辑:陈寒节

装帧设计:朱晓东

图书在版编目(CIP)数据

建设服务型政府的战略与路径/薄贵利 等著. —北京:人民出版社,

2014.12

ISBN 978 - 7 - 01 - 014141 - 1

Ⅰ. ①建… Ⅱ. ①薄… Ⅲ. ①国家行政机关 - 行政管理 - 研究

- 中国 Ⅳ. ①D630.1

中国版本图书馆 CIP 数据核字(2014)第 259536 号

建设服务型政府的战略与路径

JIANSHE FUWUXINGZHENGFU DE ZHAN LÜE YU LUJING

薄贵利 樊继达 等著

人 民 出 版 社 出版发行

(100706 北京市东城区隆福寺街 99 号)

北京龙之冉印务有限公司印刷 新华书店经销

2014 年 12 月第 1 版 2014 年 12 月北京第 1 次印刷

开本:710 毫米×1000 毫米 1/16 印张:29

字数:396 千字 印数:0,001 - 2,000 册

ISBN 978 - 7 - 01 - 014141 - 1 定价: 68.00 元

邮购地址:100706 北京市东城区隆福寺街 99 号

人民东方图书销售中心 电话:(010)65250042 65289539

目 录

导　言

　　孔子在《易经》中指出："举而措之天下之民，谓之事业。"建设服务型政府，是经济社会发展到一定阶段的必然要求，是惠及全国人民、福泽子孙后代的大事业，是深化行政体制改革的重要目标。为完成这一事业、实现这一目标，迫切需要从战略高度对建设服务型政府的重大理论与实践问题进行深入系统的研究。

一

　　战略研究起源于战争。孙子曰："兵者，国之大事，死生之地，存亡之道，不可不察也。"① 古今中外战争史反复验证了这样一条真理，即在战争初期最高统帅部所犯的错误，在整个战争中无数的将士将用鲜血和生命为其买单。推而广之，不仅仅是战争，经济社会发展和全面深化改革，如果缺乏科学的顶层设计和系统的战略谋划，都将造成难以挽回的损失，甚至导致全局性的失败。诚如美国海军战略理论家艾尔弗雷德·塞耶·马汉所指出的那样："如果战略错了，那么，将军在战场上的指挥才能、士兵的勇敢、辉煌的胜利，都将失去它们的作用，尽管在战略正

---

　　① 《孙子兵法·始计篇》。

确的情况下它们能起决定性的作用。"①

　　战略关注两大要点：一是长远，二是全局。正因如此，清人陈谵然关于"不谋万世者，不足谋一时；不谋全局者，不足谋一域"的论断成为中国现代战略家和战略研究者常常引用的一句名言。

　　建设服务型政府，涉及到社会建设诸多领域的创新和行政体制诸多方面的改革，贯穿于现代化建设的全过程。只有从战略角度进行深入系统的研究，才能科学阐明建设服务型政府的战略意义，准确定位建设服务型政府的战略目标和战略重点，客观分析建设服务型政府的具体路径。正是出于这一考虑，我以首席专家的名义于 2009 年申报了国家社科基金重大项目"建设服务型政府战略与对策研究"　　（项目批准号：09&ZD064）。本书是这一研究的最终成果之一。

二

　　作为国家社科基金重大项目的最终成果之一，本书侧重于研究建设服务型政府的战略问题和体制改革问题。而后者，恰恰是建设服务型政府的重要路径。

（一）建设服务型政府战略：目标与重点

　　在社会主义现代化建设的今天，建设服务型政府具有十分重要的战略意义。它有助于保障和改善民生，让人民生活得更加幸福、更有尊严；有助于提高居民消费率，扩大内需，使内需成为驱动经济发展的重要引擎；它能够从整体上提高国民素质，为实现经济发展方式的根本转变奠

---

① ［美］艾尔弗雷德·塞耶·马汉：《海军的管理与战争》，转引自［美］约翰·柯林斯《大战略》，中国人民解放军战士出版社 1978 年版，第 435 页。

定坚实的人力资源基础；能够为经济社会发展创造良好环境，激发经济社会的内生动力，促进经济社会提质增速和协调发展；能够维护最基本的社会公平正义，有助于化解社会矛盾和构建社会主义和谐社会，为实现国家长治久安奠定更加坚实的政治基础和社会基础。

1. 建设服务型政府的战略目标

科学确定战略目标是科学制定和有效实施战略的核心。依据我国现代化建设的总体战略构想，建设服务型政府的战略目标可分为近期目标、中期目标和长远目标。

近期目标是：到 2020 年，当全面建成小康社会目标和行政体制改革总体目标实现之时，我国应建成符合经济社会发展水平、适应人民群众基本公共需求的服务型政府。在这一阶段，政府履行公共服务职能的主要任务是"保基本"、"兜底线"、"补短板"、"全覆盖"，使城乡居民学有所教、劳有所得、病有所医、老有所养、住有所居。中期目标是：到 2030 年，在初步建成服务型政府的基础上，再经过 10 年的努力，建成体制机制比较完善、具有较高公共服务能力和水平的服务型政府。在这一阶段，政府履行公共服务职能的重点，应放在提高基本公共服务水平和质量，确保实现基本公共服务均等化等方面。长远目标是：到 2050年，当基本实现现代化之时，我国应建成体制机制更加完善、公共服务能力和水平与中等发达国家相当的服务型政府。

为使建设服务型政府的战略目标可操作、可比较、可评估，需要对其进行分解和细化，形成有机统一的目标系统。这一系统包括：（1）服务结果目标，如基本公共服务的覆盖面、基本公共服务的水平度、基本公共服务的质量和效率、基本公共服务的均衡度、基本公共服务的可持续性、公众满意度。（2）服务能力目标，如政府职能转变是否到位、政府组织结构是否优化、政府支出结构是否合理、行政运行机制是否健全。

（3）服务流程目标，如服务流程的透明度、民主化、规范性、便利性，等等。

2. 基本公共服务均等化战略

基本公共服务是指覆盖全体公民、满足公民对公共资源最低需求的服务，是与民生密切相关的纯公共服务。基本公共服务均等化是指全体公民都能公平可及地获得大致均等的基本公共服务，其核心是机会均等，而不是简单的平均化和无差异化。促进基本公共服务均等化是矫正中国发展失衡的需要，是对人类基本权利的保障。促进基本公共服务均等化有助于中国经济的持续健康稳定发展，有助于消除贫困和实现社会和谐。

国家"十二五"规划将基本公共服务制度作为一项公共产品向全民提供，这是政府治理理念的重大转变。党的十八大和十八届三中全会对实现基本公共服务均等化进一步提出明确的要求。实现基本公共服务均等化需要顶层设计和统筹考虑。当前亟需提高政府治理能力，推动政府从经济建设型转向公共服务型，这是实现基本公共服务均等化的必由之路。为此，（1）以基本公共服务均等化引领政府职能转变。政府"缺位"的职能必须"到位"，"错位"的必须"正位"，"越位"的必须"退位"。要管好政府"闲不住的手"，将不应由政府承担的事务转移出去，做到"政府的归政府，市场的归市场"，更好地发挥市场在资源配置中的决定性作用和更好地发挥政府在提供公共服务方面的主导作用。（2）建立健全基本公共服务均等化标准体系。根据"十二五"规划对基本公共服务范围的界定，制定完善全国及各省级层次的基本公共服务设施、设备、人员及日常运行标准，并给予相应的财力保障。（3）以基本公共服务均等化为导向改革财政体制，实现财力与事权相匹配，在完善分税制的基础上尽快依法确定各级政府的事权责任，以均等化为旨向完善公共财政体制，从"激励型"财政体制转向"均等化"型财政体制；

完善促进基本公共服务能力均等化的财政转移支付体系。完善纵向一般性转移支付，改进专项转移支付，积极探索横向转移支付。（4）完善促进基本公共服务均等化的法律法规体系，尽快出台《基本公共服务均等化法》及相关配套法律法规。

3. 将党和政府的工作重心转移到社会建设上来

为积极推进服务型政府建设，更好发挥政府在创造良好发展环境、提供优质公共服务、维护社会公平正义的作用，切实解决经济建设和社会建设"一条腿长、一条腿短"的问题，迫切需要将党和政府的工作重心转移到社会建设上来。这是建设服务型政府的战略重点之一。

"社会"一般分为"大社会"、"中社会"和"小社会"。"大社会"是指除了自然界以外的社会，即人类社会；"中社会"是指人类社会中除了经济关系和经济行为以外的部分，包括政治、文化和"小社会"；"小社会"是指人类社会中除了经济、政治、文化以外的部分①。我国社会建设滞后不仅仅是"小社会"含义上的社会建设滞后，而是"中社会"含义上的社会建设滞后。因此，必须从"大社会"着眼，从"中社会"着手来谋划和推进社会建设。

所谓从"大社会"着眼，即站在社会主义现代化建设的战略高度来思考、谋划社会建设。所谓从"中社会"着手，其主要内容除了"小社会"含义的社会建设之外，还包括政治建设、文化建设和生态文明建设。（1）积极推进政治建设。核心是发展社会主义民主政治，建设社会主义法治国家。通过积极稳妥地推进政治体制改革，发展更加广泛、更加充分、更加健全的人民民主。为此，应把制度建设摆在突出位置，更加注重健全民主制度、丰富民主形式，保证人民依法实行民主选举、民主决

① 参见景天魁：《社会建设的科学构思和周密布局》，《江苏社会科学》2008 年第 1 期。

策、民主管理和民主监督。在加强社会主义民主建设的同时，大力加强法治建设，进一步增强全社会的法治观念，在国家治理和社会管理中更加注重发挥法治的重要作用，维护国家法制统一、尊严和权威，保证人民依法享有广泛的权利和自由。① （2）积极推进文化建设。重点是加强社会主义核心价值体系建设，全面提高公民的道德素质和全民族的文明素质，丰富人民精神文化生活，增强文化整体实力和竞争力。与此同时，还必须加强思想文化创新，在借鉴和吸收人类文明成果的基础上，创建适应我国社会主义现代化建设需要的新质态的文化，并用这一文化塑造中华民族的现代人格，为实现社会主义现代化奠定思想文化基础。（3）加强生态文明建设。生态环境是人类社会赖以生存和发展的自然基础。生态环境遭到破坏，人类的生存和发展就会陷入艰难的境地，人的健康、生活质量的提高和可持续发展就会面临巨大的压力和挑战。面对资源环境的严峻形势，必须按照党的十八大报告的要求，优化国土空间开发格局，全面促进资源节约，加大自然生态系统和环境保护力度，加强生态文明制度建设。（4）以保障和改善民生为基础，将社会建设的重点转移到维护社会公平正义上来。在经济社会发展的基础上，通过深化社会体制改革，加紧建设对保障社会公平正义具有重大作用的制度和建立以权利公平、机会公平、规则公平为主要内容的社会公平保障体系，努力营造公平的社会环境，保证人民平等参与、平等发展的权利。只有这样，才能激发社会的活力和创造力，使社会活力和创造力成为市场活力的源头活水。

4. 推进政府治理现代化

建设服务型政府的另一战略重点是推进政府治理现代化。政府治理

---

① 参见党的十八大报告第五部分。

现代化是国家治理现代化的重要组成部分。推进国家治理现代化，必然要求推进政府治理现代化。实现政府治理现代化，是全面深化改革的新形势下行政体制改革的总体目标，是全面推进服务型政府建设的必然要求。

所谓政府治理现代化，即适应现代化建设的基本趋势和基本要求，实现民主治理、分权治理、科学治理、依法治理的制度化、规范化、程序化。（1）推进政府治理民主化。政府治理民主化是世界大潮流，是政府治理现代化的本质特征，既包括协商民主，也包括选举民主。协商民主是治事的民主，选举民主是治权的民主。不能治好权，难以治好事。因此，必须从体制改革和机制创新上健全协商民主，做实选举民主，使人民真正当家作主，使权力真正为民所用。中国通向民主治理之路是：顶层设计，科学规划；改革体制，完善法治；变革文化，重塑人格；开展试点，总结经验；基层启动，逐级上移。（2）推进政府治理分权化。政府治理分权化是政府治理现代化的基础和前提。合理分权能够为民主治理搭建宽广的平台，能够有效防止权力的过分集中和专断，是把权力装入制度笼子里的必要条件。为此，必须调整和优化权力结构，在依法明确政府与市场、政府与社会的权力界线的基础上，依法明确各级政府的职责权限，实现由高度集权管理向合理分权管理转变。（3）推进政府治理科学化。政府治理科学化，从本质上来说，就是政府治理要遵循经济社会发展规律，防止和克服"长官意志"。为此，需要创造良好的环境和条件，改革相关的体制和机制，充分发挥智库的作用，切实提高智库的质量和效能，畅通决策外脑与决策主脑的沟通渠道。（4）推进政府治理法治化。政府治理法治化是政府治理现代化的重要保障，它要求政府严格依法履行职能，依法行使权力，依法规范行为，自觉接受违宪违法的审查监督。如果政府出现违宪违法、侵权和不作为行为，政府及其相关人员必须承担相应的法律责任。

(二) 建设服务型政府路径：深化体制改革

实现建设服务型政府战略目标的主要路径，是深化行政体制改革，构建与完善的社会主义市场经济体制相适应、与建设社会主义民主政治和法治国家相协调的公共行政体制。所谓公共行政体制，即执行公共意志，行使公共权力，制定公共政策，管理公共事务，提供公共服务，满足社会公共需求的政府组织体系和管理制度。为构建这一行政体制，需要重点解决以下几个问题。

1. 加强政府公共服务职能，合理划分政府间公共服务职责

加强政府公共服务职能，是建设服务型政府的必然要求，是转变政府职能的重要任务。判断政府公共服务职能是否得到加强的标准是：公共服务职能是否上升为政府的主要职能；公共服务部门是否成为政府的主要部门；公共服务支出是否成为政府的主要支出；政府基本公共服务能力是否得到明显提升；政府基本公共服务水平是否满足了人民群众的合理需求。为实现政府职能转变，必须加强行政法治建设，依法明确公共服务在政府职能中的主导地位，加快推进政企、政资、政事、政社分开，加大对基本公共服务的投入，大力推进以公共服务为主要内容的政府绩效管理，设立公共服务质量奖，强化公共服务问责制。

在加强政府公共服务职能的前提下，科学划分各级政府的公共服务职责，就成为建设服务型政府的一项基础性工作。我国实行中央统一领导下的分级负责体制，各级政府根据现有公共服务事权划分承担相应的支出责任。在实践上，政府间公共服务职责划分还存在着职责同构、某些职责划分不清晰、可操作性差；地方政府财力与公共服务职责不匹配、政府间转移支付不规范、不透明等诸多问题。这些问题不解决，政

府履行公共服务职责就难免出现推诿扯皮和效率不高等现象。因此，必须按照建设服务型政府的要求，根据不同层级政府的职能定位，细化各级政府的职责分工，建立职责明确、分工合作、法治保障的政府间公共服务责权体系。（1）根据各种公共服务的属性和特点，将政府职责分为中央政府的专属职责、地方政府的专属职责、中央和地方政府的共有职责。同时，根据不同层级政府的定位和功能，中央和省级政府在政策制定与协调方面应承担更大责任，市县和基层政府在直接提供服务方面应承担更大责任。（2）以基本公共服务的国家标准为"抓手"，明确各级政府在实现国家标准中的职责分工，健全绩效评估和行政问责制度，加快推进基本公共服务均等化。（3）建立事权和支出责任相适应的制度，明确划分各级政府公共服务的支出范围，完善分税制管理体制和政府主体税源，建立科学的财政转移支付制度，为各级政府履行公共服务职责提供财力保障。（4）加快立法进程，依法明确划分各级政府的公共服务职责，提高法律的权威性和可预期性，为各级政府履行公共服务职责提供法律依据和保障。

2．加大政府结构调整力度，优化政府结构

政府结构是否优化，既关系到政府职能转变是否到位，又涉及到政府效能能否提高的问题。优化政府结构既包括优化政府组织结构，又包括优化政府层级结构。

政府机构是政府职能的载体。转变政府职能、加强政府公共服务职能，必然要求优化政府组织结构，包括合理确定政府规模，适当提高公共服务部门的地位和比重，积极稳妥实施大部门制，最大限度地减少职能重叠和职责交叉，从体制机制上消除政府履职中的推诿扯皮现象。2008年以来，从中央到地方，大部门制改革进展积极，成效明显。但仍然存在一些亟待解决的问题，如：部分领域职责交叉问题依然严重，权责不统一的情况依然存在，决策权、执行权、监督权既相互制约又相互协调的运行机制依然处在艰难探索当中，"条""块"之间的矛盾依然比较突出，个人发展与机构整合之间的矛盾比较尖锐。这些问题的存在，一方面表明大部门制改革尚不到位，另一方面也表明，大部门制改革不能单兵突进，而必须与其他领域改革，特别是干部人事制度改革协调配套。随着全面深化改革的启动和推进，大部门制改革需要继续深化。在经济管理领域，重点是建立国家经济规划部门与统一的市场监管部门；在政治建设领域，重点是建立综合执法体制；在文化建设领域，需要进一步完善大文化体制；在社会建设领域，主要是建立社会大安全管理体制与完善大社会保障体制；在生态文明建设领域，主要是建立健全国家自然资源资产管理体制与统一的自然资源监管机构，并将大环境保护体制升级为大生态环境保护体制。

我国政府层级过多，存在诸多弊端，如：层级过多，导致上情难以及时准确地下达，下情也难以及时准确地上达；中央下放的权力，很容易被中间环节截留，县（市）和基层政府的自主权难以得到落实，不利于调动县（市）和基层政府的积极性和创造性；容易导致严重的官僚主义和形式主义，不利于巩固权力的合法性基础，有碍政府效能的提高；不符合当今世界组织结构扁平化的趋势，不适应信息化时代的要求。解决政府层级过多的问题，唯一出路就是严格按照《宪法》规定，积极稳妥地推进省直管县（市）体制，优化政府层级结构。（1）改革市管县体制，实行市（地级）、县（市）分治；（2）依法明确省、市（地）、县（市）的职责权限；（3）科学研究和合理确定县（市）的行政级别；（4）调整和优化行政区划设置。

3. 加快推进事业单位改革，完善中国特色公益服务体系

事业单位是我国公共服务的直接提供者，是发展社会事业、保障和

改善民生、促进经济发展的重要力量。事业单位改革的目标是：到2020年，建立起功能明确、治理完善、运行高效、监管有力的管理体制和运行机制，形成基本服务优先、供给水平适度、布局结构合理、服务公平公正的中国特色公益服务体系。深化分类改革、健全治理结构、完善监管体制是事业单位改革的三个中心环节。（1）分类推进事业单位改革。按照事业单位的功能，可将事业单位划分为承担行政职能的、从事公益服务的和从事生产经营活动的三大类，从事公益服务的可细化为公益一类与公益二类。以上述分类为基础，事业单位分类改革的方向是：经营类转企改制；行政类回归政府；多数公益类保留事业体制，以"公立事业法人"为目标进行体制机制创新；部分公益类转为社会组织（非营利组织）。（2）建立健全法人治理结构，是事业单位体制机制创新的关键环节。公益类事业单位应建立健全法人治理结构，不宜建立法人治理结构的要继续完善现行管理模式。"理事会＋执行层"是事业单位法人治理的基本模式。改革应将事业单位确定为公共机构、公法人，在比较、借鉴公法机构法人治理结构的基础上，以产权与公务两条主线理顺所有者与经营者、公共服务提供者与生产者关系，构建中国特色事业单位法人治理结构的基本框架，形成多种治理模式。（3）完善事业单位监管。政事不分、管办一体是事业单位监管低效的两大体制性根源。实现有效监管必须完善监管体制，一要理顺政事关系，切断政府部门与事业单位直接隶属与利益关系，解决政事不分、部门所有、事业单位行政化等问题，建立"一臂之距"远距监管体系。二要协调多个监管主体，通过管办分离理顺出资者、主管者的关系，整合多种监管职能，形成监管合力。

4. 全面深化财税体制改革，构建社会主义公共财政体制

财政是国家治理的基础和重要支柱。建设服务型政府和推进国家治理现代化，必须深化财政体制改革，构建社会主义公共财政体制。公共

财政是在市场经济条件下，以国家为主体，通过政府的收支活动，集中主要社会资源用于履行政府职能和满足社会公共需求的政府行为。党的十八届三中全会强调："科学的财税体制是优化资源配置、维护市场统一、促进社会公平、实现国家长治久安的制度保障。"

经过十几年的财政体制改革，我国已初步建立起社会主义公共财政体制的运行框架。但总体上还没有实现从以经济建设为主的财政体系过渡到以公共服务为主的财政体系。主要表现在：经济建设支出比重下降而总量依然巨大；公共服务支出偏低；政府行政成本增长过快，等等。当前，在加快转变发展方式，建立健全基本公共服务体系的关键时期，迫切需要全面深化财税体制改革，构建社会主义公共财政体制。（1）以公共服务为取向推进公共财政改革，使财政从经济建设型向公共服务型转变，使发展从经济增长更快转向经济社会发展更好，通过保障、改善民生，维护公民合法权益，让人民群众生活得更幸福、更有尊严。（2）以公共服务层次性为依据划分政府事权，注重实现信息对称和激励相容。建立公共服务导向均等化型的财政转移支付制度，包括探索"兄弟型"转移支付模式，完善"家长型"纵向转移支付体系，调减规范专项转移支付，逐步取消税收返还，规范省级以下转移支付制度，建立健全转移支付监督机制，加快制定《转移支付法》。（3）以公共服务能力提高为旨向改进税收制度，适当扩大地方税权，完善地方税收体系，合理调整税种结构。探索以公共服务为重点的公共经济治理模式，减少政府经济建设性支出，降低政府行政费用支出，建立公共预算型国家，提高政府公共经济治理能力。

5. 加快构建公共人事制度，提升公务员公共服务能力

建设服务型政府，必须加快干部人事制度改革，构建公共人事制度，切实提高公务员公共服务能力。公务员公共服务能力是公务员履行公共

服务职能、为社会提供公共服务所应具备的主观条件，是公务员品德、知识、经验、智能、体能、技能的高度统一与综合体现。在实践中，表现为公务员对岗位职责的胜任程度；在结构上，公务员公共服务能力分为公共精神、职业素养、专业能力三个层次。

改革开放以来，我国公务员公共服务能力有了明显提高，但仍不能适应服务型政府建设的总体要求。如：公共精神比较匮乏，服务意识不强；职业素养不高，责任意识比较淡薄；工作方法简单，服务手段陈旧；专业化程度不高，专业知识和技能比较薄弱。为从体制机制上解决这些问题，必须按照党的十八届三中全会提出的"坚持党管干部原则，深化干部人事制度改革，构建有效管用、简便易行的选人用人机制，使各方面优秀干部充分涌现"的要求，加快构建公共人事制度。（1）推进公务员管理体制和管理机制的转型，构建以体现公共性与公共精神为根本的公共人事管理体制和管理机制。其中，迫切需要改革和完善行政首长负责制，包括改革与完善行政首长产生方式，探索和实行行政首长组阁制，严格实行行政首长法定任期制，依法明确行政首长的职责权限，加强对行政首长的监督和制约，建立健全统一领导和运行高效的行政领导体制。（2）依据服务型政府建设对公务员公共服务能力的要求，构建以分类为基础的公务员公共服务能力框架，细化公务员公共服务能力指标体系，完善考核评价机制，严把"入口"、"楼梯口"和"出口"，健全以能力为本位的选人用人机制。（3）精官简政，实行能力主义管理。为切实解决因官员队伍迅速膨胀而导致的行政成本高、纳税人负担重和管理效率低等问题，必须在转变政府职能、统筹设置机构、改革领导体制、依法明确岗位职责的基础上，实行精官简政、精官减副，使官员的数量和结构符合科学管理的要求。同时，依据人的能力性质确定其工作性质、依据人的能力大小确定其职位高低、依据人的能力发挥和贡献大小确定其薪酬待遇，实行能力主义管理，做到人尽其才，才尽其用。

三

作为面向实际的战略与对策研究，首先要找准问题，绝不能坐而论道。为此，项目组分赴多个地方进行调研，了解服务型政府建设的实际进展和存在的主要问题，为项目研究积累了第一手资料。为深入开展项目研究，项目组在上海市奉贤区、江苏省扬州市等地开展了"服务型政府绩效评估"和"政府基本公共服务能力评估"试点。正是在深入调研和研讨的基础上，首席专家和项目组成员发表了数十篇研究论文，一些论文被《新华文摘》、人大复印资料和多家网站转载，在学术界和社会产生了积极影响。此外，项目组还在国家行政学院《送阅件》、《人民日报内参》和《行政改革内参》上发表多篇咨询报告，受到国务院领导和有关部门的重视，国务院领导在有关报告上作了重要批示。

作为国家社科基金重大项目的最终成果，本书是集体协作的结晶。参与项目研究和本书写作的除首席专家外，还有以下各位学者（按章节顺序排列）：国家行政学院经济学教研部樊继达副教授，中国行政管理学会副秘书长沈荣华研究员、中央财经大学温来成教授，国家行政学院公共管理教研部宋世明教授，青岛行政学院赵立波教授。

> 皆曾学海泛孤舟，匹马单枪志难酬。
>
> 秦晋联合胜齐楚，桃园结义写春秋。
>
> 长空呼啸风乍起，大江翻滚水东流。
>
> 通向未来有大道，顺时应势梦可求。

在项目研究中，得到国家行政学院原常务副院长姜异康、原副院长唐铁汉和学院现任有关领导的大力支持，得到中国行政管理学会副会长王浦劬、高小平，中国政治学会副会长杨海蛟等专家学者的大力帮助。在调研中，得到中央编办司长王龙江、郭沛、靳永龙、洪都，国务院研究室社会司司长邓文奎，深圳市人大常委会副主任高振怀、深圳市龙岗区委书记杨洪、深圳市人民政府办公厅副主任王刚，上海市编办副主任钱明涛等朋友的大力支持和帮助。在统稿过程中，我的夫人卢海燕副教授不仅协助我做了许多具体工作，而且在一些问题上提出了非常有价值的建议。国家行政学院出版社编辑李雪菲和我的博士生蔡恒山协助我做了文字编辑和文献规范等工作。在此，一并表示深深的感谢！

　　在项目研究中，尽管首席专家和项目组成员尽了最大努力，但由于水平所限，仍然存在不少缺点。对此，将在今后研究中不断加以改进。

　　（导言第二部分参考了各章执笔人提供的内容概要，特此说明。）

重大项目首席专家　薄贵利

二〇一四年七月二十八日

第一章

建设服务型政府的战略意义与战略目标

进入新世纪不久，服务型政府建设由一些地方的实践探索很快被提升为国家行政体制改革的重要战略。2006 年 10 月 11 日，党的十六届六中全会通过的《中共中央关于构建社会主义和谐社会若干重大问题的决定》明确提出："建设服务型政府，强化社会管理和公共服务职能。"2007 年 10 月 15 日，党的十七大报告再次强调："加快行政管理体制改革，建设服务型政府。"2012 年 11 月 8 日，党的十八大进一步明确要求："要按照建立中国特色社会主义行政体制目标，深入推进政企分开、政资分开、政事分开、政社分开，建设职能科学、结构优化、廉洁高效、人民满意的服务型政府。"建设服务型政府，是坚持党的全心全意为人民服务宗旨的根本要求，是深入贯彻落实科学发展观、构建社会主义和谐社会的必然要求，也是加快行政管理体制改革、加强政府自身建设的重要的战略任务。显而易见，建设服务型政府不是一朝一夕的事情，而是需要经过较长时间的努力和不断深化相关领域的改革才能实现。正因如此，迫切需要深刻认识建设服务型政府的战略意义，并从战略的高度进行深入系统的研究，明确建设服务型政府的战略目标。

一、准确理解服务型政府的科学内涵

在党中央和国务院的强力推动下，我国服务型政府建设取得了积极的进展和成效。同时也必须看到，服务型政府建设很不平衡，在一些地方和领域，进展尚不尽如人意。主要表现是：服务型政府建设缺乏战略规划，政策措施不配套，实际进展与中央的要求和百姓的期待尚有不小差距。之所以如此，与一些领导干部思想认识不到位有直接关系。

（一）服务型政府建设的认识误区

历史事实证明，政治与行政官员的思想观念对社会变革具有直接的和重要的影响作用。一旦某种思想观念成为主流、占据主导，就会直接影响和左右社会变革的方向和进程——有的是正向的、积极的，有的则是负向的、消极的。调研中发现，一些领导干部对服务型政府建设存在着认识上的误区，如不及时纠正，将对服务型政府建设产生十分不利的影响。

1. 惯性思维

没有认识到建设服务型政府的重要性和紧迫性，仍然把追求 GDP 放在第一位，把主要精力和财力投入到争夺 GDP 排名的大战中，你盯着我的 GDP 排名，我盯着你的 GDP 排名，甚至不惜动员有关部门，想方设法做上级统计部门的工作，一定要把 GDP 排名搞上去。至于建设服务型政府，为百姓提供公共服务，则被放到了次要位置。

2. 模糊认识

不清楚服务型政府的确切含义，认为现在政府所做的一些，包括招商引资、铺摊子、上项目，都是建设服务型政府的重要内容。还有的认为服务型政府就是给老百姓提供方便，就是服务态度好。于是，建设行政服务大厅被视为服务型政府建设的重要标志，似乎行政服务大厅建好了，服务型政府也就建成了。

3．片面认识

虽然认识到建设服务型政府的重要性，但将为企业服务放到了第一位，为城乡居民提供服务摆在了第二位，制定文件，出台措施，特别突出为企业服务，对此，罗列较详，举措有力，舍得投入，不惜血本。与之相比，为城乡居民提供的服务，则高度概括，三言五语，既缺乏具体措施，又缺乏应有投入。这种过分亲资本的"服务型政府"受到一些地方官员的青睐。

4．忽视了市场和社会的作用

认为既然服务型政府的主要职责是提供公共产品和公共服务，那么，就由政府一揽子包下来，由政府统一提供，垄断供给，忽视了市场和社会的作用。还有的地方，将一些公共服务推向市场，同时也借机推掉了政府的公共服务职责，没有认识到，公共服务的市场化和社会化，并不意味着政府公共服务责任的市场化和社会化。

5．对管理与服务的关系缺乏正确认识

没有认识到管理只是手段，服务才是目的。在许多地方，重管理轻服务的现象比较普遍。例如，在社会管理方式方法上，许多地方倚重行政手段搞管、控、压、罚，习惯于围、追、堵、截和收费办证、罚没收缴，政府应尽的公共服务职责没有完全到位。[①]

公务员，特别是主要领导干部的上述思想观念，对服务型政府建设产生了极为不利的影响。一是导致一些地方没有将服务型政府建设摆在

---

① 朱耀垠：《加强和创新社会管理》，载《十一届全国人大四次会议〈政府工作报告〉辅导读本2011》，人民出版社、中国言实出版社2011年版，第399页。

行政体制改革和政府管理创新的重要位置，仍然按照传统思维、传统逻辑抓政府管理，使服务型政府建设的进展不能很好地适应经济社会发展的新形势、新要求。二是导致服务型政府建设的偏差，或抓其一点，忽视服务型政府建设的全面性和全局性；或只顾当前，忽视服务型政府建设的长期性和可持续性，使服务型政府建设与经济社会发展难以协调，与其他改革措施难以配套。三是容易导致形式化，新瓶装旧酒或换汤不换药。建设服务型政府是我国行政体制的重大改革，是政府管理的重要创新，需要以战略的眼光、改革的精神、创新的思维和周密的规划扎实推进。否则，把服务型政府建设只作为一句口号，光说不练，或者只做表面文章，不进行实质性改革，那么，必然严重影响服务型政府建设，损害党和政府的形象，降低政府的公信力。

因此，积极推进服务型政府建设，必须克服认识上的误区，更新思想观念，正确理解服务型政府的科学内涵及其主要特征。

（二）服务型政府的科学内涵

走路不明方向，很难到达目的地。建设服务型政府，如果不清楚服务型政府的科学内涵，也难免出现这样那样的偏差和失误。

关于服务型政府的科学内涵，至今官方尚无明确界定。行政学界的一些学者从不同角度对服务型政府概念进行了阐释，但由于视角不同，其界定也存在着明显的差异。根据中央的有关精神，借鉴学界的研究成果，我们把服务型政府定义为：所谓服务型政府，即在以人为本和执政为民的理念指导下，将公共服务职能上升为政府的主要职能或核心职能，通过优化政府结构、创新政府机制、规范政府行为、提高政府效能，以不断满足城乡居民日益增长的公共需求的政府。

（三）服务型政府的主要特征

服务型政府的本质，决定了服务型政府具有以下主要特征：

1. 在政府职能结构中，公共服务职能成为政府的主要职能或核心职能

在现实中，政府类型往往是通过政府的主要职能或核心职能表现出来的。在以阶级斗争为纲的时代，各级政府是典型的阶级斗争型政府，因为各级政府的主要职能或核心职能就是搞阶级斗争。改革开放以来，我国政府的规模和管辖范围开始收缩。但在传统的发展战略指导下，政府经济建设职能居于政府的主导地位和核心地位，正因如此，一些学者将这一时期的政府称之为经济建设型政府。2003年非典危机过后，我们开始反思和调整政府职能结构，要求在全面履行政府职能的基础上，强化社会管理和公共服务职能。党的十七届二中全会通过的《关于深化行政管理体制改革的意见》和党的十八大报告更加明确提出："推动政府职能向创造良好发展环境、提供优质公共服务、维护社会公平正义转变。"其精神实质，是要求政府职能从根本上转变到公共服务上来。因为，创造良好发展环境和维护社会公平正义，也是现代政府所必须提供的公共产品和公共服务。只有通过深化体制改革和加强法制建设，将公共服务职能真正上升为政府的主要职能或核心职能，服务型政府建设才能取得实质性的突破和进展。

2. 在政府组织结构中，公共服务部门成为政府的主要部门或核心部门

政府机构是政府履行职能的组织载体。建设服务型政府，实现政府职能向公共服务的根本转变，必须调整政府的组织结构，加强政府公共服务部门建设。否则，政府职能转变就可能成为一句空话。

在"文革"期间，为了推进"无产阶级专政下的继续革命"，各级

地方纷纷成立了"革命委员会",以此取代了各级地方政府。以邓小平为核心的党的第二代领导集体面对"文化大革命"所造成的危难局面,以巨大的政治勇气和理论勇气,彻底否定了"以阶级斗争为纲"的错误理论和实践,做出把党和国家工作中心转移到经济建设上来、实行改革开放的历史性决策。伴随着这一重大的历史转折,中央决定取消各地在"文革"期间成立的"革命委员会",恢复地方各级人民政府。而在经济建设型政府中,各级政府延续了计划经济的管理模式,设立了许多经济管理机构,导致政府机构庞大,人员臃肿,官僚主义严重,工作效率低下。为切实解决这一问题,我国从20世纪80年代开始,进行了一场以精简机构为主要内容的大规模的机构改革。党的十四大以后,为适应社会主义市场经济的发展,大量削减了政府直接管理经济的部门。

今天,我们要建设服务型政府,就必须根据服务型政府的本质和实现政府职能根本转变的要求,调整政府的组织结构:(1)根据完善社会主义市场经济体制的要求,进一步精简和整合政府经济管理部门,优化这些部门的结构,使之成为宏观调控和为经济发展创造良好环境的部门;(2)提高公共服务部门在政府机构中的比重和地位,使之真正成为政府的主要部门或核心部门;(3)加强政府公共服务部门建设,在政府公共服务领域推行大部门体制,以减少公共服务领域的职责交叉,提高政府公共服务效能。

3. 在政府财政支出结构中,公共服务支出应成为政府的主要支出

建设服务型政府,要求各级政府积极有效地履行公共服务职能。为此,必须调整政府的财政支出结构,增加政府公共服务支出的比重。因为,无论是政府直接提供的公共服务,还是政府通过合同外包或购买等方式间接提供的服务,都需要政府掏腰包,需要加大政府公共服务支出。"国际经验表明,随着一国发展水平的提升,政府公共服务支出在政府支

出中的比重呈现逐步上升趋势。特别是人均 GDP 在 3000 美元至 10000 美元阶段，随着居民消费逐步由耐用品消费向服务消费升级，公共服务在政府支出中的比重将显著提升。以教育、医疗和社会保障三项主要公共服务为例，国际平均升幅达到 13 个百分点。其中，教育支出保持相对稳定，而医疗和社会保障支出分别大幅增加 4 个和 10.7 个百分点。当人均 GDP 超过 1 万美元后，政府公共服务支出占比将逐步趋稳。"① 有关研究还表明，一国人均 GDP 达到 3000 ~ 6000 美元时，仅医疗卫生、教育和社会保障三项公共服务支出之和占政府财政支出的比重就达 54%，人均 GDP 达到 6000 ~ 10000 美元时，三项公共服务支出之和占政府财政支出的比重为 55.7%。② 在我国，2010 年，教育、医疗和社会保障三项公共服务支出之和仅占政府财政支出的 29.5%，与世界相同发展水平国家相差 24.5 个百分点。这是导致我国基本公共服务覆盖面不宽、水平不高的重要原因。要切实解决这一问题，就必须转变观念，调整政府支出结构，使公共服务支出成为政府的主要支出。

4. 服务型政府同时必须是民主政府、责任政府、法治政府和廉洁政府

所谓民主政府，即权力由民所授、运行合民所愿、行为受民监督的政府。服务型政府之所以必须是民主政府，是因为只有在民主体制下，政府才能够自觉自愿、积极主动、优质高效地提供公共服务。如果民主体制不完善、公民参与渠道不畅通，政府运行就可能偏离执政为民的正确轨道，就难以做到优质高效地提供公共服务。所谓责任政府和法治政府，即依法明确各级政府公共服务的职责，对于没有很好履行公共服务

---

① 余斌、陈昌盛：《"十二五"期间优化收入分配格局的思路与途径》，载《中国发展评论》第 12 卷第 1 期，中国发展出版社 2010 年版，第 15—16 页。

② 余斌、陈昌盛：《"十二五"期间优化收入分配格局的思路与途径》，载《中国发展评论》第 12 卷第 1 期，中国发展出版社 2010 年版，第 15—16 页。

职责的，要依法承担法律责任、政治责任和道义责任。所谓廉洁政府，即按照服务型政府的本质要求，廉洁从政，坚决杜绝各种消极腐败和铺张浪费现象。

5. 服务型政府的运行机制必须规范有序、公开透明、便民高效

服务型政府的本质要求其运行机制必须规范有序、公开透明、便民高效。所谓规范有序，即依法明确规定政府运行的标准和程序，使政府按照法定的标准和程序运行，防止和克服政府乱作为现象。所谓公开透明，即按照公开为原则、不公开为例外的要求，及时、准确、全面公开群众普遍关心、涉及群众切身利益的政府信息，使政府在阳光下运行，切实保障人民群众的知情权。所谓便民高效，即按照便民利民的要求，改进服务方式，提高工作效率，优质高效、方便快捷地为人民群众提供公共服务。

二、建设服务型政府在深化行政体制改革中的地位

进入新世纪，为了贯彻落实科学发展观和全面推进社会主义现代化建设，必须深化行政体制改革。深化行政体制改革的核心和重点，是建设服务型政府。之所以如此，是因为服务型政府体现了现代政府的本质，体现了时代发展的要求，是我国行政体制改革的根本方向，同时，也是我国政府建设中的一块短板。

（一）服务型政府体现了人民政府的本质

1949 年新中国成立后，中国大陆普遍建立了人民政府。所谓人民政府，即政府权力来自人民，政府权力属于人民。人民政府为人民，理所当然，天经地义。在现代社会，"人民政府为人民"更为具体地体现在

政府优质高效地提供基本公共服务、保障和改善民生等方面。试想，如果政府连起码的基本公共服务都不能提供，那么，"人民政府"的性质从何体现？"人民政府为人民"又岂不是一句空话？

在计划经济时代，由于权力高度集中，产生了严重的官僚主义。"它的主要表现和危害是：高高在上，滥用权力，脱离实际，脱离群众，好摆门面，好说空话，思想僵化，墨守成规，机构臃肿，人浮于事，办事拖拉，不讲效率，不负责任，不守信用，公文旅行，互相推诿，以至官气十足，动辄训人，打击报复，压制民主，欺上瞒下，专横跋扈，徇私行贿，贪赃枉法，等等。这无论在我们的内部事务中，或是在国际交往中，都已达到令人无法容忍的地步。"① 经过30多年的体制改革，官僚主义在某些方面得到抑制，但远没有根本消除。当前，官僚主义的一个重要表现就是脱离群众，对关系人民群众切身利益的问题关心不够，重视不够，政策不到位，措施不得力，以至于人民群众长期反映的上学贵、上学难，看病贵、看病难，住房贵、住房难，社会保障水平低、覆盖面小，就业服务不到位，食品药品安全和环境安全缺乏保障等问题没有得到有效解决，致使不少地方的老百姓对政府产生了明显的疏离感和不信任，甚至酿成多起群体性事件。

实践证明，要切实解决人民群众最关心、最直接、最迫切的利益问题，就必须采取积极有效措施，大力推进服务型政府建设。通过建设服务型政府，优质高效地提供基本公共服务，实实在在地体现出政府的人民性质，使人民群众真真切切地感受到政府情为民所系，权为民所用，利为民所谋。只有这样，才能增强人民群众对政府的认同感，提高政府的公信力。

---

① 《邓小平文选》第2卷，人民出版社1994年版，第327页。

（二）建设服务型政府体现了时代发展的要求

美国心理学家亚伯拉罕·马斯洛于 1943 年提出了需求层次理论（Maslow's hierarchy of needs），认为人的需要有一个从低级向高级发展的过程。如果说需求层次理论对研究人的个体行为有意义、有启发的话，那么，这一理论对于研究人的群体行为和社会行为同样具有重要意义。

根据国际经验，随着一国发展水平的提高，特别是人均国内生产总值处于 3000 美元至 10000 美元的发展阶段，居民消费逐步由耐用品消费向服务消费升级。[①] 与此同时，城乡居民对政府公共服务提出了新的更高要求。在我国，当温饱问题基本解决后，人民群众对提高生活水平和改善生活质量的愿望明显增强，其中包括提高基本公共服务的质量和水平。这是时代发展和社会进步的重要标志。适应时代发展要求，与时俱进，是现代政府的基本品质。深化行政体制改革，大力推进服务型政府建设，体现了现代政府的时代精神，必将促进人的全面发展和社会的全面进步。

（三）建设服务型政府是深化行政体制改革的核心任务

党的十一届三中全会以来，适应经济体制改革和全面推进社会主义现代化建设的需要，我国行政体制改革不断深化。其基本路径是：由改革开放初期的精简机构深化到转变政府职能和优化政府结构。党的十七大以后，我国进一步明确以建设服务型政府为核心深化行政体制改革。

建设服务型政府之所以成为深化行政体制改革的核心任务，是因为它体现了我国行政体制改革的根本方向，同时也是补齐政府管理短板的

---

① 参见余斌、陈昌盛：《"十二五"期间优化收入分配格局的思路与途径》，载《中国发展评论》第 12 卷第 1 期，中国发展出版社 2010 年版，第 15 页。

重大举措。对此，李克强同志明确指出："近些年来，尽管我国社会事业有了很大进步，但总体上依然滞后于经济发展，仍是现代化建设中的一块'短板'。在就业、教育、住房、医疗卫生、环境保护、社会保障、收入分配等关系群众切身利益的领域，还存在不少难点和焦点问题，基本公共服务的可及性、公平性仍然不够。"① 不解决基本公共服务供给不足、水平不高、配置不公等问题，就会严重影响社会的和谐安定，削弱政府的合法性基础。

在深化行政体制改革中，我国提出了建设服务政府、责任政府、法治政府、廉洁政府的要求。这四项要求各有侧重，但并非等量齐观。其中，服务政府是核心，是主导，是根本，其他三项要求是建设服务型政府的保障手段和底线要求。这是因为，在完善市场经济体制过程中，政府的首要职责是优质高效地提供公共服务，通过认真履行公共服务职能，维护社会公平正义，为经济社会发展创造良好环境。为使各级政府切实履行好公共服务职能，必须依法明确各级政府公共服务的职责权限，使各级政府公共服务的权责对等，做到以责定权，有责才有权，以权履责，有权必负责，坚决克服有责无权或有权无责等责权脱节现象，坚决纠正责大权小或权大责小等权责不对等现象。在依法明确各级政府公共服务责权的基础上，积极推进以公共服务为主要内容的政府绩效评估和行政问责制度。对于没有认真履行公共服务职责，导致群众严重不满或造成明显的责任事故的，要依法追究有关政府及其领导者的责任。显然，只有依法明确各级政府公共服务责权，切实保障各级政府认真履行公共服务职责，才能积极有效地推进服务型政府建设。与此同时，服务型政府

① 李克强：《深刻理解〈建议〉主题主线，促进经济社会全面协调可持续发展》，载《〈中共中央关于制定国民经济和社会发展第十二个五年规划的建议〉辅导读本》，人民出版社2010年版，第33页。

的本质要求政府必须清正廉洁，不允许铺张浪费，更不允许以权谋私，贪污腐化，行贿受贿，贪赃枉法。否则，就会改变政府的性质，使政府权力堕落为为少数人谋取私利的工具。

三、建设服务型政府的战略意义

建设服务型政府，对于深入贯彻落实科学发展观、实现经济发展方式的转变，对于保障和改善民生、维护社会的和谐安定，对于夯实政府的合法性基础、实现国家的长治久安，均具有十分重要的战略意义。

（一）建设服务型政府有助于将科学发展观的核心落到实处

科学发展观是新世纪全面推进我国社会主义现代化建设的重大战略指导思想。科学发展观的核心是以人为本。将科学发展观的核心落到实处，就必须大力加强服务型政府建设。

1. 建设服务型政府，有助于保障人民的各项权益

中华人民共和国的成立，标志着中国人民掌握了国家的权力，成为国家的主人。作为国家主人，中华人民共和国公民享有宪法规定的各种权利。公民的权利就是政府的义务。作为人民政府，有责任、有义务维护和增进公民的合法权益。建设服务型政府，就是人民政府为人民在现时代的具体体现。它将为公民权利的真正实现创造条件、奠定基础、提供保障。

2. 建设服务型政府，有助于让人民生活得更加幸福、更有尊严

改革开放以来，人民群众的生活水平有了明显的改善和提高。但由于收入分配差距较大、物价上涨过猛以及基本公共服务供给严重不足，使人民群众面临较大的生活压力，弱势群体的生活更感艰难。建设服务

型政府，优质高效地提供基本公共服务，一方面可以有效地保障和改善民生，使发展成果真正做到由人民共享，另一方面，也可以在最基础层面维护社会的公平正义，提高人民群众的幸福感和尊严感。

3. 建设服务型政府，有助于促进人的全面发展

根据马克思主义关于人的全面发展的理论，人的全面发展是社会发展进步的前提条件，同时也是社会发展到高级形态的重要标志。建设服务型政府，为城乡居民提供良好的医疗卫生、劳动就业、社会保障、住房保障、基础设施等方面的公共服务，能够为人的全面发展创造良好的物质条件；而提供公共教育和公共文化等方面的服务，又能够为人的全面发展奠定坚实的文化基础。人的综合素质和能力提高了，就能够为社会主义现代化建设提供更多的人才，同时，也能够为人的更高水平的全面发展奠定更坚实的基础。

（二）建设服务型政府有助于实现国民经济的又好又快发展

实现国民经济又好又快发展，是我国社会主义现代化建设的重要任务。建设服务型政府，不仅能够为经济发展创造良好环境，而且能够提高居民的消费率，促进经济发展方式的根本转变。

1. 建设服务型政府能够为经济发展创造良好环境

在市场经济条件下，企业是创造财富的主体，政府是创造环境的主体。市场经济发展所需要的良好环境不可能自然形成，只能通过政府自觉、理性地去推动和创造。建设服务型政府，优质高效地提供公共产品和公共服务，政府就能够为市场经济发展创造良好的环境。例如，政府通过加强宏观调控，能够为市场经济发展创造良好的宏观经济环境；政府通过提供法律和制度方面的服务，能够为市场经济发展创造良好的公平竞争环境；政府通过加强市场监管，能够为市场经济发展创造良好的

市场秩序；政府通过提供社会保障和环境保护等方面的服务，能够为市场经济发展创造良好的社会环境和自然环境；政府通过提供基础设施方面的服务，能够为市场经济发展提供良好的基础设施条件；政府通过提供基本医疗卫生和公共教育服务，能够为市场经济发展奠定良好的人力资源基础；政府提供劳动就业服务，能够为市场经济发展提供合格的人力资源；政府通过社会信用体制和机制建设，能够为市场经济发展创造良好的信用环境，等等。显而易见，没有政府提供的良好服务，就没有市场经济发展的良好环境，市场经济也就不可能健康、协调和可持续地发展。

2. 建设服务型政府，有助于形成协调拉动经济增长的格局

改革开放以来，拉动我国经济增长的主要因素是投资和外贸，居民消费对国民经济的拉动作用较小。例如，1978—2009年，我国投资率从38.2%提高到44%左右，消费率则从62.1%下降到不到49%，与目前世界上高收入国家消费率62%、中等收入国家消费率60%相比，我国投资率明显偏高，消费率明显偏低，投资与消费关系严重失衡。[①] 导致居民消费率不高的主要原因，除了居民收入在国民收入中占比偏低、低收入群体收入增长幅度低于高收入群体、城镇化实际进展缓慢以外，服务型政府建设滞后是其中的一个重要原因。由于服务型政府建设滞后，政府公共服务支出总体不足，迫使居民用自身的收入来支付快速增长的教育、医疗和社会保障等支出，从而使居民不敢增加即期消费，严重抑制了居民的消费倾向。例如，我国城镇居民用于教育和医疗卫生的消费支出比重比发达国家还高。再以社会保障为例。2010年我国城镇职工失业保险覆盖率只有41%，医疗保险是53%，工伤保险是48%，生育保险

---

① 马传景：《我国经济社会发展中存在的矛盾和问题》，载《十一届全国人大四次会议〈政府工作报告〉辅导读本》，人民出版社、中国言实出版社2011年版，第107页。

是 35%，基本养老保险是 57%；农民工各种社会保险覆盖率更低，失业保险覆盖率只有 3.7%，医疗保险是 13%，工伤保险是 24%，生育保险是 2%，基本养老保险不到 10%。[①] 政府基本公共服务水平较低，必然增加城乡居民的后顾之忧。他们要为医疗保健储蓄，为未来养老储蓄，为下一代储蓄，从而严重抑制了城乡居民即期消费的扩大。如果服务型政府建设加强了，政府提供的基本公共服务达到了应有水平并覆盖整个社会，那么，就会消除城乡居民的后顾之忧，极大地提高居民的消费率。居民消费率有了较大提高，才能够形成消费、投资、出口协调拉动经济增长的格局。

3. 建设服务型政府，能够促进经济发展方式的根本转变

早在 1995 年 9 月，党的十四届五中全会就提出了实现经济增长方式从粗放型向集约型根本转变的战略方针。16 年来，我国为此进行了多方面的努力，但总体上看，经济增长方式根本转变的目标尚未实现。近年来，随着经济增长速度的加快，增长方式粗放的问题更加突出，资源环境面临的压力越来越大。[②] 党的十七大报告和十七届五中全会通过的《中共中央关于制定国民经济和社会发展第十二个五年规划的建议》明确要求加快转变经济发展方式，党的十八大报告再次强调这一战略任务，要求打胜加快转变经济发展方式这场硬仗，把我国经济发展活力和竞争力提高到新的水平。然而，由于服务型政府建设滞后，使社会领域的诸多问题成为制约我国经济发展方式转变的重要因素，如劳动者素质不高，科技创新能力不强，民生问题比较突出，资源环境约束趋强，体制机制障碍较多，等等。因此，为了克服制约经济发展方式转变的各种障碍，

---

① 马传景：《我国经济社会发展中存在的矛盾和问题》，载《十一届全国人大四次会议〈政府工作报告〉辅导读本》，人民出版社、中国言实出版社 2011 年版，第 108 页。

② 马凯：《加快转变经济发展方式是关系国民经济全局紧迫而重大的战略任务》，载《十七大报告辅导读本》，人民出版社 2007 年版，第 128 页。

促进经济发展方式的根本转变，迫切需要加强服务型政府建设。通过建设服务型政府，保障和改善民生，将加快转变经济发展方式的根本出发点和落脚点落到实处；通过建设服务型政府，促进政府职能的根本转变，为经济发展方式的根本转变创造良好环境；通过建设服务型政府，深化行政体制改革，为转变经济发展方式注入强大动力；通过建设服务型政府，促进科技进步和创新，为加快转变经济发展方式提供重要支撑；通过建设服务型政府，提高居民的消费率，实现经济发展向依靠消费、投资、出口协调拉动的根本转变。

（三）建设服务型政府能够为构建社会主义和谐社会奠定坚实基础

构建社会主义和谐社会，是社会主义现代化建设的重要目标。对此，服务型政府建设能够发挥重要的基础性和保障性作用。

1. 建设服务型政府，能够切实保障和改善民生

民生问题，是社会和谐安定的最基本的问题。其中包括就业、分配、教育、医疗、社会保障等诸多方面。改革开放至今，我国经济增长取得了举世瞩目的成就，民生也得到明显改善。但由于服务型政府建设比较滞后，劳动就业、收入分配、教育卫生、社会保障、居民住房、安全生产、社会治安等方面关系群众切身利益的问题仍然比较多，部分低收入群众生活比较困难。这是导致社会不和谐、不安定的一个重要原因。建设服务型政府，优质高效地提供基本公共服务，切实解决人民群众最关心、最现实、最直接的利益问题，使城乡居民学有所教、劳有所得、病有所医、老有所养、住有所居，那么，就能够为构建社会主义和谐社会奠定坚实的社会基础。

2. 建设服务型政府，能够有效地维护公民权利

尊重、维护和保障公民权利，是现代文明的重要标志，是现代法治

的核心内容，是现代政府的首要责任，是维护社会和谐安定的重要的政治基础。我国《宪法》用一章的篇幅明确规定了公民的基本权利和义务，并特别强调"国家尊重和保障人权。"这既符合我国的国体，又符合世界人权发展的大趋势。然而，由于我国经济发展水平的制约，加之服务型政府建设比较滞后，在较长一段时期，我国公民的某些基本权利尚未得到较好的实现，以至于上届国务院总理温家宝在 2010 年新春团拜会上提出"要让老百姓活得更有尊严"。对此，温家宝解释说："我提出'要让老百姓活得更有尊严'，主要指三个方面：第一，就是每个公民在宪法和法律规定的范围内，都享有宪法和法律赋予的自由和权利，国家要保护每个人的自由和人权。无论是什么人在法律面前，都享有平等。第二，国家的发展最终目的是为了满足人民群众日益增长的物质文化需求，除此之外，没有其他。第三，整个社会的全面发展必须以每个人的发展为前提，因此，我们要给人的自由和全面发展创造有利的条件，让他们的聪明才智竞相迸发。这就是我讲的尊严的含义。"① 只有大力加强服务型政府建设，切实维护和保障公民的基本权利，才能够使人民群众生活得更加幸福、更有尊严，使社会真正走向和谐安定。

3. 建设服务型政府，能够维护最基本的社会公平正义

公平正义是社会和谐的基本条件，维护社会公平正义是现代政府的基本职责。建设服务型政府，实现基本公共服务均等化，能够从最基础的层面维护社会公平正义。然而，由于历史、地理、政治、经济、文化等多种原因，我国城乡之间、发达地区与落后地区之间、同一地区不同阶层之间，基本公共服务差距比较大，公共资源配置不公平。例如，我国某些基本公共服务只覆盖了城镇的部分居民，农村居民长期没有享受

---

① 新华网：http://news. xinhuanet. com/politics/2010 - 02/27/content - 13062245. htlm。

到基本公共服务的雨露和阳光；我国医疗卫生服务不仅供给总量不足，而且医疗卫生资源配置不均衡，城乡医疗保障水平差距较大，在广大农村，既存在"看病难"、"看病贵"的问题，同时也普遍存在着医疗卫生水平低的问题。在封闭社会，由于信息闭塞，基本公共服务不均衡、不公平对人们的心理影响还不是太大。在今天的信息社会，信息四溢，人们可以通过各种渠道获取各种信息，加之人们的公平意识空前增强，基本公共服务不均等、公共资源分配不公平等问题，必然成为引发社会不满和社会矛盾的重要根源。建设服务型政府，推进基本公共服务均等化，有助于在基本民生领域维护社会公平正义，从而为构建社会主义和谐社会提供有力的保障。

（四）建设服务型政府有助于实现国家的长治久安

建设服务型政府，能够提高政府的公信力，夯实政府的合法性基础，促进人的现代化，从而为实现国家的长治久安奠定坚实的政治基础。

我国行政体制改革的根本目的是建设人民满意的政府。什么样的政府才是人民满意的政府呢？很显然，一个情为民所系、权为民所用、利为民所谋的政府是人民满意的政府；一个能够创造良好发展环境、提供优质公共服务、维护社会公平正义的政府是人民满意的政府；一个依法行政、认真负责、公开透明、清正廉洁、行为规范、运行高效的政府是人民满意的政府。从本质上来说，这样的政府就是服务型政府。只有大力加强服务型政府建设，才能够在群众的温饱问题基本解决以后，满足人民群众对提高生活水平和改善生活质量的新期待，体现出人民政府为人民的正确的价值导向和行为取向。政府所做的一切，得到了人民群众的高度认同，就将极大地提升政府的公信力，巩固政府的合法性基础。否则，在我国经济总量和财政收入水平有了较大增长的情况下，对人民群众提高生活水平和质量的新期待关心不够，措施不力，不能及时有效地满足人民群众的新要求，那么，就必然导致人民群众的失望情绪，严重影响政府的公信力。苏联和中东欧国家，在提供基本公共服务方面长期口惠而实不至，使人民群众丧失了对政府的信任，成为其政府垮台的重要原因之一。这一惨痛的历史教训值得我们高度重视和认真汲取。

此外，建设服务型政府，有助于提高国民素质，实现人的现代化。美国现代化问题理论家英格尔斯指出："在整个国家的现代化进程中，人是一个基本的因素。一个国家，只有当它的人民是现代人，它的国民从心理和行为上都转变为现代的人格，它的现代政治、经济和文化管理机构中的工作人员都获得了某种与现代化发展相适应的现代性，这样的国家才可真正称之为现代化的国家。"[①] 建设服务型政府，不仅能够使城乡居民的物质生活得到保障和改善，同时，还能够通过公共教育的普及和公共文化的传播，较大幅度地提高国民素质，促进人的全面发展，实现人的现代化。人的现代化实现了，对于推进我国社会主义现代化，在新的质点上实现社会和谐和国家长治久安，将具有更深远的战略意义。

四、建设服务型政府的战略目标

战略是管方向、管全局、管长远的。现代化建设的各项事业都需要科学的战略指导。没有科学的战略指导，如同不明方向的航船，不仅难以驶达目的地，而且还可能触礁或搁浅。诚如美国海军战略理论家艾尔弗雷德·塞耶·马汉所指出的那样："如果战略错了，那么，将军在战场上的指挥才能、士兵的勇敢、辉煌的胜利，都将失去它们的作用，尽管

---

① ［英］英格尔斯：《人的现代化》，殷陆君译，四川人民出版社1985年版，第8页。

在战略正确的情况下它们能起决定性的作用。"①

（一）战略理论的几个基本问题

运用战略理论和战略思维研究服务型政府建设，首先需要搞清楚战略理论的几个基本问题。

1. 战略研究的历史演变

战略是在战争的母体中孕育和产生的。从古至今，战争硝烟此起彼伏。与此相伴，战略研究源远流长。美国国会研究防务问题的高级专家、美国国防大学战略研究所前所长约翰·柯林斯指出："孙子是古代第一个形成战略思想的伟大人物。他于公元前400—320年间写成了最早的名著《兵法》。孙子十三篇可与历代名著包括二千二百年后克劳塞维茨的著作媲美。今天没有一个人对战略的相互关系、应考虑的问题和所受的限制比他有更深刻的认识。他的大部分观点在我们的当前环境中仍然具有和当时同样重大的意义。"② 在第二次世界大战结束之前，战略研究基本局限在军事领域。此间所谓战略，主要指的是军事战略，即有关战争全局的谋划。也有学者将战略定义为："是一种分配和运用军事工具以求达到政治目的的艺术。"③

1929年，英国著名战略理论家利德尔·哈特出版了《历史上的决定性战争》，首次提出了大战略概念，指出："大战略的任务是协调和指导国家的全部力量，以便达到战争的政治目的，即国家政策所确定的目标。……（军事）战略只看见战争本身，而大战略则超过战争看到未来的和

---

① ［英］艾尔弗雷德·塞耶·马汉：《海军的管理与战争》，转引自［英］约翰·柯林斯《大战略》，中国人民解放军战士出版社1978年版，第435页。
② ［英］约翰·柯林斯：《大战略》，战士出版社1978年版，第12页。
③ ［英］利德尔·哈特：《论战略和大战略》，时殷弘编，《战略二十讲》，天津人民出版社2008年版，第4页。

平。大战略不仅把各种手段结合起来，而且协调其使用，以免有损于未来稳定而繁荣的和平状态。"① 此后不久，大战略概念即被英国军方所接受。1935 年，英国军方在野战条令中给大战略下的定义是：大战略"是最积极地运用国家全部力量的艺术。它包括运用外交、经济压力、与盟国缔结有利的条约、动员国家工业和分配现有的人力资源以及使用陆海空三军使之协调行动。"②

美国官方在引入英国大战略概念的同时，进一步提出了国家战略的概念。例如，美国国防部参谋长联席会议出版的《美国军语词典》中写道："国家战略为在平时和战时，发展和使用国家资源（概括分为政治、经济、心理、军事四方面）以达到国家目标的科学和艺术。"③ 1962 年，美国陆军野战条令《作战纲要》中也阐述了国家战略的概念："国家战略指用以保障国家的政策、计划和纲领的总和。作为国家各种政策集合体的国家战略，应当保障一个国家在平时和战时发展和运用它的政治、经济和心理力量，及其武装部队，来实现国家目标。"④ 1973 年，美国国防大学战略研究所所长约翰·柯林斯在《大战略》一书中论述了国家战略、大战略与军事战略的关系，指出："国家战略在平时和战时综合运用一个国家的各种力量以实现国家的利益和目标。按照这种观点，战略可分为应付国际和国内问题的全面政治战略；对外和对内的经济战略以及国家军事战略等等。每一种战略都直接或间接地关系着国家的安全。"各种"国家安全"战略"汇集起来便构成'大战略'，即在各种情况下运用国家力量的一门艺术和科学，以便通过威胁、武力、间接压力、外交、

---

① ［英］利德尔·哈特：《历史上的决定性战争》，转引自夏征难《国外大战略研究的历史演变》，《军事思想史研究》2007 年第 4 期。

② 转引自夏征难：《国外大战略研究的历史演变》，《军事思想史研究》2007 年第 4 期。

③ ［英］约翰·柯林斯：《大战略》，战士出版社 1978 年版，第 46—47 页。

④ ［英］利德尔·哈特：《论战略和大战略》，时殷弘编，《战略二十讲》，天津人民出版社 2008 年版，第 4 页。

诡计以及其他可以想到的手段，对敌方实施所需要的各种程度和各种样式的控制，以实现国家安全的利益和目标。"他认为，"军事战略"和"大战略"'虽然有联系，但不是同一个概念。"军事战略是以使用暴力或以暴力相威胁为基础的。它力求通过武力来取得胜利。大战略如果运用成功的话，将减少使用暴力的必要性。同样重要的是，大战略所寻求的远不是战争的胜利，而是持久的和平。军事战略主要是将军们的事，而大战略则主要是政治家们的事。大战略支配着军事战略，而军事战略只是大战略的一个组成部分。"①

很显然，在西方世界，大战略也好，国家战略也罢，其核心内容是为了解决国家安全问题。这种以国家安全为核心内容的国家战略，有其明显的局限性。因为，对于许多国家来说，除了安全问题之外，还有诸如改革、发展、稳定等诸多重大国家战略问题。如果对于这样一些问题不加研究，那么，国家战略就是不完整、不系统的，也是不够深刻的。

战略概念的进一步拓展，产生了广义的战略。所谓广义战略，即有关战略主体全局和长远利益的系统谋划。正因为战略概念衍生出这一更广的含义，所以，战略概念和战略理论在社会诸多领域得到广泛的应用，如经济社会发展战略、科教兴国战略、人才强国战略、可持续发展战略、文化发展战略、地区发展战略，等等。建设服务型政府战略，既属于行政改革战略，也属于行政发展战略，是通过行政改革和行政发展实现建设服务型政府长远目标的战略。

2. 战略的主要特质

战略理论和战略思维之所以得到如此广泛的应用，是因为战略本身具有其独特的品质。

---

① ［英］利德尔·哈特：《历史上的决定性战争》，转引自夏征难《国外大战略研究的历史演变》，《军事思想史研究》2007 年第 4 期。

（1）全局性。古人云："不谋全局者，不足谋一域。"战略是着眼于全局、谋划全局的。正因为战略立足于全局、着眼于全局，所以它能使领导者站得更高，看得更广，能够对重大战略问题进行更清晰的透视和更准确的定位，从而避免坐井观天的局限性和只顾一点、不计其余的片面性，所谓"不畏浮云遮望眼，只缘身在最高层。"① 有了全局观，领导者的视野和心胸更开阔，对未来更加充满信心，不至于因局部的失败或挫折而灰心丧气；有了全局观，领导者能够找到解决问题的更好的途径和办法，能够将有限的战略资源配置到最需要的地方，发挥资源的最大效用；有了全局观，领导者可以放弃某些局部利益，换取更大的全局利益。

（2）长远性。古人云："不谋万世者，不足谋一时。"战略是着眼于长远、谋划长远的。"昨夜西风凋碧树，独上高楼，望尽天涯路。"② 有了长远的观念和打算，领导者就具有更深邃的眼光，能够拨开眼前的迷雾，看到光明的未来，能够用未来的光明前景鼓舞人、激励人，给人以信心、决心、干劲和勇气。着眼于未来和长远，如同领导者戴上了望远镜，使领导者能够从长远发展的角度找到解决重大问题的更好途径和方法，避免只顾当前、不顾长远、只顾眼前、不顾未来的片面性。只有这样，才能够做到舍弃眼前之小利，换取未来更大的利益。

（3）系统性。战略高度关注全局、关注长远，但并不是好高骛远的空想和脱离实际的空谈，恰恰相反，战略是将全局与局部有机结合、将长远与当前有机结合、将空间与时间有机结合，立足局部着眼于全局，在全局中为局部定位，局部是全局中的一环，而不是脱离全局的存在；立足当前着眼于长远，从长远角度推进当前工作，当前只是长远河流中

---

① 王安石：《登飞来峰》。
② 晏殊：《蝶恋花》。

的一段，而不是脱离长远河流的死水潭。这就是战略有机统一的系统性。只有从系统性出发，战略才具有可操作性，才具有重大的实践价值。

（4）超前性。古人云："凡事预则立，不预则废。"战略是着眼于未来和全局的谋划。在谋划之前，战略主体通过专家或智库的系统、深入的研究，对未来的发展趋势、发展前景和多种可能做出预测，并提出相应的备选方案。有了这种超前性的研究和预测，使战略主体不仅有了充分的心理准备，对各种可能有了应对之策，而且能够进行必要的人力、物力和财力方面的准备。有备而无患。有了各方面的比较充分的准备，就能够使战略主体遇变不惊，从容应对，避免因惊慌失措或临时抱佛脚所带来的各种弊害。

（5）创造性。古今中外，战略主体的状况千差万别，战略主体所面对的战略环境也千变万化，因此，战略理论、战略经验和基本方法可以借鉴，但具体战略却不能复制。面对错综复杂和变化万千的战略环境，战略主体必须创造性地进行战略研究、战略谋划和战略指导，绝不能以不变应万变。建立在科学研究和科学预测基础上的战略必须具有创造性。而这一点，恰恰是战略的生命力之所在。它能够变不能为可能，变不利为有利，变被动为主动，变失败为成功，常常收到绝处逢生的效果。

（6）持续性。任何战略所要达成的目标都不是一朝一夕所能实现的，而是要经过较长时间、经过持续不断的努力才有可能实现。因此，战略的特质之一，就是持续性，即在科学的既定的战略目标指导之下，向着成功的方向持续不断地去努力，脚踏实地，一步一个脚印，积小成为大成，积小胜为大胜，通过阶段性的累积，最终达成战略目标。战略的一以贯之的持续性，可以避免在战略方向上的朝令夕改和瞎折腾，坚定人们的信心，凝聚人们的共识，鼓舞人们的士气，克服前进道路上的各种艰难险阻，最终走向成功和胜利。

3. 战略的基本结构

战略是由不同要素构成的。这些要素的有机组合，就是战略的基本结构。一般而言，构成战略的要素有以下各项：

（1）利益。战略不是供人取乐的游戏，而是对战略主体全局和长远利益的追求。因此，在任何战略中，利益都是最根本的要素，是战略主体制定和实施战略的根本目的之所在。

（2）目标。目标是战略主体利益的核心体现，是在设定的时间内将战略主体追求的利益量化、标准化，使之可分解、可操作、可评估、可比较、可实现。如果说利益是战略的根本要素的话，那么，目标就是战略的核心要素。利益和目标构成了战略的目的。

（3）规划。规划是从全局和长远角度制定的实现战略目标的全面计划。包括合理划分战略阶段，明确各个阶段的战略目标、战略任务和战略重点，依据各个阶段的战略目标、战略任务和战略重点合理配置战略资源，以及协调战略各阶段、各领域的关系，等等。

（4）政策。政策是战略决策者为实施战略规划、实现战略目标而制定的行动准则。包括合作或联合政策、战略资源开发和使用政策、激励政策、约束政策，等等。规划和政策构成了战略的手段。

战略的基本结构可以图示如下：

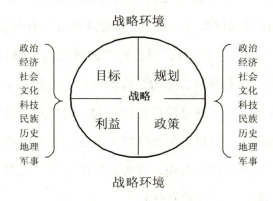

4. 战略的主要功能

在社会生活的任何领域，战略都具有不可替代的功能。具体来说，主要有以下各项：

（1）导向功能。战略是管方向的。科学战略能够指明战略主体的正确运行方向，从而避免人们在前行中的方向迷失。方向正确，才能使人们的努力更加有效，方向不正确，任何努力只能带来相反的效果，恰如"南其辕而北其辙"一样。

（2）激励功能。科学的战略目标所展示的未来愿景，对战略主体会产生极大的激励作用，它能够统一人们的思想，坚定人们的意志，增强人们的信心，激发人们的智慧，鼓舞人们的斗志，克服前进道路上的艰难险阻，一步步地向成功或胜利挺进。

（3）约束功能。科学战略在实施过程中，鼓励有利于解决战略重点问题、实现战略目标的行动或行为，而对于不利于实现战略目标的行动或行为，明令禁止或予以坚决取缔。战略的这种约束功能，有利于统一战略主体的思想和行为，集中主要战略力量和战略资源于战略重点，防止和克服战略主体各行其是现象，从而更加有效地达成战略目标。

（4）合理配置资源功能。任何战略主体的资源都是有限的。能否发挥有限资源的最大效用，关键看资源配置是否合理。战略是总揽全局、谋划长远的。科学的战略会从全局和长远出发，将有限资源配置到战略实施的关键点或重点领域，从而能够发挥战略资源的最大效用。

（二）建设服务型政府战略目标的时间节点

确定任何战略目标，都需要有一个时间节点，即到什么时间，实现什么样的战略目标，完成什么样的战略任务。建设服务型政府，是我国行政体制改革和政府管理创新的长期任务，将伴随现代化建设的始终。

因此，推进服务型政府建设，必须与推进社会主义现代化建设和深化行政体制改革同步。

按照我国现代化建设的战略构想，到 21 世纪中叶，人均国民生产总值达到中等发达国家水平，建成富强、民主、文明的社会主义现代化国家。与此相适应，21 世纪中叶即 2050 年，应是我国建设服务型政府长期战略目标的时间节点。

2020 年，既是我国实现全面建成小康社会目标的时间节点，也是我国建立起比较完善的中国特色社会主义行政体制的时间节点。与此相适应，我国许多发展规划的时间节点也都确定在 2020 年。例如，《国家中长期科学和技术发展规划纲要（2006－2020 年）》，《国家中长期人才发展规划纲要（2010－2020 年）》，《国家中长期教育改革和发展规划纲要（2010－2020）》，等等。从现在起到 2020 年，仅有 7 年多的时间。因此，可以把 2020 年作为我国建设服务型政府近期战略目标的时间节点。

从建设服务型政府总体战略的完整性和战略实施的连续性出发，在长期战略目标与近期战略目标之间，应有一个中期战略目标。中期战略目标的时间节点可确定在 2030 年。因为，到 2030 年，中国将发展成为一个现代、和谐、有创造力的社会，并由目前的上中等收入国家进入高收入国家行列。"现代社会"是指工业化、城市化社会，享有与发达国家相当的生活质量；"和谐社会"的内涵之一，是指制度和政策具有公正性和包容性，消除了经济和社会藩篱，所有人都在国家的经济、社会、法律与政治制度中拥有平等权益；"有创造力的社会"意味着中国未来的繁荣以创新为本，每个人的创造潜能均得以发挥；进入"高收入国家"行列，意味着中国人均收入将达到发达经济体水平，中等收入阶层发展壮大，贫困现象将被消除，经济社会领域的不平等现象将大为减少，机会均等将得到较大提高。① 到 2030 年，中国经济和社会的巨大变化，既对服务型政府建设提出了新的更高要求，同时，也为建设较高水平的服务型政府创造了条件。

（三）建设服务型政府的近期、中期和长远目标

服务型政府建设是随着经济社会的发展而不断推进的历史过程。按照上面设定的时间节点，合理确定建设服务型政府的近期、中期和长远目标，是制定和推进服务型政府战略的核心和关键。

1．近期目标

到 2020 年，当全面建设小康社会目标和行政体制改革总体目标实现之时，我国应建成符合经济社会发展水平、适应人民群众基本公共需求、体制机制基本完善、具有初级公共服务能力和服务水平的服务型政府。在这一阶段，政府履行公共服务职能的主要任务是"保基本"、"广覆盖"、"补短板"、"兜底线"，使城乡居民学有所教、劳有所得、病有所医、老有所养、住有所居。为此，国务院已经制定和颁发了《国家基本公共服务体系"十二五"规划》，阐明了国家基本公共服务的制度安排，明确了基本范围、标准和工作重点，是"十二五"乃至更长一段时间构建国家基本公共服务体系的综合性、基础性和指导性文件。到"十二五"末期，在国家基本公共服务体系"十二五"规划目标实现的基础上，进一步研究制定"国家基本公共服务体系"十三五"规划"，提升基本公共服务的总体水平，确保到 2020 年实现初步建成服务型政府的战略目标。

---

① 参见世界银行、国务院发展研究中心联合课题组：《2030 年的中国建设现代、和谐、有创造力的社会》，中国财政经济出版社 2013 年版，第 17—18 页。

2．中期目标

到 2030 年，在 2020 年初步建成服务型政府的基础上，再经过 10 年的发展和努力，建成体制机制比较完善、具有较高公共服务能力和服务水平的服务型政府。在这一阶段，政府履行公共服务职能的重点，应放在提高基本公共服务水平和质量，确保实现基本公共服务均等化等方面。

3．长远目标

到 2050 年，当基本实现现代化之时，我国应建成体制机制更加完善、公共服务能力和公共服务水平与中等发达国家相当的服务型政府。

在未来的 37 年内，建设服务型政府的近期、中期和长远战略目标的实现，是一个紧密相连、循序递进、体制机制不断完善、基本公共服务能力和水平不断提高的过程。不同阶段之间的主要差别在于体制机制的完善程度和基本公共服务能力、基本公共服务水平的提高程度。近期目标为实现中期目标奠定基础，中期目标为实现长远目标创造条件。

在大力实施和积极推进服务型政府建设过程中，每到一个新阶段，就应根据经济社会发展水平和人民群众的新期待，遵循量力而行和尽力而为的原则，研究制定服务型政府建设的阶段性规划，明确该阶段的具体目标和任务，改进和完善相关政策，使服务型政府建设在总体战略和科学规划的指导下，扎扎实实地向前推进。

（四）建设服务型政府的战略目标系统

为使建设服务型政府的战略目标可操作、能实现，需对这一目标进行分解。

服务型政府建设的战略目标是否实现，要通过结果来检验。为了达到预期结果，就需要提高政府基本公共服务能力，规范政府基本公共服务流程。依据这一分析和认识，可以将建设服务型政府的战略目标分解为服务结果目标、服务能力目标和服务流程目标。每一个目标还可以分解为若干子目标。它们之间的有机结合，就构成了建设服务型政府的战略目标系统。

1. 服务结果目标

服务结果即政府提供基本公共服务所要达到的效果。从近期来看，服务结果目标应包括以下各项：

（1）基本公共服务的覆盖面。享受基本公共服务，是宪法赋予每个公民的基本权利。为保障公民的这一基本权利，就必须扩大基本公共服务的覆盖面。到2020年服务型政府基本建成之时，我国基本公共服务应覆盖城乡全体居民，使每个公民都能依法享受到基本公共服务。

（2）基本公共服务的均等化。宪法规定的公民基本权利是平等的，不因身份、职业、性别、民族和年龄等而有所差别。建设服务型政府，必须提高基本公共服务的均等化水平，切实保障公民都能公平可及地获得大致均等的基本公共服务。基本公共服务均等化的核心是机会均等和结果大体相当，而不是简单的平均化。为此，到2020年，我国基本公共服务应在城乡之间、不同地区和不同人群之间的差别明显缩小，基本公共服务的均等化程度明显提高。

（3）基本公共服务的水平度。基本公共服务水平不是一成不变的。在现代化建设过程中，基本公共服务水平必须随着经济社会发展水平的提高而不断提高。到2020年，我国基本公共服务水平不仅应适应经济社会发展水平，满足人民群众对公共服务的基本需求，而且应达到人均GDP同等水平国家的平均水平。

（4）基本公共服务质量。政府提供的基本公共服务，只有达到了基本的质量标准，才有意义和价值，才能满足城乡居民对公共服务的基本需求。没有质量的服务，甚至比没有服务更坏，在基础教育和医疗卫生领域尤其如此。为确保基本公共服务质量,《国家基本公共服务体系"十二五"规划》已经明确规定了各项基本公共服务质量的国家基本标准。在"十二五"期间,应确保基本公共服务达到国家规定的基本标准,发达地区还应有所提高。"十二五"规划完成以后,在"十三五"规划中,应进一步提高基本公共服务的国家标准。

(5)基本公共服务的供给效率。在基本公共服务领域,效率和质量密切相关,没有效率或效率不高,基本公共服务的质量和效果就会大打折扣。因此,建设服务型政府,必须降低基本公共服务成本,提高基本公共服务供给效率。到2020年,要使我国基本公共服务的成本明显降低,基本公共服务的供给效率明显提高。

(6)基本公共服务的可持续性。基本公共服务不是城乡居民的一时之需、一代之需,而是长久之需,世代之需。这就要求政府提供的基本公共服务要具有可持续性。所谓可持续性,即通过良好的制度设计和充足的财力保障,形成基本公共服务的长效机制,使基本公共服务能够持续不断地满足城乡居民的基本公共需求。到2020年,要通过完善制度、改革体制和创新机制,确保基本公共服务的可持续供给。

(7)公众满意度。城乡居民是基本公共服务的服务对象,也是评价基本公共服务的最重要主体。服务型政府建设进展如何?政府提供的基本公共服务是否符合城乡居民的需求?最终还是要看人民群众是否满意和满意度的高低。到2020年,应使我国城乡居民对政府提供的基本公共服务感到比较满意。

2. 服务能力目标

实现服务型政府建设的结果目标,必须提高政府基本公共服务能力。这是服务型政府建成与否的重要标志之一。提升政府基本公共服务能力,迫切需要通过深化行政体制改革,做到政府职能转变到位,政府组织结构优化，政府支出结构合理、行政运行机制健全。这些要求同时就是提升政府基本公共服务能力的具体目标。

（1）政府职能转变到位。党的十七届二中全会通过的《关于深化行政管理体制改革的意见》明确要求：通过改革，到2020年，实现政府职能向创造良好发展环境、提供优质公共服务、维护社会公平正义的根本转变。党的十八大报告再次强调了实现政府职能的这一转变。其精神实质，就是要求政府职能转向公共服务。因为创造良好发展环境和维护社会公平正义，也是现代政府所必须提供的公共产品和公共服务。只有政府职能转变到位了，才能够提高政府基本公共服务能力。

（2）政府组织结构优化。一个良治政府，不仅要管自己应该管的事，而且要管好自己应该管的事。系统论的研究表明，结构优化、运行有序的系统，其整体功能大于各个部分功能的代数和。为切实提高政府基本公共服务能力，必须优化政府组织结构。从建设服务型政府角度出发优化政府组织结构，必须加强政府公共服务部门建设，做到：第一，公共服务部门在政府机构中占有较大比重；第二，公共服务部门在政府机构中占有相应地位；第三，减少公共服务领域的职责交叉，在公共服务领域推行大部门体制；第四，实现政府组织机构和人员编制的科学化、规范化和法制化。

（3）政府支出结构合理。政府提供基本公共服务，是以政府财力为基础的。为尽快完善符合国情、比较完整、覆盖城乡、可持续的基本公共服务体系，切实提高政府基本公共服务能力，必须调整和优化政府财政支出结构，加大对基本公共服务的投入，使公共服务支出成为政府财政支出的主体。

（4）行政运行机制健全。政府有效履行职能，不仅要通过合理的政府组织结构，同时还要通过健全的行政运行机制。因此，提高政府基本公共服务能力，就必须不断改革和完善政府运行机制，包括科学化、民主化和法治化的决策机制；规范有序、公开透明、便民高效的执行机制；科学合理、客观公正、及时准确的评价机制；标准明确、监督有力的约束机制，等等。

3. 服务流程目标

政府提供基本公共服务，从投入到产出，从供给到消费，有一个基本的流程。如果对这一流程的关键环节缺乏应有的规范，那么，基本公共服务的供给就很难达到预期效果，公众满意度也很难得到提高，甚至导致公共服务的低效、扭曲、分配不公和腐败现象。服务流程目标应包括：

（1）透明度。公开透明，是政府正确履行公共服务职能的基本保证，也是保障公民知情权的必然要求。各级政府提供基本公共服务，必须做到公开透明。为此，要建立健全服务公开制度，依法明确和公开公共服务的主体、对象、内容、标准、方式和时间等，使公共服务在阳光下运行。

（2）民主化。政府提供的基本公共服务，与社会公众的切身利益密切相关。社会公众不仅是基本公共服务的消费者和受益者，同时也是基本公共服务的积极参与者。因此，必须充分尊重公民的主体地位，健全民主制度，丰富民主形式，拓宽民主渠道，增强决策的透明度和公众参与度，依法实行民主决策、民主管理和民主监督。只有保障公民的参与权、表达权、监督权，广纳群言，广集民智，才能做到增进共识、增强合力，提高政府公共服务决策的科学性和执行的有效性，防止和克服公共服务领域的各种腐败现象。

（3）规范性。即依据国家法律法规，研究制定政府提供公共服务的基本程序和行为规范，并要求公务员严格执行，以防止和克服行政运行的随意性以及公共服务的不公平。

（4）便利性。以人为本和方便群众，是政府履行公共服务职能的起码要求。为及时有效、方便快捷地提供公共服务，政府必须运用现代技术手段，科学规划服务流程，减少不必要的环节。

五、研究制定服务型政府建设的战略规划

加强服务型政府建设，迫切需要研究制定服务型政府建设的战略规划，以便在科学的战略目标指导下，合理划分服务型政府建设的战略阶段，明确各阶段的战略重点，使服务型政府建设通过科学的战略规划，有计划、有重点、分阶段、循序渐进地向前推进。

（一）加强顶层设计和宏观指导

中央应研究制定全国性的服务型政府建设的总体战略规划，对地方服务型政府建设进行战略指导和战略协调。地方县级以上政府应结合本地实际，研究制定本级服务型政府建设的战略规划。各级政府制定的服务型政府建设战略规划，应相互衔接、相互协调、相互配套，在省区之内，基本公共服务标准应大体一致。

（二）加强服务型政府建设基本问题研究

科学制定服务型政府建设的战略规划，必须系统深入地研究我国经济社会发展的现状及其未来的发展趋势，全面系统地了解人民群众对基本公共服务的需求和期待，比较研究世界各国公共服务的供给经验、主要特点和基本规律，使服务型政府建设的战略规划建立在科学研究和准确判断的基础之上。

（三） 以科学发展观为指导，坚持统筹兼顾

研究制定服务型政府建设的战略规划，是贯彻落实科学发展观的重大举措，必须始终坚持以人为本、全面协调和可持续的方针，使服务型政府建设的战略规划与经济社会发展水平相协调，与经济社会发展战略相配套，不断满足人民群众日益增长的公共需求。

（四） 坚持民主、科学决策

各级政府研究制定服务型政府建设的战略规划，必须广泛听取社会各界的意见，实行听证制度、公示制度和专家论证制度。应尽量量化、细化服务型政府建设的战略目标，使之可操作、可比较、可评估、可监督，避免大而化之、笼而统之的现象。

第二章

基本公共服务均等化战略

改革开放以来，中国在经济领域取得了辉煌的成就，成为世界上经济表现最佳的国家之一。世界银行认为，中国人用一代人的时间完成了世界上其他国家几代人才能完成的事业。在一个人口超过非洲和拉丁美洲人口总和的国家，这一成就是我们这个时代最令人瞩目的发展。但与经济贡献形成鲜明反差的是，政府提供的基本公共服务总量不足、质量偏低，均等化程度较差，难以满足人民群众日益增长的公共需求。党的十八届三中全会强调了深化改革的重要旨向是社会公平正义与增进人民福祉，明确指出："坚持社会主义市场经济改革方向，以促进社会公平正义、增进人民福祉为出发点和落脚点。"基于此，在服务型政府战略框架下，建立基本公共服务体系，实现基本公共服务均等化既非常迫切，又非常必要。

一、基本公共服务均等化的科学内涵和战略寓意

基本公共服务均等化是中国当前乃至未来一个时期必须着力破解的难题之一。为全面透彻理解基本公共服务均等化，首先需要对基本公共

服务进行初步的界定。我们认为，基本公共服务是对公共经济学领域中公共产品理论的拓展和延伸。根据国际经验及中国现实国情，基本公共服务是指覆盖全体公民、满足公民对公共资源最低需求的服务，是与民生密切相关的纯公共服务。基本公共服务实际上解决的是在特定阶段应提供何种公共服务的问题。衡量公共服务是否属于基本公共服务可将以下几项指标作为判断依据：可获得性，即无论何时何地，无论是哪个群体都能得到同质的服务；基础性，即这些服务是人类生存和发展的基础，和人类的基本人权密切相关；非歧视性，即所有国民都有资格享受同质的服务；普惠性，即服务的价格要使大多数人能够接受，公民不因所处的地理位置差异、所处的社会阶层不同、所拥有的财富多少而得到不同的服务。

"十二五"规划首次提出把基本公共服务制度作为公共产品向全民提供，并将基本公共服务界定为九个方面，同时提出相应的服务范围及工作重点，见表2—1。

表2—1　"十二五"时期基本公共服务范围和重点

范围	重点
公共教育	①九年义务教育免费，农村义务教育阶段寄宿制学校免住宿费，并为经济困难家庭寄宿生提供生活补助；②对农村学生、城镇经济困难家庭学生和涉农专业学生实行中等职业教育免费；③为经济困难家庭儿童、孤儿和残疾儿童接受学前教育提供补助
就业服务	①为城乡劳动者免费提供就业信息、就业咨询、职业介绍和劳动调解仲裁；②为失业人员、农民工、残疾人、新成长劳动力免费提供基本职业技能培训；③为就业困难人员和零就业家庭提供就业援助
社会保障	①城镇职工和居民享有基本养老保险，农村居民享有新型农村社会养老保险；②城镇职工和居民享有基本医疗保险，农村居民享有新型农村合作医疗；③城镇职工享有失业保险、工伤保险、生育保险；④为城乡困难群体提供最低生活保障、医疗救助、殡葬救助等服务；⑤为孤儿、残疾人、五保户、高龄老人等特殊群体提供福利服务

医疗卫生	①免费提供居民健康档案、预防接种、传染病防治、儿童保健、孕产妇保健、老年人保健、健康教育、高血压等慢性病管理、重性精神疾病管理等基本公共卫生服务；②实施艾滋病防治、肺结核防治、农村妇女孕前和孕早期补服叶酸、农村妇女住院分娩补助、农村妇女宫颈癌乳腺癌检查、贫困人群白内障复明等重大公共卫生服务专项；③实施国家基本药物制度，基本药物均纳入基本医疗保障药物报销目录
人口计生	①提供免费避孕药具、孕前优生健康检查、生殖健康技术和宣传教育等计划生育服务；②免费为符合条件的育龄群众提供再生育技术服务
住房保障	①为城镇低收入住房困难家庭提供廉租住房；②为城镇中等偏下收入住房困难家庭提供公共租赁住房
公共文化	①基层公共文化、体育设施免费开放；②农村广播电视全覆盖，为农村免费提供电影放映、送书送报送戏等公益性文化服务
基础设施	①行政村通公路和客运班车，城市建成区公共交通全覆盖；②行政村通电，无电地区人口全部用上电；③邮政服务做到乡乡设所、村村通邮
环境保护	①县县具备污水、垃圾无害化处理能力和环境监测评估能力；②保障城乡饮用水水源地安全

资料来源：《中华人民共和国国民经济和社会发展第十二个五年规划纲要》，人民出版社2011年版，第89—90页。

2012年出台的《国家基本公共服务体系"十二五"规划》对基本公共服务与基本公共服务均等化做出迄今最为权威的界定。规划指出，基本公共服务，指建立在一定社会共识基础上，由政府主导提供的，与经济社会发展水平和阶段相适应，旨在保障全体公民生存和发展基本需求的公共服务。享有基本公共服务属于公民的权利，提供基本公共服务是政府的职责。基本公共服务均等化，指全体公民都能公平可及地获得大致均等的基本公共服务，其核心是机会均等，而不是简单的平均化和无差异化。

（一）基本公共服务均等化的科学内涵

1. 基本公共服务均等化强调的是机会均等

机会均等是指全体社会成员作为社会契约的签订方，在接受（或拒绝）政府提供的某种服务上具有大致均等的机会。该原则保证所有社会成员在基本公共服务的分配上具有起点公正，无人被排除在外，从而保证社会的最大多数成员能够享受到政府提供的基本公共服务。对于一国国民而言，尽管每个人的天赋能力各异，所占有的资源也不尽相同，但在享受基本公共服务的机会方面应该是均等的。中国现在最大的问题是机会不均等，不实行同一个原则。无论是城乡之间，还是地区之间，都存在着名目繁多的机会不均等。这种机会不均等正导致社会流动性逐步变差，社会阶层出现日趋固化的苗头，各种矛盾日益尖锐，极不利于和谐社会建设。

2. 基本公共服务均等化关注的是结果相对均等

基本公共服务均等化最终体现为结果相对公正。基本公共服务实际上强调的是一种"底线服务"或"生存服务"，原则上保证"底线完全平等"，"上不封顶，下要保底"。一个国家的公民无论居住在哪个地区，都有平等享受国家最低标准的基本公共服务的权利。换言之，每个公民，无论是失业还是就业，无论身体健康还是身有疾患，无论是城市居民还是农村居民，无论是老人还是儿童，都应该享受最基本的生活保障、最基本的医疗保障和享受义务教育。基本公共服务的供给最低水平应该均等，所有地区和所有个人都应享受这一水平以上的公共服务。当然，强调基本公共服务并不排除某一特殊群体（如下岗职工、烈军属）等享受更多的基本公共服务。

3. 基本公共服务均等化是动态的、发展型均等化

基本公共服务均等化的理念是在中国经济社会大转折、大发展、大变迁的背景下提出的，是动态发展的，并不是一成不变的，必须充分考虑到基本公共服务的供给对于社会成员发展能力的培养和对于社会可持续发展的影响。随着经济社会发展水平的提高，更多的公共服务将被纳入"基本"的范畴。这就要求设计出一套符合中国国情变化的基本公共服务体制，保证每个人能够享受到符合中国不同发展阶段的、动态的基本公共服务。

4. 基本公共服务均等化不是简单的平均化

平均化是对公共资源进行简单的份额等同的分配，是从实证角度出发的，既不讲公平也不讲效率。均等化并不是强调所有居民都享有完全一致、没有任何差异的基本公共服务，而是从基本人权角度出发，关注机会的均等和结果的相对均等。这种均等，既不是绝对平均也不是差距悬殊，确保全体人民公平分享经济社会发展成果。比如，城乡居民对基本公共服务的需求偏好是存在一定差异的，城市居民偏重于有利于发展的基本公共服务，而农村居民则更关心满足基本生产生活需要的公共服务。从这个角度看，城乡之间的公共服务供给存在差异是正常的，但这种差异要能为广大民众所接受。简言之，这里的"均等化"是在承认地区、城乡、群体差别的前提下，保障所有居民都享有一定标准的基本公共服务。

5. 基本公共服务均等化并不排斥自由选择

在提供大体均等的基本公共服务的过程中，尊重某些社会成员的自由选择权。在多元化社会中，社会成员的需求千差万别，某些社会成员可能不愿意享受社会为之提供的基本公共服务，这是完全允许的，也是可以理解的，应该尊重这些社会成员的自由选择权。必须指出的是，尊重人民的自由选择权，与尊重人民享有基本公共服务均等化的权利并不矛盾。即使在"基本公共服务"的框架内，也应想方设法让老百姓有自由选择的空间，不能一讲基本公共服务均等化就否定人民的自有选择权。①

6. 基本公共服务均等化是中国国情与国际原则有机融合的均等化

2013 年，中国人均 GDP 已超过 6700 美元，进入全面深化改革的攻

---

① 常修泽：《中国现阶段基本公共服务均等化研究》，《中共天津市委党校学报》2007 年第 2 期，第 67 页。

坚阶段，既面临诸多机遇，更遇到前所未有的挑战；既要保持一定的发展速度，又要促进社会稳定、生态优化。从国际经验来看，如果一个国家只重视"黄金式的发展"而不重视应对"凸显的矛盾"，这个国家的发展将很难长久，有可能陷入"拉美陷阱"①。中国提供的基本公共服务不能脱离中国实际，在目前来讲只能是低水平的，保障人民基本权利的，解决人民最关心、最迫切的生存和发展问题。国际原则，强调的是中国的基本公共服务均等化战略设计必须有世界眼光，应善于吸取他国成功经验，借鉴人类一切有益的成果来补充、完善中国的基本公共服务体系。两者是并行不悖的。

（二）基本公共服务均等化的战略意蕴

基本公共服务均等化是人类发展文明的产物，其核心原则来自于西方国家，是人类20世纪所建立的最重要的制度文明之一。为本国居民提供均等化的基本公共服务，是各国政府义不容辞的责任与义务。基本公共服务均等化目标的提出，是中国从以阶级斗争为纲转向以经济建设为中心后的又一次重大转型，其蕴含的价值在未来几十年将会逐步显现。2010年，中共十七届五中全会提出："着力保障和改善民生，必须逐步完善符合国情、比较完整、覆盖城乡、可持续的基本公共服务体系，提高政府保障能力，推进基本公共服务均等化"。② "十二五"规划将推进基本公共服务均等化作为政策导向之一。强调坚持民生优先，完善就业、收入分配、社会保障、医疗卫生、住房等保障和改善民生的制度安排，

---

① 所谓"拉美陷阱"，是指二十世纪六七十年代以来，拉美国家经济高速发展的同时，忽视社会的发展问题，结果造成收入分配差距拉大，消费结构畸形，城乡二元矛盾突出，社会出现"有增长，无发展"的局面，也严重影响国家经济社会的长期持续稳定健康发展。

② 中共十七届五中全会公报。

推进基本公共服务均等化，努力使发展成果惠及全体人民。① 十八大报告则强调到 2020 年人民生活水平全面提高，基本公共服务均等化目标总体实现。2013 年 11 月召开的十八届三中全会进一步强调，紧紧围绕更好保障和改善民生、促进社会公平正义深化社会体制改革，改革收入分配制度，促进共同富裕，推进社会领域制度创新，推进基本公共服务均等化。

1. 基本公共服务均等化是矫正中国发展失衡的需要

中国基本公共服务的非均等主要表现为城乡之间的非均等化、区域之间的非均等化和不同群体之间的非均等化。城乡之间的基本公共服务均等化已为公众所熟知。比如社会保障的城乡二元分割。而在医疗方面，20 世纪 60 年代享誉全球的中国农村"赤脚医生模式"到 90 年代后便已辉煌不再，大量优质的医疗资源集中在城市尤其是大城市，农村居民面临严重的看病难、看病贵等问题。必须指出的是，中国区域之间的非均等化也比较严重。改革开放以后，中国经济发展格局发生重大变化，原有发展格局被打破，东部指向的非均衡梯度区域发展战略取代均衡发展的战略，形成以优先发展的东部外向型经济区域、承东启西的中部过渡型经济区域和以开发资源为主的西部资源型经济区域的三大经济地带。客观评价，这种发展战略对于中国综合国力的提升起到了不可低估的作用，但区域间发展的不平衡由此开始显现并逐步加大，区域间发展差距在经过 20 世纪 80 年代的短暂缩小之后一直呈持续扩大趋势。在公共服务领域，各地区之间的差距同样十分明显。中国最富和最穷省份之间的差距几乎相当于西方发达工业国与最贫穷国家之间的差距。从不同群体来看，由于实行效率优先的发展战略，群体间收入差距仍在不断拉大，

---

① 《中华人民共和国国民经济和社会发展第十二个五年规划纲要》，人民出版社 2011 年版，第 88 页。

呈一种"非正态化"分布。根据世界银行公布的数据，中国居民收入的基尼系数已由改革开放前的 0.16 上升到 2013 年的 0.473，不仅超过了国际上 0.4 的警戒线，也超过世界所有发达国家的水平。由于部分群体隐性福利的存在，有专家认为中国实际收入差距还要更高。这些数据说明，中国的基尼系数高于所有发达国家和大多数发展中国家。不同的收入群体对基本公共服务的需求是不同的：收入越低，对基本公共服务需求越高。但基本公共服务短缺，使这部分中低收入群体的实际收入水平受到很大影响。因而，为城镇困难群体提供义务教育、医疗卫生和社会保障等基本公共服务，不仅可以直接缓解并缩小贫富差距，还可以通过提高他们的自身素质，提高其获取收入的能力，进而缩小群体之间的差距。

2. 基本公共服务均等化是对人类基本权利的保障

基本公共服务均等化强调满足全国人民最低水平的公共服务需求，保障人民基本权利的实现。世界组织对这些必须予以保障的基本权利有明确的规定。1976 年，联合国人权公约之一《经济、社会及文化权利国际公约》中规定的人权包括享受社会保障权、受教育权等。《世界人权宣言》指出，人人有权享受为维持本人和家属的健康和福利所需的生活水准，包括食物、衣着、住房、医疗和必要的社会服务；在遭到失业、疾病、残废、守寡、衰老或在其他不能控制的情形下丧失谋生能力时，有权享受保障。《2000 年人类发展报告》也提出，体面的生活水平、足够的营养、医疗以及其他社会和经济进步不仅仅是发展的目标，也是与人的自由和尊严紧密相连的人权。这些基本权利，是不可或缺的，政府必须均等提供。

3. 基本公共服务均等化是财政联邦制的主要原则之一

财政联邦制理论是阐述政府间职责划分问题的经济理论，核心内容是对财政集权与分权的相对利弊进行经济分析。财政联邦制理论虽然兴起于联邦制国家（主要是美国），但对于单一制国家的政府间财政经济关系同样适用。原因在于单一制国家虽然在政治和行政上高度集权，但同样也实行某种形式的财政分权，允许地方政府征集收入并将部分服务职责下放给地方政府。[①] 财政联邦制度的运行，必须依赖于一些原则，基本公共服务的最低供应原则就是其中之一，该原则实际上是基本公共服务均等化原则另一个角度的表述。所谓"基本公共服务的最低供应原则"，就是政府应让每个公民确信，无论他生活在哪个州或地区，都会得到某些基本公共服务的最低水平保障，如健康、安全、福利和教育。[②] 这些最低水平的健康、教育等基本公共服务的提供，实质上就是要实现这些基本公共服务的均等化。

4. 基本公共服务均等化是反贫困的重要举措

研究表明，在没有外部力量的干预下，贫困和不平等很容易在代际之间进行复制转移。通过提供均等化的基本公共服务，将有助于避免贫困和不平等在代际间的传递。联合国开发计划署《2003 年人类发展报告》提出，摆脱贫困陷阱要求相关国家在卫生保健、技术、教育和基础设施和良好的治理等方面跨过关键的门槛，从而实现可持续经济增长的起飞。更好的健康与教育状况既是人类发展的目标，也是可持续增长的前提，在人均收入取得实质性提高之前，卫生保健和教育能够而且应该取得巨大进步。[③] 近年来，基本公共服务的个人承担费用上涨过快，远超过中低收入家庭可支配收入的增长速度，是造成许多贫困家庭无法脱

---

① 王雍君：《公共经济学》，高等教育出版社 2007 年版，第 206—207 页。

② C. V. 布朗、P. M. 杰克逊：《公共部门经济学》，中国人民大学 2000 年版，第 233 页。

③ 联合国开发计划署：《2003 年人类发展报告》，中国财政经济出版社 2003 年版，第 18—19 页。

贫的重要原因之一。通过提供均等化的基本公共服务，保证贫困家庭享有基本的医疗卫生和生活保障，子女接受必要的教育，有助于这些家庭实现永久性的自我脱贫，进而走出贫困陷阱。

5．基本公共服务均等化有助于中国经济的持续健康稳定发展

基本公共服务均等化对经济发展具有明显的拉动作用。从经济学角度看，根据边际效用递减规律，均等化的资金安排有利于提高资金使用效率。向财政资源不足地区转移财力，增加公共服务供给，所产生的效用远大于投向财力充裕地区。因此，为实现基本公共服务的均等发展，应加大对落后地区的投资力度。中国目前已进入工业化中后期，农业在GDP中的比重仍在不断下降，从促进城乡协调发展的角度看，均等化的基本公共服务将有助于生产要素在利益引导下，按照市场规律在地区间、城乡间流动，有助于统一市场的形成，进而促进地区之间、城乡之间经济社会的协调、持续发展，为中国经济长期稳定发展注入活力。

6．基本公共服务均等化是国际社会发展的潮流

在国外，许多国家都将基本公共服务均等化作为重要的公共政策之一。澳大利亚号称拥有世界上均等化程度最高的转移支付体系，为保证土著居民和城市居民同等享受基本的教育、医疗服务，国家投入了大量的财力物力。德国通过《基本法》、《财政转移支付法》等来保障基本公共服务均等化目标在全国范围内的实现。东西德统一后，德国没有出现大的社会动荡，继续保持较快的经济社会发展，位列世界最发达的国家之一，均等化的基本公共服务功不可没。瑞典、挪威等北欧国家在经济不发达时就建立了均等化的基本公共服务体系，有效地缓和了国内矛盾，维护了社会稳定，促进了经济发展，时至今日，依然在世界上拥有很强的竞争力。

二、基本公共服务均等化的战略目标及挑战

基本公共服务均等化既是一个经济问题，也是一个政治问题，还是一个民生问题。按照顶层设计要求，必须合理确定中国基本公共服务均等化的战略目标，但同时也必须认清要实现这一目标所面临的严峻挑战。

（一）基本公共服务均等化的战略目标

中国基本公共服务均等化的战略目标是：经过 10－15 年的努力，基本建成符合国情、比较完整、覆盖城乡、管理有效的基本公共服务体系，实现城乡、区域和不同群体间基本公共服务制度的统一、标准的一致和水平的相对均衡，城乡居民都能均等地获得政府提供的基本公共服务，包括公共教育、就业服务、社会保障、医疗卫生、人口计生、住房保障、公共文化、基础设施、环境保护等。具体可分为三个阶段推进。

第一阶段：2011～2015 年，"十二五"期间，建立健全基本公共服务体系，明确基本公共服务的范围和标准。通过推进公共财政体制改革，增加对公共教育、社会保障、医疗卫生等领域的投入，财力分配向农村及西部欠发达地区倾斜，扩大基本公共服务的覆盖面。

第二阶段：2016－2020 年，"十三五"期间，此时城镇人口已远超农村人口，应将农民工全部纳入城镇居民公共服务保障体系，逐步实现城乡基本公共服务制度的衔接及统一，在条件成熟地区全面推行省直管县财政体制，实现城乡基本公共服务均等化。同时，以省区为单位，逐步实现同一辖区基本公共服务均等化。

第三阶段：2021－2025 年，"十四五"期间，在城乡、区域基本公共服务基本达到均等化的基础上，建立与经济发展水平相适应、全覆盖、

动态化、均等化、现代化基本公共服务体系，在全国范围内实现基本公共服务均等化，达到更高程度的小康水平，为实现中华民族伟大复兴的"中国梦"奠定坚实基础。

（二）中国实现基本公共服务均等化面临的严峻挑战

1．经济发展导向下的民生抑制

从新中国成立到1978年，中国政治上坚持"以阶级斗争为纲"，经济上实行保守封闭的计划经济体制，严重束缚了广大人民群众的积极性和创造性，经济发展低效迟缓。党的十一届三中全会以后，中国发展战略实现重大转型，从"以阶级斗争为纲"转变到"以经济建设为中心"。改革开放的总设计师邓小平曾指出，现代化建设的任务是多方面的，各个方面都需要综合平衡，不能单打一。但是说到最后，还是要把经济建设当作中心。离开了经济建设这个中心，就有丧失物质基础的危险，其他一切任务都要服从这个中心，围绕这个中心，决不能干扰它，冲击它。相对于计划经济时期而言，改革开放后的转型是巨大的进步。当然，改革开放以来政府在经济增长中所发挥的作用是不容忽视的，中国经济增长被打上深刻的政府"烙印"，从中央政府到地方政府都具有强烈的"公司化"、"企业化"特征。以地方政府为例，作为区域经济利益主体，地方经济利益成为政府行为的驱动力和源泉，党的各级书记成为"辖区公司"的董事长，政府领导成为"辖区公司"的总经理，各级政府专注于辖区经济增长，与兄弟辖区展开激烈竞争，创造一个又一个经济奇迹。香港经济学家张五常对此极为欣赏，他认为一国之内的不同地区有像中国今天激烈的竞争，历史上从来没有出现过。在传统发展观影响下，企业从追求自身利益最大化出发，将资源、环境成本的负外部性转嫁给全社会，政府为了GDP及财政收入对企业行为缺乏有效的约束机制，有时甚至与企业合谋，由此导致经济发展带来的环境和生态压力不断加大。"有河皆干、有水皆污、逢雨必酸"已成为许多地区的真实写照。在经济总量和财政收入一定的情况下，政府将过多财力投向招商引资、修桥筑路、政绩工程，必然会抑制其在教育、基本医疗、社会保障等方面的投入。

笔者对国家行政学院百余名司局级公务员的调查显示，69%的学员指出地方政府过于偏好经济发展，抑制了公共服务领域的投入，公共服务很难落到实处。68%的学员认为公共服务指标考核体系未能有效约束政府官员。43%的学员提出公共服务见效慢，不利于干部提拔，以GDP为导向的干部考核机制促使公共财政投向非民生领域。36%的学员认为目前行政管理体制不顺，不同层级政府之间相互扯皮、权责不清，"上级请客，下级埋单"情况时有发生。事实上，在与东部的GDP竞赛中，西部地区处于弱势地位，西部经济基础薄弱，尽管资源丰富，但自然条件、生活条件差，无法吸引一流人才，在经济实力上赶上乃至超越东部地区在近期内很难实现。

2. 事权划分权责不清且模糊多变造成基层公共服务责任偏重

1994年分税制仅是对中央与地方政府之间的财权进行了划分，不同层级政府之间的事权划分没有实质性突破。地方政府尤其是西部边疆地区、民族地区政府承担许多本属于中央政府的特殊性事权责任，如边疆安全防护、反"三股势力"、民族文化保护等。根据公共经济原理，应按公共产品的层次性和受益范围划分各级政府的事权责任。全国性公共产品由中央政府来提供，受益范围局限于某一辖区的区域性公共产品由该地区政府负责提供，介于两者之间、具有明显外部性的公共产品，分清主次责任，由中央、不同地区政府共同协商提供。鉴于西部地区在宗教信仰、风俗习惯和民族文化等方面巨大的差异性及对维护国家统一稳定的重要性，中央政府在边疆防护、宗教事务、民族文化保护、社会保障、基础教育、基本医疗卫生、环境保护、荒漠化治理等公共产品的提供方面应承担绝大部分支出责任，西部地方政府则发挥辅助职能。

3. 激励型财政体制设计影响公共服务能力提升

财政是政府履行职能的重要物质基础。1978 年改革开放后，中国财政历经多次变迁，先后实行"划分收支、分级包干"的财政管理体制（1978 - 1984）、"划分税种、核定收支、分级包干"的财政体制（1985 - 1987）、"包干"财政体制（1988 - 1993），基本满足了这一阶段经济体制改革的需要。但其带来的负面效应是中央政府财力日渐羸弱，难以充分发挥宏观调控职能。因此，从 1994 年起，中央开始推行分税制。客观来说，分税制是一次成功的改革，有效激发了中央与地方"发展经济"的积极性，同时也深刻改变了中国的经济发展格局。但是，应该看到，中央与地方之间事权没有做出明确的划分，导致地方政府的事权支出随经济社会发展不断做出调整，支出责任较重而缺少相应的财力与之相匹配。2013 年中央财政本级支出占全部支出的比重不足 20%。换言之，大量的公共事务是由地方政府来承担的。另一方面，在税种划分中，地方税种数量多但增长慢，中央税种数量少却增长快；共享税中中央分成比例占大头，地方财力与事权不均衡、不匹配，由此"激励"地方政府在分税制约束下竭力做大地方可支配财力。对于某一地区而言，只有拥有更多的企业与项目，才能获取更多的财政收入，也才能更好地"改善民生"，进而在与兄弟辖区的竞争中占据优势地位。应该说，分税制后地方政府更加重视培育能够为地方带来财税收入的企业，发达地区更是患上严重的"土地财政"依赖症，其背后的症结都在于激励性的财政制度设计。

4. 从转移支付来看，各种附加条件抑制资金效益的发挥

国际通行的转移支付方式有两种，一般性转移支付与专项转移支付。

一般性转移支付的目的在于缩小地区间财力差距，增强其提供公共服务的能力；专项转移支付的目的则在于实现中央政府的某些特殊政策意图。目前转移支付制度不合理，"碎片化"严重，不利于资源整合，转移支付资金效率低，中央对基本公共服务的财政转移支付难以落到实处。中国在转移支付结构中，一般性转移支付资金所占比重偏低，据测算，真正有助于缩小地区间财力差距的转移支付资金在全国不足20%。大量的专项转移支付又需要相应的配套资金予以保证，西部很多地区根本无法提供足够的配套资金，专项转移支付资金的效用也大打折扣。

5. 政绩考核的逆向激励

诺贝尔经济学奖获得者萨缪尔森认为，GDP是20世纪最伟大的发明之一。作为容易操作的比较指标，GDP的多寡，增长快慢成为衡量地区发展优劣和考核各级官员政绩的关键指标之一，由此诱导地方政府错误地将GDP当作衡量其工作绩效的唯一标准，"GDP万能论"对地方发展影响甚大。在改革进入深水区后，这一评判指标的弊端日益显现出来，只关注GDP等经济类指标体系，忽略资源消耗、环境、生态保护、公共服务等社会指标的考核与评价，导致转变经济发展方式知易行难，效果不佳。

三、实现基本公共服务均等化的路径与对策

"十二五"规划将基本公共服务制度作为一项公共产品向全民提供，这是政府治理理念的重大转型。党的十八大和十八届三中全会对实现基本公共服务均等化进一步提出明确的要求。实现基本公共服务均等化需要进行顶层设计，统筹考虑。当前亟须提高政府治理能力，推动政府从经济建设型转向公共服务型，这是实现基本公共服务均等化的必由之路。

（一）以基本公共服务均等化引领政府职能转型

在公共服务体制中，政府发挥着关键性的作用，这与其职能定位高度相关。政府如果不能充分体现民意，顺利进行职能转变，则公共服务体制很难建立和完善。毋庸置疑，中国政府的职能转变至今未能到位。中国政府依然具有很强的"企业化"、"公司化"色彩，在公共服务领域的绩效并不令人满意。

从世界范围看，政府在提供公共服务方面的作用越来越大。在 13 个OECD 样本国家中，政府总支出占 GDP 的份额从 1913 年的平均 12.1%增长到 1996 年的 45.4%。大多数国家医疗卫生总费用中公共支出所占比例一直处于较高水平，所有 OECD 国家平均为 70% 以上。世界银行1997 年的报告将政府的作用界定在两个方面：一是提供公共产品，弥补市场失灵、信息不对称的缺陷；二是保护穷人、提供社会保障、进行再分配，以促进社会公平。[①] 关注民生，更好地为民生服务，促进基本公共服务均等化都离不开政府作用的发挥。作为促进基本公共服务均等化的主要承担者，目前为增长而竞争的政府模式显然已不适应要求，必须尽快进行转型。换句话说，公共服务型政府是促进基本公共服务均等化的关键所在。建设公共服务型政府，并不意味着扩大行政权力；强化公共服务职能，并不意味着集中资源，强化行政控制，而是要将无所不为的"万能政府"转变成有所为有所不为的"有限政府"，其工作重点是创造良好发展环境、提供优质公共服务、维护社会公平正义。首先，"缺位"的职能必须"到位"。毋庸讳言，在公共服务领域，政府职能在许多方面是缺位的，目前的公共服务供给已不能满足全体居民的需要，离

---

① 世界银行：《1997 年世界发展报告：变革世界中的政府》，中国财政经济出版社 1997 年版。

均等化的目标差距尚大，务必在下一步改革中"到位"，以均等化为导向，逐步建立起惠及全民、公平公正、水平适度、具有持续性的基本公共服务体系。其次，"错位"的职能必须"正位"。基层政府在事权无法转移的前提下，通过权力敛取不合理的收入以应对不合理的事权，使辖区居民承受与政府提供的公共服务不相称的负担，基层矛盾也因此频发。[①] 按照权责一致原则，合理界定政府职能，理顺各层级政府之间的职责关系，解决好政府间的非对称性分权问题。再次，"越位"的职能必须"退位"。要管好政府"闲不住的手"，将不应由政府承担的事务转移出去，做到"政府的归政府，市场的归市场"，更好地发挥市场在资源配置中的决定性作用，更好地发挥政府在提供公共服务方面的主导作用。当前尤其需要加大对基本公共服务领域的财政投入力度，让公共财政阳光普照民众。

（二）建立健全基本公共服务均等化标准体系

在全国范围实现基本公共服务均等化将是一个长期过程，需要进行顶层设计，统筹谋划，稳步推进。《宪法》明确规定，社会保障、医疗保险、社会救助、基础教育和就业是每个公民的基本权利，而保证公民均等、公平地分享这一权利是政府的重要职责之一。当务之急是建立健全基本公共服务均等化的标准体系。根据"十二五"规划对基本公共服务范围的界定，制定完善全国及各省级层次的基本公共服务设施、设备、人员及日常运行标准，并给予相应的财力保障。从政府工作角度来讲，应尽快制定公共教育均等化标准、基本医疗卫生服务标准等，同时根据经济社会发展及群众公共需求的变化及时调整相关标准。

---

① 也可将政府的这种行为概括为"掠夺之手"或"攫取之手"。

（三）启动新一轮财政体制改革

未来应以基本公共服务均等化为导向改革公共财政体制，实现财力与事权相匹配，在完善分税制的基础上尽快依法确定各级政府的事权责任，以均等化为旨向完善公共财政体制，从"激励型"财政体制转向"均等化"型财政体制。

一方面，建立有利于欠发达地区又好又快发展的公共财政体制。健全"分钱的政策"——推进资源税改革，彻底改变"产品有价、资源低价、环境无价"的不合理格局，完善矿产资源补偿费中央与地方的分配关系。出台"补钱的政策"——开征环境保护税，建立健全惠及欠发达民众的生态补偿机制，让当地老百姓享受到更多资源开发与环境保护的"红利"。逐步完善"给钱的政策"——健全转移支付体系。调整现行税收格局，构建财力与事权相匹配的税收体系，增强欠发达地区提供公共产品的自生能力。对西部地区应实行与东部有别的税收分配体制，加大西部地区分成比例。增值税分成可改为中央分享50%，西部地区分享50%，这样的调整对中央财政整体影响不大，但可以大幅度增加西部地区的财政收入。另一方面，增强基层政府财力。宋代文学家苏辙对财政进行过精辟的论述："财者，为国之命而万事之本。国之所以存亡，事之所以成败，常必由之。"① 意即任何一个国家，如果财源丰茂，则国家兴旺昌盛；如果财源枯竭，必将国不成国。说明任何社会只有在一定的财政支撑之下才能生存和发展。当各级政府的事权责任与支出范围合理划分之后，政府间的税收划分就成为保证基本公共服务均等化的重要因素。改革开放初期至20世纪90年代中期，中国在财税体制方面进行了大规

---

① 苏辙：《上皇帝书》。

模的改革，给经济社会发展带来重大、积极的影响。但进入新世纪后，税收体制一直是"被动式"的改革，推出的改革项目基本上是小税种，大的税种改革进展有限。实现基本公共服务均等化需要有基本的税种为基础。因此，在明确各级政府职权与相应责任的基础上，合理界定地方各级收支范围，理顺各级政府间的财政分配关系，使每一级政府所拥有的财力与事权相对称、支出与责任相统一。只有使各级政府财力与其事权相匹配，才能使各级政府都能提供本层级上应提供的公共产品和公共服务，履行好政府"取之于民，用之于民"的财政分配责任和公共服务职能。

许多县乡政府有责无权，有责无财，无法提供必要的公共服务。中央政府与省级政府占财政收入比重偏高的格局应予以改变，实现基本公共服务均等化，"财力必须下沉"，允许地方开展对宏观经济影响不大，但与地区经济发展相关度较高的税种，逐步实现基层政府财力与事权相匹配。对于税源和收入背离情况严重的地区，应由中央政府出面协调，建立横向的税收分配谈判协商机制，减少其税收流失，让资源优势难以转化为经济优势和财政优势，增强政府提供基本公共服务能力。

（四）完善促进基本公共服务能力均等化的财政转移支付体系——主体功能区视角下的再瞄准

国际经验表明，财政转移支付将有力地改善落后地区贫困人群的生存和发展。在未来一个时期，尤其是在主体功能区战略实施后，限制开发区和禁止开发区面临较大的财力缺口，财政转移支付将是实现基本公共服务均等化不可或缺的重要手段。

1. 完善纵向一般性转移支付

（1）逐步提高对限制和禁止开发区均衡性转移支付的比重。据测算，目前真正具有均等化功效的均衡性转移支付占全部转移支付的比重不足15%。建议"十二五"期间每年提高2%，到"十二五"末期所占比重达到25%以上，用以弥补禁止和限制开发区域的收支缺口。（2）增加主体功能区因素，完善转移支付计算方法。目前所采用的"因素法"较"基数法"有所进步，但"因素法"所涵盖的因素还不够全面，中央财政在均衡性转移支付标准财政支出测算中，可尝试采用权数因素法对转移支付的数额进行合理分配，综合考虑资源环境、人口数量、辖区面积、边境安全稳定、经济社会发展、基本公共服务现状、地方财政收支等因素，适当提高限制和禁止开发区的转移支付系数。（3）参照农村税费改革转移支付和调整工资转移支付，结合现有的退耕还林、退牧还草转移支付，对推进主体功能区形成的增支减收按照一定的系数予以补偿，切实降低建设主体功能区对欠发达地区财力造成的不利影响。（4）参照民族地区转移支付，中央财政单独设立主体功能区转移支付类别，加大对限制开发区和禁止开发区公共服务、生态环境保护和社会管理的财力支持，切实起到均衡区域财力和提高公共服务能力的作用。（5）逐步取消税收返还，将相应资金转为均衡转移支付，按照各主体功能区的需要合理分配，增强限制开发区及禁止开发区基层政府实施公共管理，提供基本公共服务及落实各项民生政策的能力。

2. 改进专项转移支付

（1）规范整合专项转移支付，增强其公平性与透明度，将政策稳定、具有长期性、规模只增不减的转移支付项目调整为一般性转移支付。对种类繁多，覆盖面广的项目予以清理合并；对有些内容交叉重复的项目，应逐步取消。（2）逐步降低乃至取消专项转移支付的资金配套要求。优化开发区和重点开发区可要求地方配套，但需降低配套标准，限制开发区和禁止开发区可在"十二五"期间分阶段免除地方资金配套要求。对于地方财政自给率低于30%的地区应免除资金配套要求，关键是建立严格的绩效评价制度。采取措施有效督促省市级政府切实担负起调节省以下财力差距的职责，做实自治县（乡）财政，形成合理的财力布局。（3）针对专项转移支付制定更为科学的转移支付条件和标准，建立严格的科学论证和审批程序，减少专项转移支付项目的随意性和盲目性，相关政府部门应做好项目设置前的调研工作，加强动态监控机制，防止资金被挤占、滞拨、套取、挪用等。

3. 积极探索横向转移支付

同为一国国民，彼此之间享受的基本公共服务差距不应太大，否则边疆地区群众情绪很大，不利于国家的团结与稳定。我国长期实行的地区间对口支援制度尽管帮助欠发达地区解决一些实际问题，但缺乏规范性、稳定性和科学性，亟须改进完善。在主体功能区框架下，可借鉴东中部19省市对口支援四川地震灾区及新疆的做法及德国经验，探索建立地区间横向转移支付机制。按照"谁开发谁保护，谁污染谁治理，谁受益谁补偿"的原则及"先富帮后富、无灾帮有灾"的共同富裕理念，合理确定区域之间的横向转移支付规模，让生态保护的受益者——优化开发区和重点开发区政府直接向生态保护提供者——限制开发区和禁止开发区政府进行横向转移支付，从而改变四大功能区之间既得利益格局，提高限制开发区和禁止开发区人民生活水平，缩小各主体功能区之间的公共服务差距。考虑到各地情况的多样性和横向转移支付的复杂性，建议先尝试采取横向转移纵向化的做法，即在中央确定横向补偿标准后，将优化开发区和重点开发区政府向限制与禁止开发区政府的转移支付资金统一上缴给中央政府，由中央政府根据各方实际需求，通过一般性转移支付将横向转移支付资金拨付到限制和禁止开发区政府。

（五） 建立科学严格的绩效考核制度

指标考核体系的设置直接关系到政府行为的绩效，同时也决定政府行为的偏好。如前所述，发展是硬道理被许多官员理解成 GDP 增长是硬道理，进而更推广为为了经济增长，其他因素如公共事业发展、生态环境都可以为此做出牺牲。在这种导向下，基本公共服务均等化的目标又怎能实现？建立科学的绩效考核制度，将传统的只问结果不管过程转为评价政府官员所承担职能的实现程度以及所在地居民的满意程度等紧密结合起来。同时，将考核结果与政府官员的奖惩、职务升降密切结合起来，促使政府官员彻底将提供公共服务作为自身的首要工作。

从某种意义上说，中国改革开放 30 多年的历史就是一部经济制度创新史，因此，破解基本公共服务均等化这一世纪难题，同样需要进行制度创新与改进。近些年，中国投资率居高不下、宏观调控难度加大，与地方政府追求地区经济总量的增长直接相关。在政府目标多元的情况下，过多地关注经济增长必然弱化政府提供公共服务的能力。之所以出现这种情况，则是与长期以来形成的干部考核机制密切相关。所以，建立促进基本公共服务均等化的绩效评估体系，并将基本公共服务指标细化纳入政府考核范围，变软约束为硬指标是促进城乡基本公共服务均等化不可或缺的重要一环。

建立促进基本公共服务均等化的评估体系，最理想的模式是结果导向型的，即根据政府提供公共服务的结果而不是根据预研究或政府行政的过程来判断政府公共服务的绩效，它能有机地根据政府行为的结果来反馈、回应政府行为本身，进而保证政府做正确的事情、按正确的流程做事和把事情做正确。也就是说，以结果为导向的公共服务评估体系引导政府提供的公共服务要以民生为本，以满足最大多数人民的利益为本，以促进城乡之间、地区之间的基本公共服务均等化为本。从世界范围内来看，各国政府都非常重视以结果为导向的公共服务评估制度。发达市场经济国家和国际组织都采用了这项制度，并取得了良好效果。现在世界上做得最好的国家有美国、英国、澳大利亚等。对于中国而言，建立结果导向的公共服务体系，必须注意处理好以下几个问题：

第一，明确公共服务的对象，即解决到底为谁服务的问题。美国学者戴维·奥斯本指出"大多数美国政府都是顾客盲"，不知自己的行政顾客是谁，并非只是美国特有的现象，其他国家都有不同程度的表现。在中国的行政部门中，长期以来奉行的是一种"对上负责"的观念，这说明政府工作人员并不十分清楚自己的服务对象。试想，提供服务的人如果对自己的服务对象都不了解，又怎能提供高质量、高效率的服务呢？美国强调公共服务必须努力使公民满意，务必用较少的资金和其他资源提供更多、更好的服务，使公民得到更多的利益和实惠。针对传统政府"投入导向"产生的弊端，引入"结果导向"，关注政府提供的最终产品，评估政府的行为是否符合"三 E"原则，即经济（Economy）、效率（Efficiency）、效益（Effectiveness）是否符合并实现了政府既定的管理目标。结合中国实际，建立结果导向的公共服务评估体系，首要的是政府工作人员转变观念，增强使命感，将为最大多数人民提供公共服务、公共产品作为最大的政绩，时刻为人民群众的利益着想，并将这种观念上升到组织文化的层面上来，成为每一个工作人员的价值取向和自觉行动。

第二，解决评估的主体问题，即由谁来做出评估。以往中国政府的政绩考核评估属于组织部门，这些考核实际上是对干部的考核，而不是对政府职能的考核，这种考核对于促进政府提高公共服务能力的作用非常有限。以结果为导向进行公共服务评估，应建立一种政府、研究部门和媒体（公众）组成的三元评估机制。政府是公共服务的主要提供者，是主要的信息来源；研究机构和媒体则相对中立，研究机构负责提供评估的方法和出具评估的结果；媒体则代表公众，成为公众、政府部门和研究机构的沟通渠道，当然它们也有自己独立的判断标准。在目前情况下，由这三方共同完成对公共服务的评估是一种较为可行的选择。

第三，采用科学合理的评估方法，建立高效的沟通反馈机制。为实现结果为导向的公共服务评估体系的效果，应专门设立一套评估公共服务的模型，合理设计评估的指标和权重，注重评估的可操作性。坚持定量分析和定性分析相结合的评估方法，单纯的定性分析容易产生偏差，而单纯的定量分析无法为改进公共服务提供有效的评估意见。英国所实行的公共服务评估体系既包括对中央政府各部门的评估，也包括对地方政府和具体项目的评估。在对项目的具体评估方面，则设立了对支出项目的技术方案、经济性、有效性、社会影响等一系列指标。比如，在评估政府提供公共服务的社会效益方面，要考量政府活动的阶段性社会矛盾调解功效、政府活动的长远效应、政府部门行政活动的互补性效应等因素。与此同时，建立一套有效的信息沟通和反馈机制，对评估体系定期检查和修改。没有通畅的信息沟通与交流，评估的结果也就没有任何意义，结果导向的评估体系的最终目的是改善政府的公共服务，通过沟通与交流，不断审视评估体系，不断对其进行修正，从而充分发挥评估体系的真正作用。

（六）创新基本公共服务供给制度

政府在提供基本公共服务方面应承担主要责任，但这并不意味着政府必须直接负责生产所有的公共产品。可以通过构建多元化的参与机制，让企业或第三方参与公共服务的生产，构建多元化的基本公共服务供给体系。

中国是单一制国家，各级政府之间实际上是一种委托代理关系。全体人民是初始委托人，但"全体人民"是抽象的集合概念，无法亲自去履行管理监督职能，只有通过委托国家为代理者来进行管理而实现自身经济利益，"全体人民"统一将权力委托给国家最高权力机构——全国人民代表大会，全国人民代表大会再进一步委托给中央政府，形成一级委托代理链条。在中央政府与地方政府之间，是一种领导与被领导的关系，实际上也是一种委托代理关系，其间存在一个很长的委托代理链条，形成多级委托代理关系。因此，任何政策的设计都要考虑许多因素，如政策的可行性，各主体间的激励约束机制、成本与收益等。

在委托代理框架下，由于激励机制设计的不合理，中国基本公共服务的供给并不是以民众需求为导向的，更多的是根据上级政府的偏好来提供的。许多是来自政府的行政指令，甚至是为了满足政府部门决策者的"政绩"和"利益"的需要。以农村基本公共服务为例，现行的农村基本公共服务"自上而下"的供给机制是将需求方排除在决策之外的，广大农民的意愿和选择得不到应有的重视，服务体系运行缺少农民参与，农民成为单纯被动的接受者。这种供给机制的缺陷，造成农村公共服务供给的非理性与供给效率损失。农民不需要的公共服务供给过剩，农民迫切需求的则供给不足。一个普遍的共识是：农村基本公共服务供给质量低下，结构不合理，既浪费了有限的公共资源，又没能有效地满足农民对基本公共服务的需求。

将市场机制引入基本公共服务供给领域，也就是在政府等公共组织承担供给责任的前提下，把市场激励机制和企业管理手段引入基本公共服务供给之中，构建政府诱导与市场竞争相结合的新模式。从市场需求机制看，只要市场有获利机会存在，基本公共服务的市场供给就成为可能。从市场供给机制看，只要政府对私人提供基本公共服务给予必要的补贴及税收等方面的优惠政策，基本公共服务的市场供给也就成为可能。这就要求：凡有盈利能力、市场能解决的基本公共服务供给，就应取消对私人资本进入的限制，通过市场的办法去解决；凡盈利能力太低、市场不能完全解决，但政府提供优惠政策后市场可以解决的农村基本公共服务供给，就要吸引、激励私人资本进入，尽量通过市场的办法去解决；凡不能盈利，市场不能解决的基本公共服务供给，也要引入市场机制，实行企业化管理，以降低成本，提高效率。

实践证明，群众的主体作用及其有效参与是推进经济社会发展，确保基本公共服务满足群众需求的重要保证。应尊重群众意愿，探索"自下而上"的基本公共服务供给模式。改革基本公共服务供给决策制度，建立"自下而上"的能够有效反映民众需求真实偏好的表达机制，鼓励民众参与基本公共服务供给过程决策，形成政府与民众共同决策与管理的模式，防止提供的公共服务偏离民众的需求。

必须指出的是，在公共服务相关领域，无论是义务教育还是医疗卫生乃至社会保障都引入了市场机制，用价格进行配置。由此带来的好处是效率的提高，但同时也出现获得公共服务不均等的情况。所以，必须指出的是，在构建多元化基本公共服务体系的同时，要防止基本公共服务的过度市场化，政府在其过程中必须独立公正，不能被市场所"俘虏"。

（七）完善促进基本公共服务均等化的法律法规体系

从历史上看，基本公共服务投入不足、结构失衡及效益不高不仅与社会经济发展水平相关，也与缺乏可靠的法律法规体系以及财政投入及其管理体制不健全直接相关。宋朝大改革家王安石曾说，聚天下之人，不可以无财；理天下之财，不可以无义。① 因此，必须建立促进基本公共服务均等化的政策法规体系，形成统一的政策平台而互动发展。从理论上讲，法律法规是一种应由政府提供的"公共产品"，也是一种政府应为民众提供的"公共服务"。目前针对基本公共服务，政府已经出台了一系列法律法规政策。虽然与基本公共服务相关的法律法规已初具规模，但这项公共服务的供给显然是不足的，无法满足民众的基本公共服务需要。

1. 制定《基本公共服务均等化法》

作为公共机构的政府，基本公共服务均等化不仅是其道义性义务，而且是法定性义务。中国基本公共服务供给不足且非均衡的一个重要原因是缺乏可靠稳定的制度保障。为此，应加快基本公共服务均等化的法治体系建设，推进符合中国国情的基本公共服务的相关立法，研究制定《基本公共服务均等化法》，从法律上规范基本公共服务提供主体，建立相关主体的责任追究机制，以便使每一个环节切实落实均等化措施，确保广大人民群众在享有基本公共服务方面权利平等。具体而言，《基本公共服务均等化法》至少应包含以下几个方面的内容：

一是基本公共服务实施主体问题。② 即基本公共服务应当采取市场竞争的方式来提供还是完全由政府提供，如果允许市场主体进入基本公共服务领域，应当采取什么措施保障市场主体在基本公共服务提供上的平等性，从资源配置上确保广大人民群众在享有基本公共服务方面效果均等。

二是政府提供基本公共服务的资金来源问题。规范基本公共服务均

---

① 王安石：《临川文集》。
② 范健：《试论实现"基本公共服务均等化"的法制基础》，《甘肃理论学刊》2008年第3期，第89页。

等化的财政投入体制，从财政投入上确保广大人民群众在享有基本公共服务方面资源均等。应着眼统筹城乡、区域发展，缩小不同群体之间享受基本公共服务的差距，采取转移支付等方式，同时相应调整政府间的财力与事权配置，提高落后地区及基层政府提供基本公共服务的能力，以保障全国不同地区的政府提供基本公共服务的能力大体相等。

三是强化促进基本公共服务均等化的过程管理。重点解决政府等主体投入基本公共服务后，如何保障全体社会成员都能享受到这一服务的问题。在具体实施过程中，不同领域的公共服务运营方式存在巨大差异，比如社会保障资金的管理和使用办法、基本义务教育的实施办法、公共交通的使用办法等存在很大的差异，在基本法中只能做出一些原则性规定，具体措施还须留待各个领域的专门立法中作出规定，以便保障全体人民能够均等地享受基本公共服务。

四是规范基本公共服务均等化的决策参与机制，对于这一问题应当着重考虑如何保障社会公众对基本公共服务的知情权，如何设计一定的程序来保障公众参与基本公共服务建设的决策和监督，从决策参与上确保广大人民群众在享有基本公共服务方面机会均等。

五是清理整合不利于基本公共服务均等化的法律法规。出台具有权威性、强制性的基本公共服务法律法规体系，加强对现有法律法规的清理，及时调整不合时宜的法律法规内容；规范立法行为，避免形成新的部门利益或者固化现有非均等化格局。借鉴国际经验，不断提高立法质量，适应社会动态发展需要，适度增加法律法规的供给量，为促进基本公共服务均等化提供动力支持。

六是当前应重点强化城乡社会保障和医疗卫生方面的立法。中国社会保障制度改革虽然进行多年，也出台了一些相应的行政法规和政策文件，但由于至今未有一部专门的调整社会保障关系的基本法律，导致社会保障发展进展缓慢，与均等化的要求差距尚大。医疗卫生领域的改革正处于攻坚阶段，医疗资源分布极度不均的情况亟待改变。因此，应从统筹城乡发展出发，制定出台《农村最低生活保障法》、《农村养老保险法》、《基本医疗卫生法》等法律法规，实现人人享有均等化的最低生活保障、养老保障和基本医疗卫生服务的目标。

2. 促进基本公共服务均等化的相关配套法规

《基本公共服务均等化法》是保障基本公共服务均等化的基本法律，与此同时，还应完善与《基本公共服务均等化法》相关的配套法律建设工作，重点推进以下几个领域的立法：

（1）制定《中央与地方关系法》，明确各级政府提供基本公共服务的职责。中国实行的是"经济分权，政治集权"的管理模式。多年来，中央政府对地方政府的考核是"以经济成就论英雄"，现行的制度约束造成地方政府把更多的精力用来做大经济蛋糕和增加财政收入方面，前者使其有与同级兄弟政府竞争的资本，后者让其有真实的财力去"经营城市"。不改变中央与地方的关系，地方政府缺乏提供基本公共服务的理性动力。在这种情况下，实现城乡基本公共服务均等化是缺乏基础的。

纵览世界发达国家处理中央与地方关系的主要经验，大多都是以明确的宪法和法律为依归，通过法律对中央与地方关系予以确定，详细规定地方政府的权限，使地方政府行为有法可依。如日本的《地方自治法》，规定了地方公共机构的形式、组织框架及行政准则，同时还规定这些地方机构与中央政府之间的关系。日本地方自治体在与中央政府的关系中，地方政府作为独立法人与中央政府保持相对独立。

中国的《宪法》对中央与地方关系仅做了模糊性规定，总纲第 3 条"中央和地方的国家机构职权的划分，遵循在中央的统一领导下，充分发挥地方的主动性、积极性的原则。"由此带来的后果是，中央与地方政府之间事权、财权关系的不稳定，地方政府常常根据中央政府的"偏好"来选择自己的行为，从长远来看，这是不利于维护全体人民的利益的。因此，中国应适时推出《中央与地方关系法》，用法律的形式将中央与地方的权责明确下来，以法律形式确定中央与地方政府各自的经济、行政和立法方面的职责权限，形成新型的中央与地方政府之间法定的权力利益关系，将中央与地方的关系纳入到法制化轨道。以法律形式具体规定政府间事权财权划分的详细内容，保持中央与地方关系的相对稳定性，彻底将"以经济总量为导向"转变到"以基本公共服务均等化为导向"上来，在法治基础上形成新的中央与地方之间的权利义务关系。这样，既可以防止中央政府随意收权或放权，又可防止地方政府利用信息不对称经常性的"越位"或"缺位"，实现中央与地方权力划分的制度化、稳定化、科学化、民主化。

（2）完善《预算法》，增强公共预算的权威性。现行预算编制与执行不分，缺乏必要的制衡机制，与基本公共服务均等化等国家宏观政策的要求距离甚远，对预算支出缺乏制度约束力和民主监督。建立编制、执行、监督相制衡的预算管理体制是完善公共财政制度的当务之急。因此，应借鉴国际经验，尽快完善《预算法》，增强公共预算的权威性。

①政府预算收入应进一步细化。《预算法》第 19 条规定，预算收入由税收收入、依照规定应当上交的国有资产收益、专项收入、其他收入四项组成。其中，预算法实施细则除对"国有资产收益"和"专项收入"的内容做出明确规定外，对"其他收入"的内容并没有作明确的规定，这使得预算收入的内容较为模糊。所以，在完善预算法时应将政府收入的内容细化，如收费收入、社会保障基金收入、债务收入等。

②强化预算监督。目前，中国各级政府财政预算缺乏透明度，人大代表在审议时，只能就各类公共支出的比例分配情况提出意见，而不能

对某一公共产品或公共服务提出异议，这种监督实际上是非常乏力的。只有将财政预算进一步具体化，才能确保选民的知情权，也才能从根本上解决行政费用支出的不断膨胀问题。

③调整预算年度时间。《预算法》第十条规定，"预算年度自公历一月一日起，至十二月三十一日止"。但是，全国人民代表大会在每年3月份召开，，这造成目前中国财政年度有较长时间处在无预算运行的状态，这不仅影响预算的严肃性，也留下了一个权力真空。其实，世界上许多国家并不是按照公历来编制的，如美国财政预算年度为每年的10月1日至次年的9月30日。我们可以参考美国的做法，将目前的预算年度由历年制改为跨年制，以消除时间差，可以考虑每年的4月1日为预算年度的起始时间，下一年的3月31日为终止时间，这样可使预算年度与全国人大审批时间相一致。预算年度一开始，各级政府就必须严格执行，要增强预算的法律约束力，维护《预算法》的权威性，必将对行政费用支出产生一定的约束力。同时，应增加政府预算编制时间。中国公共预算编制时间通常从每年的11月份开始，总共不过两个月左右时间，有的地区甚至仅用一个星期就完成了年度预算的编制工作。这一方面使得公共预算编制中的收支安排带有很大的盲目性，另一方面也影响了整个预算草案的真实性，我国各级政府预算至少应提前半年进行编制，提高预算的科学性和针对性。

（3）建立健全促进农村发展的其他法律法规。促进基本公共服务均等化是一项长期的艰巨性任务，必须立足长远，着眼于优先解决农村的实际问题。当前还应按照城乡一体化发展的要求，建立健全有利于农村长期发展的其他领域的法律法规。

进一步完善《土地管理法》、《水法》、《能源法》等法律制度。坚持最严格的耕地保护制度，加快征地制度改革，健全合理的征地补偿机制，依法保障农民土地权利。彻底解决农村饮水困难和安全问题，满足农民对洁净水的基本需求。对于资源富集的农村地区，必须健全补偿制度，不应由农民承担资源开发带来的成本，避免出现"富饶的贫困"。提高农民的市场经济意识，完善《产品质量法》和《消费者权益保护法》，依法维护农民权益。对于进城务工的农民工，应完善《劳动法》等法律法规，保护农民工及其子女在城市各项权益。规范农村公共工程建设，完善《招标投标法》、《政府采购法》等。对于地处限制开发和禁止开发区的农村农民，修改完善《森林法》、《草原法》、《自然保护区条例》、《风景名胜区管理条例》等现有相关法律法规中有关条款，为利益补偿提供法制保障，保证他们与全国人民同步享受到均等化的基本公共服务。

第三章

党和政府的工作重心应转移到社会建设上来

为积极推进服务型政府建设，充分发挥市场在资源配置中的决定性作用和更好发挥政府在创造良好发展环境、提供优质公共服务、维护社会公平正义的作用，切实解决经济建设和社会建设严重失衡等问题，迫切需要将党和政府的工作重心转移到社会建设上来。

适应形势的重大变化，抓住历史转折的重要关头，适时调整党和政府的工作重心，是完成新时期党和政府重点工作的必然要求，是我们党实事求是地决定工作方针的重要体现，也是我们党领导各族人民取得新民主主义革命胜利和社会主义现代化建设伟大成就的重要经验。早在1948年，毛泽东就明确指出："按照实际情况决定工作方针，这是一切共产党员所必须牢牢记住的最基本的工作方法。"[①] 改革开放30多年来，我国经济高速增长，经济总量从世界第十位跃居世界第二位，人均国内生产总值由改革开放初期的230美元升至2013年的近6800美元，从低收入经济体进入中高收入经济体行列。[②] 这表明，我国现代化建设已经跃升到一个新的历史起点。立足当前，面向未来，只有将党和政府的工

---

① 《毛泽东选集》第4卷，人民出版社1991年版，第1308页。

② 参见黄守宏：《坚持依靠改革促进经济提质增效升级》，载《十二届全国人大二次会议〈政府工作报告〉辅导读本2014》，人民出版社、中国言实出版社2014年版，第135页。

作重心转移到社会建设上来，才能为经济结构转型升级创造条件，才能真正实现以人为本、全面协调和可持续发展。

一、科学界定和正确理解社会建设

当我们探讨社会建设在社会主义现代化建设以及党和政府工作中的地位时，首先必须正确理解和科学界定"社会建设"。

（一）对"社会建设"的不同解读

从近代以来人类社会发展的历史来看，社会建设不是一个新话题。在世界现代化进程中，当一个国家拉开了现代化建设的序幕之后，社会建设很快就提到了现代化建设的议事日程，进一步发展，社会建设成为国家现代化的重头戏。只是由于各国所处的社会环境和发展阶段不同，社会建设的内容、重点和次序有所不同而已。在我国，早在 1917 年，孙中山先生就表达了"教国民行民权"的社会建设思想；[①] 1934 年，著名社会学家孙本文在其所著《社会学原理》一书中就为"社会建设"下了定义。新中国成立后不久，社会学因故被取消，"社会建设"这一重要概念也就没有得到应有的传承和诠释，以至于《汉语大辞典》、《辞海》、《辞源》、大百科全书社会学卷以及 20 世纪 80 年代以来出版的各种社会学教科书，都没有"社会建设"这个词条。[②] 因此，党的十六届四中全会提出社会建设后，很多人对"社会建设"这一概念感到陌生也就不足为怪了。近些年，社会学界对社会建设的理论与实践都进行了较为深入的研究。这些研究既有助于准确理解"社会建设"的含义，更有助于深

---

① 孙中山：《建国方略》，华夏出版社 2002 年版，第 300—301 页。
② 参见陆学艺：《关于社会建设的理论和实践》，《国家行政学院学报》2008 年第 2 期。

刻认识社会建设的重要意义和主要内容。

对"社会建设"的界定与对"社会"这一概念的不同理解密切相关。在我国，学术界通常从大、中、小三个角度来解释"社会"，将"社会"分为"大社会"、"中社会"和"小社会"。"大社会"是指除了自然界以外的社会，即人类社会。"中社会"是指人类社会中除了经济关系和经济行为以外的部分，包括政治、文化和"小社会"。"小社会"是指人类社会中除了经济、政治、文化以外的部分。[①] 与对社会概念的不同理解相一致，人们对社会建设也做出了三种不同的解读，即：第一，"大"社会建设。在当代，"大"社会建设几乎等同于现代化建设，包括经济建设、政治建设、文化建设、"小"社会建设以及生态文明建设。因为现代化是一个国家由传统社会结构形态向现代社会结构形态变迁的历史过程。第二，"中"社会建设。是指人类社会中经济建设以外的社会各领域建设。第三，"小"社会建设。即人类社会中经济建设、政治建设、文化建设以外的社会建设。

（二）大、中、小社会建设利弊分析

显然，用"大社会"的概念来界定社会建设，不仅过于宽泛，而且难以划清社会建设的边界和突出社会建设的重点。一些社会学者用"小社会"的概念来界定社会建设。这种界定又过于狭窄，难以解决当前和今后我国社会所面临的主要矛盾和突出问题，也难以做到以人为本、全面协调和可持续发展。所以，只能用"中社会"的概念来界定社会建设。我们常讲的经济与社会协调发展，这里的社会，实际上是"中社会"的概念，它涵盖了经济以外的所有社会领域，包括政治、文化、科

---

① 参见景天魁：《社会建设的科学构思和周密布局》，《江苏社会科学》2008 年第 1 期。

技、教育、卫生等各个方面。与此相适应，社会建设自然包括政治、文化、科技、教育、卫生等各个社会领域的建设与发展。

在我国，社会建设滞后不仅仅是"小社会"含义上的社会建设滞后，而是"中社会"含义上的社会建设滞后。由此所带来的不仅仅是民生问题，同时还导致社会不公、社会不和谐、不安定，阻碍了社会发展的正向演化，抑制了社会的生机活力和创造力。要切实解决社会领域所存在的各种问题，仅仅局限于"小社会"含义上的社会建设是远远不够的，而必须从"大社会"建设着眼，从"中社会"着手来谋划和推进社会建设。

所谓从"大社会"着眼来谋划社会建设，即站在社会主义现代化建设的战略高度来思考、谋划社会建设，既要解决当前迫切需要解决的民生问题，又要维护社会公平正义，解决制约科学发展的体制机制和文化问题，为全面建设小康社会和实现社会主义现代化奠定坚实的社会基础，提供良好的体制机制保障。

所谓从"中社会"着手来谋划和推进社会建设，即以保障和改善民生为基础，加快形成政府主导、覆盖城乡、可持续的基本公共服务体系，在努力办好人民满意的教育、推动实现更高质量的就业、千方百计增加居民收入、统筹推进城乡社会保障体系建设、提高人民健康水平、加强和创新社会管理的同时，将社会建设的重点转移到维护社会公平正义上来，按照党的十八大报告的要求，在经济社会发展的基础上，加紧建设对保障社会公平正义具有重大作用的制度和建立以权利公平、机会公平、规则公平为主要内容的社会公平保障体系，努力营造公平的社会环境，保证人民平等参与、平等发展的权利。

（三）社会建设的主要内容

维护社会公平正义，实现科学发展，就需要不断拓展社会建设的实践内涵。在指导社会主义现代化建设中，我们党也正是这样做的。例如，2010年10月18日，党的十七届五中全会通过的《中共中央关于制定国民经济和社会发展第十二个五年规划的建议》中，明确将"十二五"时期社会建设的主要任务概括为："覆盖城乡居民的基本公共服务体系逐步完善，全民受教育程度稳步提升，全民族思想道德素质、科学文化素质和健康素质不断提高。社会主义民主法制更加健全，人民权益得到切实保障。文化事业和文化产业加快发展。社会管理制度趋于完善，社会更加和谐稳定。"很显然，这里讲的社会建设，已经不是"小社会"含义的社会建设，而是"中社会"含义的社会建设。

从"中社会"角度来理解和界定社会建设，其主要内容除了"小社会"含义的社会建设之外，还包括政治建设、文化建设和生态文明建设。

1．政治建设

积极推进政治建设，核心是发展社会主义民主政治，建设社会主义法治国家。通过积极稳妥地推进政治体制改革，发展更加广泛、更加充分、更加健全的人民民主。为此，应把制度建设摆在突出位置，更加注重健全民主制度、丰富民主形式，保证人民依法实行民主选举、民主决策、民主管理和民主监督。在加强社会主义民主建设的同时，大力加强法治建设，进一步增强全社会的法治观念，在国家治理和社会管理中更加注重发挥法治的重要作用，维护国家法制统一、尊严和权威，保证人民依法享有广泛的权利和自由。①

2．文化建设

积极推进文化建设，重点是加强社会主义核心价值体系建设，全面提高公民的道德素质和全民族的文明素质，丰富人民精神文化生活，增

---

① 参见党的十八大报告第五部分。

强文化整体实力和竞争力。与此同时，还必须加强思想文化创新，在借鉴和吸收人类文明成果的基础上，创建适应我国社会主义现代化建设需要的新质态的文化，并用这一文化塑造中华民族的现代人格，为实现社会主义现代化奠定思想文化基础。对此，美国现代化问题理论家英格尔斯清楚地指出："在整个国家的现代化进程中，人是一个基本的因素。一个国家，只有当它的人民是现代人，它的国民从心理和行为上都转变为现代的人格，它的现代政治、经济和文化管理机构中的工作人员都获得了某种与现代化发展相适应的现代性，这样的国家才可真正称之为现代化的国家。"①

3. 生态文明建设

生态环境是人类社会赖以生存和发展的自然基础。生态环境遭到破坏，人类的生存和发展就会陷入艰难的境地，人的健康、生活质量的提高和可持续发展就会面临巨大的压力和挑战。例如，传统的发展模式导致我国资源约束趋紧，环境污染严重，生态系统退化。我国石油对外依存度已经上升到56.7%，重要矿产资源的对外依存度也在快速上升，多年平均缺水量536亿立方米，2/3的城市缺水，110座城市严重缺水，耕地逼近18亿亩红线；环境状况总体恶化趋势没有根本遏制，一些重点流域水污染严重，部分城市灰霾天气增多，环境群体性事件频发；全国水土流失面积占国土面积37%、沙化土地面积占18%，90%的草原不同程度退化，地面沉陷面积扩大，生态系统破坏带来的自然灾害频发。② 面对资源环境的严峻形势，党的十八大报告明确提出"树立尊重自然、顺应自然、保护自然的生态文明理念，把生态文明建设放在突出地位，融

---

① ［美］英格尔斯：《人的现代化》，殷陆君译，四川人民出版社1985年版，第8页。
② 参见杨伟民：《大力推进生态文明建设》，载《十八大报告辅导读本》，人民出版社2012年版，第319页。

入经济建设、政治建设、文化建设、社会建设各方面和全过程，努力建设美丽中国，实现中华民族永续发展。"为此，必须按照十八大报告的要求，优化国土空间开发格局，全面促进资源节约，加大自然生态系统和环境保护力度，加强生态文明制度建设。

二、党和政府工作重心转移的必然性和必要性

党和政府的工作重心转移到社会建设，不仅仅是建设服务型政府的需要，同时也是转变经济发展方式、推动科学发展的迫切需要，它对于社会和谐稳定和国家长治久安，对于实现社会主义现代化建设的宏伟目标，都具有重大的现实意义和深远的历史意义。

（一）党和政府的工作重心转移到社会建设是建设服务型政府的迫切要求

建设服务型政府，要求将政府的主要职能转变到公共服务上来。而政府应该提供的基本公共服务，许多是属于社会建设的范畴。如公共教育、就业服务、社会保障、医疗卫生、人口计生、公共文化，等等。多年来，政府履行公共服务职能不到位，一个很重要的原因，是对社会建设重视不够，社会建设严重滞后。例如，到目前为止，我国已经制定了十二个五年规划。从"一五"到"五五"，都是发展国民经济的计划。1982 年，我国制定第六个五年计划时，增加了社会发展的内容，此后的五年计划，都冠名为国民经济与社会发展计划（"十一五"后更名为规划），其中增加了社会发展和社会建设的有关内容。党的十七大明确要求加快推进以改善民生为重点的社会建设，使社会建设受到高度重视。但一些政策和具体措施仍然不到位，导致上学难，看病难、就业难、住房

贵等一系列民生问题。由于历史欠账较多，加之不少地方对社会建设仍然重视不够，使劳有所得、病有所医、老有所养、住有所居等民生目标的实现仍有较大差距。为切实解决这些问题，迫切需要党和政府的工作重心转移到社会建设上来，以此推进社会建设和服务型政府建设。

（二）党和政府的工作重心转移到社会建设是实现经济发展方式根本转变的迫切需要

早在 1995 年 9 月，党的十四届五中全会就提出了实现经济增长方式从粗放型向集约型根本转变的战略方针。15 年来，我们为此进行了多方面努力，也取得了不少成效。但总体上看，经济增长方式根本转变的目标尚未实现。近年来，随着经济增长速度的加快，增长方式粗放的问题更加突出，资源环境面临的压力越来越大。[①] 党的十七大报告不仅明确提出了加快转变经济发展方式的战略任务，而且明确提出了转变的基本思路和要求，即促进经济增长由主要依靠投资、出口拉动向依靠消费、投资、出口协调拉动转变，由主要依靠第二产业带动向依靠第一、二、三产业协同带动转变，由主要依靠增加物质资源消耗向主要依靠科技进步、劳动者素质提高、管理创新转变。党的十七届五中全会通过的《中共中央关于制定国民经济和社会发展第十二个五年规划的建议》进一步提出了加快转变经济发展方式的基本要求，即：坚持把经济结构战略性调整作为加快转变经济发展方式的主攻方向；坚持把科技进步和创新作为加快转变经济发展方式的重要支撑；坚持把保障和改善民生作为加快转变经济发展方式的根本出发点和落脚点；坚持把建设资源节约型、环境友好型社会作为加快转变经济发展方式的重要着力点；坚持把改革开

---

① 马凯：《加快转变经济发展方式是关系国民经济全局紧迫而重大的战略任务》，载《十七大报告辅导读本》，人民出版社 2007 年版，第 128 页。

敢作为加快转变经济发展方式的强大动力。党的十八大报告再次强调加快转变经济发展方式，加快形成新的经济发展方式，"把推动发展的立足点转到提高质量和效益上来，着力激发各类市场主体发展新活力，着力增强创新驱动发展新动力，着力构建现代产业发展新体系，着力培育开放型经济发展新优势，使经济发展更多依靠内需特别是消费需求拉动，更多依靠现代服务业和战略性新兴产业带动，更多依靠科技进步、劳动者素质提高、管理创新驱动，更多依靠节约资源和循环经济推动，更多依靠城乡区域发展协调互动，不断增强长期发展后劲。"

然而，由于社会建设比较滞后，使社会领域的诸多问题成为制约我国经济发展方式转变的主要因素。例如，目前我国科技人力资源总量约为4200万人，居世界前列，但高层次创新型科技人才仅1万人左右；在158个国际一级科学组织及其1566个主要二级组织中，参与领导层的我国科学家仅占总数的2.26%。[①] 创新型人才尤其是高层次创新型科技人才匮乏，直接制约着我国经济发展方式的转变。再如，由于科技创新体制不合理、科技创新投入不足和创新型科技人才数量、质量的制约，导致我国科技创新能力不强。比如，近年来我国申请专利数逐年增多，但大部分是实用改进型专利，真正发明性的专利不多。许多专利甚至是伪专利，根本不可能转化成生产技术或产品，实现产业化。企业是科技创新的主体，但我国现有928万户注册企业中，拥有自主知识产权和新技术的企业仅为万分之三，98.6%的企业从未申请过专利。由于缺乏自主知识产权和自主品牌，我国工业关键核心技术依靠国外引进，关键原材

---

① 沈跃跃：《推动人才事业全面发展》，载《〈中共中央关于制定国民经济和社会发展第十二个五年规划的建议〉辅导读本》，人民出版社2010年版，第183页。

料、核心元器件、大型装备主要依赖进口，产业发展严重受制于人。①因此，为了切实解决制约经济发展方式转变的各种社会问题，促进经济发展方式的根本转变，迫切需要党和政府的工作重心转移到社会建设上来。

（三）党和政府的工作重心转移到社会建设是更好地坚持以经济建设为中心、提高经济发展质量和效益的迫切需要

"以经济建设为中心"是在"文化大革命"结束后不久，我国经济面临崩溃边缘的特定历史条件下提出的。这一重要指导思想的提出，对于否定以阶级斗争为纲的理论与实践，将中国发展的航船调整到现代化建设的正确航道，起到了历史转折性的作用。改革开放 30 多年来，我国经济建设的巨大成就，就是在这一重要思想的指导下取得的。

然而，"以经济建设为中心"并不是以 GDP 为中心，更不是只搞经济建设，不搞社会建设，而是要求党和政府的各项工作都要围绕着经济建设这个中心，为经济建设、经济发展服务。在市场经济条件下，坚持以经济建设为中心，要求加快服务型政府建设步伐，将政府职能切实转变到创造良好发展环境、提供优质公共服务、维护社会公平正义上来，不允许政府直接干预企业的自主经营活动，更不允许政府越俎代庖，直接介入市场，扮演市场主体的角色。

在市场经济条件下，企业是市场主体和直接创造财富的主体，政府是创造环境的主体。这里的环境，包括良好的宏观经济环境，良好的政治环境，良好的文化环境，良好的社会环境，良好的法制环境，良好的

---

① 参见马传景：《我国经济社会发展中存在的矛盾和问题》，载《十一届全国人大四次会议〈政府工作报告〉辅导读本 2011》，人民出版社、中国言实出版社 2011 年版，第 109—110 页。

基础设施，良好的市场秩序，良好的信用体系，良好的自然环境，等等。党和政府的工作重心转移到社会建设，能够极大地加强社会建设，将从根本上解决政府职能转变不到位的问题，并为政府履行新职能奠定坚实的社会基础。因为：

1. 党和政府的工作重心转移到社会建设，能够更好地维护和增进公民的合法权益，更有效地保障和改善民生，促进社会的和谐安定，从而为提高经济发展质量和效益创造良好的社会环境。

2. 党和政府的工作重心转移到社会建设，能够为提高经济发展质量和效益提供源源不断的高质量的人力资源，促进科技进步和创新，加速科技成果转化，保障和促进产业结构的优化升级，尽快改变我国在国际工业产业分工中的不利地位。

3. 党和政府的工作重心转移到社会建设，能够提高居民的消费率，加快形成消费、投资、出口协调拉动经济增长的新局面

有关研究表明，社会建设滞后，政府用于社会建设和公共服务支出不足，迫使居民用自身的收入来支付快速增长的教育、医疗和社会保障等支出，不仅挤压了居民的其他消费增长，而且强化了居民的谨慎预期，降低了居民的消费倾向，是居民消费率不高的重要原因。[1] 为从根本上解决这一问题，一方面，需要尽快扭转消费率下降和收入分配差距过大的趋势，另一方面，需要大力加强社会建设，切实提高基本公共服务的覆盖率和供给水平，消除城乡居民的后顾之忧，提高其消费能力。

4. 党和政府的工作重心转移到社会建设，能够直接带动许多产业的发展，使其成为新的经济增长点

例如，医药和医疗器械行业的丰厚利润已经超过包括电子产业在内

---

① 余斌、陈昌盛：《"十二五"期间优化收入分配格局的思路与途径》，载《中国发展评论》第12卷第1期，中国发展出版社2010年版，第16页。

的其他行业；老年服务业、妇幼保健业、旅游业、文化产业等，也都是新兴的朝阳产业，不仅在 GDP 中所占比例迅速提高，而且带动就业的能力也超过第二产业。①

（四）党和政府的工作重心转移到社会建设是实现经济与社会协调发展的迫切需要

经济与社会协调发展，是现代化建设迈上新台阶、进入新阶段的必然要求和重要标志。在我国，由于对以经济建设为中心的片面理解和单纯追求 GDP 增长的片面驱动，导致社会建设严重滞后，社会建设与经济建设严重不协调，使社会建设成为我国现代化建设的一块"短板"。例如，经过十六大以来的多年努力，我国社会事业虽然发展较快，但社会事业特别是社会保障仍然滞后，社会保障面不宽。目前，我国城镇职工失业保险率只有 41%，医疗保险率是 53%，工伤保险率是 48%，生育保险率是 35%，基本养老保险率是 57%。农民工各种社会保险覆盖率更低，失业保险覆盖率只有 3.7%，医疗保险覆盖率是 13%，工伤保险覆盖率是 24%，生育保险覆盖率是 2%，基本养老保险覆盖率不到 10%。②此外，我国优质教育和医疗资源总量不足，分布不均；部分城市房价涨幅过高，保障性住房建设滞后；投资与消费关系失衡，收入分配不公、差距过大；食品安全问题和资源环境问题突出，等等。

社会建设滞后，不仅影响了社会的和谐安定，而且严重制约了科学发展。比如，我国的经济结构已经是工业化中期阶段的结构，而社会结构仍处在工业化的初期阶段，导致社会结构与经济结构的严重不适应，

---

① 景天魁：《社会建设的科学构思和周密布局》，《江苏社会科学》2008 年第 1 期。
② 马传景：《我国经济社会发展中存在的矛盾和问题》，载《十一届全国人大四次会议〈政府工作报告〉辅导读本》，人民出版社、中国言实出版社 2011 年版，第 108 页。

成为我国产生诸多经济社会矛盾的结构性根源；社会流动机制建设滞后，限制了社会流动的顺畅进行，阻碍了社会结构的正向演化；社会组织建设滞后，制约了经济社会的协调发展，影响了政府职能的转变；社会利益协调机制建设滞后，使社会积存和新生的矛盾不能得到及时化解，酿成了一系列群体性事件；社会事业建设滞后，导致基本公共服务供给不足，百姓就业难、上学难、看病难、住房难比较突出；社会保障体制建设滞后，导致社会保障覆盖面小，保障基金严重不足，社会统筹层次低，扩大了城乡差距和地区差距；社会安全体制建设滞后，导致多起重大的公共安全事件，造成严重的经济损失和不良的社会影响；社会管理机制建设滞后，使一些地方和领域的管理不能适应经济社会发展的新形势、新要求；① 社会信誉体系建设滞后，导致严重的信誉危机，加大了社会交易成本，等等。

在今后的发展中，我国社会建设的任务异常繁重。这是由以下因素决定的：（1）长期以来，我国社会建设欠账较多，在社会建设领域，我们有一个补课或还账的问题。（2）城镇化的快速发展。2010年，我国城镇化率为49.68%，到2020年，有可能接近或超过60%。城镇化的快速发展，不仅要求加快社会建设步伐，而且对社会建设提出了新的更高要求。（3）人口老龄化加重。根据第六次人口普查，2010年，我国60岁及以上人口占总人口的13.26%，其中65岁及以上人口占总人口的8.87%，同2000年第五次全国人口普查相比，60岁及以上人口的比重上升2.93个百分点，65岁及以上人口的比重上升1.91个百分点，成为比较严重的老龄化社会。今后，我国人口老龄化还将进一步加重。人口老龄化将会导致社会抚养比上升，社会负担加重，劳动力供给减少，消

---

① 参见陆学艺：《关于社会建设的理论与实践》，《国家行政学院学报》2008年第2期。

费与储蓄水平下降，社会保障体系和公共服务压力加大。[①]（4）随着我国经济的持续稳定发展和城乡居民生活水平的提高，人民群众必然会对以社会建设为基础的基本公共服务提出新的更高要求。凡此种种，都迫切要求党和政府的工作重心转移到社会建设上来。否则，难以适应新形势，促进新发展。

（五）党和政府的工作重心转移到社会建设是深入推进社会主义现代化建设的必然要求

现代化是一个国家由传统社会向现代社会转型的变革过程，涉及经济、政治、文化、社会和人的现代化等方方面面。世界现代化的基本规律是：经济和思想文化革新引发了政治变革，通过政治革命，实现国家的独立和统一；在此基础上，启动经济建设，推动经济发展；当经济发展到一定程度，包括政治建设和文化建设在内的"中社会"含义的社会建设便被提上议事日程，并很快成为现代化建设的主旋律；在这一主旋律的演奏过程中，通过一系列的改革创新，实现了国家政治的民主化、法制化和人的现代化。至此，一个国家的全面现代化基本完成，国家和社会将在现代质态和结构的基础之上开始良性运行。

在我国，在中国共产党领导下，经过长期的浴血奋战，终于在1949年10月1日建立了新中国，实现了国家的独立和中国大陆的统一，为启动现代化创造了良好的政治条件。此后虽然走过了20多年的弯路，但在20世纪70年代末，以邓小平为核心的党的第二代中央领导集体坚持解放思想、实事求是，以巨大的政治勇气和理论勇气，彻底否定了"以阶级斗争为纲"的错误理论和实践，做出了把党和国家的工作中心转移到

---

① 王伟光：《积极应对人口老龄化》，载《〈中共中央关于制定国民经济和社会发展第十二个五年规划的建议〉辅导读本》，人民出版社2010年版，第241页。

经济建设上来、实行改革开放的重大战略决策，吹响了中国现代化的新时代号角。改革开放至今，我国经济建设取得了举世瞩目的成就：到2010年，我国国内生产总值达到397983亿元，按平均汇率折算达到58791亿美元，成为仅次于美国的世界第二大经济体。① 据世界银行统计，2011年我国人均国民收入达到4930美元，已经进入中高收入国家行列。

依据国际经验，人均国内生产总值处于1000～8000美元的发展阶段，是全面、系统地完善公共服务职能的重要发展阶段，也是大力加强社会建设的重要时期。在我国，由于社会建设严重滞后，不仅导致政府公共服务职能薄弱，制约了产业结构的优化升级和经济发展方式的转变，而且导致发展中的不平衡、不协调，既严重影响了科学发展，又严重影响了社会的和谐安定。为从根本上解决这一问题，深入推进社会主义现代化建设，迫切需要将党和政府的工作重心转移到社会建设上来。

（六）党和政府的工作重心转移到社会建设是进一步巩固党的执政基础和提高党的执政能力的迫切需要

恩格斯指出："政治统治到处都是以执行某种社会职能为基础，而且政治统治只有在它执行了它的这种社会职能时才能持续下去。"② 改革开放以来，我国经济增长取得了举世瞩目的成就。但同时也必须看到，经济增长的资源环境代价过大，城乡、地区、经济社会发展仍然很不平衡，劳动就业、社会保障、收入分配、教育卫生、居民住房、安全生产、社会治安等方面的问题较多，矛盾比较突出。随着工业化的加速发展、城

---

① 王文波：《我国"十一五"时期经济社会发展取得巨大成就》，载《十一届全国人大四次会议〈政府工作报告〉辅导读本》，人民出版社、中国言实出版社2011年版，第22—23页。

② 恩格斯：《反杜林论》，人民出版社1970年版，第177页。

市化水平的进一步提高和人口的继续增长，我国在未来发展道路上所面临的社会问题将更加突出，社会矛盾可能更加尖锐、复杂。这对我们党的执政基础和执政能力都构成了巨大的压力和挑战。

社会建设直接关系到民生的保障和改善，关系到人民群众合法权益的维护和实现。将党和政府的工作重心转移到社会建设，不仅能够较好地维护和增进人民群众的合法权益，而且能够提高党和政府的公信力，巩固和扩大党和政府的合法性基础。国际经验表明，一个国家的政府如果不能积极进行社会建设，有效提供基础医疗、基础教育、社会保障等基本公共服务，人民和企业就会相应地采取措施逃避税收，导致社会建设和公共服务的恶性循环。如果执政者不重视社会建设，在公民权利维护和保障方面长期"口惠而实不至"，那么，必然削弱其执政之基，降低其公信力，一旦遇到较大风浪，执政者驾驭的航船就可能倾覆。"在苏联和中东欧国家，正是因为国家在履行其诺言方面的长期失误才最终导致政府的垮台"① 这一深刻的历史教训，需要我们高度重视，并认真地加以总结和汲取。

三、实现党和政府工作重心转移的基本路径

党和政府的工作重心转移到社会建设，事关我国社会主义现代化建设的战略全局，必须深入研究，统筹规划，形成科学的战略与政策，加强指导和监督，确保党和政府工作重心的顺利转移。

---

① 世界银行1997年世界发展报告：《变革世界中的政府》，中国财政经济出版社1997年版，第2页。

（一）加强社会发展规律的研究

社会领域纷繁复杂，但社会发展是有规律的。特别是当一个国家走向现代化，其发展规律清晰可见，如：由农业社会向工业社会转型，由农村社会向城镇社会转型，由封闭社会向开放社会转型，由静态社会向动态社会（流动社会）转型，由人治社会向法治社会转型，由传统人格转向现代人格，社会阶层结构由传统的金字塔型转向现代的橄榄形，等等。

深入研究和深刻认识社会发展规律，是指导和推进社会建设的前提。依据社会发展规律指导社会建设，能够使社会建设更加科学，更有效能，防止和克服社会建设的盲目性和主观随意性。

（二）加强社会建设的战略规划和战略指导

科学组织和有效开展社会建设，要求党和政府从社会所处的发展阶段出发，遵循社会发展规律，研究制定社会建设的战略规划，对社会建设进行科学有效的战略指导。党的十六大以来，我国在"十一五"和"十二五"规划中不断加大社会建设的比重，将社会建设与经济建设统筹规划、整体布局，既推动了经济发展，又促进了社会建设。在此基础上，应从我国社会所处的发展阶段出发，依据社会发展规律，研究制定社会建设的近期、中期和长远战略，明确近期、中期和长远战略目标、战略重点和战略任务以及相关的各项政策，使社会建设在总体战略的指导下，整体协调、前后相续，使社会建设与经济建设相互配合、互相促进。只有这样，才能更加科学、更加有效地推进社会主义现代化建设。

（三）依法明确各级政府社会建设的职责权限

在现代社会，政府作为社会公共事务的管理者和基本公共服务的主要承担者，在社会建设中发挥着组织指导和协调监督等作用。为使政府正确履行社会建设和公共服务职能，必须依法明确各级政府的职责权限。建议修改《国务院组织法》，单独制定《地方各级人民政府组织法》，以法律的形式，明确各级政府社会建设和公共服务的事权及与之相匹配的财力，使社会建设和公共服务纳入社会主义法治轨道。

（四）加大社会建设的财政投入

社会建设需要相应的财力支持。目前，在我国政府财政支出中，社会建设投入过低。这是导致社会建设严重滞后的重要原因。国际经验表明，当一国人均 GDP 达到 3000～6000 美元时，医疗卫生、教育、社会保障三项支出之和占政府财政支出的比重为 54%。[①] 2010 年，我国人均 GDP 达到 4000 美元，而医疗卫生、教育、社会保障三项支出之和占政府财政支出的比重只有 29.5%，与人均 GDP3000～6000 美元的国家相比，低 24.5 个百分点。（因此，将党和政府工作重心转移到社会建设，必须调整政府财政支出结构，加大财政对社会建设的投入，并提高社会建设资金的使用效能。

（五）加强社会建设的评估与监督

社会建设是一项系统工程。要积极有效地推进社会建设，就必须加强社会建设评估，包括社会建设的总体评估和分项评估。为此，需要研究制定科学的社会建设评估指标体系，包括社会建设总体评估指标体系和分项评估指标体系，构建科学合理的社会建设评估体制和机制。通过科学、客观、公正和及时的评估，准确把握社会建设的实际进程、取得

---

① 余斌、陈昌盛：《"十二五"期间优化收入分配格局的思路与路径》，载《中国发展评论》第 12 卷第 1 期，中国发展出版社 2010 年版，第 16 页。

的成效和存在的主要问题，为各级党委和政府更加有效地指导和推进社会建设提供科学依据。与此同时，要加强对社会建设的监督，防止和克服社会建设领域的消极腐败现象。

（六）深化社会管理体制改革

为充分调动各方面的积极性，科学有效地组织和推进社会建设，必须按照全面推进社会主义现代化和构建社会主义和谐社会的总体要求，深化社会管理体制改革，创新社会管理机制，形成党委领导、政府负责、社会协同、公众积极参与的社会管理格局，加强社会管理法律体系和公共管理能力建设，使社会建设既井然有序，又充满生机和活力。

第四章

推进政府治理现代化

建设服务型政府，迫切需要推进政府治理现代化。政府治理现代化是国家治理现代化的重要组成部分。正确理解和有效推进政府治理现代化，对于深化行政体制改革和加强服务型政府建设，都具有十分重要的战略意义。

一、现代政府职能与政府治理现代化

在不同的历史时期，政府曾扮演过不同的角色，发挥过不同的作用。在计划经济时代，政府像一个管家婆，无所不包、无所不揽，是典型的全能型的管制政府。在市场经济条件下，政府不再是全能的，而是有限的；主要不是管制型政府，而是服务型政府——管制、管理是手段，服务是目的；管制、管理是过程，服务是结果。

（一）现代政府的基本职能

在现代化建设进程中，经济社会发展要求政府扮演良好发展环境创造者、优质公共服务提供者、社会公平正义维护者的角色，切实履行好创造良好发展环境、提供优质公共服务、维护社会公平正义的职能。政府只有履行好这些基本职能，才能充分激发经济社会的内生动力，充分发挥经济主体和社会主体的作用，促进经济社会和谐有序、健康高质和可持续发展。

1. 创造良好发展环境

包括：创造和维护和平、安全、稳定的国际环境；构建完善的法制环境、和谐的社会环境、健康的文化环境；创造良好的公共安全、环境安全和消费安全等生产生活环境；保持宏观经济稳定，创造良好的宏观经济环境；加强市场监管，维护市场秩序，创造公平竞争的市场环境；加强发展战略、规划、政策、标准的制定和实施，推动可持续发展；缩小收入分配差距，促进共同富裕；构建良好的社会信用体系，等等。

2. 提供优质公共服务

包括：提供良好的交通、通讯、公用设施等基础设施；提供良好的公共教育、劳动就业服务、社会保障、基本社会服务、医疗卫生、人口计生、住房保障、公共文化等领域的基本公共服务，不断提高服务质量和水平，逐步做到覆盖城乡和基本均等。

3. 维护社会公平正义

包括：建立健全对保障社会公平正义具有重大作用的各项制度和以权利公平、机会公平和规则公平为主要内容的社会公平保障体系；建立和完善利益表达、诉求反映、矛盾调处和应急处置机制，切实消除垄断和特权现象，保证人民平等参与、平等发展的权利。

显然，政府要扮演好自己的角色、履行好上述职能，只靠政府一家唱独角戏是远远不够的，而必须吸纳经济主体、社会主体和公民广泛参与、协商共治，实现政府治理的现代化。

（二）政府治理现代化：内涵与特征

现代化是 18 世纪以来人类文明的一种深刻变化，它既包括政治、经济、社会、文化各个领域从传统向现代的巨大转变，也包括人的全面发展和自然环境的合理保护。① 在现代化进程中，政府不论从性质上和体制上，还是从管理方式和管理方法上，都发生了重大变化。主要表现在：

传统政府是全能政府，现代政府是有限政府；传统政府是高度集权政府，现代政府是合理分权政府；传统政府是专断政府，现代政府是民主政府；传统政府是人治政府，现代政府是法治政府；传统政府是管制型政府，现代政府是服务型政府；传统政府是暗箱操作的政府，现代政府是公开透明的政府；传统政府实行职务终身制，现代政府实行法定任期制；传统政府实行世袭制或任命制，现代政府实行选举制；传统政府只对上负责，现代政府既对上也对下负责；传统政府必然导致官僚主义和特权现象，现代政府要求公平公正；传统政府必然导致成本高昂和效率低下，现代政府则必须做到廉洁高效。

政府治理现代化虽然表现在方方面面，但更具本质性的特征则是民主化、科学化和法治化，其他特征或者是某一本质特征的具体化，或者具有从属性质。

政府治理现代化是现代化总进程的重要组成部分，在现代化建设中具有不可替代的作用。中外现代化的历史充分证明，没有科学有效的政府治理，经济和社会的可持续发展都是不可能的。因此，推进政府治理现代化，必须适应现代化建设的基本趋势和基本要求，切实提高民主行政、科学行政和依法行政水平，实现民主行政、科学行政、依法行政的

---

① ［意］阿尔伯特马蒂内利、何传启：《现代化论坛宣言——首届世界现代化论坛的综合公告》，《科学与现代化》2013 年第 3 期。

制度化、规范化、程序化。从本质上来说，这就是政府治理的现代化，即政府治理的民主化、科学化和法治化。而要实现政府治理现代化，就必须积极推进分权化改革，实现政府治理的分权化。这既是政府治理现代化的基本前提和重要保障，同时也是政府治理现代化的题中应有之义。

二、推进政府治理的分权化

在现代化进程中，面对错综复杂的经济、政治、文化、社会和环境问题，要充分发挥政府组织、经济组织、社会组织和居民自治组织广泛参与、协商共治的优势和作用，就必须推进分权化改革，构建合理分权体制。因为，只有这种分权体制，才能为多元主体的民主参与搭建宽广的平台，也才能为政府治理的科学化和法治化创造条件。历史已经充分证明，没有分权化，政府治理的民主化、科学化和法治化都将难以推进。

（一）世界现代化进程中权力结构的变化规律

在世界现代化进程中，权力结构调整显现出这样几个基本规律：

1. 在现代化起步阶段，各国普遍趋于中央集权

在现代化起步阶段，为了形成统一的市场、建立统一的民族国家和维护国家的独立统一与领土完整，各国普遍趋于中央集权。因为，"集权是国家的本质、国家的生命基础，而集权之不无道理正在于此。每个国家必然要力求实现集权，每个国家，从专制君主政体起到共和政体止，都是集权的。美国是这样，俄国也是这样。没有一个国家可以不要集权，联邦制国家需要集权，丝毫也不亚于已经发达的集权国家。"[1]

---

① 《马克思恩格斯全集》第41卷，人民出版社1982年版，第396页。

2. 在现代化成长阶段，要求合理分权

例如，在发达国家的历史上，当现代化要素成长到一定阶段，与以君主专制为特征的中央高度集权体制产生了巨大的矛盾和冲突。因为，在君主专制体制下，专制君主骄奢淫逸，想方设法搜刮民财，直接侵犯了有产者的利益；专制君主唯我独尊，打击各种新思想，抑制了社会的创新精神；专制君主穷兵黩武，破坏了经济社会发展的基本环境。在这种情况下，经济发展毫无例外地和无情地为自己开辟了道路。正如恩格斯所指出的那样："政治权力在对社会独立起来并且从公仆变为主人以后，可以朝两个方向起作用。或者它按照合乎规律的经济发展的精神和方向发生作用，在这种情况下，它和经济发展之间没有任何冲突，经济发展加快速度。或者它违反经济发展而发生作用，在这种情况下，除去少数例外，它照例总是在经济发展的压力下陷于崩溃。"① 事实正如恩格斯所指出的那样，英法等国先后爆发了资产阶级革命，最终将君主专制体制送进了历史垃圾箱。代之而起的是以分权为特征的民主共和制。

3. 在现代化严重危机时期，许多国家出现了中央高度集权化

如1929年的经济大危机及随后的第二次世界大战。在这次世界性的现代化危机中，德、意、日出现了法西斯主义极权统治，苏联的中央高度集权也达到了历史的最高峰，就连美国也出现了中央高度集权化——美国总统集中的权力远胜于任何时期。例如，面对严重的危机，就任总统后的罗斯福在演说中强调："在这个风雨飘摇的世界中，我准备在宪法规定的职责范围内，为我们的千疮百孔的国家拟定出一些必要的措施。……我将要求国会授予我一件唯一能应付目前危机的武器，这就是，让我拥有为了对付紧急事态而发动一场大战斗的行政权力，这个行政权力

---

① 《马克思恩格斯文集》第9卷，人民出版社2009年版，第190页。

之广泛程度，应该相仿于在我们遭到敌军侵犯时期总统所能拥有的权力。"① 罗斯福如愿以偿——他不仅得到了他想要的权力，而且打破了美国总统不得连任两届的惯例。

4．在现代化和平发展时期，权力下放成为世界多数国家的普遍趋势

例如，20 世纪 70 年代以来，澳大利亚、法国、西班牙和美国仍在继续下放中央政府的某些职权。"就发展中国家而言，大多数国家在 50 年代和 60 年代殖民主义结束以后都经历了建设国家的发展阶段，70 年代以来趋于下放权力。"之所以如此，是因为权力下放是密切政府与人民关系的大量努力的合乎逻辑的延续。"权力下放为使公共服务更密切地符合地方的需要和愿望以及自下而上地建设具有较高反应能力和更加负责任的政府提供了机会。"②

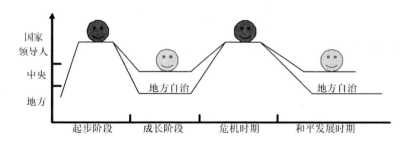

图 4 - 1　世界现代化进程中的权力结构变化

（二）我国中央高度集权体制的主要特征和弊端

受历史因素、苏联模式的影响和战争年代高度集权管理的惯性作用，在计划经济时代，我国形成和确立了中央高度集权的管理体制。这一体

———————

① ［美］大卫·C. 惠特尼：《美国总统列传》，天津人民出版社 1986 年版，第 348 页。
② 参见世界银行：《1997 年世界发展报告：变革世界中的政府》，中国财政经济出版社 1997 年版，第 121、120 页。

制的主要特征是：

1. 在政企、政事和政社关系上，政企不分、政事不分、政社不分，以政代企、以政代事、以政代社，企事业和社会的权力高度集中于政府，使企事业和社会失去了应有的管理自主权。

2. 在下级与上级、地方与中央的关系上，下级的权力高度集中于上级，地方的权力高度集中于中央，使基层和地方缺乏管理自主权。

3. 在党政关系上，党政不分，以党代政，"在加强党的一元化领导的口号下，不适当地、不加分析地把一切权力集中于党委"[1]，使政府也失去了应有的管理自主权。

4. 在党组织内部，"党委的权力又往往集中于几个书记，特别是集中于第一书记，什么事都要第一书记挂帅、拍板。党的一元化领导，往往因此而变成了个人领导。全国各级都不同程度地存在这个问题。"[2]

显然，在高度集权管理体制下，权力最终高度集中于领导者个人之手。

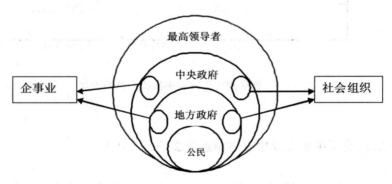

图4-2 中央高度集权体制

中央高度集权体制存在诸多弊端：第一，容易导致家长制，使主要

---

① 《邓小平文选》第2卷，人民出版社1994年版，第328—329页。

② 《邓小平文选》第2卷，人民出版社1994年版，第329页。

领导者凌驾于组织之上，组织成为个人的工具，一言堂，一人决定重大问题，破坏集体领导；第二，容易破坏社会主义民主法制，阻碍社会主义政治文明建设；第三，容易造成思想僵化，破坏社会主义精神文明建设；第四，权力高度集中，必然导致官僚主义和效率低下，并产生严重的特权和腐败现象；第五，导致政治成本高昂，财政不堪重负；第六，容易造成重大决策失误，阻碍经济发展和社会进步。"权力过分集中，越来越不能适应社会主义事业的发展。对这个问题长期没有足够的认识，成为发生'文化大革命'的一个重要原因，使我们付出了沉重的代价。现在再也不能不解决了。"①

（三）构建合理分权体制

从根本上解决中央高度集权体制的弊端，就是要由高度集权体制走向合理分权体制。这是发展社会主义市场经济的必然要求，也是建设社会主义民主政治、推进社会主义政治文明的迫切需要。

1．合理分权体制的基本内涵

改革高度集权体制，就必须构建合理分权体制。所谓合理分权体制，就是适应社会主义现代化建设的需要，优化权力配置，实行横向和纵向合理分权，并使分权结构法定化、制度化。

2．合理分权体制的主要特征

（1）充分尊重、维护和保障公民的合法权利。我国是社会主义国家，人民是国家主人。我国的国体性质决定了任何权力主体都必须尊重、维护和保障公民的合法权利，不得侵犯和损害公民的合法权益。否则，其行为没有法律依据，不受法律保护，并将受到法律的追究。

---

① 《邓小平文选》第2卷，人民出版社1994年版，第329页。

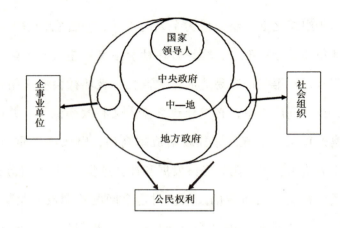

图4－3　中央与地方合理分权体制

　　（2）横向合理分权与纵向合理分权有机结合。所谓横向合理分权，即按照现代化发展规律，正确处理政府与市场、政府与企事业单位、政府与社会的关系，将该下放给市场、企事业单位和社会组织的权力下放到位。同时正确处理党政关系，将该由政府管理的事情交由政府管理。在横向合理分权的基础上，才能科学合理地划分中央与地方以及地方与地方的职责权限。历史经验和理论研究都表明，发展社会主义市场经济和建设社会主义民主政治，不进行横向合理分权，就不可能科学有效地实行纵向合理分权。对此，邓小平进行了深刻的总结和分析，指出："我们历史上多次过分强调党的集中统一，过分强调反对分散主义、闹独立性，很少强调必要的分权和自主权，很少反对个人过分集权。过去在中央和地方之间，分过几次权，但每次都没有涉及党同政府、经济组织、群众团体等等之间如何划分职权范围的问题。"① 结果陷入了"一统就死，一放就乱"的怪圈。历史经验告诉我们，要跳出这一怪圈，就必须从整体上调整权力结构，实行横向合理分权与纵向合理分权的有机结合。

　　① 《邓小平文选》第2卷，人民出版社1994年版，第329页。

（3）集权、分权依法适度并有机结合。在合理分权体制下，既不过分强调集权，也不过分强调分权，而是中央合理集权与地方合理分权的有机结合，依据宪法和法律，中央集权和地方分权各有限度。中央集权的上限是：不能导致国家最高领导者个人的过分集权和独断专行，也不能导致任何一个国家机关或组织的过分集权和独断专行。下限是：不得侵犯和剥夺公民的合法权益，不得侵犯和剥夺企事业和社会组织的合法权益，不得侵犯和剥夺地方自主权。地方分权的上限是：在政治上，不得危及国家的统一、主权和领土完整，不得损害国家统一的政治法律制度，不得损害中央的合法权威；在经济上，不得妨碍社会主义统一市场体系的形成、建立和发展。地方分权的下限是：不得侵犯和剥夺公民的合法权益，不得侵犯和损害企事业和社会组织的合法权益。

（4）依法明确规定国家领导人特别是最高领导人的职责权限，防止领导者个人过分集权。对此，恩格斯明确指出："国家集权的实质并不意味着某个孤家寡人就是国家的中心，就像在专制君主政体下那样，而只意味着有一个人位于中心，就像共和国中的总统那样。就是说，别忘记这里主要的不是身居中央的个人，而是中央本身。"①

（5）合理分权体制的法定化。构建合理分权体制不是权宜之计，而是人民群众维护自身合法权益的必然要求，是适应社会主义现代化建设的重要制度安排。马克思认为，法律"应该同人民的意志一起产生并由人民的意志所创立"②。恩格斯也指出："从某一阶级的共同利益中产生的要求，只有通过下述办法才能实现，即由这一阶级夺取政权，并用法律的形式赋予这些要求以普遍的效力。因此每个正在进行斗争的阶级都

① 《马克思恩格斯全集》第 41 卷，人民出版社 1982 年版，第 397 页。
② 《马克思恩格斯全集》第 1 卷，人民出版社 1956 年版，第 184 页。

必须在纲领中用法权要求的形式来表述自己的要求"① 实现合理分权体制的法定化，即依宪依法明确划分党政、政企、政事、政社、政资以及中央与地方的职责权限，非依法不得随意变更。《中共中央关于全面深化改革若干重大问题的决定》特别强调"维护宪法法律权威"，明确指出："宪法是保证党和国家兴旺发达、长治久安的根本法，具有最高权威。要进一步健全宪法实施监督机制和程序，把全面贯彻实施宪法提高到一个新水平。建立健全全社会忠于、遵守、维护、运用宪法法律的制度。坚持法律面前人人平等，任何组织或者个人都不得有超越宪法法律的特权，一切违反宪法法律的行为都必须予以追究。"②

3. 构建合理分权体制的主要依据

构建合理分权体制是社会主义现代化建设的必然要求，是提高政府效能的必然选择。

（1）完善社会主义市场经济体制要求构建合理分权体制。市场经济是天然的分散化的决策系统。发展社会主义市场经济，不仅要求实现政企、政事、政社、政资分开，扩大企事业和社会的管理自主权，使企事业和社会真正成为各自领域的行为主体，同时要求扩大地方和基层的管理自主权，使地方和基层政府能够适应经济、社会发展的要求，优质高效地为经济主体和社会主体提供公共产品和公共服务，以便为经济社会发展创造良好的环境。

（2）发展社会主义民主政治要求构建合理分权体制。发展社会主义民主政治，建设社会主义政治文明，是社会主义现代化建设的重要内容，是实现社会主义现代化的关键。为此，必须改革高度集权的管理体制，优化权力结构，实现由高度集权体制向合理分权体制的转变。因为，只

---

① 《马克思恩格斯全集》第 21 卷，人民出版社 1965 年版，第 567—568 页。
② 《中共中央关于全面深化改革若干重大问题的决定》，人民出版社 2013 年版，第 32 页。

有构建合理分权体制，才能为公民广泛的政治参与搭建宽广的政治平台，才能有效防止和克服权力过分集中所带来的各种弊端，也才能依法有效保障公民的政治权利，使公民真正成为管理国家、地方和社会事务的主人。

（3）提高政府效能要求构建合理分权体制。如何提高政府效能？这是世界各国政府所面临的共同课题。理论研究和实践经验都表明，优化政府结构，是提高政府效能的重要途径。因为，结构合理、运行有序的系统，其整体功能大于各个部分功能的代数和。而在政府结构中，职能结构是基础，权力结构是核心。要优化政府结构，必须首先优化政府的职能结构和权力结构。构建合理分权体制，恰恰是优化政府职能结构和权力结构的重要体现。各级政府和政府间的权力配置比较科学、比较合理，不仅能够做到各司其职，各负其责，而且能够充分发挥各自的优势、积极性、主动性和创造性，从而提高政府系统的管理效能。正如毛泽东所指出的那样："我们的国家这样大，人口这样多，情况这样复杂，有中央和地方两个积极性，比只有一个积极性好得多。我们不能像苏联那样，把什么都集中到中央，把地方卡得死死的，一点机动权也没有。"①

4. 构建合理分权体制应遵循的主要原则

构建合理分权体制，必须遵循以下原则：

（1）法治原则。依法治国是我们党早已确立的基本治国方略。按照依法治国、依法行政的基本要求，遵循现代化建设的基本规律，在优化权力配置的基础上，依法明确划分政府与市场、政府与企事业、政府与社会以及中央与地方、地方与地方的权界，实现权力结构和权限划分的法定化，非依法不得随意变更。

---

① 毛泽东：《论十大关系》，《人民日报》1976 年 12 月 26 日。

（2）平等原则。在构建合理分权体制中，平等原则主要体现在三个方面，即：平等对待所有市场主体，不因市场主体的所有制性质和规模大小而有所区别；平等对待所有事业单位和社会组织，依法赋予其相应的管理自主权；除港、澳、台实行高度自治以外，其他同级地方应享有同等的法律地位和基本权利，不能人为制造地方之间的实际地位的不平等和基本权利的不均等。

（3）权责一致原则。在由高度集权体制向合理分权体制转换的过程中，必然伴随着相应的权力下放。如果权力下放与责任下放相脱节，那么，就必然导致权力滥用现象。实行横向分权是如此，实行纵向分权更是这样。对此，国内外的一些教训值得汲取。例如，在巴西，20世纪80年代的改革增加了地方控制资金的数量和地方使用这些资金的自主权。但是，地方的责任却没有相应地明确和扩大。地方政府利用它们得到的大部分意外收获扩大编制和上马有问题的新项目，结果，不仅没有提高政府工作效率，反而导致财政赤字的扩大。[①]类似的问题在我国也曾经出现过。这些深刻的教训再一次告诫我们：权力下放必须与相应的责任下放相配套，并建立强有力的约束和激励机制。因为，如果没有约束各类权力主体的明确规则，没有加强各类权力主体责任感的激励措施，那么，不负责任的滥用权力现象就会像瘟疫一样扩散，管理的混乱就不可避免。

5．构建合理分权体制的主要对策

构建合理分权体制，需采取以下主要对策：

（1）将合理分权体制作为国家的一项基本政治制度和行政制度，用宪法的形式固定下来。对此，邓小平在《党和国家领导制度的改革》中

---

① 参见世界银行：《1997年世界发展报告：变革世界中的政府》，中国财政经济出版社1997年版，第125页。

明确要求："要使我们的宪法更加完备、周密、准确，能够切实保证人民真正享有管理国家各级组织和各项企业事业的权力，享有充分的公民权利，要使各少数民族聚居的地方真正实行民族区域自治，要改善人民代表大会制度，等等。关于不允许权力过分集中的原则，也将在宪法上表现出来。"① 为此，需要修改《宪法》和相关法律，依法明确规定各类权力主体的职责权限，特别是要明确规定各级政府的职责权限，使这种权限划分不因领导人的变化而变化，不因领导人注意力的变化而变化。

（2）改善和加强党的领导。社会主义现代化建设的全面推进，要求改善党的领导。因为，只有改善党的领导，才能更好地坚持和加强党的领导。要改善党的领导，就必须切实加强党内民主，将党委主要领导者过分集中的权力归还给党的组织，坚决克服和纠正各种违反民主集中制的错误行为。在这里，需要特别指出，民主集中制的基础是民主，核心是民主，本质和目的也是民主。集中只是实现民主的重要途径。脱离民主的集中，是个人或少数人的独断专行，是与党的民主集中制原则背道而驰的。正确实行民主集中制，关系到党的性质和生命。正如邓小平所指出："民主集中制执行得不好，党是可以变质的，社会主义也是可以变质的。干部可以变质，个人也可以变质。"② 改善党的领导，还必须按照党的十八大报告的要求，更加注重改进党的领导方式和执政方式，保证党领导人民有效治理国家；更加注重健全民主制度、丰富民主形式，保证人民依法实行民主选举、民主决策、民主管理、民主监督；更加注重发挥法治在国家治理和社会管理中的重要作用，维护国家法制统一、尊严、权威，保证人民依法享有广泛权利和自由。为此，迫切需要将党的领导纳入社会主义民主法治轨道，善于使党的主张通过法定程序成为国

---

① 《邓小平文选》第 2 卷，人民出版社 1994 年版，第 339 页。
② 《邓小平文选》第 1 卷，人民出版社 1994 年版，第 303 页。

家意志，做到按照民主政治的原则和程序执政；党领导人民制定宪法和法律，党必须在宪法和法律范围内活动，做到依法执政。

（3）正确处理党政关系，实行党政分开。对此，邓小平明确指出："我们说改善党的领导，其中最主要的，就是加强思想政治工作。中央认为，从原则上说，各级党组织应该把大量日常行政工作、业务工作，尽可能交给政府、业务部门承担，党的领导机关除了掌握方针政策和决定重要干部的使用以外，要腾出主要的时间和精力来做思想政治工作，做人的工作，做群众工作。"① 为了进一步明确这一点，邓小平特别强调："真正建立从国务院到地方各级政府从上到下的强有力的工作系统。今后凡属政府职权范围内的工作，都由国务院和地方各级政府讨论、决定和发布文件，不再由党中央和地方各级党委发指示、作决定。政府工作当然是在党的政治领导下进行的，政府工作加强了，党的领导也加强了。"②

（4）正确处理政府与市场关系。完善社会主义市场经济体制，就必须发挥市场在资源配置中的决定性作用，大幅度减少政府对资源的直接配置，推动资源配置依据市场规则、市场价格、市场竞争实现效益最大化和效率最优化。为推进市场化改革，就必须正确处理政府与市场关系，遵循市场机制能有效调节的经济活动，政府一律不得干预的原则。按照这一原则，政府必须向市场放权。市场的主体是企业。所谓向市场放权，实际上就是向企业放权，实行政企分开，将企业应有的管理自主权归还给企业。但市场不是万能的。诚如世界银行《1997年世界发展报告：变革世界中的政府》所指出的那样："政府主导的发展已经失败了，但是没有政府的发展也将是失败的。""没有一个有效的政府，不论是经济的

---

① 《邓小平文选》第2卷，人民出版社1994年版，第365页。
② 《邓小平文选》第2卷，人民出版社1994年版，第339—340页。

还是社会的可持续发展都是不可能实现的。"① 因为，市场本身既不能解决宏观经济稳定、不能创造良好发展环境和维护社会公平正义，又不能普惠式地提供基本公共服务；市场主体的自利性，容易破坏资源和环境，不利于经济和社会的可持续发展。正因为深刻地认识到这一点，所以，《中共中央关于全面深化改革若干重大问题的决定》明确要求，从广度和深度上积极稳妥地推进市场化改革，既要发挥市场在资源配置中的决定性作用，又要更好发挥政府作用。"政府的职责和作用主要是保持宏观经济稳定，加强和优化公共服务，保障公平竞争，加强市场监管，维护市场秩序，推动可持续发展，促进共同富裕，弥补市场失灵。"②

（5）正确处理政府与社会关系。在现代化进程中，社会结构的转型、社会的分层与分化、社会组织的大量涌现、利益主体的多元化、社会诉求的多样化等，使社会问题比以往任何时候都更加复杂。为了维护最广大人民的根本利益，最大限度地促进社会和谐，增强社会发展活力，确保人民安居乐业和社会安定有序：一方面，在不危害国家利益和社会公共利益、不侵犯公民、经济主体和社会主体合法权益的前提下，向社会下放权力，给予社会最大的自由空间，鼓励、扶持社会组织的发展，充分发挥社会组织扩大群众参与、反映群众诉求、提供社会服务等方面的积极作用，增强社会自治功能；另一方面，政府又必须担负起提供基本公共服务、维护公平正义、保障公共安全和社会秩序等职责，建立和完善政府与社会组织的伙伴关系，实现社会治理的现代化。

（6）正确处理中央政府与地方政府以及地方政府上下级关系。在理顺政府与市场、政府与社会、党委与政府关系的前提下，需要调整和理

① 世界银行《1997年世界发展报告：变革世界中的政府》，中国财政经济出版社1997年版，第25页。
② 《中共中央关于全面深化改革若干重大问题的决定》，人民出版社2013年版，第6页。

顺中央政府与地方政府以及地方政府上下级关系。否则的话，权力过分集中于中央政府，基层和地方有职无权或责大权小，那么，也必然导致官僚主义和工作效率低下。调整政府上下级之间关系，总的来说，要遵循以下原则，即：能由基层或下级政府管理的事务和提供的服务，尽量将权力下放给基层或下级政府，以便缩短政府与社会的权力距离，扩大公民有序参与，增强公共服务的有效性和多样化；当基层或下级政府管理的事务和提供的服务没有规模效益或产生严重的外部效应时，相关职权需要上移，以便提高规模效益或将外部效应内部化；当地方最高一级政府管理的事务和提供的服务也没有规模效益或产生严重的外部效应时，相关权力才必须由中央政府行使。遵循这一原则，《中共中央关于全面深化改革若干重大问题的决定》明确要求："加强中央政府宏观调控职责和能力"，"宏观调控的主要任务是保持经济总量平衡，促进重大经济结构协调和生产力布局优化，减缓经济周期波动影响，防范区域性、系统性风险，稳定市场预期，实现经济持续健康发展。健全以国家发展战略和规划为导向、以财政政策和货币政策为主要手段的宏观调控体系，推进宏观调控目标制定和政策手段运用机制化，加强财政政策、货币政策与产业、价格等政策手段协调配合，提高相机抉择水平，增强宏观调控前瞻性、针对性、协同性。形成参与国际宏观经济政策协调的机制，推动国际经济治理结构完善。"① 在明确中央政府职责权限的同时，还必须依法明确地方政府的职责权限，将地方和基层应有的管理自主权归还给地方和基层，充分调动地方和基层的积极性。为此，党的十八届三中全会决定要求"加强地方政府公共服务、市场监管、社会管理、环境保护等职责"，直接面向基层、量大面广、由地方管理更方便有效的经济社会

---

① 《中共中央关于全面深化改革若干重大问题的决定》辅导读本，人民出版社2013年版，第16页。

事项，一律下放到地方和基层管理。

（7）由不均等的权力下放过渡到地方均权。我国在改革开放初期，为探索调动地方积极性的路径，采取摸着石头过河的办法，实行了差别化的权力下放，导致地方权力的不均等。为维护市场经济和民主政治的公平竞争原则，必须继续深化改革，实现地方均权。所谓地方均权，即在科学合理地划分中央与地方职责权限的基础上，使同级地方依法具有同等地位，享有同等权利。如果某些地方因特殊情况确需某些特殊权力，必须在不损害其他地方合法权益和不影响其他地方正常权力行使的情况下，由有决定权的立法机构经过法定程序制定和颁布特殊法案，方可赋予某些地方以特殊权力。

（8）正确处理同级政府内部的上下级关系。《宪法》规定，我国各级政府实行行政首长负责制。在这一领导体制下，行政首长集中必要的权力，有利于提高行政效能。但权力过分集中于领导者个人或少数人手里，多数办事的人无权决定，以至事无大小，层层请示报告，既浪费了时间降低了效率，又使少数领导负担过重，还容易产生官僚主义。为防止和克服这一现象，必须按照权责一致原则，通过制定和完善行政法规，依法明确每个岗位、每个人的职责权限，将应由下级行使的职权下放给下级，实行严格的责任制，使每个人都能依法独立地处理其职责范围内的事务。只有这样，才能够充分发挥政府的整体功效。

三、推进政府治理的民主化

政府治理民主化是政府治理现代化的根本属性和本质特征之一。没有民主化，就谈不上政府治理的现代化。

（一）民主化：现代政府治理的必然趋势

工业革命以来，民主化作为一种新型的政府治理形态逐渐登上了世界历史舞台。在工业革命初期乃至工业革命以后相当长一段时间，民主治理仅仅局限于西方几个国家。二次大战结束以后，特别是20世纪70年代以来，随着市场经济的发展和现代文化的广泛传播，民主治理成为世界的大潮流、大趋势。

1. 工业革命前政府体制的主流形态

工业革命前，世界各国政府体制的主流形态是君主制，包括专制君主制和等级君主制等不同形式。其中，专制君主制又是君主制的主流形态。这一点，在东方社会尤其典型。东方的专制君主制特别是中国古代的专制君主制，不仅发展得更加完备，而且在明朝时达到了登峰造极的地步。在古代社会，民主治理只不过是点点渔火，忽现忽隐。例如，公元前594年，梭伦改革点燃了雅典城邦的民主治理之灯，将雅典的政府治理引入民主化轨道。公元前509年，克里斯提尼改革，使雅典城邦基本上确立了以"权力在民"和"轮番为治"为特色的民主政体。在伯里克利当政时期（公元前461—前429年），雅典民主发展到顶峰。然而，在那个时代，除了古希腊雅典等少数城邦，世界绝大多数地方始终笼罩在君主专制的乌云之下。即使古希腊雅典城邦的民主之灯，也仅仅在世界一角若明若暗地闪烁了一百多年。在伯罗奔尼撒战争期间及战争结束后，雅典民主制两度被颠覆，后来虽然逐渐恢复，但已是元气大伤，并逐渐走向衰落。①

在中世纪早期，即公元5－10世纪，西欧社会进入了黑暗时代。其

---

① 参见王乐里主编：《西方政治思想史第一卷（古希腊、罗马）》，天津人民出版社2005年版，第111页。

突出特征是经济凋敝、文化衰落和政治无序。从十一世纪后半期开始，在政治调色板中比较接近于民主的治理形式在意大利的城市共和国中显现，然而，这些城市共和国的政府体制不仅与现代民主治理相去甚远，而且它们是高度不稳定的，又几乎无一例外是短命的，只有佛罗伦萨和威尼斯两个城市维持了较长时间。① 到中世纪的中晚期，西欧几个主要民族开始建立民族国家。与此相伴随，封建割据君主政体演变为等级君主政体，再演变为专制君主政体。②

十七八世纪，继尼德兰革命之后，英、法等国爆发的资产阶级革命，摧毁了这些国家封建君主专制体制大厦，点燃了民主政治的火炬，播下了民主政治的火种。在资产阶级革命的影响下，一些老牌的资本主义国家先后建立了资产阶级的民主共和体制。以此为界，政府治理模式出现了重大的历史转折：民主治理的时代宣告来临。

2. 第二次世界大战结束后民主治理的迅猛发展

第二次世界大战结束后，在世界范围内，民主治理呈现出迅猛发展之势。在 20 世纪五六十年代，民主治理出现了一次比较短暂的发展浪潮，表现为欧洲殖民统治结束后新生的独立国家对民主治理的多次尝试。时过不久，被美国政治学家亨廷顿称之为"第三次民主化浪潮"于 1974 年拉开了序幕。这一浪潮，由欧洲的葡萄牙、西班牙扩展到拉丁美洲和东亚，③ 到 20 世纪 80 年代末 90 年代初，又扩展到苏联和东欧地区。世界银行《1997 年世界发展报告：变革世界中的政府》概括了这一发展趋势："最近几十年以来，民主选举的政府数量激增，使许多公民获得了通

① 参见［英］约翰·邓恩编：《民主的历程》，吉林人民出版社 1999 年版，第 70—71 页。
② 参见丛日云主编：《西方政治思想史第二卷（中世纪）》，天津人民出版社 2005 年版，第 5、7 页。
③ 参见［美］詹姆斯·F. 霍利菲尔德、加尔文·吉尔森：《通往民主之路》，社会科学文献出版社 2012 年版，第 28 页。

过选票发表意见的新机会。1974 年，只有 39 个国家——全球每 4 个国家中有 1 个是民主国家。如今，177 个国家——将近每 3 个国家中就有 2 个通过公开选举来选择国家领导人，发展中国家 2/3 的成年人都有资格参加全国的选举。……在拉丁美洲渐进式的民主化运动起步更早。现在，除了两个国家以外，该地区所有国家都有了民主选举的政府，而且将近 13000 个地方政府正在选举当地的领导人（例如市长），相比之下，70 年代末进行民主选举的地方政府还不到 3000 个。"① 世界银行《2004 年世界发展报告：让服务惠及穷人》也指出："1974 年，只有 39 个国家是选举制民主国家，仅占全部国家的 1/4。到 2002 年底，民主国家已显著增加到 121 个国家，占全部国家的 3/5。"② 美国学者拉里·戴蒙德的研究也证实了这一点："全球的民主国家的数目呈现平稳状态，在 20 世纪 90 年代中期，全球大约有 120 个民主国家，但是，在此之后并没有多大改善。根据自由之家的数据，在 2009 年初选举的民主国家有 119 个，而 2010 年初则下降为 116 个。自 1995 年以来，可以被称为选举的民主国家的百分比在一个狭窄的范围内波动，约占全球所有独立国家的 60% ~ 63% 左右。"拉里·戴蒙德在同一篇文章中还指出，始于 1974 年的全球民主扩张的"第三波"最为显著的特征之一，就是它的持久性。③

战后，与民主国家数量迅速增加形成鲜明对比的，是独裁统治国家的数量的急剧下降。曾任委内瑞拉贸易和工业部部长、《外交政策》杂志主编的莫伊赛斯·纳伊姆在其新著《权力的终结》中指出："1977 年，共有 89 个国家处于独裁统治中；2011 年，这一数量已经减少到 22

① 世界银行：《1997 年世界发展报告：变革世界中的政府》，中国财政经济出版社 1997 年版，第 111—112 页。

② 世界银行：《2004 年世界发展报告：让服务惠及穷人》，中国财政经济出版社 2004 年版，第 81 页。

③ ［美］拉里·戴蒙德：《民主因何而退潮？》，《国外社会科学》2012 年第 1 期。

个。"①

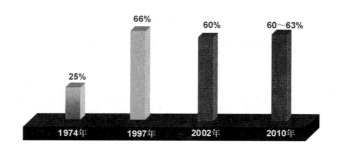

图4-4 当今世界民主体制国家占比

数据来源：世界银行1997年、2004年世界发展报告及
国外学者的研究。

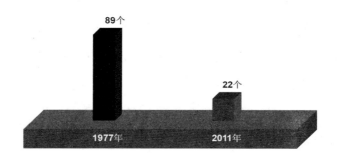

图4-5 1977—2011年独裁国家数量急剧减少

根据学术界的研究，民主治理的产生和迅速发展，有以下几方面原因。

（1）经济发展对民主化的重要影响。之所以如此，是因为经济发展会带来相应的社会结构和意识形态的变化，而这些变化会促进民主制度的出现和稳固。这一理论被视为现代化理论的核心观点。其代表人物之一是李普赛特。他把财富、工业化程度、教育和城市化程度作为衡量经济发展水平的四个变量，认为经济现代化是支撑民主的必要条件。原因

---

① 参见［委］莫伊赛斯·纳伊母：《权力的终结》，中信出版社2013年版，第8页。

在于它改变了阶级关系：对于底层，相对的经济安全让他们以更长远的视角看问题，免受极端主义的蛊惑；经济发展也壮大了中产和中间团体，而这一势力往往能缓冲政治矛盾；对于上层，经济发展带来更多资源，从而缓解他们对于底层再分配冲动的恐惧。当然，影响民主化的经济变量并不仅仅是经济发展水平，后来的学者又增加了"收入差距"、"经济结构"乃至"经济国有化程度"等因素，从而大大提高了现代化理论的解释弹性。[①]

（2）文化变革对民主化的深刻影响。经济发展对人们的思想文化产生重要的影响，而民主思想和民主文化的广泛传播更促进了政治文化的变革。正如美国麻省理工学院教授卢西恩·W. 派伊所指出的那样："很少有某个概念能够像民主概念那样既普遍又深入人心。不论有何种文化差异，全世界的人们都本能地向往着民主政府。……甚至它最强大的敌人——专制政府，都会对民主予以赞扬，并自诩为民主政体，一些自封'人民民主'，另一些自封'民主共和'。这个事实证明，在当今世界，政府的合法性取决于是否承认民主的无上崇高。"[②]

（3）国际社会的推动作用。如果说经济发展和文化变革是导致一个国家民主化的内生变量的话，那么，国际社会的推动作用，则被视为民主化的一个非常重要的外生变量。在当今世界国际化程度空前提高的情况下，任何国家的政治发展都不可能置身于国际影响之外，相反，国际因素对许多国家的民主化产生了重大的甚至是决定性作用。大国和国际组织或是直接干预某些国家的转型进程，或是通过附带政治条件的经济援助要求受援国进行民主化改革。例如，80年代后，美国对拉美地区的

[①] 参见刘瑜：《经济发展会带来民主化吗？——现代化理论的兴起、衰落与复兴》，《中国人民大学学报》2011年第4期。

[②] ［美］卢西恩. W. 派伊：《民主及其敌人》，转引自［美］詹姆斯. F. 霍利菲尔德、加尔文. 吉尔森主编《通往民主之路》，社会科学文献出版社2012年版，第27页。

军事和经济援助往往视受援国的民主化状况而定，公开反对世界银行和美洲开发银行向拉美地区"非自由资本主义国家"提高贷款。美国还通过非政府组织提供援助和动用军事手段等，强行在拉美地区推行民主化。1993 年，欧盟在《马斯特里赫特条约》中提出："任何欧洲国家，只要其政治体制是按民主原则建立，都可以申请成为联盟成员国。"这一规定和承诺，推动了保加利亚和罗马尼亚等中东欧国家的民主化转型。欧盟还把西方的民主和人权标准纳入与中小国家的经济和社会交往中，强调这些国家在获得欧盟的经济援助、贸易合同、合作及联系协定、外交承认等好处时，要以遵守欧盟认定的民主和人权标准为条件。①

3. 发达国家民主治理的新发展

进入 20 世纪，特别是第二次世界大战结束以来，发达国家的民主治理出现了新的发展态势，即在制度设计和表现形式上，开始转向社会公共治理。其重要表现之一，就是不仅所有男子，而且妇女和少数民族也获得了选举权。

在较长的历史时期，西方国家的民主治理是典型的资产阶级民主治理。例如，英国 1688 年"权利法案"规定，国会议员实行自由选举。但在 1711 年，法律对下议院议员进行了高财产资格的限制：郡议员必须是每年土地收入在 600 镑以上，市镇议员每年不动产收入在 300 镑以上。1832 年制定的"英格兰与威尔士人民代表法"，降低了选民资产资格，但通过这次立法取得选举权的只限于土地所有者和中产阶级，无产阶级和妇女仍无选举权。直到 1918 年，英国所有男子才获得了在全国选举中的投票权，妇女是在 10 年以后即 1928 年才获得了在全国选举中的投票

---

① 参见王菲易：《国际因素与中小国家的民主化：对韩国的个案研究》，《世界经济与政治》2011 年第 10 期。

权。① 其他西方国家的情况与英国十分类似。对此，郝铁川在《权利实现的差序格局》中进行了总结和概括，指出："权利主体范围逐步扩大，权利种类循序渐进地增多，权利享有和实现的程度日益增多，是西方主要国家权利发展和实现的一种普遍现象。""从权利主体来看，先是男性公民享有政治权利，再扩及女性公民、然后扩及所有民族的公民；而在男性公民中，又是有一定财产数额的男性公民先享有政治权利，然后再推广到无财产的其他男性公民。从权利种类来看，公民先实现的是人身、财产和政治权利，再到经济、文化权利，然后到社会权利。"②

在发达国家，公民权利的扩大是一个不争的事实。对广大劳动人民来说，他们权利的获得，不是统治者的恩赐，恰恰相反，是他们长期斗争的结果。正是工人的多次罢工、妇女和少数民族的多次抗议，才迫使西方国家议会通过法律，将无产者、妇女和少数民族本来应具有的公民权利归还给他们。我国一些学者和官员固守传统思维，没有看到或不愿意承认西方国家民主治理的新发展和新变化。这种传统的观点不仅不符合事实，而且无意中否认了西方国家工人罢工、女权运动和少数民族争取合法权利斗争所取得的成果，也不利于实事求是地认识发达国家的民主治理，更不利于借鉴人类文明的有益经验。

（二）推进政府治理民主化需要正确认识和处理的几个基本问题

政府治理民主化是国家治理体系和治理能力现代化的重要内容。在推进政府治理民主化过程中，必然会遇到一些最基本的问题。只有在理论上和思想上正确认识这些基本问题，才能在民主治理实践中正确处理这些问题。

---

① 郝铁川：《权利实现的差序格局》，《中国社会科学》2002 年第 5 期。
② 郝铁川：《权利实现的差序格局》，《中国社会科学》2002 年第 5 期。

1. 一般与个别的关系

一般与个别的关系，实际上就是共性与特性的关系。马克思主义的辩证法认为，任何事物都是一般与个别、共性与特性的统一。一般存在于个别之中，共性存在于特性之中。没有脱离一般的个别、脱离共性的特性，也没有脱离个别的一般、脱离个性的共性。列宁在《谈谈辩证法问题》一文中指出："个别一定与一般相联而存在。一般只能在个别中存在，只能通过个别而存在。任何个别（不论怎样）都是一般。任何一般都是个别的（一部分，或一方面，或本质）。任何一般只是大致地包括一切个别事物，任何个别都不能完全地包括在一般之中。如此等等。"①

各国民主治理体现了典型的一般与个别、共性与特性的关系。相对于专制统治，民主治理有其一般或共性的东西，例如：民主治理以承认、尊重和保障人权为基础，确立了主权在民、公民权利平等、代议制、选举制、制约权力、法治、秘密投票等原则。民主治理的一般或共性恰恰存在于个别或特性之中。而民主治理的个别或特性却极其鲜明，甚至差别较大。例如，美国的政府治理体制就不同于其他国家，其他国家的民主治理体制也不同于美国。对此，列宁明确指出，英、美、法、德等国家的政治形式各不相同，"在民主的这种或那种形式上，……每个民族都会有自己的特点。"②

当我们看到一般存在于个别、共性存在于特性之中的同时，还必须看到，个别必须体现一般、特性必须体现共性，否则，个别或特性就会质变为另一类个别或特性了。"任何个别经过千万次的过渡而与另一类的

---

① 《列宁专题文集：论辩证唯物主义和历史唯物主义》，人民出版社 2009 年版，第 150 页。

② 《列宁选集》第 2 卷，人民出版社 1995 年版，第 777 页。

个别（事物、现象、过程）相联系"，① 这时，事物的性质就发生了根本的变化，即变为另一类事物，而不再是此类事物了。

民主治理也是一样。如果一个国家仅仅强调民主治理的特殊性，而不关注民主治理的共性或一般性，以至于这种特殊性与共性或一般性完全脱节，那么，这种特殊性就不会得到公众的认可，更不会得到当代国际社会的承认，甚至还会被认为是挂羊头卖狗肉，以民主治理之名，行专制统治之实。民主治理就是在一般与个别、共性与个性的矛盾运动中发展的。在民主治理的发展中，个别必须体现一般，个性必须体现共性。与此同时，民主治理的一般或共性也在不断地矫正民主治理过分的"个别"或"特性"，使这种"个别"或"特性"不至于超出或否定民主治理的本质属性。

2. 借鉴与创新的关系

任何事物都有其原创阶段。在自然科学和工程技术领域，几乎所有的原创发明都可以复制。条件是：复制者需要掌握相关领域的科学知识、技术手段和必备的物质材料。之所以如此，是因为，在自然科学和工程技术领域，对象具有同质性。例如，中国的某种物质的性质和结构与其他国家同类物质的性质和结构是一样的，在这方面，绝不会有什么民族特色。社会领域则不同。古今中外，不同的国家、不同的社会、不同的民族，其发展道路和文化特质千差万别。在当今世界，国际一体化趋势虽然在消磨着一些社会和民族的某些文化特征，在其中注入了许多共性因子，但许多民族和社会的文化的独特性却顽强地延续至今，并将继续顽强地延续下去。正因如此，政治领域的任何照抄照搬都具有极大的风险，甚至会带来失败的恶果。

---

① 《列宁专题文集：论辩证唯物主义和历史唯物主义》，人民出版社 2009 年版，第 150 页。

上述认识和经验并不否认另一种趋势，即随着世界经济一体化的加深，文化的交流越来越广泛、越来越频繁、越来越深入，相互之间的影响也越来越大。其中，就包括政府治理领域。

民主治理是一般与个别、共性与特性的有机统一。在政府体制上不能照抄照搬，并不意味着一概排斥，用个别否定一般、用特性否定共性。事实上，在民主治理的发展过程中，必须"积极借鉴人类政治文明有益成果"。①

借鉴是在比较中取长补短。积极借鉴人类政治文明的有益成果，就是要以积极的态度，鉴别、吸纳、消化人类政治文明的有益成果，并能为我所用，促进本国政府治理的发展和建设。这里，关键是要对人类政治文明成果进行鉴别：哪些是有益的，哪些是无益的；哪些符合时代发展潮流，哪些已经陈旧过时；哪些可以吸收，哪些需要唾弃；哪些现在可以借鉴，哪些将来才能借鉴。对此，需要确立这样一个标准，即：凡是符合人类文明发展潮流、能够促进社会主义现代化建设的，都是有益的和可以借鉴的。而这些恰恰是人类文明的基本内核和某些具有共性的表现形式以及运作程序、技术手段，等等。

借鉴国外政府治理的有益经验和做法，就需要改革和创新，以便推进我国政府治理的现代化。为此，需要简政放权，创造良好的发展环境，尊重人民的首创精神，鼓励大胆探索，在科学的顶层设计指导下进行试点，允许局部失败。只有立足中国现代化建设的实际，将借鉴与创新有机地结合起来，才能真正走出一条中国特色的社会主义政府治理之路。

3. 继承与发展的关系

邓小平指出："旧中国留给我们的，封建专制传统比较多，民主法制

_____

① 胡锦涛：《坚定不移沿着中国特色社会主义道路前进为全面建成小康社会而奋斗——在中国共产党第十八次全国代表大会上的报告》，人民出版社 2012 年版，第 26 页。

传统很少。"① 因此，推进政府治理民主化，旧中国几乎没有可继承的东西。非但无可继承，还有许多封建主义残余需要肃清。但在中国共产党领导的新民主主义革命的历史上，特别是抗战时期根据地民主建设的实践经验，确实需要继承、发展和光大。

在 8 年抗战中，中国共产党领导的八路军、新四军和其他抗日军队，从日本侵略者手中恢复了大片国土，开辟了拥有 9550 万人口的 19 个解放区。② 为了建立和巩固抗日民族统一战线，实现全民族抗战，以毛泽东为首的党的领导核心深刻认识到："中国真正的坚实的抗日民族统一战线的建立及其任务的完成，没有民主是不行的。""抗战需要全国的和平与团结，没有民主自由，便不能巩固已经取得的和平，不能增强国内的团结。抗战需要人民的动员，没有民主自由，便无从进行动员。没有巩固的和平与团结，没有人民的动员，抗战的前途便会蹈袭阿比西尼亚的覆辙。"③ 于是，中国共产党高举抗日和民主的大旗，把民主建设与全民族抗战紧密结合起来。

（1）创造条件，实行普遍、直接、平等的民主选举。选举是代议制民主的重要组成部分。关于选举的重要性，谢觉哉精辟透彻地写道："民主政治，选举第一。""如果有人轻视选举或者不要选举，那就等于不要民主；不要民主，就等于不要革命。""只有选举，才能改进政治机构。"④ 正因为认识到选举在民主治理中的重要地位和作用，所以，各解放区尽管在战争年代的紧张动荡、人口分散、经济贫困、文化落后的艰难困苦的情况下，仍然制定和实施了一套比较完整的选举法规，并克服各种困难，想方设法地保障选举按期举行。

---

① 《邓小平文选》第 2 卷，人民出版社 1994 年版，第 332 页。
② 陈嘉陵、傅荷生：《论抗战时期解放区的民主政治建设》，《楚天主人》1995 年第 5 期。
③ 《毛泽东选集》第 1 卷，人民出版社 1991 年版，第 256 页。
④ 《谢觉哉日记（上卷）》，人民出版社 1984 年 4 月第 1 版，第 359 页。

各解放区有关选举的法规虽有细节上的差别，但基本的精神和原则是比较一致的。如普遍原则，即：凡年满 18 岁、赞成抗日和民主的中国公民，不分阶级、民族、党派、性别、信仰和文化程度，都有选举权和被选举权；平等和直接原则，即：各级参议会议员由全体公民在平等、直接的原则基础上无记名投票选举产生；方便选民参选原则。鉴于解放区地广人稀而又多是文化落后的农村，为方便选民参加选举，对不识字者采取"投豆子"、"画圈"、用香"烧窟窿"、"背箱子"挨家挨户送选票收选票等变通办法，使选民都能参加民主选举活动；实行自由竞选和定期改选原则，候选人由各党派和人民团体提出（群众按照规定也可以提出），一般乡村候选人数规定为当选人数的两倍，边区和县参议员的候选人数则比当选人数多两倍。候选人名单张榜公布后，就开始自由竞选。竞选人向选民发表施政演说，便于选民对其了解和评判。①

（2）在政权组织形式上实行议行合一的议会民主制。为实现全民族抗战，1935 年 12 月，中国共产党召开了瓦窑堡会议，制定了建立抗日民族统一战线的新政策，决定把工农共和国改为人民共和国。此后，为实现第二次国共合作，又进一步提出"民主共和国"的口号。为此，中共中央于 1937 年 2 月正式宣布把陕甘宁苏区改为陕甘宁特区，把苏维埃民主政权改为议会民主制政权。② 1937 年 5 月，中共中央颁发了《陕甘宁边区议会及行政组织纲要》，规定：各级议会议员由选民直接选举，各级行政长官——乡长、区长、县长、边区主席由各级议员选举，各级政府直接对各级议会负责；边区法院院长由地区议会选举；边区政府各厅长的任命征得边区议会的同意。1937 年下半年，陕甘宁边区经过第一次

---

① 陈嘉陵、傅荷生：《论抗战时期解放区的民主政治建设》，《楚天主人》1995 年第 5 期。
② 陈嘉陵、傅荷生：《论抗战时期解放区的民主政治建设》，《楚天主人》1995 年第 5 期。

民主选举产生了乡、区、县和边区各级议会,边区议会民主制由此诞生。①

为了与国统区省、县成立的参议会在称谓上一致,1939年解放区的议会也改称参议会,但与国统区的参议会仅仅作为咨询机构具有本质不同,解放区的参议会是实行议行合一的同级政权的最高权力机关。② 它有选举和罢免边区政府工作人员、批准各项计划、通过及审查政府预决算等职权,③ 是新中国成立后我国人民代表大会制的雏形。

(3)实行"三三制",创新解放区的政权结构。为保证抗日民族统一战线政权的性质,1940年3月,中共中央决定在政权机关人员分配上实行"三三制",即共产党员占1/3,代表无产阶级和贫农;左派进步分子占1/3,代表小资产阶级;中间分子及其他分子占1/3,代表中等资产阶级和开明绅士。"三三制"首先在边区一级实行后,很快在县、区、乡得到贯彻落实,并推行到各个解放区。例如,陕甘宁边区1941年11月召开参议会第二届一次会议,改选参议会常驻会和政府委员会,在18个政府委员和9个常住参议员中,中共党员分别为6人和3人。晋西北临时参议会1943年成立时,正式参议员145人,中共党员只有47人,还不足1/3。④ 在抗日战争胜利后的一段时间,中国共产党仍然坚持了这一基本精神。例如,1948年8月,华北临时人民代表大会召开后,毛泽东和中央其他领导人对这次临时人民代表大会给予肯定的同时,也指出了这次大会存在的重要缺陷之一,就是出席会议的代表中,中共党员占

---

① 邵丽珍:《抗战时期根据地民主政治建设及其启示》,《江苏技术师范学院学报》2010年第8期。
② 陈嘉陵、傅荷生:《论抗战时期解放区的民主政治建设》,《楚天主人》1995年第5期。
③ 邵丽珍:《抗战时期根据地民主政治建设及其启示》,《江苏技术师范学院学报》2010年第8期。
④ 陈嘉陵、傅荷生:《论抗战时期解放区的民主政治建设》,《楚天主人》1995年第5期。

了 2/3，比例过大。①

（4）依法保障公民的民主权利。公民的民主权利是民主政治的基石。要确保民主政治的有效运行，就必须依法保障公民的民主权利。为此，各根据地颁发了一系列纲领和条例。如 1941 年颁布的《陕甘宁边区施政纲领》明确规定："切实保障抗日人民的人权、政权、财权及言论、出版、集会、结社、信仰等自由权"，"建立便利人民的司法制度，保障人民有检举与告发任何工作人员的罪行之自由。"冀、晋绥、山东根据地以及华中、华南各抗日根据地，也都普遍制定了《人权财权保障条例》，为切实保障根据地人民的民主权利提供了法律依据。②

抗战时期各根据地民主政治建设的实践、做法和经验，对我国今天积极推进社会主义民主政治建设，仍然具有十分重要的启发和借鉴意义，需要在新的历史条件下加以继承和发展。

（三）政府治理民主化是现代化发展的必然要求

作为政府治理现代化的本质属性和重要特征的政府治理民主化，是现代化发展的必然要求。

1. 多元利益主体的形成必然要求政府治理民主化

众所周知，市场经济发展必然导致社会结构的重大变化，其中之一，就是形成了多元化的利益主体。这些利益主体为了维护和增进自身利益，强烈要求参与政府治理。如果没有正式通道，那么，各利益主体就会通过非正式渠道影响政府，使政府能够更多地维护这些主体的利益。其结果，必然使政府失去公正，甚至导致政府腐败。为防止和克服这一现象，

---

① 参见赵秀山、赵军威：《与党外民主人士合作不允许一点马虎——毛主席纠正华北解放区政权组建的两件错事》，《百年潮》2012 年第 6 期。

② 陈先初：《抗战时期中国共产党民主建政的历史考察》，《抗日战争研究》2002 年第 1 期。

迫切需要依法建立正式通道，使利益主体和其他主体一样，公开、公平地参与政府治理，确保政府治理的公正性。

2．民主文化的广泛传播极大地提高了公民的民主意识

近代以来，特别是第二次世界大战结束以后，民主文化在世界范围内得到迅速传播，"随风潜入夜，润物细无声。"由于民主文化中的人权、自由、平等、公正、法治等基本价值契合了基本人性，所以很容易被不同民族、不同文化和不同发展阶段的公民所接受。中国改革开放以来，民主思想深入人心，从而极大地激发了公民的主体意识和参与意识。

3．公民参政议政能力的增强促使公民更加积极地参与政府治理

改革开放以来，教育的迅速发展，极大地提高了公民的文化水平，2012年我国15岁以上人口平均受教育年限达9年以上。这就克服了因公民文化水平不高给公民参与所带来的困扰。广播、电视、互联网等现代媒体，极大地开拓了公民的视野，丰富了公民的知识，更新了公民的观念。运行多年的村民自治、居民自治等民主实践，进一步增强了公民参政议政能力。凡此种种，不仅奠定了政府治理民主化的文化基础，而且为提升政府治理质量创造了较好的条件。

4．政府治理的有效性要求推进政府治理的民主化

在现代社会，经济、社会、文化的发展，对政府治理的有效性提出了越来越高的要求。实践表明，当政府倾听经济主体、社会主体和公民的呼声，并在制定和实施公共政策时与这些主体保持合作，政府治理的有效性就会明显提高。"如果政府缺乏倾听人民呼声的机制，那么它们就不会对人民的利益，尤其是少数民族和穷人的利益作出有利的反应"。"一个在制订和实施政策时忽视广大民众需要的政府不是一个有能力的政府。政府即便怀有世间最美好的愿望，但如果它对于大量的群体需要一

无所知，也就不会有效地满足这些需要。"①

5. 现代社会的交通技术和通信技术的飞速发展，为政府治理的民主化提供了极大的方便

现代社会，特别是大数据时代所带来的信息扁平化，使"人人都可以像上帝一样，通过各种数据汇总，俯瞰万千世界的任何一面。"② 在这种情况下，政府必须主动拆掉与社会的藩篱，打开政府治理的大门，依法有序地吸纳公众参与政府治理。只有这样，政府治理才能适应社会发展，顺应时代潮流，也才能真正提高政府治理效能。

（四）民主治理是建设服务型政府的重要保障

建设服务型政府，需要推进民主治理。只有实现民主治理的制度化、规范化、程序化，才能为服务型政府建设提供重要的制度和体制保障。

1. 民主治理决定了政府的公共性质

政府的性质和运行方向，从来都不是由政府自身决定的，而是由政治体制决定的。在君主专制体制下，由于君权至上，不受制约，所以，政府运行的基本准则就是维护以君主为核心的统治阶级的利益。因此，在这种体制下，只有为君、为臣、为官服务的政府，而不可能有为民服务的政府。诚如唐朝韩愈所说："君者，出令者也；臣者，行君之令而致之民者也；民者，出粟米麻丝，作器皿，通货财，以事其上者也。君不出令，则失其所以为君；臣不行君之令而致之民，则失其所以为臣；民不出粟米麻丝，作器皿，通货财，以事其上，则诛。"③

---

① 世界银行：《1997 年世界发展报告：变革世界中的政府》，中国财政经济出版社 1997 年版，第 10、110 页。

② 徐继华、冯启娜、陈贞汝：《智慧政府：大数据治国时代的来临》，中信出版社 2014 年版，第 33 页。

③ 《韩昌黎先生集》卷十一，《原道》。

我们今天所要建设的服务型政府是以满足社会公共需求为主要目的的政府，是为全体公民服务的政府。这样的政府，只有在民主治理体制的基础之上才能建立、发展和完善起来。因为，民主治理体制能够通过有效途径将公民意愿聚合起来，形成公共意志，并将这种意志变成国家意志。为了实现公共意志，要求建立和完善公共行政体制。也就是说，民主治理体制要求的政府一定是公共政府，即以实现社会公共利益为目标的政府。如果政府运行严重偏离了社会公共目标，民主治理体制就将通过公民的选举机制或监督罢免机制来更换政府，从而确保政府的公共性质。

2. 民主治理能够有效推进政府职能转变

由民主治理所决定，政府的主要职能是管理社会公共事务和提供公共服务。按照这一基本要求，党的十七届二中全会通过的《关于深化行政管理体制改革的意见》明确提出："通过改革，实现政府职能向创造良好发展环境、提高优质公共服务、维护社会公平正义的根本转变。"党的十八大报告再次强调了政府职能转变的这一根本方向。

实践证明，仅仅通过行政体制改革，是难以实现政府职能的根本转变的。所谓"自己的刀难削自己的把"。要真正实现政府职能的根本转变，就必须积极推进民主治理，实现政府治理的民主化。

民主治理能够在以下几方面强有力地推动政府职能的根本转变：

（1）依法刚性推进政府职能的根本转变。实现政府职能的根本转变，是充分发挥市场在资源配置中的决定性作用和更好发挥政府作用的必然要求，是我国当前和今后公共利益、公共意志的重要体现。民主治理通过制定和修改有关法律、法规，将这一公共意志上升为国家意志，明确规定各级政府公共管理和公共服务职能，实现政府职能的法定化。按照依法治国、依法行政的要求，各级政府必须认真履行法律法规明确规定的各项职能，否则，就要承担法律责任。依法刚性推动政府职能的根本转变，必能收到良好的效果。

（2）落实公民的选举权，推动政府职能的根本转变。经验表明，在民主治理过程中，公民的选票对政府行为具有非常重要的影响作用和制约作用。党的十八大报告强调："必须继续积极稳妥推进政治体制改革，发展更加广泛、更加充分、更加健全的人民民主。"人民民主的重要表现形式是公民选举。公民履行选举权，一个重要目的，就是依法选出能够正确和有效履行职能的政府，以便为经济社会发展创造良好环境，提供优质公共服务，维护社会公平和正义。经过一个任期，政府是否很好地履行了这一职能？作为服务对象的公民，自然能够做出客观公正的评价，并在选举中用选票来说话。如果某届政府或某一级政府没能很好地履行政府职能，公民将通过选举来更换政府。这就不能不对政府产生巨大的压力。这种压力自然会成为政府职能根本转变的动力，从而推动政府把不该管的事情转移出去，把该管的事情管住管好。

（3）落实公民的监督权和罢免权，促进政府职能的根本转变。在高度集权的管理体制下，基层和地方政府更多的是对上负责，很难真正做到对下负责。道理很简单，政府官员头上的"乌纱帽"是上级给的。为了对上负责，下级政府可以投其所好，甚至不惜弄虚作假。而在民主治理体制下，行政首长头上的"乌纱帽"是选民通过选举加冕的。与此同时，公民还拥有监督权和罢免权。公民手中的这一权力如同在官员头上悬了一把达摩克利斯之剑，使政府官员不敢不作为，更不敢滥作为。为了得到公民的认可和信任，政府必然会使出浑身解数，认真履行职能，切实提高政府效能。对此，公民凭借亲身感受会做出清楚的判断，政府想瞒天过海是难上加难。

3．民主治理能够促进政府决策的科学化、民主化

服务型政府是执行公共意志、满足社会公共需求的政府。政府只有

做到了这一点，才能适应公民的价值偏好，满足公民的现实利益需求，也才能得到公民的认可，提高公众的满意度。否则，即使政府出于好心，其行为也未必能得到服务对象的高度认可。例如，若干年前，某大城市为满足盲人出行的需要，决定在公路两侧修建盲人道。为此，政府投了很多钱。盲人道修好后，该市赢得了很好的赞誉，国际形象也得到了明显提升。可是，当有关领导通过走访和开座谈会等形式了解盲人的看法时，他们却大吃一惊。因为，许多盲人很感谢政府对他们的关爱，但认为这不是他们最迫切的需求。一些盲人说，他们没有工作，没有机会参加社会活动，很少离开家门。在这种情况下，盲人道修得再好，对他们又有多大用处呢？

可见，政府要很好地为公民提供服务，首先必须及时准确地了解服务对象在特定时期、特定条件下最直接、最迫切的利益需求和价值偏好。在这方面，一些政府的工作存在很大差距。譬如，许多政府很少做民意调查，缺乏民意的数据积累，对百姓观念的变化关注不够。美国则不同。美国联邦政府很重要的一项职能就是通过民意调查来积累民意数据。它的一项民意调查可以做40年，对一个人从小开始进行跟踪调查，以此来统计社会观点的变迁。[①] 通过社会调查及时准确地了解民意，对政府科学决策无疑是非常必要的。

民意千差万别。在多元化时代，如何将千差万别的民意汇集起来，形成公共意志？只有通过民主渠道。在民主治理体制下，每个公民都有法定的权利和自由，都可以充分表达自己的利益诉求和价值偏好。为了使公民的利益诉求和价值偏好形成公共意志，民主治理遵循一个重要原则，就是少数服从多数，同时尊重少数人的合法权益。公共意志正是在

---

① 徐子沛：《大数据：正在到来的数据革命》，广西师范大学出版社2012年版。参见《国际先驱导报》2012年7月13—19日对徐子沛的访谈。

这一民主规则基础上形成的。

公共意志形成了、明确了，政府决策才有科学的依据，政府提供的公共产品和服务才能适应社会的公共需求。公共选择理论也证明，经济市场或政治市场中的个体都具有经济人的特征。若要政治决策能符合公共利益最大化的要求，就必须建立一套及时、准确反映公民利益诉求的机制，即公民价值偏好显示机制，与此同时，还必须建立起一套能约束和监督决策者的有效机制，否则，决策就有可能偏离公共利益的轨道。①

4. 民主治理能够为服务型政府注入不竭的动力

如果没有动力来源，那么，再好的机动车也会停滞不前。政府也是如此。政府为公民提供良好的公共服务需要有动力来源。政府的动力从何而来？

第一种可能是来自于政府及其公务员的品德。政府及其公务员品德高尚，大公无私或公而忘私，他们悲天悯人，忘我工作，从不计较个人得失。具有这样的品德，政府及其公务员自然会自觉自动地为社会提供优质高效的公共服务。但公共选择理论却对这一假设提出了严重的质疑。该理论认为，人类社会是由两个市场构成的，一个是经济市场，另一个是政治市场。在经济市场上活动的主体是消费者（需求者）和厂商（供给者），在政治市场上活动的主体是选民、利益集团（需求者）和政治家、官员（供给者）。在经济市场上，人们通过货币选票来选择能给其带来最大满足的私人物品；在政治市场上，人们通过政治选票来选择能给其带来最大利益的政治家、政策法案和法律制度。而在经济市场和政治市场上活动的是同样的人。没有理由认为同样的人在两个不同的市场上会根据两种完全不同的行为动机进行活动，即在经济市场上追求自身

---

① 参见百度百科：公共选择理论，http://baike.baidu.com/view/462462.htm，2012 – 09 – 06。

利益的最大化，而在政治市场上则奉行利他主义，自觉追求公共利益的最大化。① 也就是说，在政治市场和在经济市场上活动的人都是一样的，都在追求自身利益的最大化，只不过表现形式和程度有所不同而已。

公共选择理论所分析的只是一般情况。而在特定历史条件下，特别是在国家和民族存亡的关键时期，确有一批政治精英、民族精英甘愿为国家和民族利益而抛头颅、洒热血。在革命战争年代，一大批中国共产党人所表现出来的大公无私和英勇无畏精神，就证明了这一点。

但当历史条件发生重大变化之后，情况也会随之发生变化。诚如黄炎培先生所言："我生六十余年，耳闻的不说，所亲眼见到的，真所谓'其兴也浡焉，其亡也忽焉'。一人，一家，一团体，一地方，乃至一国，不少单位都没有能跳出这周期率的支配力。大凡初时聚精会神，没有一事不用心，没有一人不卖力，也许那时艰难困苦，只有从万死中觅取一生。既而环境渐渐好转了，精神也就渐渐放下了。有的因为历时长久，自然地惰性发作，由少数演为多数，到风气养成，虽有大力，无法扭转，并且无法补救。也有为了区域一步步扩大了，它的扩大，有的出于自然发展，有的为功业欲所驱使，强于发展，到干部人才渐见竭蹶，艰于应付的时候，环境倒越加复杂起来了，控制力不免趋于薄弱了。一部历史，'政怠宦成'的也有，'人亡政息'的也有，'求荣取辱'的也有，总之没有能跳出这周期率。"② 正是因为深深地认识到这一点，党的十八大报告提醒全党："新形势下，党面临的执政考验、改革开放考验、市场经济考验、外部环境考验是长期的、复杂的、严峻的，精神懈怠危险、能力不足危险、脱离群众危险、消极腐败危险更加尖锐地摆在全党

---

① 参见百度百科：公共选择理论，http://baike.baidu.com/view/462462.htm，2012 - 09 - 06。

② 马木：《毛泽东与黄炎培延安"窑洞对"》，《文史春秋》2005 年第 7 期。

面前。"要求全党"不断提高党的领导水平和执政水平、提高拒腐防变和抵御风险能力"。

第二种情况是来自于最高领导者或领导集团。他们具有高尚的情操、强烈的社会责任感和持久的民本意识，在这种精神指导下，制定科学的公共政策，并通过加强思想教育和检查监督，使之得以贯彻落实。不可否认，在特定的历史时期，这种情况不仅存在，而且也曾取得了很好的效果。例如，在革命战争年代，中国共产党之所以得到广大劳动人民的信任和爱戴，就是因为党的领导核心坚定的爱国主义和共产主义精神，他们忠诚于自己的理想和信念，为民族解放和人民当家做主而浴血奋战。这种伟大的精神和情怀，塑造了共产党人的良好形象，感召了一批又一批、一代又一代国人，使他们为国家前途、民族命运而不懈奋斗，甚至不惜牺牲自己个人的一切，包括宝贵的生命。

而当历史条件和社会环境发生重大变化之后，这一治理逻辑在现实中就面临着严峻的挑战，甚至有可能发生扭曲。例如，新中国成立以后，在计划经济时代，形成和确立了中央高度集权的管理体制。随着时间的推移，这一体制滋生出个人崇拜、家长制作风、个人凌驾于组织之上、组织成为个人工具、一言堂、领导者个人决定重大问题以及官僚主义、特权现象等种种弊端，严重损害了党和国家的民主生活，破坏了集体领导和民主集中制，使整个国家的运行一度严重偏离了正确轨道，直至酿成"文化大革命"的历史悲剧。即便没有出现这些问题，最高领导者要做到情为民所系，权为民所用，利为民所谋，也必须不断强化自身的修养，强化自上而下的思想政治工作和自上而下的检查监督。由于权力链条较长，中央对地方特别是对基层往往鞭长莫及，使思想政治工作和监督检查呈现梯度衰减之势。于是，越是远离权力中心的地方和单位，越容易出现以权谋私、贪污腐败等现象，从而导致公共权力的异变。

第三种情况是来自于民主治理。在公民广泛参与的民主治理下，一方面，公民的利益诉求和价值偏好能够得到及时的反映，从而为政府科学制定公共政策提供客观依据。另一方面，公民手中的选举权、监督权和罢免权对政府官员的前途命运具有至关重要的影响，所以，公民的利益诉求和价值偏好就不能不引起政府的高度重视。在民主治理中，公民的利益诉求和价值偏好由政府的外部压力转换成政府的内部动力，推动政府将更多的公共资源用于社会公共利益，公平公正地为公民提供优质高效的公共服务。此外，公民的监督和制约作用，既能够有效地防止和克服公共权力的滥用现象，又能够有效防止和克服公共权力的怠惰现象，跳出高度集权体制由盛而衰、由衰而亡的历史悲剧。诚如 1945 年 7 月毛泽东回答黄炎培先生关于如何跳出"人亡政息"的历史周期时所指出的那样："我们已经找到新路，我们能跳出这周期率。这条新路，就是民主。只有让人民来监督政府，政府才不敢松懈。只有人人起来负责，才不会人亡政息。"①

（五）民主治理途径之一：协商民主

协商民主是民主治理的重要表现形式之一。推进政府协商民主的制度化、规范化和程序化，需重点解决以下几个问题：

1. 依法明确民主协商的事项

在政府治理过程中，不需要事事协商，需要协商的主要是经济社会发展重大问题和涉及群众切身利益的实际问题。由于各地经济、政治、文化、社会等存在较大差异，各地政府所面临的经济社会发展重大问题和涉及群众切身利益的实际问题也必然存在相应的差别。因此，地方政

---

① 《毛泽东年谱》（1983—1949）中卷，中央文献出版社 2002 年版，第 610 页。

府应根据本地实际，依法明确需要协商的经济社会发展重大问题有哪些、涉及群众切身利益的实际问题是什么？

2. 实行政务公开

公开化是政府治理民主化的基本前提。为推进政府治理民主化，各级政府必须认真贯彻落实《中华人民共和国政府信息公开条例》和2013年7月1日国务院办公厅印发的《当前政府信息公开重点工作安排》，遵循公开是原则，不公开是例外的要求，将不涉及国家机密、商业秘密和公民个人隐私的信息一律向社会公开，特别是要大力推进行政审批、财政预算决算和"三公"经费、保障性住房、食品药品安全、环境保护、安全生产、价格和收费、征地拆迁、公共企事业单位等重点领域的信息公开，细化公开任务，加强公开平台和渠道建设，消除电子政务中信息不共享、资源不共用等信息孤岛现象，确保人民群众及时知晓和有效获取政府信息。

3. 依法规范民主协商程序

依法规范民主协商程序，实行协商前的预告制度、协商代表的民主推荐制度、协商过程中的陈述和讨论规则、再次协商的间隔时间、协商结果的公示制度，等等。通过规范民主协商程序，促进民主协商有序进行，切实提高民主协商的质量和效能。

4. 推进人民代表大会制度的改革和创新

人民代表大会制度是我国根本政治制度。各级人民代表大会是各级国家权力机关，各级人民政府是同级国家权力机关的执行机关，是各级国家行政机关。为充分发挥人民代表大会代表人民利益、反映人民诉求、决定重大问题、产生和监督政府等作用，必须克服人大代表的官僚化倾向，切实提高基层人大代表特别是一线工人、农民、知识分子代表的比例，降低党政领导干部代表比例，健全政府由人大产生、对人大负责、受人大监督制度，健全人大讨论、决定重大事项制度，各级政府重大决策出台前必须向本级人大报告，充分听取人大代表的意见，以便进一步提高政府治理民主化的层次和质量。

（六）民主治理途径之二：选举民主

实现政府治理民主化，仅仅局限于协商民主是不够的。在现代社会，公民参与政府治理、表达自己意志、反映自身诉求的更重要渠道是选举。选举是现代民主最重要的表现形式，是政府治理民主化的根本体现。党的十一届三中全会以后，为防止和克服一言堂、个人决定重大问题、个人崇拜、个人凌驾于组织之上一类家长制现象，切实推进社会主义民主，邓小平做出一系列重要论断和指示，明确指出："我们进行社会主义现代化建设，是要在经济上赶上发达的资本主义国家，在政治上创造比资本主义国家的民主更高更切实的民主"。① 1987 年 4 月 16 日，邓小平在《会见香港特别行政区基本法起草委员会委员时的讲话》中明确提出："搞普选，也要有一个逐步的过渡，要一步一步来。我向一位外国客人讲过，大陆在下个世纪，经过半个世纪以后可以实行普选。"② 到 2020 年，当全面建成小康社会目标实现以后，为在新中国成立一百年时把我国建设成为富强民主文明和谐的社会主义现代化国家，真正实现中华民族振兴的梦想，就需要按照现代化发展规律和邓小平提出的战略构想，加强顶层设计和科学规划，深入推进相关体制改革，完善社会主义法治，变革传统文化，塑造现代人格，通过基层先行试点，逐步扩大逐级上移，最终实现普选式民主。

---

① 《邓小平文选》第 2 卷，人民出版社 1994 年版，第 322 页。
② 《邓小平文选》第 3 卷，人民出版社 1993 年版，第 220 页。

1. 发展与完善地方自治

实现选举民主，需要自下而上，逐级推进。为此，需要发展与完善地方自治。

有人认为，地方自治就是地方独立、地方脱离中央或不服从中央。这是对地方自治的极大误解。对地方自治，马克思主义经典作家进行了深刻的分析和论述，指出：巴黎公社的"存在本身自然而然会带来地方自治，但这种地方自治已经不是用来牵制现在已被取代的国家政权的东西了，而是把国家迄今所吞食的一切权力归还给社会机体"①。马克思认为，巴黎公社就是理想的社会主义民主的重要形式，而公社的实质就在于它是工人群众的自治组织。这种自治组织是"国家政权即集权化行政权力的对立物"②，是真正的"国民政府"，代表了"人民自己实现的人民管理制度的发展方向"。只有通过地方自治，才能实现"还政于民"这一民主治理的真实目标。"这是社会把国家政权重新收回，把它从统治社会、压制社会的力量变成社会本身的生命力；这是人民群众把国家政权重新收回，他们组成自己的力量去代替压迫他们的有组织的力量；这是人民群众获得社会解放的政治形式"。③ 恩格斯也指出，为了防止中央出现官僚主义集权制，应该在单一制的形式之下，吸取联邦制的优点，实行完全的地方自治，要在共和国内每个"省、专区和市镇通过由普选权选出的官吏实行完全的自治，取消由国家任命的一切地方和省的政府机关。"④

从以上引述中不难看出，在马克思主义看来，地方自治的实质就是选民依法选举地方官员和依法自主管理地方事务。这里的"依法"，核

---

① 《马克思恩格斯选集》第 3 卷，人民出版社 1995 年版，第 377 页。
② 《马克思恩格斯选集》第 3 卷，人民出版社 1995 年版，第 93 页。
③ 《马克思恩格斯选集》第 3 卷，人民出版社 1995 年版，第 95 页。
④ 《马克思恩格斯全集》第 22 卷，人民出版社 1965 年版，第 276—277 页。

心是依据宪法和国家的法律法规。可见，地方自治既不是地方脱离中央、不服从中央，更不是地方抗拒中央，而是在国家统一的法律框架内实行地方民主而已。对于这一点，1987年，时任全国人大常委会委员长的彭真结合村民自治对地方自治进行了深刻的阐述，指出："我国几千年封建社会，说不上民主，新中国成立以后，我们又曾经走过一段弯路，就是长期以来，我们自上而下的很多，自下而上的东西很少。……我看村委会是个最大的民主训练班。老百姓现在如果通过这种直接民主形式管理好一个村，将来就可能管好一个乡，管好一个乡以后，将来就可以管好一个县、一个省，真正地体现出我们的国家是人民当家做主。"①

为积极推进社会主义民主治理，党的十八大报告特别强调"完善基层民主制度"，指出："在城乡社区治理、基层公共事务和公益事业中实行群众自我管理、自我服务、自我教育、自我监督，是人民依法直接行使民主权利的重要方式。要健全基层党组织领导的充满活力的基层群众自治机制，以扩大有序参与、推进信息公开、加强议事协商、强化权力监督为重点，拓宽范围和途径，丰富内容和形式，保障人民享有更多更切实的民主权利。"②《中共中央关于全面深化改革若干重大问题的决定》同样把发展基层民主作为加强社会主义民主治理的重要任务，要求"畅通民主渠道，健全基层选举、议事、公开、述职、问责等机制。"③

2．改革和完善选举制度

人民当家做主是社会主义民主的本质和核心。与小国寡民的城邦国家不同，在体积空前扩大的民族国家，只能通过代议制来实现民主治理，而不可能采取直接民主的办法。正如列宁所指出的那样："如果没有代议

① 转引自白益华：《彭真与〈村民委员会组织法〉的制定》，《百年潮》2006年1期。
② 胡锦涛：《坚定不移沿着中国特色社会主义道路前进为全面建成小康社会而奋斗——在中国共产党第十八次全国代表大会上的报告》，人民出版社2012年版，第27页。
③ 《中共中央关于全面深化改革若干重大问题的决定》，人民出版社2013年版，第31页。

机构，那我们就很难想象什么民主，即使是无产阶级民主"。① 为保证代议制的代表能够及时准确地反映公民的利益诉求和价值偏好，就必须实行定期选举制。

目前，我国实行的是直接选举和间接选举相结合的选举制度。不设区的市、市辖区、县、自治县、乡、民族乡、镇的人大代表，由选民直接选举产生；省、自治区、直辖市、自治州、设区的市的人大代表由下一级人大选举产生；全国人大代表由省、自治区、直辖市、香港特别行政区和澳门特别行政区以及军队选举产生。为确保选举真正体现民意，迫切需要改革和完善选举制度，切实解决选举中存在的以下几个突出问题。

（1）由于信息不对称而导致选举走过场。在直接选举和间接选举中，由于选民或选举人对被选举人的情况知之甚少甚至一无所知，导致选举走过场、流于形式，使选举很难反映选民的意愿。此外，许多地方在选举中，没有很好遵循秘密投票的原则，使选民或选举人更难真实表达自己的意愿。为切实解决这类问题，使选举真正体现选民或选举人的意愿，需要依法严格规定选举程序，实行被选举人向选民或选举人陈述和答疑制度，试行竞选制度，实行秘密投票制度。

（2）直接选举的层级比较低。目前，我国仅在县级以下实行人大代表的直接选举，县级以上尚未实行直接选举。随着社会主义民主的发展，需要逐步提升直接选举的层级，如由现在的县级以下直接选举，逐步扩大到市（地）以下、省级以下的直接选举。

（3）各级人大代表中，官员所占比例过高。在这种情况下，"一府两院"由同级人大选举产生，名义上是民选官，实际上变成了官选官。

---

① 《列宁选集》第3卷，人民出版社1972年版，第211页。

这样做，容易偏离民主政治的本质。此外，人大代表中官员比例过高，也不利于发挥各级人大及其常委会对"一府两院"的监督和制约作用。因此，党的十八大报告明确要求："提高基层人大代表特别是一线工人、农民、知识分子代表比例，降低党政领导干部代表比例。"对此，还需进一步细化，依法严格限制人大代表中官员的比例。

（4）某些重要的公共权力尚没有纳入选举范围。按照我国现行的《选举法》，只有各级人大代表和政府的主要负责人，才被纳入直接或间接选举的范围。但有的领导机关手中握有更重要的公共权力，却一直没有纳入公民选举的范畴，使之游离于民主政治之外。这种现象的存在，不符合社会主义民主政治的基本原则，也不符合依法治国的基本方略，并潜伏着脱离群众、脱离实际的巨大危险。因此，必须改变这一状况，将一切公共权力均纳入社会主义民主法治的轨道。

3. 用社会主义现代政治文化塑造公民的现代人格

任何国家的治理体制都是建立在特定的经济基础和文化基础之上的。现代国家治理体制更是如此。因此，推进政府治理民主化，就必须在推进经济变革的同时，推进文化变革。历史和现实都证明，没有文化变革，没有公民人格的现代化，政府治理民主化就不可能有效推进，更不可能得到巩固。正如美国现代化问题理论家英格尔斯所指出的那样："在整个国家的现代化进程中，人是一个基本的因素。一个国家，只有当它的人民是现代人，它的国民从心理和行为上都转变为现代的人格，它的现代政治、经济和文化管理机构中的工作人员都获得了某种与现代化发展相适应的现代性，这样的国家才可真正称之为现代化的国家。"①

我国经历了漫长的封建君主专制统治。"我们进行了二十八年的新民

① ［美］英格尔斯：《人的现代化》，殷陆君译，四川人民出版社1985年版，第8页。

主主义革命，推翻封建主义的反动统治和封建土地所有制，是成功的，彻底的。但是，肃清思想政治方面的封建主义残余影响这个任务，因为我们对它的重要性估计不足，以后很快转入社会主义革命，所以没有能够完成。"① 正因为没有完成肃清思想政治方面的封建主义残余影响这个任务，致使我国社会的各个领域，都程度不同地存在着封建主义残余的影响，在思想、政治、文化领域更为突出，如邓小平所指出的官僚主义现象、权力过分集中现象、家长制现象、干部领导职务终身制现象和形形色色的特权现象等，都带有封建主义色彩。除此之外，还有社会关系中残存的宗法观念、等级观念；上下级关系和干群关系中在身份上的某些不平等现象；公民权利义务观念薄弱；经济领域中的某些"官工"、"官商"、"官农"式的体制和作风；文化领域中的专制主义作风，等等。② 封建主义残余的影响，根深蒂固，在许多人身上已经形成了传统人格，如一些领导干部家长制作风严重，独断专行，专横跋扈，对下颐指气使，听不得任何不同意见；下级对上级阿谀奉承，无原则地服从和"尽忠"，等等。因此，必须"明确提出继续肃清思想政治方面的封建主义残余影响的任务，并在制度上做一系列切实的改革，否则国家和人民还要遭受损失。"③

为肃清封建主义残余的影响，一方面需明确指出封建主义残余在政治和思想文化领域的表现，批判和肃清其流毒，"重点是切实改革并完善党和国家的制度，从制度上保证党和国家政治生活的民主化、经济管理的民主化、整个社会生活的民主化"，④ 另一方面，需要创新政治文化，并通过家庭、幼儿园、中小学、大学和现代媒体，大力传播现代政治文

① 《邓小平文选》第2卷，人民出版社1994年版，第335页。
② 参见《邓小平文选》第2卷，人民出版社1994年版，第334页。
③ 《邓小平文选》第2卷，人民出版社1994年版，第335页。
④ 《邓小平文选》第2卷，人民出版社1994年版，第336页。

化，"加强公民意识教育，树立社会主义民主法治、自由平等、公平公正理念"①，倡导富强、民主、文明、和谐、自由、平等、公正、法治、爱国、敬业、诚信、友善，积极培育和践行社会主义核心价值观，培养公民对制度化、规范化和程序化的民主治理的认同感，塑造公民的现代人格。这项工作做扎实了，才能为推进政府治理民主化奠定坚实的文化基础。

四、推进政府治理的科学化

在现代化进程中，政府所面对的问题既错综复杂，又瞬息万变。在这种情况下，掌握着巨大资源的政府，如果其治理违背科学，就会给国家和社会造成难以挽回的巨大损失。因此，推进政府治理现代化，就包括政府治理的科学化。所谓政府治理科学化，即在科学理论指导下，通过科学的体制和机制，使政府治理符合历史发展趋势，符合客观规律，包括世界一般规律、经济社会发展规律和专业领域的规律。政府治理只有科学化，才能真正实现社会公共利益的最大化。

推进政府治理科学化涉及的问题很多。这里重点讨论如何充分发挥智库的作用。

在现代社会，智库在政府治理科学化中具有举足轻重的作用，它能够对政府治理的重大问题超前性地进行深入系统的研究，提出多项备选方案，供政府治理时参考。事实充分证明，政府高度重视智库作用，就能够提高政府治理的科学化水平，减少失误或将失误降到最低。相反，

---

① 胡锦涛：《高举中国特色社会主义伟大旗帜为夺取全面建设小康社会新胜利而奋斗——在中国共产党第十七次全国代表大会上的报告》，载《十七大报告辅导读本》，人民出版社2007年版，第29页。

如果政府不重视智库作用，那么，就必然会降低政府治理的科学化水平，增加失误的比重。在这方面，发达国家特别是美国的经验和做法值得借鉴。2012 年《全球智库报告》显示，在全球 6000 多个智库中，美国占了 1/3，其中最著名的如兰德公司、布鲁金斯学会、外交关系协会等，在美国重大决策中发挥了不可替代的作用。

《中共中央关于全面深化改革若干重大问题的决定》明确提出："加强中国特色新型智库建设，建立健全决策咨询制度。"[①] 为贯彻落实十八届三中全会的这一精神，充分发挥智库在政府治理科学化中的作用，应重点解决以下几个问题：

（一）创造宽松自由的研究环境

智库在政府治理科学化中能否发挥应有作用，首先取决于智库的研究水平、研究质量及与政府治理迫切需要解决的重大问题的契合程度。要提高智库的研究水平和研究质量，就必须创造宽松自由的研究环境。这是学术研究和科学发展的基本前提。只有创造了这一环境，才能促使中国学术研究特别是社会科学和管理科学不断提高质量和水平。如果在学术研究上禁区太多、设限太多，这个不能讲，那个不能说，否则，就要挨批受处，甚至坐牢判刑，那么，就很少有人去冒这样的风险。没有宽松自由的学术环境的滋养，科学之树就不可能开花结果，甚至会枯萎凋谢。要创造宽松自由的学术环境，就必须加强法治，依法保障人们的言论自由，做到凡是法律没有禁止的，人们都可以说、可以做。

（二）智库去行政化，提高智库的独立性

目前，我国智库以官方为主。官方智库几乎无一例外都有行政级别，

---

① 《中共中央关于全面深化改革若干重大问题的决定》，人民出版社 2013 年版，第 30 页。

其行政色彩非常浓厚。智库行政化的弊端显而易见，一是官僚化倾向严重。多数研究人员不仅追求学术职称和学术头衔，而且还追求官位。一个学者，如果没有官衔，在社会上就受不到应有的重视，甚至一些重要的政府咨询都难有机会参加。二是按照官职官位分配资源，比如，在研究课题的立项中，官职官位的作用不可小视，有的还起到非常重要的作用。三是官话、套话、大话、空话较多。在行政化智库中，受长官意忘和官僚化的影响，学术研究应有的实事求是、追求真理的精神受到影响，独立精神和批判精神黯然失色，坚持真理、修正错误的学者风骨更是难以立足。可见，智库如果不去行政化，尽管占有大量资源，其研究质量和作用发挥难尽人意。《中共中央关于全面深化改革若干重大问题的决定》明确要求："推动公办事业单位与主管部门理顺关系和去行政化"，创造条件，逐步取消学校、科研院所等单位的行政级别。[①] 认真贯彻落实中央的这一精神，对于加强中国特色新型智库建设具有十分重要的意义。在智库去行政化的同时，应积极鼓励和扶持民间智库的发展。

（三）畅通决策外脑与决策主脑的沟通渠道

中国特色新型智库建设加强了，研究质量提高了，如果决策外脑与决策主脑的沟通渠道不畅，仍然发挥不了智库在政府治理科学化中的应有作用。目前，我国智库与决策部门的沟通渠道总体上是比较畅通的，有公开渠道和内部渠道、直接渠道和间接渠道，等等。但在"最后一公里"上却出现了"堰塞湖"，即有关部门或领导身边的工作人员往往根据自己的经验和判断，去选择领导关心和感兴趣的研究报告，而将他们认为领导不关心或不感兴趣的东西弃如敝履。因此，要畅通决策外脑与

---

① 《中共中央关于全面深化改革若干重大问题的决定》，人民出版社2013年版，第18页。

决策主脑的沟通渠道，必须解决"最后一公里"的"堰塞湖"问题。建议有关部门依法建立健全决策咨询信息的筛选机制，明确分类标准，规范筛选行为，实行重要信息及时向决策者汇报制度和信息反馈制度，使智库的研究成果在政府治理科学化中发挥出应有的效用。

（四）建立健全决策问责制度

政府决策是政府治理的首要环节。只有决策科学，才可能实现政府治理的科学化。古人云："君子慎始，差若毫厘，谬以千里。"为了实现政府决策的科学化，增强决策者的事业心、责任心和慎重态度，减少和克服决策的主观随意性，必须建立健全决策问责制度。因官僚主义或主观随意性而导致重要决策失误的，要依法对有关决策者进行行政问责，给国家或社会造成重大损失的，要依法追究决策者的责任。将决策问责制这把达摩克利斯之剑悬挂于决策者的头上，就会使决策者谨慎从事，真正重视决策咨询，重视智库的研究。

五、推进政府治理的法治化

在传统社会，法律是体现统治阶级意志、维护统治阶级利益的工具，在现代社会，法治的本质是限制和规范政府权力（公权），维护和保障公民（自然人和法人）的权利。推进政府治理的法治化，就必须牢固树立法治精神，严格遵守宪法和法律至上及法律面前人人平等的原则，在公共事务治理中做到有法可依、有法必依、执法必严、违法必究。

当前，推进政府治理法治化亟待解决以下几个问题。

（一）通过立、改、废，尽快完善行政法律体系

有法可依，是政府治理法治化的基本前提。改革开放以来，我国行

政立法虽然取得了很大进展，但仍然不够完善，主要表现在：（1）某些领域存在着立法上的空白点，《机构编制法》、《行政程序法》等一些重要的行政法律至今尚未出台；（2）某些行政法规已经时过境迁，由于没有及时废止，造成不执行违法，执行又不合时宜的尴尬；（3）政府组织法等有关重要的行政法律，条款比较笼统，可操作性不强。因此，急需通过立、改、废，完善行政法律体系。一是加快行政立法步伐，尽快填补行政法律上的空白。二是修改、完善《国务院组织法》，依法进一步明确国务院的职责权限、机构设置、人员编制和运行机制。三是修改和完善《地方政府组织法》。建议将《地方各级人民代表大会和地方各级人民政府组织法》拆分开来，分别制定《地方各级人民代表大会组织法》和《地方各级人民政府组织法》，依法明确规定地方各级政府的职责权限、机构设置、人员编制和运行机制。四是由全国人大和国务院组成专门力量，全面审核已经颁布的行政法律法规，对不合时宜的，该修改的修改，该废除的废除，使行政法律法规更加适应政府治理法治化的需要。

（二）健全违宪违法监督审查机制

为确保宪法和法律得到切实遵守，防止和克服法律与宪法、法律与法律、法规与法律、法规与法规、规章与法规、规章与规章、规范性文件与规章、规范性文件之间的不协调和矛盾现象，必须"进一步健全宪法实施监督机制和程序"，"健全法规、规章、规范性文件备案审查制度"，"完善规范性文件、重大决策合法性审查制度"①，从制度、体制、机制上健全违宪违法监督审查体系，对于任何组织、任何个人违反宪法

---

① 《中共中央关于全面深化改革若干重大问题的决定》，人民出版社2013年版，第32页。

和法律的行为，坚决依宪依法予以纠正。

（三）深化行政执法体制改革

落实《中共中央关于全面深化改革若干重大问题的决定》关于"整合执法主体，相对集中执法权，推进综合执法，着力解决权责交叉、多头执法问题，建立权责统一、权威高效的行政执法体制"的精神和要求，规范行政执法行为，创新行政执法方式，提高行政执法成效，树立良好的行政执法形象。减少行政执法层级，解决多层重复执法。"加强食品药品、安全生产、环境保护、劳动保障、海域海岛等重点领域基层执法力量。理顺城管执法体制，提高执法和服务水平。完善行政执法程序，规范执法自由裁量权，加强对行政执法的监督，全面落实行政执法责任制和执法经费由财政保障制度，做到严格规范公正文明执法。完善行政执法与刑事司法衔接机制。"①

（四）提高行政机关及其公务员依法行政能力

按照党的十八大和十八届三中全会的要求，切实提高公务员运用法治思维和法治方式深化改革、推动发展、化解矛盾、维护稳定的能力，建立科学的法治建设指标体系和考核标准，将依法行政考核纳入政府考核指标体系，发挥依法行政考核激励、引导和督促作用。按照法治国家、法治政府和法治社会一体建设的要求，将法治政府建设与法治社会建设一同推进。采取有效措施做好法治宣传教育，提高公民的法治素质，认真听取公众对政府治理法治化的评价和意见，建立健全政府治理法治化的评价体系和评价制度。

---

① 参见《中共中央关于全面深化改革若干重大问题的决定》，人民出版社 2013 年版，第 32—33 页。

第五章

构建社会主义公共行政体制

建设服务型政府，必须坚持以人为本、执政为民的价值导向，始终把维护和增进人民群众的根本利益置于核心地位；必须转变政府职能，优化政府结构，构建适应服务型政府要求的政府职能体系和政府组织体系；必须创新行政管理方式，提高政府公信力和执行力；必须改革和完善行政首长负责制，形成统一领导和分工负责的行政领导体制。要实现这些目标，就必须深化行政体制改革，构建与完善的社会主义市场经济体制相适应、与建设社会主义民主政治和法治国家相协调的公共行政体制。

一、公共行政体制的本质及对政府建设的要求

构建社会主义公共行政体制，首先需要科学界定公共行政体制的基本内涵，准确理解公共行政体制的本质，明确公共行政体制对政府建设的基本要求。

（一）公共行政体制的基本内涵

行政学界经过多年的研究和讨论，对公共行政体制的基本内涵已经

形成基本共识。所谓公共行政体制，即执行公共意志，行使公共权力，制定公共政策，管理公共事务，提供公共服务，满足社会公共需求的政府组织体系和管理制度。

在现代国家治理体系中，公共行政体制处于公共政治体制之下，是公共政治体制的执行系统。发展社会主义公共民主，构建社会主义公共政治体制，要求构建与之相协调、相配套的公共行政体制。没有公共政治体制，也就无所谓公共行政体制。同样，没有公共行政体制，也就谈不上公共财政体制。因为，只有公共行政体制，才能明确政府的公共职能和事权范围，为公共财政提供依据和指明方向。没有公共行政体制和公共财政体制，公共政治体制就会被束之高阁，公共意志就不可能得到有效执行，社会的公共需求也不可能得到及时合理的满足。

在市场经济条件下，以公共行政体制为基础的政府超然于每个经济和社会组织之上，与经济社会组织权界分明。只要经济主体依法经营、照章纳税，社会组织依法管理、规范运作，政府的公权力就超然于事外，无权也不必介入其中。相反，如果经济主体和社会组织违法违规或侵犯其他主体的合法权益，那么，政府就必须进行干预，以维护经济社会秩序和社会的公平正义。

在我国公开的官方文件中，至今没有使用"公共行政体制"的概念，更没有将构建社会主义公共行政体制确定为深化行政体制改革的战略目标。思想认识上的滞后和对深化行政体制改革战略目标的模糊界定，不利于科学有效地推进行政体制改革。

（二）公共行政体制的根本属性

与以往的行政体制不同，公共行政体制的根本属性是其公共性。恩格斯曾指出："政治统治到处都是以执行某种社会职能为基础，而且政治统治只有在它执行了它的这种社会职能时才能持续下去。"① 但在阶级对立的社会，政府主要是占统治地位的阶级实施阶级统治的工具，政府的社会职能归根到底是为统治阶级的政治统治服务的。在"以阶级斗争为纲"的时代，我国政府同样具有浓厚的阶级色彩，它是无产阶级统治和专政的工具。党的十一届三中全会坚持解放思想、实事求是的思想路线，彻底否定了"以阶级斗争为纲"的错误理论和实践，做出把党和国家工作中心转移到经济建设上来、实行改革开放的战略决策。随着社会主义现代化建设的稳步推进，我国政府阶级统治和阶级专政的色彩逐渐淡化，政府的公共性日渐凸显。

在政府管理实践中，公共行政体制的公共性突出地体现在政府的主要职能上。在社会主义市场经济体制不断完善、社会主义公共民主不断发展的形势下，政府主要职能不再是管理具体的经济社会事务，而是管理社会公共事务，提供基本的公共产品和公共服务，满足社会的基本公共需求。具体来说，"政府的职责和作用主要是保持宏观经济稳定，加强和优化公共服务，保障公平竞争，加强市场监管，维护市场秩序，推动可持续发展，促进共同富裕，弥补市场失灵。"② 这样，政府就不再是哪个阶级意志的执行机构，而是社会公共意志的执行机构，是愈来愈典型的公共型政府。

（三）公共行政体制对政府建设的基本要求

公共行政体制的根本属性，对政府建设提出了诸多新的要求。主要包括以下几方面。

---

① 恩格斯：《反杜林论》，《马克思恩格斯文集（第9卷）》，人民出版社2009年版，第187页。
② 《中共中央关于全面深化改革若干重大问题的决定》，人民出版社2013年版，第6页。

1. 建设民主政府

由专制走向民主，由阶级民主走向社会公共民主，是政治发展的必然趋势。在我国，随着社会主义公共民主的发展和公共政治体制的建立，要求建设民主政府，实现政府管理的民主化。所谓民主政府，即政府不仅要执行公共意志，而且必须由选民选举产生，对选民负责，受选民监督。因为，在代议制民主体制下，选举是公民表达意愿的最直接、最重要的渠道，是公共意志形成的最重要的途径，也是民主政治最重要的表现形式。这里的选举，既包括人大代表的选举，也包括行政首长的选举。衡量一个国家的民主化程度，一看选举是否普遍，二看选举是否真实，三看政府是否真正按照多数选民的意愿办事。

民主，既是人类的政治理想，也是现实的制度安排和程序设计，是政府运行的基本原则和基本机制。要确保政府准确了解民情、充分反映民意、广泛集中民智、切实珍惜民力，实现社会公共利益的最大化，就必须健全民主制度，丰富民主形式，扩大公民有序的政治参与，保证人民依法实行民主选举、民主决策、民主管理和民主监督，享有广泛的权利和自由，实现社会主义民主的制度化、规范化和程序化。

2. 建设公正政府

公共行政体制下的政府既然是公共意志的执行者和公共利益的维护者，就必须主持公道和正义，公平、公正地对待每一个经济主体和社会主体，为经济和社会发展创造统一、开放、公平、公正的竞争环境，绝不能厚此薄彼，更不能制定和实行区别对待或歧视性政策。为此，必须打破行业垄断和地方保护，消除各种特权现象，做到权利公平、机会公平、规则公平。

3. 建设法治政府

市场经济是法治经济，民主政治也是法治政治。与此相适应，公共行政体制下的政府必须是法治政府。所谓法治政府，即依法授予政府职权，依法规定行政程序，依法规范政府行为，依法追究政府责任，使政府真正做到严格依法行政、依法办事。《中共中央关于全面深化改革若干重大问题的决定》明确要求"推进法治中国建设"，强调"建设法治中国，必须坚持依法治国、依法执政、依法行政共同推进，坚持法治国家、法治政府、法治社会一体建设。"①

现代法治的核心是限制政府权力，保障公民权利。在市场经济条件下，市场在资源配置中起决定性作用。因此，政府必须从那些不该管的事务中退出来，切实管好公民、企事业和社会管不了、管不好、不该管而又必须管的事务，即社会公共事务，同时，优质高效地为社会提供公共产品和公共服务。因此，市场经济条件下的政府不再是全能政府，而是有限政府。

4. 建设服务型政府

在计划经济时代，政府是典型的管制政府，无所不包、无所不揽、无所不管。而在市场经济条件下，随着公共民主的迅速发展，公民、企事业和社会组织愈来愈成为政治、经济和社会领域的主体，政府的主要职能不再是管制，而是为城乡居民提供优质的公共服务。因此，公共行政体制下的政府必然是服务型政府。各级政府只有树立顾客导向和民本意识，认真履行公共服务职能，公平公正、方便快捷、优质高效地提供公共服务，才能为经济社会发展创造良好的环境，也才能体现出政府的价值。

当然，建设服务型政府，并不是只提供服务，不要管理。管理和服务犹如硬币的两面，相辅相成，缺一不可。它们之间的关系是：管理是

---

① 《中共中央关于全面深化改革若干重大问题的决定》，人民出版社2013年版，第31—32页。

手段，服务是目的；管理是过程，服务是结果。没有科学有效的管理，优质高效的服务就是一句空话。

5. 建设分权政府

与市场经济发展和公共民主建设相适应的公共行政体制，是合理分权体制。在这一体制下，政府不再是高度集权政府，而是合理分权政府，即依据政府能力和便民服务原则，将地方和基层能够提供的服务以及适合地方与基层管理的事务，下放给地方和基层，实现政府责权的法定化，使各级政府在法定范围内，各司其职、各负其责。

分权化是第二次世界大战结束后，特别是 20 世纪 70 年代以来的一种世界性趋势。世界银行《1997 年世界发展报告》指出："从省、州级政府在政府总收支中所占的比例来看，国家越是富有、越大，就越趋向于权力下放。……就发展中国家而言，大多数国家在 50 年代和 60 年代殖民主义结束以后都经历了建设国家的发展阶段，70 年代以来趋于权力下放。"[1] 权力下放能够使公共服务更密切地符合地方的需要和愿望，能够提高公共服务的供给效率和管辖区之间的竞争，使用户具有较多选择，也能为自下而上地建设具有较高反应能力和更加负责任的政府创造条件。[2]

6. 建设责任政府

在公共行政体制下，为使政府正确扮演自己角色，有效履行职责，防止滥用权力，切实提高政府效能，必须建设责任政府。所谓责任政府，至少包括以下三个方面：（1）依法规定各级政府及其职能部门的职责权限，做到职责法定，权责对等；（2）各级政府实行任期目标责任制。如

---

[1] 世界银行：《1997 年世界发展报告》，中国财政经济出版社 1997 年版，第 120—121 页。
[2] 参见世界银行：《1997 年世界发展报告》，中国财政经济出版社 1997 年 8 月第 1 版，第 120 页。

果政府的任期目标脱离实际，不符合多数选民的意愿，同级人大的多数代表投了不信任票，那么，该届政府必须辞职；（3）政府在施政过程中，必须对自己作为或不作为的行为负责，即：当政府积极实施一种行为，侵犯了公民、企事业或社会组织的合法权益，政府要对自己的行为承担相应的法律责任；当政府不作为，即应由政府做的事，政府没有做或没有做好，政府也必须承担相应的政治责任、法律责任和道义责任。

7. 建设透明政府

市场经济和民主政治要求政府公开透明。建设透明政府，必须认真贯彻落实《中华人民共和国政府信息公开条例》，按照公开为原则、不公开为例外的要求，及时、准确、全面公开群众普遍关心、涉及群众切身利益的政府信息。要按照国务院关于《当前政府信息公开重点工作安排》，大力推进行政审批信息公开、财政预算决算和"三公"经费公开、保障性住房信息公开、食品药品安全信息公开、环境保护信息公开、安全生产信息公开、价格和收费信息公开、征地拆迁信息公开、以教育为重点的公共企事业单位信息公开，使政务公开成为各级政府施政的一项基本制度，创新政务公开方式方法，努力提高公开实效。

8. 建设廉洁政府

政府权力是公民依法赋予的。公民将权力赋予各级政府，就是希望和要求政府以权谋公，清正廉洁，而不是以权谋私，贪污腐败。因此，公共行政体制下的政府必须是廉洁政府。建设廉洁政府，要求各级政府及其公务员牢固树立正确的人生观、价值观和权力观，始终坚持以人为本、执政为民的理念，将社会公共利益放在首位；要求加强制度建设，堵塞制度漏洞，使官员不能贪；要求加大反腐败力度，对腐败现象零容忍，依法严厉打击腐败分子，使官员不敢贪，努力做到干部清正、政府清廉、政治清明。

9. 建设高效政府

公共行政体制下的政府必须是高效政府。为建设高效政府，必须降低行政成本，严格控制行政经费支出，反对铺张浪费，建设廉价政府；必须深化行政体制改革，使政府机构精简，人员精干，职责明确，结构合理；必须创新行政运行机制，减少中间环节，规范政府管理行为；必须加强公务员培训，改进培训方式方法，不断提高公务员的素质能力；必须推行政府绩效管理，奖勤罚懒，加大行政监督和行政问责力度，切实提高政府的公信力和执行力。

二、转变政府职能，构建科学的政府职能体系

转变政府职能，既是构建社会主义公共行政体制的核心，也是建设服务型政府的重点。在社会主义市场经济体制基本建立和全面推进社会主义现代化建设的新形势下，党的十八大报告再次强调："深化行政审批制度改革，继续简政放权，推动政府职能向创造良好发展环境、提供优质公共服务、维护社会公平正义转变。"这就进一步明确了我国政府职能转变的新方向。

（一）政府职能转变新方向的具体内涵

实现政府职能转变，不仅需要明确政府职能转变的新方向，同时还需要科学界定政府职能转变新方向的具体内涵。

1. 创造良好发展环境

在市场经济条件下，企业是创造财富的主体，政府是创造环境的主体。政府所应创造的不仅仅是经济发展环境，还包括社会发展环境；不仅仅是国内环境，还包括国际环境；不仅仅是硬环境，还包括各种软环

境。政府只有创造了良好发展环境，才能激发经济社会主体的内生动力，使经济和社会充满生机和活力。

（1）国际环境。改革开放至今，我国已经融入世界，成为国际社会的重要一员。2010年我国国内生产总值跃居世界第二位，成为仅次于美国的第二大经济体。与此同时，我国成为全球制造业第一大国，在全球制造业总值中的比例为19.8%，超过美国的19.4%；在22个大类中，我国在7个大类中名列第一，在世界500种主要工业品中，我国有220种产品产量居全球第一位。[①] 在全球化的大背景下，中国与世界密不可分，政府必须为中国的现代化建设创造和平、安全、有利的国际环境，既要坚决维护国家主权和安全，又要坚决维护国家的发展利益。

（2）国内环境。为全面推进社会主义现代化建设，政府必须创造良好的国内环境，包括良好的公共安全、环境安全和消费安全等生产生活环境；良好的交通、通讯、公用设施等基础设施；完善的法制环境、和谐的社会环境、健康的文化环境；公平竞争的市场环境、公平发展的社会环境以及良好的社会信用体系，等等。

2. 提供优质公共服务

政府提供的公共服务主要是指基本公共服务，即建立在一定社会共识基础上，由政府主导提供的，与经济社会发展水平和阶段相适应，旨在保障全体公民生存和发展基本需求的公共服务。基本公共服务范围，一般包括保障基本民生需求的教育、就业、社会保障、医疗卫生、计划生育、住房保障、文化体育等领域的公共服务，广义上还包括与人民生活环境紧密关联的交通、通信、公用设施、环境保护等领域的公共服务，

---

① 匡小红：《过去五年我国经济社会发展取得重大成就》，载《十二届全国人大一次会议〈政府工作报告〉辅导读本2013》，人民出版社中国言实出版社2013年3月第1版，第7页。

以及保障安全需要的公共安全、消费安全和国防安全等领域的公共服务。①

政府提供基本公共服务应做到"全覆盖"、"上水平"、"保质量"、"促均等"。所谓"全覆盖",即基本公共服务应覆盖城乡全体居民,使每个居民,不论居住在何地,都能得到基本公共服务雨露的滋润;所谓"上水平",即政府提供的基本公共服务,既要与经济社会发展水平和阶段相适应,又要与国际上处于同等发展阶段、发展水平国家的基本公共服务大体相当,确保全体公民生存和发展的基本需求;所谓"保质量",即确保基本公共服务的质量,使基本公共服务达到国家规定的标准以上;所谓"促均等",即采取有效措施,积极推进基本公共服务的均等化,使"全体公民都能公平可及地获得大致均等的基本公共服务,其核心是机会均等,而不是简单的平均化和无差异化。"②

3. 维护社会公平正义

公平正义是社会主义的内在要求。维护公平正义,是现代政府的天职。各级政府只有认真履行好这一职能,才能创造公平竞争的市场环境和健康发展的社会环境,真正实现社会的和谐安定与发展进步。

为切实维护社会公平正义,必须健全以权利公平、机会公平和规则公平为主要内容的社会公平保障体系,建立和完善对保障社会公平正义具有重大作用的各项制度,建立健全利益表达机制、公平分配机制、矛盾调处机制、应急处置机制,畅通公民诉求通道,通过加强法治建设,努力营造公平的社会环境,消除各种特权,确保公民平等参与、平等发展的权利。

---

① 《国家基本公共服务体系"十二五"规划》,《人民日报》2012 年 07 月 20 日。
② 《国家基本公共服务体系"十二五"规划》,《人民日报》2012 年 07 月 20 日。

（二） 构建科学的政府职能体系

实现政府职能的根本转变，需要在科学定位政府职能的基础上，合理划分政府间的职责权限，构建科学的政府职能体系。

1. 政府间责权划分的基本原则

从建设服务型政府的角度划分政府间的职责权限，应遵循政府职责权限与规模效益和外部效应内部化相统一的原则，即能由基层政府提供的服务尽量由基层政府提供，以便缩短政府与公众的距离，使服务更具有针对性，更有效率，更加符合公众的实际需求，也便于公众参与和监督，有效地防止和克服消极腐败现象。当下级政府提供的服务没有规模效益或产生严重的外部效应的时候，该项职能需要上移，由上一级政府行使，以便实现规模效益并将外部效应内部化。当地方最高一级政府提供的服务也没有规模效益或产生严重的外部效应时，这一职能才能交由中央政府履行。

2. 正确履行政府职能，必须明确中央政府与地方政府的责权重点

战后世界各国的发展表明，政府主导的发展已经失败了，但是没有政府的发展也将是失败的。良好的政府不是一个奢侈品。没有一个有效的政府，经济和社会的可持续发展都是不可能的。①

为了充分发挥市场在资源配置中的决定性作用，必须最大限度地减少政府对微观事务的管理，市场机制能有效调节的经济活动，一律交给市场。与此同时，政府必须加强发展战略、规划、政策、标准等的制定和实施，加强市场活动监管和各类公共服务的提供。

按照《中共中央关于全面深化改革若干重大问题的决定》，中央政

---

① 世界银行：《1997 年世界发展报告 变革世界的政府》，中国财政经济出版社 1997 年版，第 25、1 页。

府要加强宏观调控的职责和能力，"宏观调控的主要任务是保持经济总量平衡，促进重大经济结构协调和生产力布局优化，减缓经济周期波动影响，防范区域性、系统性风险，稳定市场预期，实现经济持续健康发展。健全以国家发展战略和规划为导向、以财政政策和货币政策为主要手段的宏观调控体系，推进宏观调控目标制定和政策手段运用机制化，加强财政政策、货币政策与产业、价格等政策手段协调配合，提高相机抉择水平，增强宏观调控前瞻性、针对性、协同性。形成参与国际宏观经济政策协调的机制，推动国际经济治理结构完善。"地方政府要加强公共服务、市场监管、社会管理、环境保护等职责。直接面向基层、量大面广、由地方管理更方便有效的经济社会事项，一律下放地方和基层管理。①

3. 转变城镇政府职能

为分析城镇化发展形势，明确推进城镇化的指导思想、主要目标、基本原则和重点任务，中央城镇化工作会议于 2013 年 12 月 12 日至 13 日在北京举行。会议明确指出，城镇化是现代化的必由之路。推进城镇化是解决农业、农村、农民问题的重要途径，是推动区域协调发展的有力支撑，是扩大内需和促进产业升级的重要抓手，对全面建成小康社会、加快推进社会主义现代化具有重大现实意义和深远历史意义。会议要求，要紧紧围绕提高城镇化发展质量，稳步提高户籍人口城镇化水平；大力提高城镇土地利用效率、城镇建成区人口密度；切实提高能源利用效率，降低能源消耗和二氧化碳排放强度；高度重视生态安全，扩大森林、湖泊、湿地等绿色生态空间比重，增强水源涵养能力和环境容量；不断改善环境质量，减少主要污染物排放总量，控制开发强度，增强抵御和减缓自然灾害能力，提高历史文物保护水平。为贯彻落实中央城镇化工作

---

① 《中共中央关于全面深化改革若干重大问题的决定》，人民出版社 2013 年版，第 16—18 页。

会议精神，必须处理好市场和政府的关系，既坚持使市场在资源配置中起决定性作用，又要切实转变城市政府职能，更好发挥政府在创造制度环境、编制发展规划、建设基础设施、提供公共服务、加强社会治理等方面的职能。①

三、优化政府结构，构建科学的政府组织体系

改革行政体制、构建社会主义公共行政体制，不仅需要科学定位政府职能，而且需要提高政府效能。为此，必须优化政府结构，构建科学的政府组织体系。

（一）优化政府组织结构

近些年，我国在精简政府机构的同时，迈开了优化政府组织结构的步伐。但迄今为止，政府组织结构优化仍然不到位，需要进一步加大改革力度。

1. 优化政府组织结构的判断标准

判断政府组织结构是否优化，取决于政府的性质、政府追求的价值目标以及人们对此判断的立场和角度。按照建设服务型政府的要求，政府组织结构是否优化，可以从以下几个方面判断：

（1）在政府机构设置中，履行公共服务职能的部门在政府机构中所占比重。一般来说，在经济建设型政府中，管理经济的部门所占比重较大。我国在1998年政府机构改革之前，这方面的情况非常明显。经过多次机构改革，精简了专业经济管理部门，使政府组织结构发生了较大变

① 《中央城镇化工作会议在京举行〇习近平李克强作重要讲话》，《人民日报》2013年12月15日。

化。适应服务型政府建设要求优化政府组织结构，就必须加强政府公共服务部门建设，提高公共服务部门在政府机构中所占比重。为此，合理的途径主要不是增加公共服务部门的数量，而是适应完善社会主义市场经济体制和建设服务型政府的要求，进一步精简、整合经济管理部门，降低该类政府机构的比重。

（2）履行公共服务职能的部门在政府机构中的地位。适应服务型政府建设要求，仅仅提高公共服务部门的比重还不够，还必须适当提高公共服务部门在政府机构中的地位，使之有足够的权威，能够合理地支配和使用公共资源，有效地履行公共服务职能。为此，应逐步提高公共服务部门的地位，使其成为政府的主要部门或核心部门。

（3）最大限度地减少政府机构间的职能重叠和职责交叉，从体制机制上消除政府机构间的推诿扯皮现象。

2．优化政府组织结构的原则

优化政府组织结构，需要遵循以下原则：

（1）效能原则。提高政府效能，是优化政府组织结构的目的，也是必须坚持的重要原则。政府组织结构优化与否，最终检验标准还是看政府公共服务效能是否得到提高，提高多少。

（2）统一原则。实践证明，职能重叠、职责交叉、部门林立、多头管理，必然导致政府推诿扯皮，争利避责。为克服这些弊端，就必须按照统一原则，将职能相同、相近的部门尽可能地加以整合，实行统一管理。

（3）规模适度原则。政府规模问题，自改革开放以来就进行了广泛的讨论。在 20 世纪八九十年代，针对计划经济体制下政府机构庞大、人员臃冗的现实，我国进行了以精简机构为主要内容的改革，取得了积极的成效。与此同时，"小政府，大社会"的理论广为流行，影响很大。

这就提出了一个问题，即政府机构和人员是不是越精简越好？在体制转轨和社会转型时期，我们是不是需要建立一个"小政府"？理论研究和实践经验都得出了不同的结论。从世界范围来看，"在过去的一个世纪中，政府的规模和职责范围大幅度扩大，工业国尤其明显。"[1] 政府规模扩大的主要原因是："第二次世界大战之前政府的扩张，除其他因素外，主要原因是政府必须解决因大萧条带来的经济和社会体系中的沉重负担问题。战后对政府的信心培育了对政府的需求，要求它做更多的工作。工业国中福利国家增多了，而许多发展中国家采纳了政府主导的发展战略。其结果是，全世界各国政府的规模及其管辖事务范围都极度扩张。"[2] 世界银行报告的分析表明，在第二次世界大战前后，政府规模的扩大有其必然性，也有一定的合理性。因为，各国的经验都表明，没有政府的发展是注定要失败的，"没有一个有效的政府，发展是不可能实现的。"[3] 于是，人们把关注的重点从政府规模问题转向了政府质量问题，即更加关注政府的有效性：政府能否有效地满足人民的合理需求。

早在20世纪80年代，邓小平就不止一次强调："真正建立从国务院到地方各级政府从上到下的强有力的工作系统。"[4] 从提高政府效能和建立强有力的政府工作系统出发，政府规模不是越小越好、越精简越好，而是要适度，即：在政府职能转变的前提下，为了提高政府效能，实事求是地确定政府规模，需要多少机构就设多少机构，需要多少人员就配备多少人员。过和不及都不利于有效地履行政府职能。

---

① 世界银行：《1997年世界发展报告 变革世界中的政府》，中国财政经济出版社1997年版，第2页。

② 世界银行：《1997年世界发展报告 变革世界中的政府》，中国财政经济出版社1997年版，第2页。

③ 世界银行：《1997年世界发展报告 变革世界中的政府》，中国财政经济出版社1997年版，第25页。

④ 《邓小平文选》第2卷，1994年版，第339页。

（4）法制原则。实现政府组织机构及人员编制的法制化，是依法行政的必然要求。为加强政府机构的法制建设，需要不断总结经验，借鉴发达国家的有益做法，在实现政府组织机构及人员编制科学化、规范化的基础上，修改和完善政府组织法，依法明确各级政府的组成部门、直属机构和办事机构，并保持政府机构和人员编制的相对稳定性。

基于以上分析，建议将政府机构设置的"精简、统一、效能"原则改为"效能、统一、适度和法制"原则。

3. 优化政府组织结构的途径

优化政府组织结构的重要途径，是积极稳妥地实施大部门体制。一些发达国家经过较长时间的探索，在大部门体制改革方面取得了积极的成效，对我国优化政府组织结构有启发和借鉴意义。我国大部门体制改革仍处在起步阶段，尚有许多问题需要研究解决，有许多改革需要继续深化。

（1）已经实行大部门体制的，内部职能、机构和人员整合还不到位，有的只是物理整合，尚未实现化学变化。对于这种情况，必须进一步深化改革，加强大部门内部的职能、机构和人员的整合力度，使之真正成为职能有机统一的大部门制。

（2）在有些领域，如文化和社会保障等领域，政府职能和机构人员等整合仍不到位，需要加大职能、机构和人员的整合力度；在需要实行而尚未实行大部门体制的，如农业、民族宗教等，应积极推行大部门体制改革，使大部门体制改革尽快到位。

（3）党的十七大报告要求"统筹党委、政府和人大、政协机构设置"。《中共中央关于全面深化改革若干重大问题的决定》进一步提出："统筹党政群机构改革，理顺部门职责关系。"这一精神对于从总体上消除公共管理领域职能重叠、职责交叉，降低公共管理成本，提高公共管理效能，具有十分重要的意义。为此，应积极借鉴广东省佛山市顺德区的改革经验，在统筹党政群机构改革、理顺部门职责关系方面探索新路子，迈出新步伐。

（4）推进大部门体制改革必须与推进干部人事制度改革紧密结合。第一，已经实行大部门体制的，其行政首长应由该领域的通才担任，副职则应由专才担任。第二，严格执行有关法律法规，严格按规定职数配备领导干部，不能以"过渡期"为由超职数配备大部门的领导班子。否则，大部门体制改革会因为领导职数过多而大打折扣。因为，领导职数过多，必然导致大部门的管理分割，职能有机统一和提高效能就难以落到实处。第三，随着大部门体制改革的稳步推进，必须减少各级政府的领导职数，每级政府除行政首长外，副职依法控制在4人以内，以便降低行政成本，提高行政效能，充分发挥大部门行政首长的作用。

（5）既要给予地方政府改革的自主权，尊重地方改革的创造精神，又要注意改革的上下衔接，避免管理链条的断裂。

（二）优化政府层级结构，推进省直接管理县（市）体制

1982年以来，由于推行市管县体制，使我国政府层级由四级制为主转变成五级制为主。政府层级过多，存在诸多弊端：（1）由于中间环节过多，导致上情难以及时准确地下达，下情也难以及时准确地上达。（2）中央下放的权力，很容易被中间环节截留，县（市）和基层政府的自主权难以得到落实，不利于调动县（市）和基层政府的主动性、积极性和创造性。（3）容易导致严重的官僚主义和形式主义，不利于巩固和扩大权力的合法性基础，有碍政府管理效能的提高。（4）不符合当今世界组织结构扁平化的趋势，不适应信息化时代的要求。解决政府层级过多的问题，唯一出路就是严格按照《宪法》规定，探索推进省直接管理县（市）的体制。

1. 改革市管县体制，实行市（地级）、县（市）分治

按照国际通例，市是城市型的行政建制，县是广域型的行政建制。市作为城市型的行政建制，主要管理市区和郊区，不管理农村区域。县作为广域型的行政建制，直接管理县属的乡镇。推行省直管县（市）体制，就必须改革市管县体制，解除市（地级）与县（市）之间的行政隶属关系，实行市（地级）、县（市）分治。这样，既有利于充分发挥城市型政区的作用，提高城市管理水平，克服虚假城市化现象，又有利于县域经济的发展。

2. 依法明确省、市（地）、县（市）的职责权限

推行省直接管理县（市）体制，必须依法重新界定省、市（地）、县（市）的职责权限，构建新的管理体制和行政运行机制，以便协调好市（地）与县（市）之间的关系，防止市（地）、县（市）分割，促进城乡一体化建设。

3. 科学研究和合理确定县（市）的行政级别

推行省直管县（市）体制，还需要研究和明确县（市）的行政级别。目前，我国的县为处级。但在省直管县（市）体制的试点地方，已将县（市）升格为副地级。与之相协调，今后势必将县属的内设机构和乡镇升格为副处级。实行省直管县（市）体制，大规模提升县（市）及其下属机构和乡镇的行政级别，必然大幅度提高行政成本。这样做，有违降低行政成本的改革要求。因此，需要深入研究，慎重为之。

（三）优化行政区划设置

减少行政层级，推行省直管县（市）体制，必然触及行政区划体制改革。因为，由省直接管理县（市），涉及省级政府的管理幅度问题。

有专家认为，省直接管理的县市数量以40个左右为宜①。如果这一结论是基本正确的话，那么，截至2012年底，我国除台湾省以外的27个省、自治区中，市（地区、自治州、盟）和县（县级市、县、自治县、旗、自治旗、特区、林区）的数量超过这一幅度的共有25个省区，其中，省区内市县数超过100个的有8个省区，市县数在90~99之间的有3个省区，市县数在80~89之间的有5个省区，市县数在70~79之间的有3个省，市县数在60~69之间的有3个省，市县数在50—59之间的有1个省，市县数在40~49之间的有2个省，市县数在40个以下的仅有海南省和宁夏回族自治区。其余没有超过控制幅度的是4个直辖市和2个特别行政区。四川省的市、县总数多达157个。②

在省级政府管理幅度过大的情况下，实行省直管县（市），只有两个解决办法：一是省级行政区划不变，在省与县之间设立派出机构。而这样做，又使地方政府层级结构回到了1982年实行市管县体制之前的老路上去，这不仅使改革回到了原点，而且过去存在的并已得到部分解决的矛盾又会再生出来。这一思路显然不可取。另一思路，就是积极稳妥地推进省级行政区划体制改革。

我国省级区划体制存在诸多弊端。（1）缺乏自然地理环境依据，不利于自然资源的科学开发和利用，不利于社会主义市场经济的发展。我国许多省级区划都是从旧中国沿袭下来的。中国的省制始于元朝。元朝统治者吸取汉唐以来地方割据势力凭借地理天险抗拒中央的教训，在省级区划中突破了按山川地形划分政区的传统，实行犬牙交错的策略，把同一的自然地理单元分割给不同的行省，不使任何一省具有完整的形胜

---

① 参见马述林：《论省级行政区划体制改革》，《战略与管理》1996年第5期。
② 根据中华人民共和国民政部编：《中华人民共和国行政区划简册2013》统计，中国地图出版社2013年版。

之地，北向门户洞开，形成以北制南的政治军事控制格局。明清两朝进一步加剧了这种状况。这种划分方法，虽然在避免分裂割据方面发挥了重要作用，但延续至今，导致了严重的经济区域分割，既不利于科学规划管理和生产要素的流通，更不利于自然资源的合理开发和利用。① （2）省级区划不适应社会主义民主政治发展的需要。目前，我国省级区划面积过大，管辖人口过多，不少省区无论是面积，还是人口，都相当于或超过欧洲中等以上的国家。民主政治的重要机制和表现形式是选举。在发达国家，为了选举而设立了单独的选区。在我国，选区和行政区划是一致的。省级区划面积过大，管辖人口过多，显然不利于人民群众广泛的政治参与。（3）不利于合理划分中央与地方的职责权限和国家的长治久安。我国在计划经济时代，形成了中央高度集权的管理体制。为克服这一体制的弊端，就必须下放权力，扩大地方自主权。而省级区划面积过大，管辖人口过多，容易因权力下放而导致地方尾大不掉，一些地方在地方本位主义的驱使下，把中央与地方的关系变成一种博弈关系，在博弈中，寻求地方权力和利益的不断扩大。这就有可能导致一些地方的离心倾向，对社会稳定和国家的长治久安产生不利影响。在中国古代社会，为了防止和解决尾大不掉现象，曾经采取"广建诸侯而少其力"的办法，这对我们今天行政区划体制改革仍然具有启发和借鉴意义。（4）不利于减少管理层级和提高国家管理效能。我国管理层级过多的直接原因，是省级区划面积过大，管辖人口过多，于是，不得不在省与县之间增加一个管理层次，形成现在的五级制，从而导致管理层次过多和管理效能梯度衰减等一系列弊端。

改革省级行政区划体制，优化行政区划设置，是发展社会主义市场

---

① 参见马述林：《论省级行政区划体制改革》，《战略与管理》1996年第5期。

经济、建设社会主义民主政治、合理开发自然资源和实现国家长治久安的必然要求，也是减少行政层级、实行省直管县（市）的先决条件。由于省级行政区划体制改革牵涉面广，不仅极其复杂，而且比较敏感，因此，必须深入研究，科学规划，从长计议，积极稳妥和有计划、分阶段地向前推进。

在积极稳妥地调整省级行政区划的同时，还需调整县（市）区划，将一些较小的县（市）加以合并，以便减少省直管县（市）的数量。当然，合并一些县市以后，也涉及县（市）的管理幅度，如果县（市）管理幅度过大，还需要调整乡镇区划，合并一些较小的乡镇。

四、改革与完善行政首长负责制

在政治体制和行政体制中，干部人事制度处于从属地位。如果说政治体制和行政体制是一级体制的话，那么，干部人事制度就是二级体制。一级体制的价值取向和运行目标必然对二级体制提出相应的要求，二级体制必须与一级体制相协调、相配套。否则，一级体制和二级体制就会产生矛盾，体制运行就可能出现紊乱。

在我国，政治体制改革的目标是构建高度民主、法制完备、程序规范、运转协调的公共政治体制；行政体制改革的目标是构建职能科学、结构优化、行为规范、廉洁高效的公共行政体制。政治体制改革要求实行行政首长的选举制和法定任期制，行政体制改革也要求健全与行政首长负责制相配套的公务员管理体制，适当扩大行政首长的人事任免权，以确保行政首长履职所必需的权威。

（一）改革行政首长的产生方式

我国《宪法》明确规定，各级政府实行行政首长负责制。在现代民主体制下，行政首长既要对国家负责，又要对人民负责，并使二者有机统一起来。

我国实行人民代表大会制度。《宪法》规定，各级人民政府对本级人民代表大会负责并报告工作。县级以上的地方各级人民政府在本级人民代表大会闭会期间，对本级人民代表大会常务委员会负责并报告工作。各级政府对人民代表大会负责，实际上是通过人民代表大会对国家负责和对人民负责。但由于现行体制和运行机制的不协调、不配套，导致地方各级政府实际上主要是对上负责而不是对下负责，对官负责而不是对民负责。长期以来，许多地方热衷于搞"政绩工程"、"形象工程"、"首长工程"、"献礼工程"，就是明证。

产生上述情况与地方行政首长产生方式密切相关。

我国《宪法》规定："地方各级人民代表大会分别选举并有权罢免本级人民政府的省长和副省长、市长和副市长、县长和副县长、区长和副区长、乡长和副乡长、镇长和副镇长。"但事实上，《宪法》的这一规定很大程度上流于形式，并未得到真正的落实。例如，《党政领导干部选拔任用工作条例》第三十六条规定："市（地、州、盟）、县（市、区、旗）党委和政府领导班子正职的拟任人选和推荐人选，一般应当由上级党委常委会提名并提交全委会无记名投票表决；全委会闭会期间急需任用的，由党委常委会做出决定，决定前应当征求全委会成员的意见。"第四十五条规定："党委向人民代表大会或者人大常委会推荐需要由人民代表大会或者人大常委会选举、任命、决定任命的领导干部人选，应当事先向人民代表大会临时党组织或者人大常委会党组和人大常委会组成人员中的党员介绍党委推荐意见。人民代表大会临时党组织、人大常委会党组和人大常委会组成人员及人大代表中的党员，应当认真贯彻党委推荐意见，带头依法办事，正确履行职责。"简单来说，地方行政首长是由上级党委任命的，同级人大只是履行法律程序而已。

1．地方行政首长任命制，导致地方政府主要是对上负责，而不是对下负责，容易产生严重的官僚主义和家长制作风。邓小平在《党和国家领导制度的改革》中所指出的家长制和官僚主义的种种弊端之所以没有得到消除，与这种干部人事管理体制不无关系。

2．地方行政首长任命制，导致不少地方的决策脱离实际、脱离群众，只注重眼前，不关注长远。甚至一些地方官员只关注自己的升迁，而置人民群众的根本利益于不顾。

3．地方行政首长任命制，妨碍了人民群众的政治参与，影响了人民群众的积极性，降低了人民群众的主人翁责任感，削弱了地方政府的合法性基础，是导致一些地方干群关系紧张和对立的重要的体制根源。

为克服上述弊端，就必须改革地方行政首长的产生方式，由自下而上的选举制取代事实上的任命制。这是发展社会主义民主政治的必然要求，是确保人民当家作主的必然选择，也是确保"情为民所系、权为民所用、利为民所谋"的根本所在。因为，选举是民意表达的不可替代的重要方式，是现代民主政治的重要表现形式和实现路径，也是实现人民当家作主的基础性的制度安排。没有这一重要的制度安排，社会主义民主政治就会悬空，人民当家作主就很难落到实处。正因为深刻认识到这一点，所以，邓小平才明确指出："大陆在下个世纪，经过半个世纪以后可以实行普选。"[1]

作为中国改革开放的总设计师，邓小平既了解世界政治发展的大趋势，更熟悉中国的国情。从二者实际出发，邓小平更具体地指出："搞普选，也要有一个逐步的过渡，要一步一步来。"[2] 如何逐步过渡、一步一

---

[1] 《邓小平文选》第3卷，人民出版社1993年版，第220页。
[2] 《邓小平文选》第3卷，人民出版社1993年版，第220页。

步来？就是顶层设计，科学规划，健全制度，完善程序，自下而上，逐级推进。即在村民自治的基础上，由选民直接选举乡镇长，实行乡镇自治；在乡镇自治的基础上，由县（市）选民直接选举县（市）长，实行县（市）自治；在县（市）自治基础上，由地方选民直接选举省市长，实行地方自治，进而实现建设高度民主的政治体制和行政体制的改革目标。

（二）探索和实行行政首长组阁制

目前，我国各级政府领导班子的组成是由同级党委或上级任命的，在许多地方，带有一定的拉郎配性质。这种组成方式同样不利于完善行政首长负责制。因为，第一，领导班子中有些人的阅历、经验、能力等与所担负的岗位职责不相适应，不利于分管工作的开展。第二，上级指派的领导班子成员初到新的地方和岗位，对该地方和岗位的工作不熟悉，要经过一段时间后才能熟悉，从而在一定时间、一定程度上影响该地方工作的开展。第三，上级给地方行政首长派副手，势必降低地方地方行政首长的权威和约束力，在一定程度上影响行政首长负责制的功效，降低政府执行力。调研中，一位地方领导很形象地抱怨说："我是地方的行政首长，可是，脑袋不是我的，胳膊和腿也不是我的，你让我怎么领导、怎么负责？"因此，健全行政首长负责制，就需要探索和实行行政首长组阁制。

所谓行政首长组阁制，即扩大行政首长的人事任免权，由行政首长提名政府组成人员，经同级党委同意报同级人大审议通过后，由行政首长任免的管理体制。

探索和实行行政首长组阁制，是贯彻民主集中制原则的需要。我国《宪法》明确规定："中华人民共和国的国家机构实行民主集中制的原则。"各级政府的行政首长由直接、间接选举产生，体现了社会主义民主的精神、原则和要求；扩大行政首长的人事任免权，由选举产生的行政首长进行组阁，体现了集中的要求。当然，行政首长组阁也不是行政首长随意而为。为防止行政首长任人唯亲和独断专行，在组阁过程中，必须征得同级党委的同意，经过同级人大的审议。

探索和实行行政首长组阁制，是落实权责统一原则的需要。权责对等、权责统一，是现代管理的基本原则，也是现代管理的基本要求。有权必有责，权责要对等，为防止和克服不负责任的滥用权力提供了可能；有责必有权，责权要统一，为确保行政首长有效履行责任创造了条件。相反，如果权责脱节或权责不对等，必然导致管理的负效应：或者导致滥用权力，或者导致责任难以兑现。既然我国《宪法》明确规定各级政府实行行政首长负责制，就应赋予行政首长组阁权，否则，行政首长负责制就不可能得到真正落实。

实行行政首长组阁制，是提高政府执行力的需要。《宪法》规定，我国各级政府都是同级国家权力机关的执行机关。作为国家权力机关的执行机关，必须切实提高政府的执行力。为此，必须依法赋予行政首长与其责任相应的地位、权力和权威，使其能够负责、有能力负责。唯其如此，才能做到管理统一，有效约束，言出即行，令行禁止。

（三）实行严格的行政首长法定任期制

在现代民主体制下，由选举产生的行政首长，必须实行严格的法定任期制。这是民主政治的通则。我国《宪法》明确规定了中央政府的法定任期制，即"国务院每届任期同全国人民代表大会每届任期相同。总理、副总理、国务委员连续任职不得超过两届。"而对地方政府，只规定了"每届任期同本级人民代表大会每届任期相同"，可否连任？连任几届？没有明确规定。《党政领导干部选拔任用工作条例》规定："地方党委和政府领导成员原则上应当任满一届，在同一职位上任职满十年的，必须交流；在同一职位连续任职达到两个任期的，不再推荐、提名或者任命担任同一职务。"但现实情况是：地方党委、地方政府领导调动比较频繁，许多人并未任满一届即被调离。中国市长协会曾就市长任期做过一次调查：在中国的661个城市中随机抽样调查了150个城市，目标选取对象是这些城市的市长2002年到2006年的任期。其中更换了一次市长的城市有92个，占61.3%；更换了两次的有38个城市，占25.3%；没有更换的仅占13.3%，只有20个城市。从1992年到2009年的17年间，河北省邯郸市出了8任市长，邯郸市长成了名副其实的走马灯。这一现象并不仅仅存在于邯郸，而是具有相当的普遍性。①

地方行政首长调动频繁，弊端很多。

1. 不利于树立依法治国、依法行政的理念

《宪法》规定："地方各级人民政府每届任期同本级人民代表大会每届任期相同。"这实际上已经明确规定了地方行政首长的法定任期制。按照《宪法》的这一规定，每届地方政府组成后，行政首长及其副职不能随意调动或变更，除非任期内发生死亡、病重不能履职、违法违纪而不适合担任现职等情况。否则，《宪法》的规定就会落空，依法治国、依法行政也就成为空谈。

2. 不利于地方统筹规划和可持续发展

地方行政首长调动频繁，一任领导一个思路。有的领导调到一个地方，情况还没有熟悉，思路还没有形成，甚至屁股还没有坐热，就被调离，导致发展思路混乱，短期行为严重，造成资源的巨大浪费。对此，

---

① 参见《齐鲁晚报》2009年2月19日。

百姓戏称："张市长挖坑李市长埋，王市长上台再重来。"

3. 导致许多地方行政首长不是把主要精力放在地方经济社会发展上，而是放在自己的职位升迁上

"两年不提拔，心里有想法，三年不挪动，就想去活动"，严重影响了地方的经济社会发展。对此，全国政协委员、中国市长协会副会长兼秘书长陶斯亮建议："能让各地市长至少做满一届或两届，才能实实在在干一番事业，频繁调动让他们干不成啥事。"①

4. 导致地方公务员人心浮躁，队伍不稳定

地方主要领导一换人，就意味着要调整一批干部。于是，许多地方公务员为了自己的位置和升迁，不得不频繁活动，拉关系、走后门、请客送礼甚至行贿受贿，腐蚀了干部队伍，败坏了社会风气，损害了党和政府的形象。

为克服上述弊端，必须严格实行地方行政首长的法定任期制。

第一，依法明确规定地方行政首长的法定任期制，每届任期5年，可以连选连任，但不能超过两届。

第二，地方行政首长在法定任期内，无极特殊情况，不能调动，以确保地方行政首长至少干满一届。

第三，因特殊情况确需调动或调整的，上级主管部门必须商与地方政府同级的地方人大常委会，经该地方人大常委会同意方可调动或调整，以确保地方人大的权威，维护人民代表大会制度。

（四）依法明确行政首长的职责权限

完善行政首长负责制，迫切需要依法明确行政首长的职责权限。我

---

① 参见《南方都市报》2008年3月7日。

国《宪法》和政府组织法虽然规定了各级人民政府的职权，但存在以下主要问题：第一，过于笼统，难以具体操作、评估和监督。第二，对县级以上各级政府职权缺乏明确划分。第三，《宪法》和政府组织法对政府职权的划分没有反映改革的新进展、新成果、新要求、新趋势。

法定职权不够明确，严重影响行政首长负责制，更难以对行政首长的工作进行评估和监督。为解决这一问题，建议：

1. 修改和完善《国务院组织法》，依法进一步明确国务院总理、副总理和国务委员的职责权限。

2. 建议将《中华人民共和国地方各级人民代表大会和地方各级人民政府组织法》拆分开来，分别制定《中华人民共和国地方各级人民代表大会组织法》和《中华人民共和国地方各级人民政府组织法》。因为，地方各级人民代表大会和地方各级人民政府是地方不同性质的国家机关，前者是地方国家权力机关，后者是地方国家权力机关的执行机关，是地方国家行政机关。两者性质、地位和功能不同，应通过两部法律分别明确规定其性质、地位、组织机构、职责权限和运行程序，以便于贯彻执行。

3. 通过重新制定《地方政府组织法》，在依法明确地方各级人民政府职权的基础上，依法明确地方各级行政首长的职责权限。同时，用法律的形式，明确同级地方党委和地方政府的职责分工，"规范各级党政主要领导干部职责权限，科学配置党政部门及内设机构权力和职能，明确职责定位和工作任务。"[①] 防止和克服同级地方党政之间职责同构、程序繁复和效率不高等弊端。

---

① 《中共中央关于全面深化改革若干重大问题的决定》，人民出版社 2013 年版，第 35 页。

（五）加强对行政首长的监督和制约

一切有权力的人都容易滥用权力。为了防止滥用权力，必须在依法明确各级政府及其行政首长职责权限的基础上，"推行地方各级政府及其工作部门权力清单制度，依法公开权力运行流程。完善党务、政务和各领域办事公开制度，推进决策公开、管理公开、服务公开、结果公开。"① 加强对各级政府及其行政首长的监督和制约，确保各级政府权为民所用、情为民所系、利为民所谋。为此，要改革行政监督体系，确保各监督主体的地位和法律所赋予的监督权力，使各监督主体敢于监督、勇于监督和善于监督。同时，也要通过改革，改进和完善对监督主体的监督，防止和克服监督主体不作为或滥用监督权力的现象。

五、精官简政，实行能力主义管理

行政体制改革不能仅仅停留在转变职能、优化结构和创新机制等方面。要实现行政体制改革的预期目标、达到预期效果，还必须与干部人事制度改革紧密结合起来。干部人事制度改革涉及内容较多，这里，重点探讨精官简政和实行能力主义管理问题。

众所周知，在抗日战争的极端困难时期，开明士绅李鼎铭等11人提出了"精兵简政"的主张。毛泽东曾明确指出："'精兵简政'这一条意见，就是党外人士李鼎铭先生提出来的。他提得好，对人民有好处，我们就采用了。"② 从毛泽东肯定精兵简政到现在，已经过去了70多年。70多年后的今天，一个同样严肃的问题摆在我们面前，就是"官多之

---

① 《中共中央关于全面深化改革若干重大问题的决定》，人民出版社2013年版，第36页。
② 《毛泽东选集》第3卷，人民出版社1991年，第1004页。

弊"。这一问题解决不好，不仅难以降低行政成本，提高行政效能，而且还会严重影响和削弱我们党的执政基础和执政能力。

（一）历史上的"官冗之患"

在中国封建社会，自西汉以后，历代君王为防止大权旁落，往往广设机构和官职，使官吏队伍迅速膨胀，从而酿成严重的"官冗之患"。例如，西汉官员最多时只有 7500 人，"吏员自佐史至丞相，120285 人"。到了唐朝，官员最多时 18805 人，官吏 369787 人，宋代官员最多时 48075 人，官吏共约 60 万人。① 而自西汉至清朝康熙年间，国家所控制的民众户数与人口数，绝大多数都没有达到西汉的水平，只有极个别的时期略与西汉相伯仲。② 也就是说，在中国封建社会，是以相对不变的人口供养了越来越多的官吏。

官吏队伍的迅速膨胀，必然造成官俸浩大，导致严重的财政危机。例如，在唐代，国家开支"最多者兵资，次多者官俸，其余杂费，十不当二事之一。"③ 宋代也是"兵冗为大，其次又有官冗。"④ 宋英宗治平年（1065），全部财政收入 11613 万贯，支出 12034 万贯，非常支出 1152 万贯，亏空 1573 万贯。⑤

官吏队伍的迅速膨胀，必然极大地加重劳动人民的负担，使劳动人民的生活经常处于水深火热之中。正如元代文学家张养浩在一首散曲中所说："伤心秦汉经行处，宫阙万间都做了土。兴，百姓苦；亡，百姓

---

① 刘泽华、汪茂和、王兰仲主编：《专制权力与中国社会》，吉林文史出版社 1988 年第 1 版，第 274 页。
② 参见刘泽华、汪茂和、王兰仲主编：《专制权力与中国社会》，吉林文史出版社 1988 年第 1 版，第 274 页。
③ 《旧唐书》卷 149，《沈传师传》。
④ 蔡襄：《去冗》，见《宋文鉴》卷 102。
⑤ 参见刘泽华、汪茂和、王兰仲主编：《专制权力与中国社会》，吉林文史出版社 1988 年第 1 版，第 278 页。

苦。"

官吏队伍的迅速膨胀，必然激化社会矛盾，导致社会周期性动荡，使中国封建社会长期停滞不前。我国台湾经济学家翁之镛将秦统一中国到1951年西藏和平解放、中国大陆实现安定统一这2171年，按盛世、治世、小休、衰微、乱世5种类型进行了分类统计，统计结果显示，"盛世"时间最短，"盛世"加"治世"仅占1／5的时间，而"乱世"则占这段历史的47.7%，接近一半的时间。[1] 社会的大部分财富和资源被不断膨胀的官吏队伍所吞噬，劳动人民没有能力进行社会再生产的投资；社会矛盾的不断激化，导致社会周期性大动荡，不仅极大地破坏了经济、社会的发展环境，而且使人口大量减少，使社会发展一次又一次跌落到最低水平。二千多年的封建社会，就是在这种恶性循环当中一次又一次陷入停滞不前甚至倒退的状态。

（二）今天的官多之弊

解放初期，我国一个县，一般就是一个县委书记，一个县长，或加一个副职，有的甚至没有副职。而今，许多地方的官员队伍急速膨胀，地方公共管理机构"不差官"已经是一个普遍现象。例如，某省一个省级贫困县，有16名县委常委和11名副县长。而按照规定，县（市、区）党委常委最多不超过13人；政府领导班子可配7人，此外可配备科技副县（市、区）长1名，共8名。这意味着，该县党政领导班子成员总共"超员"6人，超编近3成。此外，在一些地方，政府副职、助理、副秘书长等"领导"泛滥的现象屡见不鲜。有的地方政府副职和副秘书长少则各10余人，多则各十几人，甚至有的副秘书长多达20余人。2006年

---

① 参见张琢：《九死一生》，中国社会科学出版社1992年版，第36页。

8月，原中组部部长张全景就指出："一个省有四五十个省级干部，几百个乃至上千个地厅级干部，一个县几十个县级干部，可以说古今中外没有过。"①

官员队伍迅速膨胀，弊端很多。

1. 官多必然极大地增加公共管理成本和纳税人的负担

在我国，官员的直接成本由以下要素构成：（1）工资。官员级别提升了，工资自然随之提升。（2）各种福利待遇。公务员的福利待遇是按行政级别给予的，官员级别提高了，福利待遇自然更加优厚。（3）办公条件，如办公室的大小和各种办公设备。官员级别不一样，办公室和办公设备就会有相应的区别。（4）配备公车或已经进行公车改革的地方，给予相应的交通补助。（5）医疗待遇。干部晋升到厅局以上的，50岁以后都享有特殊的医疗待遇。（6）职务消费。我国对职务消费尚无明确规定，所以，职务消费更是一个无底洞。（7）领导干部被提拔到一定级别，就要配秘书，秘书的工资、福利、办公条件等又是一笔开支。按照有关规定，不够一定级别的领导干部是不能配秘书的，但许多地方改换名目，照配不误。（8）官员住房。房改前，官员的住房是按级别进行福利分房，房改后，官员的住房分配有了变化，但总体上官员仍享有较多的优惠。除了这些看得见摸得着的直接成本外，还有许多间接成本，如官员多了，势必增加请示报告和文件印发的数量，从而增加党政机关的管理成本；官员多了，监督机构的工作量势必加大，监督成本势必随之上升。这样算下来，每提拔一批领导干部，党政机关就要增加一大笔开支，纳税人的负担自然也会随之加重。

2. 官多容易降低政府的公信力

按宪法规定，我国各级政府都是人民政府。人民群众希望和要求各

---

① 《须防"官多为患"专访原中组部部长张全景》，《瞭望东方周刊》2006年08月23日。

级政府精简统一、高度负责和廉洁高效。而官多背离了精简统一原则，不仅极大地增加了行政成本，而且容易导致推诿扯皮，难以提高工作效率。对此，人民群众很有意见。《小康》杂志发布的 2008～2012 年度中国信用小康指数显示，2008 年，中国政府公信力指数为 61.5，2009 年为 62.2，2010 年为 63.0，2011 年为 65.0，2012 年为 67.8①。五年间，中国政府公信力仅在及格范围内。毫无疑问，政府公信力不高，与官员队伍迅速膨胀不无关系。

3. 官多势必降低公共管理效率

道理很简单，第一，官多必然增加公共管理的各种成本。第二，官多了，某些职责权限难以划分清楚，容易增加推诿扯皮现象。第三，官多容易导致下级的等靠思想，降低下级工作的主动性、积极性和创造性。

(三) 官员队伍急速膨胀的主要原因

我国官员队伍急速膨胀的原因是多方面的，其中主要有：

1. 政府职能转变不到位

我国的各级政府仍然管了许多不该管的事，导致各级政府工作"繁忙"，人手不够。为解决这一问题，只好增机构、增人员、增职数。正式机构控制严，就想方设法增加临时机构；机构控制严，就想方设法增加编制；编制控制严，就想方设法增加编外人员。人员增加了，领导忙不过来，于是，就钻法律空子，想方设法增加领导职数。

2. 领导体制"头重脚轻"

对此，邓小平早在 1980 年就明确指出："我们的各级领导机关，都管了很多不该管、管不好、管不了的事，这些事只要有一定的规章，放

---

① 鄂璠：《2011～2012 中国信用小康指数：社会信用趋于好转，透明度对政府信用影响最大》，《小康》2012 年第 9 期。

在下面，放在企业、事业、社会单位，让他们真正按民主集中制自行处理，本来可以很好办，但是统统拿到党政领导机关、拿到中央部门来，就很难办。谁也没有这样的神通，能够办这么繁重而生疏的事情。这可以说是目前我们所特有的官僚主义的一个总病根。官僚主义的另一病根是，我们的党政机构以及各种企业、事业领导机构中，长期缺少严格的从上而下的行政法规和个人负责制，缺少对于每个机关乃至每个人的职责权限的严格明确的规定，以至事无大小，往往无章可循，绝大多数人往往不能独立负责地处理他所应当处理的问题，只好成天忙于请示报告，批转文件。"① 此外，干部"能进不能出，能上不能下。这些情况，必然造成机构臃肿，层次多，副职多，闲职多，而机构臃肿又必然促成官僚主义的发展。"② 邓小平的论述，不仅深刻揭示了官僚主义产生的根源，同时也指出了我国领导体制中副职多、闲职多的根本原因。在这种权力过于集中的领导体制下，多数办事的人无权决定，少数有权的人负担过重，于是，"帕金森定律"就在我国官场上显现出来。

3. 法制不严，为官员队伍的迅速膨胀预留了较大的空间

例如，《中华人民共和国地方各级人民代表大会和地方各级人民政府组织法》对各级地方政府及其职能部门的副职，对省、自治区、直辖市、自治州、设区的市的人民政府副秘书长的职数没有明确规定，从而为副职的急速增加提供了可能。

4. 当官好处多，诱惑大

我国是一个官本位的社会。当官，不仅有各种直接和潜在的利益，而且还有显赫的地位。因此，自古以来，官场就是一个大磁场，对许多人都有巨大的吸引力和诱惑力。改革开放以来，人们的职业选择虽然日

---

① 《邓小平文选》第 2 卷，人民出版社 2010 年版，第 328 页。
② 《邓小平文选》第 2 卷，人民出版社 2010 年版，第 328 页。

趋多元化，但进机关"当官"，仍然是许多人梦寐以求的事情。进入官场以后，许多人更是把职务晋升作为自己人生的最大追求。例如，济南市委组织部2003年的抽样调查显示，80.6%的被调查者认为职务晋升是对公务员最有激励效果的因素。长春市委组织部提供的数据表明，某单位达到条件的干部中有70%不愿意从副职领导职务改任正职非领导职务。① 多数公务员希望不断晋升职务的心理和要求，是官员队伍急速膨胀的重要驱动因素。

一些地方和部门的主要领导把提拔干部作为调动干部积极性和笼络人心的重要手段，也是导致官员队伍急速膨胀的不可忽视的原因。

（四）精官简政，路在脚下

官员队伍急速膨胀的弊端，人所共见。要消除这些弊端，就必须深化各项体制改革，走精官简政之路。

1. 切实转变政府职能，为精官简政奠定科学的管理基础

政府职能转变不到位，仍然管那些不该管的事，是导致政府机构庞大、人员臃肿的根本原因。因此，各级政府要真正做到精官简政，就必须从转变政府职能入手，将政府不该管的事转移出去。政府职能转变到位了，政府规模自然会缩小，精官简政也就水到渠成。

2. 按照权责统一原则，改革领导体制，为精官简政提供体制上的保障

前已述及，我国领导体制中层次多、副职多、闲职多的重要原因，就是权力过于集中，权责不对等。为了解决这一问题，就必须改革领导体制，下放权力，实现权责统一，使各级党政机关、各个部门乃至每个

---

① 《终结"官本位"》，《瞭望东方周刊》2004年12月05日。

人都能够依法独立自主地处理他所应该处理的事情，决定他所应该决定的问题。这样，不仅能够大大提高工作效率，而且能够大大减轻上级领导机关的负担，减官、减副也就成为顺理成章的事情。

3. 进一步加强法治建设，为精官简政奠定更为坚实的法律基础

为此，第一，必须修改有关法律法规，依法进一步明确各级党政机关及其职能部门的职责权限，建立健全岗位责任制。第二，依法明确各级党政机关及其职能部门的领导职数，明令不得突破。第三，进一步加强国家有关法律法规执行情况的监督，对违反者，要依法进行严肃处理。

4. 统筹设置机构，总体精简官员

事实上，我国官多之弊不仅仅表现在政府，也表现在其他公共管理部门。因此，要真正做到精官简政，就必须认真贯彻落实《中共中央关于全面深化改革若干重大问题的决定》所提出的明确要求："统筹党政群机构改革，理顺部门职责关系。……严格控制机构编制，严格按规定职数配备领导干部，减少机构数量和领导职数，严格控制财政供养人员总量。"

5. 设立公共服务质量奖，建立公务员多重激励机制

目前，我国对公务员的激励主要靠官位和奖金。这两种激励手段，容易诱导公务员追求个人利益，不利于公务员树立公共精神。设立公共服务质量奖，有利于激励公务员树立国家利益和社会公共利益至上的理念，增强公务员的荣誉感和使命感，提高公务员认真履行职责的自觉性，也有利于克服官场上的不健康的思想倾向，为公务员更好地履行职责创造良好的思想文化氛围。

（五）实行能力主义管理

现代化建设必然促使社会转型。其中之一，就是由过去的资历社会

转变到能力社会。所谓能力社会,即一个人在社会中的地位、报酬等取决于一个人的能力和贡献,而不再取决于资历。进入能力社会,必须实行能力主义管理。

所谓能力主义管理,即依据人的能力性质来确定人的工作性质、依据人的能力大小来确定人的职位高低、依据人的能力发挥和贡献大小来确定薪酬待遇的管理模式。

能力主义管理是通过三个系统有机组合实现的,即:公正评价系统、公正待遇系统和能力开发系统。这三个系统构成了能力主义管理三角形①:

其中,公正评价系统是能力主义管理的基础和前提。为使能力评价科学合理、客观公正,就必须开发能够科学测评人的能力的评价指标、评价程序和评价方法。经过能力测评后,进入另外两个系统。如果一个人经过能力测评后,被认为能力较强,可以胜任较高职位的工作,那么,这个人就可以进入公正待遇系统,该系统为其提供一个能够发挥能力的岗位。能力主义管理认为,在管理中,最大的浪费是由于大材小用而导致的人才浪费。如果一个人经过能力测评后被认为不胜任现在的工作,那么,这个人就进入能力开发系统,缺少经验补充经验,缺少知识补充知识,缺少理论补充理论。经过能力开发后,再回到公正评价系统。经

---

① 参见〔日〕久保淳志:《日本人事考核制度》,新华出版社1982年版,第8页。

过公正评价，如果这个人的能力缺陷得到弥补，可以继续留在原岗位工作；如果经过能力开发，该人的能力有较大提高，可以胜任更高职位的工作，那就进入公正待遇系统，给予与其能力相适应的职位和待遇；如果一个人经过能力开发以后，缺陷没有得到弥补，能力没有得到提升，那么，这个人就会被降职或淘汰。

能力主义管理之所以大受欢迎，并在一些发达国家得到比较广泛的运用，是因为这一管理理论和管理系统具有以下特点和优势：

1. 能够克服"彼得现象"的弊端

彼得是美国著名的管理学家。他经过多年研究，揭示了依据业绩选人用人的严重缺陷：（1）依据业绩选人用人，会导致一个人一直晋升到其能力所不及的位置，其晋升才告结束；（2）在管理工作中，之所以存在管理不科学或管理低效率等现象，就是因为一些人正在从事自己能力所不及的工作。实践证明，要提高管理的科学性和有效性，就不能简单地依据业绩选人用人，而必须依据能力选人用人。

2. 能够客观公正地评价人的能力

在人才资源管理中，对人才能力的评价是一项基础性工作。没有客观公正的评价，就谈不上科学合理地使用人才，更谈不上充分发挥人才的作用。过去，在传统的人才评价中，往往看重经验、资历或学历。这种评价的片面性已经有目共睹，人所共知。而在能力主义管理中，是通过科学的指标、程序和方法对人的能力进行全方位的评价，将评价主体的主观因素降到最低，从而能够得出比较客观、比较公正的评价结论，为科学合理地选人用人提供了可靠的依据。

3. 能够充分发挥人才的能力

能力主义管理奉行一条最基本的原则，即能岗相宜原则。实践表明，一个人的能力只有与岗位相适宜，才可能得到最大限度的发挥。所谓用其所长，避其所短。遵循这一原则，可以避免两种情况的发生：一是人的能力性质与岗位的性质不相适应。比如，让文学家去做数学家的工作，或者反过来，让数学家去做文学家的工作，都不可能做得好。以此类推，让专才去做通才的工作，或让通才去做专才的工作，也不可能收到预期的效果。二是可以避免小材大用或大材小用。人的能力有大小，岗位有高低。如果小材大用，势必给事业造成损失；如果大材小用，又必然导致人才的不满、怨恨，甚至导致人才的流失。因此，在管理实践中，为了做到人尽其才、才尽其用，就必须遵循能岗相宜的原则，实行能力主义管理。

4．能够使人才可持续地发挥作用

能力主义管理将人才的评价和使用与人才的能力开发有机结合起来，使人才在其使用周期内不断地"充电"、不断地提升自己。这样，既可以降低人才资源开发的成本，又可以在人才使用的黄金期内可持续、最大限度地发挥人才的作用，从而收到最佳的管理效能。

既然能力主义管理有以上特点和优势，因此，应在我国人才资源管理中引入这一管理模式。

六、研究制定深化行政体制改革的总体战略

在全面推进社会主义现代化建设、全面深化各领域体制改革的新形势下，迫切需要研究制定深化行政体制改革的总体战略。

（一）研究制定深化行政体制改革总体战略的必要性

战略是事关全局和长远的谋划。加强顶层设计，研究和制定深化行政体制改革的总体战略，是更加积极、稳妥和有效地推进行政体制改革，

发展和完善社会主义公共行政体制的迫切需要。

1. 研究制定深化行政体制改革的总体战略，是对以往行政体制改革经验教训的深刻总结

20 世纪 80 年代以来，我国行政体制改革的一个薄弱环节，就是缺乏行政体制改革的顶层设计和总体战略。例如，对行政体制改革的总体战略目标缺乏更为科学的界定，对一届政府与另一届政府的改革缺乏合理的衔接，对行政体制改革与政治体制和社会体制改革缺乏有效的协调配套，从而增加了改革的成本，降低了改革的效率。有鉴于此，《中共中央关于加强党的执政能力建设的决定》明确提出："加强行政体制改革的总体研究"；党的十七大报告更加明确提出："要抓紧制定行政管理体制改革总体方案"；党的十七届二中全会《关于深化行政管理体制改革的意见》提出了深化行政体制改革的宏观指导意见；党的十八届三中全会做出了《中共中央关于全面深化改革若干重大问题的决定》，在全面深化改革中，对深化行政体制改革做出了战略部署。贯彻落实党的十八届三中全会精神，迫切需要研究制定深化行政体制改革的总体战略，进一步明确行政体制改革的总体目标，科学确定各阶段的改革目标、重点任务和具体对策，使行政体制改革循序渐进，前后相续，不断深化，不断累积，最终实现建立和完善社会主义公共行政体制的总体战略目标。

2. 研究制定深化行政体制改革的总体战略，是改革进入攻坚阶段的必然要求

当前，我国正处于改革的攻坚阶段。其突出特点是：（1）改革越来越触及体制的深层次问题和重大问题，这些问题不突破、不解决，行政体制改革就很难继续向前推进，也不可能建立和完善社会主义公共行政体制。（2）由于改革所触及的深层次问题往往都涉及重要的权力关系和利益关系的调整，因此，改革的难度和敏感性进一步加大。（3）改革的整体性和协调性进一步增强，它要求从改革开放和社会主义现代化建设的全局出发，把行政体制改革放到各项体制改革的大框架中，处理好行政体制改革与经济体制改革、政治体制改革、文化体制改革、社会体制改革和生态文明制度建设的关系，使它们之间相互衔接、相互协调、相互配套、相互促进。研究制定深化行政体制改革的总体战略，有助于凝聚改革共识，增强改革动力，减少改革阻力，突破改革难点，将行政体制改革一步步引向深入。

3. 研究制定深化行政体制改革的总体战略，是积极有效地推进行政体制改革的迫切需要

在行政体制改革的历史进程中，改革的总体战略具有如下功能：（1）能够为深化行政体制改革进一步指明方向和目标，使行政体制改革始终围绕着这一方向和目标稳步推进，有效防止和克服各种偏离改革方向的措施或做法，从而减少改革失误，降低改革成本，提高改革效能。（2）能够使行政体制改革与其他各项改革相互协调，各个阶段改革相互衔接，通过不断累积，稳步实现行政体制改革的总体战略目标。（3）通过研究、制定深化行政体制改革的各项政策和措施，形成行政体制改革的政策系统，使各项政策相互配套，各项措施相互补充，从而形成改革的巨大合力，收到协同动作，整体推进的良好效果。

（二）研究制定深化行政体制改革总体战略亟待解决的主要问题

1. 进一步明确深化行政体制改革的战略目标

《中共中央关于全面深化改革若干重大问题的决定》明确提出："全面深化改革的总目标是完善和发展中国特色社会主义制度，推进国家治理体系和治理能力现代化。"根据党的十八届三中全会提出的全面深化改革的总目标，深化行政体制改革的战略目标应界定为：发展和完善社会

主义公共行政体制，推进政府治理体系和治理能力现代化。

政府治理体系和治理能力现代化是国家治理体系和治理能力现代化的重要组成部分。推进国家治理体系和治理能力现代化，必然要求推进政府治理体系和治理能力现代化。而要推进政府治理体系和治理能力现代化，就必须发展和完善社会主义公共行政体制，为实现政府治理体系和治理能力现代化提供科学有效的体制机制保障。

2. 进一步明确实现行政体制改革战略目标的时间节点

我国经济体制改革的时间节点是到 2020 年建立完善的社会主义市场经济体制。与之相适应，党的十七届二中全会通过的《关于深化行政管理体制改革的意见》明确提出："到 2020 年建立起比较完善的中国特色社会主义行政管理体制。"党的十八届三中全会要求"到 2020 年，在重要领域和关键环节改革上取得决定性成果，完成本决定提出的改革任务，形成系统完备、科学规范、运行有效的制度体系，使各方面制度更加成熟更加定型。"按照党的十八届三中全会的要求，实现行政体制改革战略目标的时间节点应为 2020 年。

3. 深化行政体制改革的阶段划分及其重点任务

从现在起到 2020 年，仅有 7 年时间。在未来 7 年，行政体制改革的任务极其繁重。为了实现行政体制改革战略目标，可以将未来 7 年划分为两个阶段：

第一阶段，从 2013 年 3 月十二届人大一次会议到 2018 年 3 月本届政府任期结束。重点任务是抓紧实施国务院机构改革和职能转变方案，完成新组建部门"三定"方案的制定和落实，修改落实相关部门"三定"方案，大力推进简政放权、行政审批制度改革、国务院部门职能转变和完善大部门体制。与此同时，抓紧落实党中央、国务院颁发的《关于地方政府职能转变和机构改革的意见》，积极推进地方行政体制改革。

第二阶段，从 2018 年 3 月到 2020 年 12 月。力争政府职能转变、组织结构优化、运行机制创新基本到位，在此基础上，修改和完善政府组织法，实现政府职责权限、机构设置、运行机制、人员编制法定化，形成系统完备、科学规范、运行有效的公共行政体制，使公共行政各方面制度更加成熟更加定型。

4. 加强行政体制改革与其他体制改革的衔接配套

行政体制是政治体制的重要组成部分。作为上层建筑，行政体制改革与经济体制和社会体制改革密不可分，与政治体制改革更是紧密相连。在研究和制定行政体制改革总体战略中，必须深入、系统地研究行政体制改革与经济体制改革、社会体制改革和政治体制改革的关系，使行政体制改革与经济体制改革、社会体制改革和政治体制改革相互衔接、相互协调、相互配套、相互促进，以便同步协同地推进行政体制改革和其他各项体制改革。

5. 加强行政体制改革的阶段性评估和改革方案的反馈调整

行政体制改革是一项错综复杂的系统工程。在分阶段推进的过程中，由于主客观原因，有可能出现改革偏差、失误或改革不到位等现象。因此，必须对每一阶段改革方案的实施情况进行实事求是的评估，以便对改革方案进行及时的反馈调整，降低改革成本，提高改革效能。

6. 研究制定行政体制改革的总体对策

为了实现行政体制改革的总体战略目标，落实行政体制改革的总体方案，需要研究制定深化行政体制改革的总体对策和各项具体政策。行政体制改革的总体对策和各项具体政策要相互衔接，相互配套，从而形成支持行政体制改革的科学的强有力的政策系统。

（三）完善深化行政体制改革总体战略的制定程序

研究制定深化行政体制改革的总体战略，是一项重大的改革决策。

因此，必须按照科学决策的程序有序进行。

1. 组织专家进行系统的调查研究，提出深化行政体制改革的总体战略方案。这里的专家，既包括公共行政学和相关学科的知名专家学者，也包括熟悉我国行政体制改革实践的实际工作者。（1）组织专家对我国行政体制改革的进展、成效、经验和存在的问题进行全面系统的分析和总结，以便为研究制定深化行政体制改革总体战略提供真实准确和全面系统的信息。（2）组织专家对现代公共行政理论和国外公共行政改革实践进行系统深入的研究，为制定深化行政体制改革总体战略提供有益的参考和借鉴。（3）在调查研究、理论研究、系统研究和比较研究的基础上，提出深化行政体制改革总体战略方案。

2. 对深化行政体制改革总体战略进行科学论证。深化行政体制改革的总体战略提出以后，需要组织专家学者、实际部门进行多方面的论证，同时要广泛听取各领域、各阶层代表的意见。在此基础上，修改和完善深化行政体制改革的总体战略（包括总体战略目标、总体战略规划、具体实施方案和各项改革政策）。

3. 提交全国人大审议通过。经反复研究、论证和广泛听取各方面意见后，需将深化行政体制改革的总体战略提交全国人民代表大会审议通过，并以全国人大的名义颁布《深化行政体制改革基本法案》，由国务院统一组织实施。

第六章

加强政府公共服务职能

加强政府公共服务职能,是建设服务型政府的必然要求,是转变政府职能的重要任务。《中共中央关于全面深化改革若干重大问题的决定》明确提出,政府的主要职责和作用之一是加强和优化公共服务,地方政府的首要职责是加强公共服务。[①] 为贯彻落实党的十八届三中全会精神,切实加强服务型政府建设,迫切需要研究和探讨加强政府公共服务职能的判断标准和主要对策。

一、加强政府公共服务职能的判断标准

正如不能用尺子来度量自身的长短、不能用称来权衡自身的轻重一样,判断政府公共服务职能是否得到加强,需要设计能够反映其变化的各项外显指标。

---

① 《中共中央关于全面深化改革若干重大问题的决定》,人民出版社 2013 年版,第 6、18页。

（一）公共服务职能法治化指标

政府公共服务职能是否得到加强，首先体现在法治建设上。完善的法治，具有权威性和稳定性。《中共中央关于全面深化改革若干重大问题的决定》明确要求："建设法治中国，必须坚持依法治国、依法执政、依法行政共同推进，坚持法治国家、法治政府、法治社会一体建设。"建设法治政府，加强依法行政，首先就需要实现政府职能、职权的法定化。

1. 政府公共服务职能法定化

依法明确规定政府公共服务职能及其在政府职能结构中的主导地位或核心地位，是运用法治思维推进服务型政府建设的根本举措，是加强政府公共服务职能的法治保障，也是判断政府公共服务职能是否得到加强的重要指标。

2. 政府公共服务职权法定化

在依法明确公共服务职能在政府职能结构中的主导地位的同时，为使公共服务职能真正落到实处，还必须依法明确规定各级政府公共服务的职责权限，使各级政府公共服务职责清晰，权限明确，防止和克服因责权不清而产生的推诿扯皮现象。

3. 政府公共服务法定职责实现率

政府责权法定，不仅仅指依法明确规定政府的职责权限，还包括依法监督和落实政府的法定职责。如果法律规定的公共服务职责只停留在法律条文上，并没有得到很好的执行，那么，加强政府公共服务职能也就变成了一纸空文，成为不可能充饥的画饼。所以，从法治角度判断政府公共服务职能是否得到加强，还要看法定的公共服务职责是否得到有效落实和落实到什么程度。

（二）政府组织结构指标

政府组织结构是政府职能结构的组织体现。服务型政府是以公共服务为主要职能的政府。只有按照建设服务型政府的要求调整和优化政府组织结构，才能为加强政府公共服务职能提供组织保障。从组织结构角度判断政府公共服务职能是否得到加强可以用以下指标：

1. 公共服务部门在政府机构设置中占比大小

在计划经济时代，政府管理经济部门占有较大比重。在管理经济的部门中，国家计委又具有特殊的地位，号称"小国务院"。改革开放以来，伴随着社会主义市场经济的发展，我国开始精简政府机构。其中，精简的主要对象，是政府专业经济管理部门。从1982年至今，我国政府直接管理经济的部门得到较大幅度的精简。但目前，政府管理经济部门仍然占比较大，公共服务部门占比相对较小。这种政府组织结构是不能适应服务型政府建设要求的。因此，必须调整政府组织结构，加大公共服务部门在政府机构中的比重，并逐步使之成为政府机构中的主要门类。

2. 公共服务部门在政府机构中的地位

在经济建设型政府中，经济管理部门是政府的主要部门，在政府机构设置中占有重要地位。建设服务型政府，必须加强政府公共服务部门建设，使其成为政府的主要部门或核心部门。

3. 公共服务部门的设置要符合精简、统一、效能的原则

服务型政府不仅要求强化政府公共服务职能，同时要求提高政府公共服务效能。为此，必须按照精简、统一、效能的原则，将公共服务职能相同或相近的部门加以整合和优化，实行大部门管理体制。

（三）政府财政投入指标

政府履行公共服务职能，是以相应的财力为基础的。随着经济社会

发展水平的提高，人民群众对基本公共服务必然会提出新的更高的要求。为满足城乡居民的这一要求，加强政府公共服务职能，就必须改革财政体制，调整财政支出结构，加大对公共服务的投入。

"国际经验表明，随着一国发展水平的提升，政府公共服务支出在政府支出中的比重呈逐步上升的趋势。特别是人均 GDP 在 3000～10000 美元阶段，随着居民消费逐步由耐用品消费向服务消费升级，公共服务在政府支出中的比重将显著提升。以教育、医疗和社会保障三项主要公共服务为例，国际平均升幅达到 13 个百分点。其中，教育支出保持相对稳定，而医疗和社会保障支出分别大幅度增加了 4 个和 10.7 个百分点。当人均 GDP 超过 10000 美元后，政府公共服务支出占比将逐步趋稳。"①

1. 当人均 GDP 处于 3000～6000 美元发展阶段，教育支出占政府支出的比重为 12.6%，医疗卫生支出占政府支出的比重为 12.2%，社会保障支出占政府支出的比重为 29.2%，三项支出之和占政府支出的比重为 54.0%②。

2. 当人均 GDP 处于 6000～10000 美元发展阶段，教育支出占政府支出的比重为 11.4%，医疗卫生支出占政府支出的比重为 12.7%，社会保障支出占政府支出的比重为 31.5%，三项支出之和占政府支出的比重为 55.7%③。

3. 当人均 GDP 处于 10000～20000 美元发展阶段，教育支出占政府支出的比重为 12.9%，医疗卫生支出占政府支出的比重为 13.8%，社会保障支出占政府支出的比重为 27.7%，三项支出之和占政府支出的比重

---

① 余斌、陈昌盛：《"十二五"期间优化收入分配格局的思路与途径》，中国发展出版社 2010 年版，第 15 页。

② 参见余斌、陈景盛：《"十二五"期间优化收入分配格局的思路与途径》，中国发展出版社 2010 年版，第 16 页表 4。

③ 参见余斌、陈景盛：《"十二五"期间优化收入分配格局的思路与途径》，中国发展出版社 2010 年版，第 16 页表 4。

为 54.4%①。

国际经验对我们有重要的参考和借鉴意义。参照国际经验，结合我国国情，合理确定基本公共服务的投入标准，对加强政府公共服务职能，具有重要的作用。政府财政投入是否到位，直接影响到政府公共服务职能的履行，因此，是衡量政府公共服务职能加强与否的一个非常重要的指标。

（四）行政运行机制指标

行政运行机制是指政府运行程序和管理方式方法。在加强政府公共服务职能过程中，如果政府组织结构按照加强政府公共服务职能的要求进行了相应的调整，财政投入也已到位，而行政运行仍然按照原有的机制，那么，政府也很难做到优质高效地提供公共服务。正因如此，党的十七届二中全会通过的《关于深化行政管理体制改革的意见》对转变行政运行机制和政府管理方式提出了明确的要求，是从行政运行机制角度判断政府公共服务职能是否得到加强的重要指标。

1. 行政运行机制和政府管理方式要规范有序，政府提供的公共服务要符合法定标准和程序。

2. 行政运行机制和政府管理方式要公开透明，即及时、准确、全面公开涉及群众切身利益的政府信息，把公开透明的要求贯穿于政府活动的全过程，以保障人民群众的知情权、参与权和监督权。

3. 行政运行机制和政府管理方式要便民高效，即按照便民利民的要求，降低公共服务成本，提高公共服务效能，为人民群众提供优质便捷高效的服务。

---

① 参见余斌、陈景盛：《"十二五"期间优化收入分配格局的思路与途径》，中国发展出版社 2010 年版，第 16 页表 4。

（五）公共服务效果指标

政府公共服务职能是否得到加强，从根本上来说，还是要看政府公共服务的效果。政府公共服务效果包括以下几方面：

1. 基本公共服务覆盖面。基本公共服务是城乡居民依法享有的服务，因此，必须覆盖城乡全体居民。

2. 基本公共服务水平度。基本公共服务水平必须随着经济社会的发展而不断提高，至少应达到同等发展阶段的国际平均水平。

3. 基本公共服务均衡度。基本公共服务是人人应该享有的服务，因此，必须缩小城乡之间、发达地区和落后地区之间和不同阶层、不同群体之间的差距，逐步实现基本公共服务均等化。

4. 基本公共服务质量。随着城乡居民物质文化生活水平的不断提高，人民群众对政府提供的基本公共服务，不仅有量的需求，更有质的要求。各级政府必须按照国家标准提供优质的公共服务。

5. 基本公共服务效率。在基本公共服务领域，没有效率或效率不高，服务质量和服务效果就会大打折扣。因此，必须降低基本公共服务成本，确保基本公共服务效率。

6. 人民群众的满意度。政府履行公共服务职能的效果如何，最终还要看人民群众是否满意，对哪些服务满意和满意度的高低。没有这一条，也很难判断加强政府公共服务职能的效果。

二、加强政府公共服务职能的举措与成效

为加强政府公共服务职能，规范政府公共服务行为，改革开放以来特别是进入21世纪以后，从中央到地方都采取了一系列重要举措，取得

了积极的进展和成效。

（一）加强公共服务法制建设

职能法定，是法治政府的基础和核心。加强政府公共服务职能，必须加强公共服务法制建设。党的十六大以来，我国通过加强公共服务立法极大地推进了公共服务的法制建设。其中包括修改了公共服务的有关法律，制定了一些新的法律。例如，2004 年 8 月 28 日，第十届全国人民代表大会常务委员会第十一次会议修订通过了《中华人民共和国传染病防治法》；2006 年 6 月 29 日，第十届全国人民代表大会常务委员会第二十二次会议修订通过了《中华人民共和国义务教育法》；2003 年 10 月 28 日，第十届全国人民代表大会常务委员会第五次会议通过了《中华人民共和国道路交通安全法》。党的十六届六中全会召开之后，为解决一些公共服务领域无法可依的问题，制定和颁布了一系列新的法律。例如，2007 年 6 月 29 日，第十届全国人民代表大会常务委员会第二十八次会议通过了《中华人民共和国劳动合同法》；2007 年 8 月 30 日，第十届全国人民代表大会常务委员会第二十九次会议于通过了《中华人民共和国就业促进法》；2009 年 2 月 28 日第十一届全国人民代表大会常务委员会第七次会议通过了《中华人民共和国食品安全法》；2010 年 10 月 28 日第十一届全国人民代表大会常务委员会第十七次会议通过了《中华人民共和国社会保险法》。2011 年 12 月 31 日，为适应职业病防治的新形势、新要求，第十一届全国人民代表大会常务委员会第二十四次会议修改通过了《中华人民共和国职业病防治法》，等等。

（二）创新公共服务体制机制

公共服务体制是政府履行公共服务职能的组织基础和制度保障。加强政府公共服务职能，就必须创新公共服务体制。近些年，我国公共服务体制创新主要表现在以下几方面。

1. 加强公共服务部门建设

为强化公共服务职能，积极推进服务型政府建设，党的十七届二中全会通过的《关于深化行政管理体制改革的意见》明确提出："加强社会管理和公共服务部门建设"。根据中央的这一精神和要求，2008 年国务院机构改革的重点之一，就是着眼于保障和改善民生，加强社会管理和公共服务部门建设。（1）为更好地发挥人力资源优势，统筹机关企事业单位人员管理，建立统一规范的人力资源市场，统筹就业和社会保障政策，建立健全从就业到养老的服务和保障体系，组建了人力资源和社会保障部。（2）为加大环境治理和生态保护的力度，加强对环境政策、规划和重大问题的统筹协调，加快建设资源节约型、环境友好型社会，组建了环境保护部。（3）为深入推进住房制度改革，加快建立住房保障体系，完善廉租住房制度，着力解决低收入家庭住房困难，进一步加强城乡建设规划统筹，促进城镇化健康发展，组建了住房和城乡建设部。（4）为进一步落实食品安全综合监督责任，理顺医疗管理和药品管理的关系，强化食品药品安全监管，明确由卫生部承担食品安全综合协调、组织查处食品安全重大事故的责任，同时将国家食品药品监督管理局改由卫生部管理，并相应对食品安全监管队伍进行整合。（5）为优化交通运输布局，发挥整体优势和组合效率，加快形成便捷、通畅、高效、安全的综合运输体系，组建了交通运输部。①

2013 年 3 月 14 日，第十二届全国人民代表大会第一次会议通过了

---

① 参见华建敏：《关于国务院机构改革方案的说明（2008 年 3 月 11 日在第十一届全国人民代表大会第一次会议上）》，载《中央政府组织机构 2008》，党建读物出版社 2009 年版，第 33—35 页。

国务院机构改革和职能转变方案，进一步优化了国务院公共服务部门：（1）为加快推进综合交通运输体系建设，充分发挥各种交通运输方式的整体优势和组合效率，推动铁路建设和运营健康可持续发展，保障铁路运营秩序和安全，将铁道部拟订铁路发展规划和政策的行政职责划入交通运输部。组建国家铁路局，由交通运输部管理。组建中国铁路总公司，承担铁道部的企业职责，负责铁路运输统一调度指挥，经营铁路客货运输业务，承担专运、特运任务，负责铁路建设，承担铁路安全生产主体责任等。（2）为更好地坚持计划生育的基本国策，加强医疗卫生工作，深化医药卫生体制改革，优化配置医疗卫生和计划生育服务资源，提高出生人口素质和人民健康水平，将卫生部的职责、人口计生委的计划生育管理和服务职责整合，组建国家卫生和计划生育委员会。（3）为进一步提高食品药品监督管理水平，加强食品药品实行统一监督管理，将食品安全办的职责、食品药品监管局的职责、质检总局的生产环节食品安全监督管理职责、工商总局的流通环节食品安全监督管理职责整合，组建国家食品药品监督管理总局。（4）为进一步推进文化体制改革，统筹新闻出版广播影视资源，《方案》提出，将新闻出版总署、广电总局的职责整合，组建国家新闻出版广播电影电视总局。（5）为加强海洋资源保护和合理利用，维护国家海洋权益，重新组建国家海洋局，推进海上统一执法。（6）为统筹推进能源发展和改革，加强能源监督管理，将现国家能源局、电监会的职责整合，重新组建国家能源局。①

2. 完善公共服务供给体制和机制

强化政府公共服务职能，迫切需要完善公共服务供给体制和机制。在这方面，近年来，我国进行了积极的探索和创新。例如，（1）按照个

---

① 参见马凯：《关于国务院机构改革和职能转变方案的说明——2013年3月10日在第十二届全国人民代表大会第一次会议上》，《人民日报》2013年3月11日，第二版。

人缴费、集体补助、政府补贴相结合的要求，从 2009 年开始推行新型农村社会养老保险制度试点，首批试点覆盖面达 11.8%，2010 年试点范围扩大到 23% 左右。（2）推动机关事业单位养老保险制度改革，其中，事业单位工作人员养老保险制度改革于 2008 年在 5 个省市先期开展试点，与事业单位分类改革试点配套推进。① （3）2009 年 4 月，按照保基本、强基层、建机制的基本原则，启动了深化医药卫生体制改革，到 2012 年 3 月，初步形成了覆盖城乡全体居民的基本医疗保障制度框架，初步建立了国家基本药物制度，基本建成了覆盖城乡的基层医疗卫生服务体系。（4）强化省级政府教育统筹权，取消了一批行政审批项目，逐步推进向地方放权、向学校放权的改革。（5）2011 年，党的十七届六中全会通过的《中共中央关于深化文化体制改革 推动社会主义文化大发展大繁荣若干重大问题的决定》，对文化体制改革做出全面部署，使文化体制改革全面推进，并不断向纵深拓展，为公共文化建设和繁荣奠定了良好的体制基础。（6）推进政府向社会力量购买服务。深圳等一些东部发达地区，通过购买服务等方式，积极创新公共服务供给机制，打破了政府以往对公共服务大包大揽的格局，为在公共服务领域引入市场竞争机制，提供了有益的经验和借鉴。2013 年 9 月 26 日，国务院办公厅发布了《关于政府向社会力量购买服务的指导意见》，明确了政府向社会力量购买服务的指导思想、基本原则和目标任务，对购买主体、承接主体、购买内容、购买机制、资金管理、绩效管理等均提出了明确要求，为规范有序开展政府向社会力量购买服务提供了原则性的指导。2013 年 11 月 12 日党的十八届三中全会通过的《中共中央关于全面深化改革若干重大问题的决定》进一步强调："推广政府购买服务，凡属事务性管理服务，原则上

---

① 参见尹蔚民：《健全覆盖城乡居民的社会保障体系》，载《〈中共中央关于制定国民经济和社会发展第十二个五年规划的建议〉辅导读本》，人民出版社 2010 年版，第 221—222 页。

都要引入竞争机制，通过合同、委托等方式向社会购买。"这就进一步指明了公共服务机制创新的基本方向。

（三）加大基本公共服务的财政投入

加大基本公共服务的财政投入，是政府履行公共服务职能的基本条件，也是加强政府公共服务职能的重要表现。进入 21 世纪以来，我国不断加大对基本公共服务的投入，为加强政府公共服务职能奠定了财力基础。例如，从 2007 年到 2012 年，全国财政性教育经费支出累计 7.79 万亿元，年均增长 21.58%，占 GDP 的比重 2007 年为 3.12%，2008 年为 3.48%，2010 年为 3.65%，2011 年为 3.93%，2012 年达到了 4%，达 21665 亿元。[①] 从 2007 年到 2012 年，为促进就业，五年来，累计投入就业专项资金 1973 亿元；各级财政对 5 项社会保险投入累计达 14722.4 亿元，其中中央财政支出 10245.34 亿元。2008 年至 2012 年，各级财政保障性安居工程建设支出超过 1 万亿元，其中，中央补助资金从 2008 年的 197 亿元增加到 2012 年的 2348 亿元（含农村危房改造补助）[②]

（四）基本公共服务明显改善

近些年，中央通过一系列措施加强政府公共服务职能，扩大了基本公共服务覆盖面，提高了基本公共服务水平，缩小了基本公共服务差距。

1. 进一步扩大了基本公共服务覆盖面

基本公共服务是人人应该享受的服务。扩大基本公共服务覆盖面，是加强政府公共服务职能的必然要求。党的十六届六中全会以来，我国

---

① 李萌：《实施科教兴国战略成效显著》，载《十二届全国人大一次会议〈政府工作报告〉辅导读本 2013》，人民出版社、中国言实出版社 2013 年版，第 47 页。
② 钱谱丰：《保障和改善民生力度加大》，载《十二届全国人大一次会议〈政府工作报告〉辅导读本 2013》，人民出版社、中国言实出版社 2013 年版，第 61、64、68 页。

在这方面采取了一系列措施，取得了积极进展。从义务教育来看，2008年，实现了城乡义务教育全部免费，惠及了全国1.6亿学生，减轻了亿万家庭的经济负担，确保了所有义务教育适龄儿童都能"不花钱，有学上"。目前，我国小学学龄儿童净入学率达到99.5%以上，初中阶段毛入学率达到99%以上，远远高于发展中国家水平，基本达到发达国家水平。[①] 在医疗卫生方面，到2011年底，职工医保、城镇居民医保和新农合参保人数扩大到13亿人，职工医保和城镇居民医保参保人数比预定目标增加3000多万，三项基本医保参保率达95%；医保报销范围由住院延伸到门诊，城镇居民医保和新农合门诊统筹基本实现全覆盖；重大疾病医疗保障病种范围进一步扩大。[②] 在社会保障方面，覆盖范围逐步从城镇扩大到农村，从国有企业扩大到各类企业，从单位职工扩大到城乡居民，在短短的几年内，数亿人被纳入社会保障覆盖范围。[③]

2. 进一步提高了基本公共服务水平

长期以来，我国基本公共服务水平是比较低的。党的十六届六中全会以后，通过强化政府公共服务职能，基本公共服务水平有了明显提高。例如，在医疗卫生方面，城镇居民医保和新农合政府补助标准从2008年的每人每年80元提高到2012年的240元，政策范围内住院费用报销比例由50%左右提高到75%左右。[④] 此外，我国提高了农村儿童白血病和先天性心脏病患者保障水平工作全面推开，困难家庭患儿看病费用实际

---

① 李萌：《"十一五"时期我国社会事业取得举世瞩目的辉煌成就》，载《十一届全国人大四次会议〈政府工作报告〉辅导读本2011》，人民出版社、中国言实出版社2011年版，第89—90页。

② 李萌、刘畅：《社会事业加快发展》，载《十一届全国人大五次会议〈政府工作报告〉辅导读本2012》，人民出版社、中国言实出版社2012年版，第57页。

③ 李月田：《千方百计扩大就业 加快完善社会保障体系》，载《十一届全国人大五次会议〈政府工作报告〉辅导读本2012》，人民出版社、中国言实出版社2012年版，第301页。

④ 钱谱丰：《保障和改善民生力度加大》，载《十二届全国人大一次会议〈政府工作报告〉辅导读本2013》，人民出版社、中国言实出版社2013年版，第65页。

报销比例由40%提高到90%。在"十一五"期间,我国人均期望寿命提高了1岁,孕产妇死亡率从2005年的47.7/10万下降到2011年的26.1/10万,婴儿死亡率从2005年的19.0‰下降到2011年的12.1‰。[①] 在社会保障方面,2005-2012年连续8年调整企业退休人员基本养老金,全年人均增加1680元。开展了门诊统筹,城镇职工基本医疗保险最高支付限额由职工年平均工资的4倍提高到6倍,城镇居民基本医疗、新型农村合作医疗的最高支付限额分别达到居民年人均可支配收入、农民年人均纯收入的6倍以上。失业保险金、工伤保险金、生育保险待遇以及城乡低保、农村五保、优抚对象抚恤和生活补助标准进一步提高。[②] 在扶贫方面,中央根据到2020年全面建成小康社会目标的要求,适应我国扶贫开发进入新阶段的新形势,决定将农民人均纯收入2300元(2010年不变价)作为新的国家扶贫标准。该标准比2009年1196元的标准提高了92%,对应的扶贫对象规模到2011年底约为1.28亿人,占农村户籍人口比例约为13.4%。[③]

3. 进一步缩小了基本公共服务差距

缩小基本公共服务差距,提高基本公共服务的公平性,是实现基本公共服务均等化的必然要求,也是加强政府公共服务职能的重要表现。为此,我国采取了一系列措施,取得了积极进展和成效。例如,在教育公平方面,进一步完善资助政策,扩大资助范围,增设资助项目,提高资助标准,免除3000多万名农村寄宿制学生住宿费,其中1228万名中西部家庭经济困难学生享受生活补助。建立了从学前教育到研究生教育

---

① 李萌、刘畅:《社会事业加快发展》,载《十一届全国人大五次会议〈政府工作报告〉辅导读本2012》,人民出版社、中国言实出版社2012年版,第57~58页。

② 李月田:《千方百计扩大就业 加快完善社会保障体系》,载《十一届全国人大五次会议〈政府工作报告〉辅导读本2012》,人民出版社、中国言实出版社2012年版,第301页。

③ 钱谱丰:《民生进一步改善》,载《十一届全国人大五次会议〈政府工作报告〉辅导读本2012》,人民出版社、中国言实出版社2012年版,第64页。

的完整的家庭经济困难学生资助政策体系，让学生不因家庭经济困难而失学。中央财政安排 160 多亿元，在集中连片特殊困难地区，启动实施农村义务教育学生营养改善计划，覆盖 680 个县、约 2600 万学生。初步解决了农民工随迁子女在城市接受义务教育问题，79.2% 的进城务工人员随迁子女在公办学校就读。加快建设寄宿制学校建设，解决农村留守儿童上学问题。进一步健全特殊教育保障机制，支持中西部地区新建、改扩建特殊教育学校。扩大"支援中西部地区招生协作计划"规模，提高了中西部地区高考录取率。中央安排专项经费，改善民族地区办学条件，资助困难学生。① 在医疗卫生方面，基本公共卫生服务均等化水平不断提高，10 类国家基本公共卫生服务面向城乡居民免费提供，国家重大公共卫生服务项目全面实施。在社会保障领域，在将人人享有基本社会保障作为优先目标的同时，协调平衡各项社会保障制度的待遇水平，逐步缩小相关群体的保障水平差距，使广大人民群众平等共享经济社会发展成果。在公共文化服务方面，推进基层公共文化服务设施共建共享和综合利用，促进公共文化服务多元化和社会化。广播电视村村通、文化信息资源共享、乡镇综合文化站、农村电影放映、农家书屋五大重点文化惠民工程全面完成"十一五"规划目标并进一步深入推进。完善公共博物馆、纪念馆、文化馆、图书馆、美术馆等公共文化服务设施和爱国主义教育示范基地向社会免费开放服务，扩大免费范围。目前全国各级文化文物部门归口管理的公共博物馆、纪念馆已有 1804 家实现向社会免费开放。②

---

① 参见李萌、刘畅：《社会事业加快发展》，载《十一届全国人大五次会议〈政府工作报告〉辅导读本 2012》，人民出版社、中国言实出版社 2012 年版，第 48 页。

② 见李萌、刘畅：《社会事业加快发展》，载《十一届全国人大五次会议〈政府工作报告〉辅导读本 2012》，人民出版社、中国言实出版社 2012 年版，第 52、53 页。

（五）制定公共服务战略规划，继续加强政府公共服务职能

2006 年以来，在几个公共服务领域，中央陆续制定和出台了国家中长期发展规划和相关文件，如：《国家中长期科学和技术发展规划纲要（2006－2020 年）》、《国家中长期人才发展规划纲要（2010－2020 年）》、《国家中长期教育改革和发展规划纲要（2010－2020）》、《关于深化医药卫生体制改革的意见》、《关于公立医院改革试点指导意见的通知》等，为深化相关领域的改革，加强相关领域的公共服务，提供了战略指导和政策保障。

2012 年 7 月 11 日，国务院印发了《国家基本公共服务体系"十二五"规划》，阐明了国家基本公共服务的制度安排，明确了基本公共服务的范围、国家标准和工作重点，是"十二五"乃至更长一段时期构建国家基本公共服务体系的综合性、基础性和指导性文件，为进一步加强政府公共服务职能提供了重要依据。

三、政府公共服务职能依然薄弱的主要表现

近些年，我国政府公共服务职能虽然得到明显加强，但与发展水平相近的国家相比，与我国经济社会发展水平相比，与人民群众对公共服务的期待和要求相比，依然显得比较薄弱。

（一）公共服务职能仍未上升为政府的主要职能或核心职能

建设服务型政府，要求将公共服务职能上升为政府的主要职能或核心职能。但在我国，政府职能结构仍未得到实质性调整，公共服务职能仍未成为政府的主要职能或核心职能，中央再三强调的加强政府公共服

务职能仍未得到全面有效的落实。例如，受传统思维和体制的惯性作用，许多地方仍然把主要时间、主要精力和主要财力用在铺摊子、上项目、追求经济增长速度、扩大经济规模上，而没有放在公共服务供给上，致使教育、医疗卫生、社会保障、公共就业等基本公共服务仍然不能满足城乡居民的合理需求。

（二）公共服务部门仍未成为政府的主要部门或核心部门

我国政府机构经过多次改革，得到了相应的精简。进入新世纪，按照精简、统一、效能的原则优化政府组织结构，使政府机构改革上升到一个新的层次。但迄今为止，优化政府组织结构尚停留在对现有的职能相同或相近的机构进行整合，没有根据建设服务型政府和加强社会管理、公共服务职能的要求对政府机构进行相应的结构性调整。主要表现在：

公共服务部门在政府机构设置中所占比重仍然偏低。以十二届人大一次会议通过的国务院组成部门为例。根据《国家基本公共服务体系"十二五"规划》划定的基本公共服务范围，在25个国务院组成部门中，以履行基本公共服务职能为主的部门仅为48%左右，没有超过50%，而以管理经济为主的部门仍占28%左右。在国家发改委的内设司局中，多数为直接管理经济的司局，承担社会管理和公共服务职能的司局占比极低。

在公共服务领域，仍然存在部门分割和职责重叠交叉等现象。例如，到目前为止，文化管理、社会保障、人力资源、民族宗教等领域仍然存在着职能分散、职责交叉等问题，不利于政府高效履行公共服务职能。

（三）政府公共服务支出远未成为政府的主要支出

加强政府公共服务职能，要求加大财政体制改革的力度，调整政府财政支出结构，增加政府对公共服务的投入，逐渐使政府公共服务支出成为政府的主要支出。在这方面，我国的差距仍然比较明显。例如，2012年，我国人均GDP已经超过6000美元，进入中等收入国家行列。然而，我国基本公共服务投入却没有同步跟上。2012年，我国教育、医疗卫生和社会保障三项基本公共服务支出之和占政府总支出的比重为32.54%，比人均GDP6000~10000美元国家低23.16个百分点。2013年，我国教育、医疗卫生和社会保障三项基本公共服务支出总和占政府总支出的比重为31.85%，比2012年降低了0.69个百分点，与人均GDP6000~10000美元国家相比，低23.85个百分点①。政府公共服务投入严重不足，既是政府公共服务职能薄弱的主要表现，也是导致政府公共服务职能薄弱的重要原因。

（四）政府提供的基本公共服务仍不能满足人民群众的合理需求

政府公共服务职能依然薄弱，导致政府基本公共服务能力不强，政府所提供的基本公共服务仍然不能满足人民群众的合理需求。

1. 基本公共服务的覆盖面仍然不宽

长期以来，我国基本公共服务的重点在城市，农村很少享受到基本公共服务的阳光和雨露。近些年，通过推进基本公共服务均等化，这方面的情况开始好转。但时至今日，基本公共服务覆盖面不宽的问题远未得到解决。例如，"经过多年努力，我国社会保障体系已初步建立，但总体上看还不完善，主要是城乡社会保障发展不平衡，一些基本保障制度

---

① 财政部：《2012年财政收支情况》，http：//gks. mof. gov. cn/zhengfuxinxi/tongjishuju/201301/t20130122_729462. html。财政部：《2013年财政收支情况》，http：//gks. mof. gov. cn/zhengfuxinxi/tongjishuju/201401/t20140123_1038541. html。

覆盖面还比较窄"① 到 2011 年初，我国城镇职工失业保险覆盖率只有41%，医疗保险覆盖率是53%，工伤保险覆盖率是48%，生育保险覆盖率是35%，基本养老保险覆盖率是57%。农民工各种社会保险覆盖率更低，失业保险覆盖率只有3.7%，医疗保险覆盖率是13%，工伤保险覆盖率是24%，生育保险覆盖率是2%，基本养老保险覆盖率不到10%。②2011 年，全国各项社会保险的参保人数有较大规模的增加，但就整体参保率而言仍然比较低，与社会保险全覆盖目标之间的差距仍然比较大。农民工中没有参加任何社会保险的人所占比重仍然超过50%。③

2. 基本公共服务水平仍然较低

在社会保障方面，基本统筹层次低，保障水平不高。例如，按照目前新农保政策设计，农民最低缴费每人每年100元，政府补助30元，连续缴费15年，到年满60岁后，每月可领取养老保险金不足百元。政府对城镇居民医保和新农合补助标准仅提高到每人每年240元。在医疗卫生方面，医疗卫生服务供给总量不足，"看病难"、"看病贵"的问题仍然比较突出；在农村，这一问题更加严重。目前新农合筹资水平经过提高后仍然偏低，2009 年平均每人每年仅113元，住院费补助水平和封顶线都比较低，全国2/3的地区还没有开展门诊统筹，农民看病的负担仍然较重。适应扶贫开发新形势、新要求，中央决定将农民人均纯收入2300元（2010 年不变价）作为新的国家扶贫标准，比2009 年1196元

---

① 温家宝：《关于制定国民经济和社会发展第十二个五年规划建议的说明》，《〈中共中央关于制定国民经济和社会发展第十二个五年规划的建议〉辅导读本》，人民出版社 2010 年版，第 21 页。

② 马传景：《我国经济社会发展中存在的矛盾和问题》，国务院研究室编写组：《十一届全国人大四次会议〈政府工作报告〉辅导读本 2011》，人民出版社、中国言实出版社 2011 年版，第 108 页。

③ 中国社会科学院"社会形势分析与预测"课题组：《城市化引领中国新成长阶段——2011～2012 年中国社会形势分析与预测》，见汝信、陆学艺、李培林主编《2012 年中国社会形势分析与预测》，社会科学文献出版社 2012 年版，第 14 页。

的标准提高了92%①。但与国际标准相比，仍然存在明显差距。

3．基本公共服务不均等问题依然突出

我国基本公共服务的城乡差距和地区差距是与城乡二元结构和地区间经济社会发展差距同步存在的现象。这种差距既表现在覆盖面上，更表现在服务水平上。总体而言，基本公共服务覆盖面在城镇较宽，在农村较窄；在发达地区，基本公共服务覆盖面扩大较快，在不发达地区，基本公共服务覆盖面扩大较慢，甚至许多地方多年未变；城镇基本公共服务水平相对较高，农村则非常低；发达地区基本公共服务水平较高，不发达地区的基本公共服务水平仍然比较低。此外，某些基本公共服务在不同阶层、不同群体之间的不公平性依然比较突出。

4．基本公共服务供给效率不高

在一些领域，基本公共服务供给效率不高比较严重。例如，提供保障性住房是政府应履行的基本公共服务职能。国家规定，土地出让收入的10%应用于保障性住房建设，但全国许多地方都远未达到国家的要求，甚至一些发达地区，用于保障性住房建设的土地出让收入还不到其总额的3%。② 在保障性住房建设中，由于城市中心很难找到土地，加之拆迁成本比较高，所以许多城市的保障性住房很多都建在城外或郊区，交通、商场、医院、学校等设施长期不配套，使一些中低收入的居民住上了保障房却得不到比较完善的"保障"，业内专家非常担心由此引发都市"贫民窟"现象。③

5．基本公共服务质量有待提高

随着人们收入水平和生活水平的不断提高，人民群众对基本公共服

---

① 钱谱丰：《民生进一步改善》，国务院研究室编写组：《十一届全国人大五次会议〈政府工作报告〉辅导读本 2012》，人民出版社、中国言实出版社 2012 年版，第 64 页。
② 参见《新华每日电讯》2010 年 7 月 27 日。
③ 参见《经济参考报》2010 年 12 月 10 日的相关报道。

务不仅提出了"量"的需求，同时也要求有更高质量的服务。在义务教育方面，人民群众希望在"不花钱、有学上"的基础上，能够"上好学"。但由于硬件设施和优秀师资短缺等因素的制约，优秀教育资源远远不能满足人民群众"上好学"的期待。在医疗卫生方面，人民群众希望在解决"看病难、看病贵"的同时，还要解决及时看病、看好病、在较好医院看病、由较好医生看病等医疗质量问题。而由于优秀医疗资源严重紧缺，许多大医院人满为患，难以满足患者及其家属的这一需求。再以公共文化服务为例。农村电影放映工程是我国面向基层推行的公共文化服务内容之一，但由于电视普及率高，加之电影片子陈旧，质量不高，电影下乡效果并不佳。在书籍提供等方面，一些基层文化站、农家书屋、村文化室的书籍不少是城市图书馆下架的，其中相当一部分书籍农民既看不懂也用不上。有的地方组织文化活动，不是读书、看报，就是摄影、书法比赛，曲高和寡，覆盖面较窄，群众参与度不高。由于基层公共文化产品供给相对单调、雷同，难以满足农民群众的需求，结果是各级政府虽然增加了对农村公共文化服务的投入，但农民却难以得到自己真正需要的文化服务。[①]

四、政府公共服务职能依然薄弱的主要原因

我国政府公共服务职能依然薄弱的原因很多，其中主要有以下几方面。

---

① 参见加快构建公共文化服务体系调研小分队：《部分公共文化产品"群众不买账"》，《内部参考》2010 年 11 月 29 日，第 91 期。

（一）历史欠账较多

新中国成立之初，国家的工作重心自然是医治战争创伤、恢复经济和巩固政权，公共服务不可能提到重要位置。在当时，也没有这方面的基础和条件。从20世纪50年代中后期到到70年代末，由于指导思想上的严重偏差，导致经济濒于崩溃的边缘，公共服务更不可能提上日程。从党的十一届三中全会到党的十五大，为了解决十分严峻的经济问题，在以经济建设为中心的思想指导下，各级政府将主要时间、主要精力和主要财力用于经济建设，通过改革开放，促进了经济的大发展，为政府履行公共服务职能奠定了较好的经济基础。党的十六大，首次将公共服务作为政府的重要职能之一写入党代会的工作报告，为政府职能转变和全面正确履行政府职能指明了方向。从党的十六届六中全会一直到党的十八届三中全会，中央明确提出建设服务型政府，要求加强政府社会管理和公共服务职能。然而，由于历史上我国公共服务欠账太多，客观上，加强公共服务职能需要一个过程，不可能一步到位。

（二）思想认识不到位

改革开放以来，许多党政官员将以经济建设为中心简单地理解为以经济增长为中心，片面追求GDP。片面的政府绩效考核机制，进一步强化了这一思想认识。在以GDP论英雄、凭GDP用干部的环境和氛围中，各地无一例外地都把GDP增长作为首要目标，一把手亲自抓，GDP增长和招商引资指标层层下达，公共服务即使进入了领导者的视野，也被排到了次要位置。党的十六大报告虽然明确公共服务是政府的一项重要职能，但在四项职能中排在最后。党的十六届五中全会以来，中央虽然多次强调加强社会管理和公共服务职能，但不少地方和部门，对中央的这一精神重视不够，领会不深，认识不到位。许多党政领导干部认为，抓经济建设是硬功夫，是"显绩"，提供公共服务是慢功夫，其业绩难以在短期内显现出来。于是，抓经济建设这只手硬，抓社会建设和公共服务这只手软就成为比较普遍的现象。

（三）行政体制改革不到位

行政体制改革是一个逐步深化的历史过程。在改革初期，主要解决的问题是机构庞大、人员臃肿、官僚主义严重、工作效率低下等问题。在改革的中期，转变政府职能、优化政府组织结构、构建适应社会主义市场经济的行政体制，成为改革的重要任务。党的十六届六中全会明确提出建设服务型政府，"按照转变职能、权责一致、强化服务、改进管理、提高效能的要求，深化行政管理体制改革，优化机构设置，更加注重履行社会管理和公共服务职能。"党的十七大进一步要求"加快行政管理体制改革，建设服务型政府"。党的十八大报告再次强调："建设职能科学、结构优化、廉洁高效、人民满意的服务型政府。"中央的精神很明确，就是将加强公共服务职能、建设服务型政府作为继续深化行政体制改革的重点。但在改革的实际部署和推进中，尚未得到很好的贯彻落实。2008年爆发的国际金融危机，不仅对我国经济发展产生了不利影响，也对深化行政体制改革、建设服务型政府产生了严重冲击，致使政府不得不把主要时间、主要精力和主要财力用来应对国际金融危机。

（四）政府法治建设比较滞后

加强政府公共服务职能，需要在调整政府职能结构的基础上，通过修改宪法和政府组织法等相关法律，依法明确公共服务在政府职能结构中的主导地位或核心地位。但我国对《宪法》和政府组织法等相关法律至今未作相应修改，使加强政府公共服务职能缺少相应的法律基础和刚性约束。此外，我国《宪法》和政府组织法对各级政府公共服务职权的规定过于笼统，上下级之间公共服务责权重叠严重。政府间公共服务法定责权不够明确，宪法和法律对各级政府的刚性约束就会降低，使各级政府在履行公共服务职能时，难以避免地产生避重就轻和推诿扯皮等现象。

（五）财政支出结构不合理、保障不到位

长期以来，我国财政对公共服务的支出一直偏低，导致政府公共服务供给能力不强。近些年，这方面的情况有明显改进，但与加强公共服务职能、建设服务型政府的要求仍然存在较大差距。在中央政府与地方政府以及各级地方政府之间某些公共服务事权划分不够清晰的同时，各级政府间的支出责任也不够清晰，某些支出责任划分不合理，"上级点菜，下级买单"的现象比较普遍。在市县和乡镇，由于缺乏履行公共服务职责的财力保障，大大弱化了基层政府的公共服务能力。例如，大力发展公办幼儿园、积极扶持民办幼儿园，是履行政府公共服务职能、构建学前教育公共服务体系的重要途径。然而，由于公办幼儿园财政投入过低、民办幼儿园财政扶持力度远远不够，致使许多幼儿园主要依靠收取赞助费来维持运转。类似情况，不仅存在于学前教育领域，在其他公共服务领域也不同程度地存在。

（六）公共服务机制不健全

在公共服务供给中，公民和社会组织参与程度不高，公共服务的社会化、市场化程度较低。这不仅导致公共服务供给成本较高，供给效率较低，而且导致公共产品和公共服务比较单一，缺乏多样性和可选择性。

2013 年 09 月 30 日，国务院办公厅虽然颁发了《关于政府向社会力量购买服务的指导意见》，但由于社会组织发育不良、运行不规范，加之政府向社会力量购买服务的体制机制不健全，公共服务社会化、市场化还要有一个过程。此外，在许多地方的政府绩效考核中，属于基本公共服务类的民生保障和改善的指标占比较低（一些地方只占 20% 左右），而且这些指标多数缺乏明确的量化考核标准，对地方政府难以形成强有力的刚性约束，导致民生政策在实际执行中落实难、兑现难、考核难、问责难。在有限的属于基本公共服务的民生指标中，还存在着重保障面、轻保障水平，重人均水平、轻社会公平等现象。对公共服务缺乏强有力的监督和约束，弱化了政府提供公共服务的意愿和能力，甚至一些地方将有限的基本公共服务支出挪作他用。①

五、政府公共服务职能薄弱的负效应

政府公共服务职能依然薄弱，必然带来严重的负效应。

（一）抑制了居民的正常消费和生活质量的提高

由于政府公共服务支出总体偏低，迫使居民用自身的收入来支付快速增长的教育、医疗和社会保障等支出。这不仅挤压了居民的其他消费增长，而且强化了居民的谨慎预期。例如，2007 年，我国城镇居民用于教育的消费支出比重为 6.4%，而发达国家平均水平不到 4%，其中，德国和英国分别为 1% 和 1.5%，美国和日本分别为 3% 和 4.2%。我国城

---

① 参见《瞭望》新闻周刊记者杨琳：《保障民生的紧迫时空》，《瞭望》2010 年第 11 期。

镇居民用于医疗卫生消费支出比重为7%，而发达国家平均不到5%。[①]
再如，当人们的生活水平达到一定程度，人们对文化生活的要求会越来越高。这是衡量城乡居民生活质量的一个重要标志。但由于我国公共服务不到位，2000—2008年，老百姓文化消费的比例不仅没有提高，反而明显下降，城镇居民文化支出比例由2000年的13.4%下降到2008年的12.1%，农村居民由2000年的11.8%下降到2008年的8.5%。[②] 以上数据，虽为6年前的情况，6年后的今天，由于政府加强了公共服务职能，使某些情况已经有了相应的改观，但并未根本扭转公共服务比较滞后的现实，从而抑制了城乡居民特别是低收入者的正常消费和生活质量的提高。

（二）严重制约了科学发展观的贯彻落实

科学发展观的核心是以人为本。在全面建设小康社会的历史进程中，坚持以人为本，除了坚持发展依靠人民以外，还必须坚持发展为了人民、发展成果由人民共享。所谓发展为了人民，就是顺应各族人民过上更好生活的新期待，着力解决人民群众最关心、最直接、最现实的利益问题，把发展的目的真正落实到满足人民群众需要、提高人民群众生活水平上。所谓发展成果由人民共享，就是把改革发展取得的各方面成果，体现在不断提高人民的生活质量和健康水平上，体现在不断提高人民的思想道德素质和科学文化素质上，体现在充分保障人民享有的经济、政治、文化、社会权益上。[③] 2010年我国人均GDP已经超过4000美元，全国财政收入83080亿元。但由于政府公共服务投入不足，公共服务供给能力

①　参见余斌、陈昌盛：《"十二五"期间优化收入分配格局的思路与途径》，《中国发展评论》，中国发展出版社2010年版，第16页。
②　迟福林：《"十二五"转型的特殊性有哪些》，《北京日报》2010年11月29日。
③　中共中央宣传部：《科学发展观学习读本》，学习出版社2008年版，第30—33页。

不强，人民群众特别是弱势群体的一些基本权益仍然没有得到很好的保障，看病、住房、养老等，仍然是老百姓身上的三大负担。在某些基本公共服务领域，我国不仅与发达国家差距巨大，甚至还赶不上一些非洲国家。例如，肯尼亚等国为所有中小学生免费提供午餐、免费住宿。南非政府规定，所有公立医院无偿为穷人、老人、孤儿、残弱人员提供免费医疗，费用由卫生部统一结算。埃塞俄比亚是世界上最穷的 10 个国家之一，但他们早就做到了从小学到大学一路免费，甚至连教材都由政府免费提供。埃塞俄比亚还对穷人实行免费医疗，拿着"贫民证"就可以在村镇诊所享受免费医疗。喀麦隆从小学到大学也一路免费，在大学阶段每年只收取 20000 中非法郎的注册费（约合人民币 270 元）。①

（三）严重影响了社会的公平与正义

政府公共服务职能薄弱，基本公共服务供给严重不足，使社会弱势群体的合法权益得不到有效保护，活得难有尊严。在公共资源分配中，城市所占份额较大，农村所占比例较小，强势群体占有较多，弱势群体所占较少。在一些地方，保障房富人扎堆，政府发放的低保资金、五保资金被县乡一些官员所截留，使弱势群体原本屡弱的利益被既得利益者所吞噬。公共资源分配不公，社会缺乏公平正义，必然累积社会矛盾，引发社会冲突。《中共中央关于构建社会主义和谐社会若干重大问题的决定》列举了影响社会和谐的六大矛盾和问题，其中城乡、区域、经济社会发展很不平衡，就业、社会保障、收入分配、教育、医疗、住房、安全生产、社会治安等方面关系群众切身利益的问题比较突出等，就是由政府公共服务职能薄弱和基本公共服务不均等所造成的。

---

① 刘植荣：《穷人优先是基本准则，看看外国的社会福利》，《羊城晚报》2010 年 12 月 13 日。

（四）严重降低了政府的公信力

我国政府是人民政府，为人民服务是各级政府的唯一宗旨。政府的性质和宗旨只有通过科学合理的政策和政府的实际行为，优质高效地为百姓提供基本公共服务，使普通百姓真正共享改革发展的成果才能体现出来，人民的政府也才能得到人民群众的高度认同。否则，如果将"人民政府为人民"较多地停留在领导讲话和标语口号式的宣传上，在实践中，难以从政府政策和实际行为中得到充分体现，那么，政府的公信力就必然大打折扣，人民的政府也难以得到人民群众的高度认同。在全球化和高度信息化时代，政府在一些领域口惠而实不至的做法，更容易损害政府的公信力和合法性基础，甚至会带来更严重的后果。一些发展中国家不能有效地提供公共服务，导致人民和企业相应地采取措施逃避税收，"在苏联和中东欧国家，正是因为国家在履行其诺言方面的长期失误才最终导致政府的垮台。"① 这一深刻的历史教训实在值得我们牢牢记取。

六、加强政府公共服务职能的主要对策

在社会主义现代化建设的今天，必须深刻认识政府公共服务职能薄弱的严重负效应，并采取切实有力的措施，切实加强政府公共服务职能。

（一）依法明确公共服务在政府职能中的主导地位

坚持以人为本、执政为民，就必须依法确立公共服务在政府职能中

---

① 世界银行1997年世界发展报告：《变革世界中的政府》，中国财政经济出版社1997年版，第2页。

的主导地位，大力推进服务型政府建设。因为，只有将公共服务作为政府的主要职能或核心职能，才能切实促使各级政府优质高效地生产公共物品，提供公共服务，不断满足人民群众日益增长的公共需求，也才能使科学发展观的核心——以人为本真正落到实处。

依据国际经验，人均国内生产总值处于1000—8000美元的发展时期，是全面、系统地完善公共服务的重要阶段。① 2012年我国人均国内生产总值已经超过6000美元，今后将向更高水平迈进。随着经济社会发展水平和人民群众生活水平的不断提高，城乡居民对基本公共服务的要求和期待也会越来越高。正因为深刻认识到这一点，所以中央《关于深化行政管理体制改革的意见》明确要求各级政府"更加注重公共服务，着力促进教育、卫生、文化等社会事业健康发展，建立健全公平公正、惠及全民、水平适度、可持续发展的公共服务体系，推进基本公共服务均等化。"②《中共中央关于全面深化改革若干重大问题的决定》再次强调："实现发展成果更多更公平惠及全体人民，必须加快社会事业改革，解决好人民最关心最直接最现实的利益问题，努力为社会提供多样化服务，更好满足人民需求。"③

调整政府职能结构，依法确立公共服务在政府职能中的主导地位，是贯彻落实党的十八大和十八届三中全会精神的迫切需要，是适应我国经济社会发展的新形势、满足各族人民日益增长的基本公共服务需求的必然选择，是建设服务型政府的重要举措，也是政府依法行政的重要体现。为此，必须修改《宪法》和政府组织法等有关法律，在《宪法》和

---

① 罗志军：《建立健全基本公共服务体系》，载《〈中共中央关于制定国民经济和社会发展第十二个五年规划的建议〉辅导读本》，人民出版社2010年版，第192页。
② 国务院办公厅秘书局、中央机构编制委员会办公室综合司编：《中央政府组织机构》，党建读物出版社2009年版，第5页。
③ 《中共中央关于全面深化改革若干重大问题的决定》，人民出版社2013年版，第42页。

政府组织法中明确规定公共服务在政府职能中的主导地位，明确规定各级政府公共服务的职责权限，健全政府公共服务职责体系，从而为加强政府公共服务职能提供强有力的法律保障。

（二）依法加快推进政企、政资、政事、政社分开

多年来，由于政企、政资、政事、政社不分，各级政府投入了许多时间、精力和财力，管了许多不该管的事情。为解决这一老大难问题，除了转变观念、提高认识以外，根本的途径是加强法治建设，依法划清政企、政资、政事和政社之间的权力界限，割断政府与企事业单位和社会组织的利益脐带，实现政府责权的法定化，用法律的刚性手段规范和约束政府行为。政府与经济组织和社会组织之间的权力界限划清了，利益脐带割断了，各级政府才能自觉地把不该管的事情转移出去，也才能把更多的时间、精力和财力投入到公共服务上来。

（三）调整财政支出结构，加大对基本公共服务的投入

为加强政府公共服务职能，必须按照建立和完善公共财政体制的要求，改革财政体制，调整财政支出结构，加大对基本公共服务的投入。

1. 按照中央关于"更加注重公共服务"和"建立健全公平公正、惠及全民、水平适度、可持续发展的公共服务体系"的要求，增加政府用于改善民生和发展社会事业的支出比重。从现在起，每年财政用于教育、医疗卫生和社会保障等基本公共服务的支出之和至少要增长 3.5 个百分点，到 2020 年，使这三项基本公共服务支出之和接近同等发展阶段国家基本公共服务的支出水平。

2. 按照推进基本公共服务均等化的要求，加大对农村基本公共服务的投入，切实提高农村基本公共服务水平。目前，我国农村居民收入水

平远远低于城镇居民，多数地方农村集体经济比较薄弱，农村基本公共服务的财政投入在全国基本公共服务投入中所占比例偏低，农村基本公共服务体系建设对财政投入的依赖程度更大。因此，在建立农村基本公共服务体系过程中，各级财政必须进一步调整支出结构，改变对农村投入水平偏低的状况，加大对农村地区基本公共服务的资金扶持力度，逐步缩小城乡之间基本公共服务差距。

3. 鉴于中西部地区财力较弱，在推进基本公共服务均等化过程中，中央财政对中西部地区的基本公共服务体系建设应予以重点支持，对老少边穷地区和经济发展较慢的革命老区要重点倾斜，逐步缩小发达地区与不发达地区之间基本公共服务差距。

4. 按照财力与事权相匹配的原则，科学配置各级政府的财力，增加一般性转移支付的规模和比例，加强县级政府提供基本公共服务的财力保障。

（四）大力推行以公共服务为主要内容的政府绩效管理制度

政府绩效评估是实现政府管理目标的重要手段和工具，也是政府的重要指挥棒，对政府职能转变具有重要的推动作用。党的十六大以来，中央明确提出科学发展观和正确政绩观。2008年2月23日，胡锦涛总书记在政治局第四次集体学习会上的讲话明确要求："推进以公共服务为主要内容的政府绩效评估和行政问责制度。"《中共中央关于全面深化改革若干重大问题的决定》明确提出："完善发展成果考核评价体系，纠正单纯以经济增长速度评定政绩的偏向，加大资源消耗、环境损害、生态效益、产能过剩、科技创新、安全生产、新增债务等指标的权重，更加重视劳动就业、居民收入、社会保障、人民健康状况。"① 根据中央的精神和要求，构建和推行以公共服务为主要内容的政府绩效管理制度，对政府履行公共服务职能的情况进行定期评估，并将评估结果与领导班子考核挂钩、与公务员的升降和奖惩挂钩。对于没有很好履行公共服务职能的政府或政府部门，要进行行政问责，追究有关领导的行政责任。大力推行以公共服务为主要内容的政府绩效管理制度，不仅能够极大地强化政府公共服务职能，同时能够促进各级政府不断改进工作，提高公共服务的质量和水平。

（五）设立公共服务质量奖

在政府管理中推行行政问责制，十分必要。但问责制是一种确保底线的管理，仅有这一种管理是不够的。因为，政府管理如同企业管理一样，不仅要确保政府管理不能跌破底线，而且还要鼓励各级政府及其公务员追求更好的管理效果、提供更优质的公共服务。为实现这一目标，设立公共服务质量奖就十分必要。事实证明，公务员和其他人一样，既需要约束，也需要激励。约束和激励，历来是管理的两大手段，缺一不可。

目前，我国许多地方在政府管理中主要靠"钱"和"官"来进行激励。例如，干得好可以拿到奖金或拿到更多的奖金，有关领导干部可以得到提拔重用。这两种激励手段，内含的价值导向是错误的。因为，用这两种手段去激励公务员，必然导致公务员追求升官发财，而不可能促使其树立公共服务精神。况且政府的钱都是纳税人交的税，政府无权用纳税人的钱搞自我奖励。有鉴于此，为激励政府机关及其公务员更好地

---

① 《中共中央关于全面深化改革若干重大问题的决定》，人民出版社 2013 年版，第 17 页。

履行公共服务职能，迫切需要设立公共服务质量奖。

公共服务质量奖是一种荣誉，是以精神激励为主的奖励。设立这一奖项，对于加强政府公共服务职能能够起到以下作用：

1. 能够对政府机关及其公务员所提供的良好的公共服务给予充分的肯定，坚定公务员做好本职工作的信心，激发公务员转变观念，规范行为，更好地为城乡居民提供公共服务。

2. 能够增强公务员提供优质服务的荣誉感和责任心，有利于净化组织文化，树立公共服务精神。这一点，对于加强政府公共服务职能和建设服务型政府，都是不可或缺的。

3. 有利于树立公共服务标杆，在鼓励先进的同时，促进公共服务质量的整体提升。美国和欧盟等已经设立了类似奖项，收到了较好效果。对此，我们应该加以借鉴。

（六）强化行政问责制度

有权必有责，用权受监督，是现代政府管理的基本原则。按照这一原则，在建设服务型政府进程中，一方面，需要依法明确各级政府履行公共服务的责任，另一方面，需要加强对各级政府及其公务员履职的监督和问责，既要防止、克服政府和公务员乱作为，又要防止、克服政府和公务员不作为。为此，必须强化行政问责制度。

党的十八大以来，随着反腐力度加大和"八项规定"的实行，出现了一些官员不敢为也不想为的现象。如：有的廉而不勤、无所作为；有的不负责任、不敢担当；更多的是得过且过、但求无过。类似现象在不少地方和单位都存在。① 不克服这些现象，政府就不可能优质高效地提

---

① 参见张丽娜等：《官员吐槽"新不为"》，《新华每日电讯》2014 年 6 月 17 日。

供公共服务，也不可能建成人民满意的服务型政府。

不可否认，这些现象的背后有着复杂的原因，其中包括管理体制机制不科学、不合理的问题。要从根本上解决这些问题，就必须深化干部人事制度改革。但任何原因都不能成为公务员不作为的理由。为克服不负责、不作为现象，必须在全面深化改革的同时，加强行政问责，做到对腐败零容忍，对庸官、怠政现象也要零容忍。

第七章

政府间公共服务职责划分

科学划分各级政府的公共服务职责，是建设服务型政府的必然要求，也是实现政府治理能力现代化的重要内容，对于政府全面履行公共服务职能，推进基本公共服务均等化，维护社会公平正义，都具有重大意义。改革开放以来，我国在政府间公共服务职责划分方面不断进行探索，取得了很大成效，但与"合理划分"、"明确划分"、"依法划分"等要求相比，仍存在很大差距，仍然是我国服务型政府建设中需要研究解决的一个重要课题。本章对我国政府间公共服务职责划分的现状、存在问题及原因进行了多视角分析，对国外政府间公共服务职责划分的做法和经验进行了梳理和比较，在此基础上提出了明确划分我国政府间公共服务职责的指导原则、基本思路和对策建议。

一、政府间公共服务职责划分的现状分析

政府间公共服务职责划分，涉及不同层级政府之间的政治、经济、行政、财政、法律等诸多方面的复杂关系，是诸多学科共同研究的对象。为了在共同的基点上讨论问题，我们主要从法定职责、财力分配、实际

做法等视角进行考察分析。

（一）分析框架

公共服务职责是指政府在公共服务中承担的任务和责任。在当代各国，公共服务职责都不是由某一层级政府单独完成的，而是通过各级政府分工合作来共同完成的。这就提出了如何科学划分各级政府间公共服务职责的问题。这里，我们提出一个从五个方面进行考察的分析框架。

1. 职责范围

政府提供公共服务的职责范围是指政府应当向公民提供哪些公共服务。一般而言，由政府主导提供的公共服务是指旨在保障全体公民生存和发展基本需求的基本公共服务。根据《国家基本公共服务体系"十二五"规划》，"基本公共服务范围一般包括保障基本民生需求的教育、就业、社会保障、医疗卫生、计划生育、住房保障、文化体育等领域的公共服务，广义上还包括与人民生活环境紧密关联的交通、通信、公用设施、环境保护等领域的公共服务，以及保障安全需要的公共安全、消费安全和国防安全等领域的公共服务"。[①] 这些领域的公共服务可再细分为具体类别，如公共教育可分为义务教育、高中教育、中等职业教育、学前教育等，社会保障可分为养老保险、医疗保险、工伤保险、失业保险、生育保险等。

2. 职责分工

由于各种公共服务的属性和特点不同，各级政府的功能作用也不同，因而有些服务适合中央政府提供，有些服务适合地方政府提供，有些服务则适合各级政府共同提供，而且各级政府在履行职责中承担的责任也

---

① 国务院印发《国家基本公共服务体系"十二五"规划》，《中国改革报》2012 年 9 月 5 日第 5 版。

有所不同，这就需要合理界定各级政府的职责分工。所谓政府间公共服务职责分工，就是指不同层级政府在公共服务中各自应当提供哪些公共服务，以及承担哪些责任，如制定政策规划、建立服务标准、统筹协调、财政保障、支出责任、组织提供、监督管理等。

3. 支出责任

各级财政的支出责任一般是指各级财政支出的范围和比例。一般而言，各级财政的支出责任，与其承担的公共服务职责是一致的。通过分析各级财政支出责任，可以判断政府履行公共服务职责的状况。加上财政支出责任是一种可衡量的量化指标，相对客观，便于定量分析，具有可操作性，可以从财政角度清晰地反映政府间公共服务职责划分，而不是仅仅限于定性分析，从条文到条文，从理论到理论，因而人们倾向于用财政支出责任来分析说明各级政府的公共服务职责。以教育支出为例，小学、初中阶段的教育支出全部由政府承担，高中以上阶段的教育政府只负担一部分费用，就说明政府承担了九年制义务教育阶段的全部公共服务责任，其他教育阶段只承担了一部分职责。在一级政府中，本级财政支出范围，体现了本级政府的公共服务职责，即本级财政对科技、教育、文化、卫生、体育、社会保障等公共服务项目的支出，反映了本级政府在这些领域承担的职责。不同层级政府支出范围的划分，体现了政府间公共服务职责的分工，如公共卫生服务，我国中央、省、县建立了三级疾病预防控制体系，中央、省和县级财政都承担一部分支出，体现了三级政府对公共卫生服务职责的分工。

4. 转移支付

财政管理中转移支付制度，体现了中央政府对地方政府、上级政府对下级政府公共服务职能的宏观调控。由于各地区经济社会发展不平衡，在明确划分各级政府公共服务职责的基础上，通过规范的转移支付制度，调节各地区财力差距，保证各级政府财权与事权相匹配，实现各地区居民能够享受到大体均衡的公共服务，缩小地区之间、城乡之间发展差距，达到全国经济社会平稳、和谐、较快发展的目的。各国建立了适合本国国情的财政转移支付制度，如美国的财政补助制度、日本的税收返还制度等。

5．法律依据

政府间公共服务职责的划分需要有一定的法律依据。这里的法律依据是指法律法规对各级政府公共服务职责划分的有关规定。这种规定一般以"职权划分"或"事务划分"等法律术语来表示，与职责划分的含义大体相同，具有权威性、稳定性和强制性，可作为研究分析各级政府公共服务划分的法律依据。例如，我国宪法、政府组织法、预算法和专门法律中关于职责划分的规定，是确定政府间公共服务职责划分的主要法律依据。

以上五个方面，相互联系，相互补充，从多重视角反映了政府间公共服务职责划分的情况。我们将采用这一分析框架来研究政府间公共服务职责划分。

（二）各级政府公共服务职责划分的基本情况

我国是一个单一制国家，目前设有中央、省、市、县和乡五级政府。根据宪法和法律的规定，中央和地方各级政府之间的公共服务职责划分，"遵循在中央的统一领导下，充分发挥地方的主动性、积极性的原则"，实行统一领导、分级管理的体制。

1．中央统一领导下的分级负责体制

我国《宪法》对中央和地方各级政府的职责划分做了原则规定。从公共服务职责划分方面看，中央政府负责领导和管理教育、科学、文化、

卫生、体育、计划生育、民政、公安、城乡建设、国防建设事业等项事务（宪法第 89 条）；县级以上地方政府负责管理本行政区域内的教育、科学、文化、卫生、体育、计划生育、城乡建设、民政、公安等项事务（宪法第 107 条）。

根据宪法规定，我国有关法律法规对各级政府公共服务职责做了进一步规定，基本上都采取中央政府统一领导、各级政府分级管理的做法。例如，《职业病防治法》总则部分规定：中央政府统一负责全国职业病防治的监督管理工作，制定职业病防治规划并组织实施；县级以上地方人民政府负责本行政区域内职业病防治的监督管理工作，制定职业病防治规划并组织实施，加强对职业病防治的宣传教育。有的法律规定比较具体，例如根据《教育法》，高等教育由中央和省级政府负责，基础教育和中等教育实行中央政府统一领导、省级政府负责统筹规划实施、地方各级政府分级管理。

此外，根据有关法律法规，国防、铁路、航空、邮政等事务属于中央政府的职责，实行垂直管理。《国防法》第 5 条规定："国家对国防活动实行统一的领导。"《铁路法》第 3 条规定："国务院铁路主管部门主管全国铁路工作，对国家铁路实行高度集中、统一指挥的运输管理体制，对地方铁路、专用铁路和铁路专用线进行指导、协调、监督和帮助。"《民用航空法》第 3 条规定："国务院民用航空主管部门对全国民用航空活动实施统一监督管理。"《邮政法》第 4 条规定："国务院邮政管理部门负责全国的邮政普遍服务和邮政市场的监督管理工作。"

从宪法和法律规定看，我国政府间公共服务职责划分采取中央统一领导下的分级负责体制。具体来说，中央政府主要负责制定国家公共服务的政策规划，统筹协调跨省公共服务提供并进行监督考核，提供中央事权范围内的公共服务；按照国家制度框架，省级政府主要负责制定本地区公共服务的政策法规，提供省级政府事权范围内的公共服务；市县级政府主要负责本地公共服务的直接提供和监督管理。

2. 各级政府根据现有事权划分承担公共服务支出责任

根据公共物品理论，各级政府职责的划分是以公共服务的受益范围以及供给效率为依据：若受益范围为某一辖区居民的公共服务，由地方政府承担，如城市基础设施；若受益范围涉及两个以上行政区居民，则由其上级政府承担；若受益范围是本国全体居民，则由中央政府承担，如国家安全服务。除考虑公共服务收益范围外，同一公共服务由哪一级政府提供效率高，则划归哪一级政府管理；且在实际政府管理活动中，需要具体、明确划分各级政府公共服务边界，并以法律形式进行规范。新中国成立后，在《宪法》、《地方人民代表大会和地方人民政府组织法》中，对中央及地方政府公共服务职责作了粗略描述，并未具体划分。目前我国各级政府事权和财权划分的主要依据是1994年实行分税制财政体制改革时国务院下发的行政法规，这次事权和政府财政支出范围的划分，实际上是采取了承认既成事实的做法，即当时由哪一级政府管理的事务，支出范围划归哪一级政府，并没有论证和解决那些事务应该有哪一级政府负责的问题。

根据1994年财税体制改革方案，中央财政支出的支出范围包括：国防、武警经费、外交和援外支出、中央级行政管理费、中央统管的基本建设投资、中央直属企业的技术改造和新产品试制费、地质勘探费、中央安排的农业支出、中央负担的国内外债务的还本付息支出，以及中央本级负担的公检法支出和文化、教育、卫生、科学等各项事业费支出。地方财政支出的范围包括：地方行政管理费、公检法经费、民兵事业费、地方统筹安排的基本建设投资、地方企业的改造和新产品试制经费、农业支出、城市维护和建设经费、地方文化、教育、卫生等各项事业费以及其他支出。

3. 财政转移支付制度繁杂

现行财政转移支付制度，是在 1994 年财税体制改革的基础上，逐步发展形成的，目前包括一般性转移支付、专项转移支付和税收返还三部分。1994 年核定地方净上划中央收入基数，实行税收返还和 1：0.3 增量返还。1997 年证券交易印花税中央与地方分享比例由 50：50 改为 80：20。后将税率从 3‰调增到 5‰，增加的收入全部作为中央收入，并从 2000 年起，分三年将证券交易印花税分享比例逐步调整到中央 97％、地方 3％。所得税收入分享改革中，除铁路运输、国家邮政等企业外，其他企业所得税和个人所得税收人实行中央与地方按统一比例分享。2002 年所得税收入中央与地方各分享 50％；2003 年以后中央分享 60％、地方分享 40％。出口退税负担机制改革，以 2003 年出口退税实退指标为基数，对超基数部分的应退税额，由中央和地方按 75：25 的比例共同负担。2005 年在维持 2004 年经国务院批准核定的各地出口退税基数不变的基础上，超基数部分由中央、地方按 92.5：7.5 的比例分担，出口退税改由中央统一退库，地方负担部分年终专项上解。[1]

（三）目前存在的主要问题

从理论和实践上分析，目前各级政府公共服务职责划分存在着诸多不够合理、不够明确、不够规范的问题。

1. 各级政府公共服务职责同构

从法律规定和实际做法看，各级政府的公共服务职责划分，不是按照教育、医疗卫生、社会保障、科技、文化、环境保护等专业类别列举

---

[1] 高培勇：《共和国财税 60 年》，人民出版社 2009 年版，第 204 页。

各级政府职责，做出明确界定，而是按照由大到小、层层细化的方式进行划分，上级政府有的，下级政府也有，除了国防、铁路、民航、邮政等被划归中央政府外，绝大多数都属于中央与地方各级政府的共有职责。各级政府的职责只有范围大小之分，而无内容之别，"上下一般粗"，存在着明显的"职责同构"情况，并导致政府之间职责重叠、履职错位等问题。在公共服务实际运作中，中央政府承担本属于地方政府的职责或下级政府代行上级政府职责的情况，时有发生。例如，如许多受益范围限于地方的基建项目，仍然要中央部门审批，有中央财政大量投入，而一些该由中央政府承担的区域统筹协调职责、财政保障职责，却未必履行到位。

2. 政府间公共服务职责划分不够清晰

我国各级政府公共服务职责划分，尚未走上规范化、制度化、法制化的道路。目前从中央到地方有五级政府，但各级政府事权划分不够明确具体。在现行《宪法》《国务院组织法》《地方人民代表大会及地方人民政府组织法》，以及《预算法》《义务教育法》等法律法规中，相关规定比较原则笼统，以粗略描述为主，不够具体，可操作性差，可以这样理解，也可以那样理解，还达不到按照教育、文化、卫生、社保、环保等专业类别进行明确界定，具体列举各级政府的职责，划分财政支出范围，并配之相应财力的要求。而且，各种法律法规和规范性文件的制定主体、内容规定和法律效力各不相同，彼此之间经常产生矛盾冲突，出现"法律打架"情况，在提供公共服务中政府部门往往无所适从。由于政府间职责划分不够明晰，各级政府在履职中经常出现上下职责错位的问题。一方面，中央政府承担了许多本属于地方政府的职责，另一方面，下级政府代行了上级政府的职责，例如对基础教育、基本医疗等外溢效应较强的公共服务，中央和省级政府本应分担较大比例支出，对欠发达地区有更大政策倾斜，但却由财力不足的县乡政府承担主要支出责任，被形容为"小马拉大车"。

3. 各级政府财力与公共服务职责不相匹配

目前各级政府公共服务事权和财权划分，还达不到按照各级政府职责划分财政支出范围，并配之相应财力的要求，各级财政支出范围不清晰、不科学的问题比较突出。主要表现在：一是省以下地方政府事权财力划分不对称。1994年实行分税制后，一定程度上出现了财权上收、事权下放的现象，导致县乡政府支出增加，但收入来源不足，基层财政普遍困难，这样就出现了事权财权划分不对等问题，许多县乡财政仅够维持人员工资和政府运转，没有财力提供公共服务。中西部地区更为突出。如义务教育在明确以县级政府为主的情况下，有些县级政府实际上无力承担本区域的义务教育经费。又如在城镇社区，居委会承担了大量的公共服务任务，而区县政府财政仅提供有限的财力支持。相反，中央财政和省级部门经费相对宽裕，还出现年底大量预算资金结余的现象。二是各级政府间支出范围不清晰。各级政府的职责是划分政府财政支出范围的依据。由于公共服务职责划分不清晰，因而各级财政支出范围划分也存在不清晰、不科学问题。以高等教育为例，现行体制规定高等学校由中央和省级政府两级管理，但对哪些高校应由中央府政府管理，哪些高校由省级政府管理，并未作明确规定。这种状况，在科技、文化、卫生等服务领域广泛存在。其结果，就是有利可图之事，各级政府你争我抢；无利可图之事，相互推诿扯皮。三是"上级请客，下级买单"。在一级管一级的行政体制下，上级政府时常对下级政府提出新的政策要求，超出了地方财力，却又不提供相应的配套资金，下级政府觉得这是"又让马儿跑、又让马儿不吃草"。

4. 转移支付未能有效缩小地区间公共服务差距

为了保证各级政府事权与财权相适应，调节各地区财力差异，实现基本公共服务均等化，上级政府需要对下级政府进行财政转移支付。但1994年开始建立的转移支付制度，一直处于不规范的状态。首先，转移支付种类繁多、不规范、不透明。目前的政府间财政转移支付主要包括一般性转移支付和专项转移支付。一般性转移支付包括均衡性转移支付、民族地区转移支付、调整工资转移支付、农村税费改革转移支付、资源枯竭城市转移支付、成品油税费改革转移支付、定额补助（原体制补助）、企事业单位划转补助、结算财力补助、义务教育转移支付等。专项转移支付包括教育、科学技术、社会保障和就业、医疗卫生、环境保护、农林水事务以及一般公共服务、国防、公共安全、文化体育与传媒、城乡社区事务、工业商业金融等事务、交通运输等领域的补助等。据不完全统计，近年来我国各类转移支付约有上百种之多，且大多数转移支付项目未公布计算方法，透明度不高，为各地区"跑部钱进"留下了隐患。其次，在财政转移支付结构中，用于均衡地区财力的一般性转移支付比例小于专项转移支付和税收返还的比例及规模，未能有效缓解各地区财力差距扩大的问题，事权与财权不匹配的矛盾更加突出，加上转移支付存在的层级过多、层层截留等不规范问题，基层政府得到的资金有限，未达到各级政府间转移制度设置的目的（参见表7-1、表7-2）。

表7-1 2006—2012年中央对地方转移支付的预、决算数据及一般性转移支付比例

单位：亿元

年份	一般性转移支付	专项转移支付	税收返还	转移支付总额	一般性转移支付比例
2012	22526.19	17386.26	5188.55	45101	49.95%
2011	18311.34	16569.99	5039.88	39921.21	45.87%
2000	13235.66	14112.06	4993.37	32341.09	40.95%
2009	11317.2	12359.89	4886.7	28563.79	39.62%
2008	8746.21	9962.39	4282.16	22990.76	38.04%

| 2007 | 7093 | 6898 | 1818.08 | 15809.08 | 44.87% |
| 2006 | 5159 | 4412 | 3126.04 | 12697.04 | 40.63% |

资料来源：作者自制。表中数据引自中华人民共和国财政部网站数据，http://yss.mof.gov.cn/zhengwuxinxi/caizhengshuju/其中，2006年、2007年、2012年数据为财政预算执行数；2008—2011年数据为财政决算执行数。

表7-2 2011年中央对地方税收返还和转移支付决算表

单位：亿元

项目	预算数	决算数	决算数为预算数的%	决算数为上年决算数的%
一、中央对地方转移支付	32242.01	34881.33	108.2	127.5
（一）一般性转移支付	17336.77	18311.34	105.6	138.3
均衡性转移支付	6609.11	7487.67	113.3	137.6
民族地区转移支付	370.00	370.00	100.0	112.1
调整工资转移支付	2647.01	2647.00	100.0	111.4
农村税费改革转移支付	770.15	769.46	99.9	100.0
资源枯竭城市转移支付	135.00	135.00	100.0	180.0
成品油税费改革转移支付	581.00	581.00	100.0	166.0
定额补助（原体制补助）	145.14	145.14	100.0	103.6
企事业单位划转补助	352.00	350.98	99.7	100.2
结算财力补助	479.88	523.10	109.0	120.2
工商部门停征两费等转移支付	80.00	80.00	100.0	76.6
基层公检法司转移支付	381.49	421.49	110.5	116.3
义务教育转移支付	1138.92	1085.00	95.3	114.5
基本养老金和低保等转移支付	2683.19	2750.98	102.2	192.5
新型农村合作医疗等转移支付	776.28	779.81	100.5	4790.0
村级公益事业奖补等转移支付	187.60	184.71	98.5	172.0
（二）专项转移支付	14905.24	16569.99	111.2	117.4
一般公共服务	161.99	207.30	128.0	158.3
外交		0.92		
国防	6.35	6.35	100.0	107.3
公共安全	211.30	236.97	112.1	99.7
教育	1038.20	1184.54	114.1	134.8
科学技术	42.54	91.92	216.1	137.1
文化体育与传媒	186.03	227.16	122.1	137.0

社会保障和就业	1246.36	1462.31	117.3	75.9
医疗卫生	887.74	896.65	101.0	64.3
节能环保	1517.48	1548.84	102.1	112.8
城乡社区事务	149.80	131.27	87.6	86.1
农林水事务	3977.04	4183.99	105.2	123.6
交通运输	2466.67	2967.92	120.3	267.3
资源勘探电力信息等事务	333.98	362.84	108.6	106.9
商业服务业等事务	681.48	710.73	104.3	108.5
金融监管等事务支出	22.50	37.66	167.4	263.4
地震灾后恢复重建支出		21.55		2.8
国土资源气象等事务	287.41	200.16	69.6	103.4
住房保障支出	1001.03	1470.53	146.9	198.9
粮油物资储备事务	334.22	350.54	104.9	115.0
其他支出	353.12	269.84	76.4	96.8
二、中央对地方税收返还	5067.99	5039.88	99.4	100.9
增值税和消费税返还	3705.00	3783.30	102.1	105.0
所得税基数返还	910.19	910.19	100.0	100.0
成品油税费改革税收返还	1531.10	1531.10	100.0	100.0
地方上解	−1078.30	−1184.71	109.9	112.8
中央对地方税收返还和转移支付	37310.00	39921.21	107.0	123.4

资料来源：引自中华人民共和国财政部网站，《2011年中央对地方税收返还和转移支付决算表》，http：//yss. mof. gov. cn/2011qgczjs/201207/t20120710_ 665277. html。

（四）对问题原因的剖析

我国各级政府间公共服务职责划分存在的问题，原因是多方面的。归纳起来，主要有以下几个方面。

1. 体制转型期特点

改革开放以后，我国进入计划经济体制向社会主义市场经济体制转变的历史时期，人们对各级政府公共服务职责范围和具体边界，经历了复杂的认识过程，存在众多争议，时而收，时而放，尚未定型。在这种背景下，各级政府在公共服务方面的职责划分，也在不断探索。以经济体制转轨为例，十一届三中全会后，我国开始改革高度集中的计划经济体制，提出"计划经济为主，市场调节为辅"的指导原则；党的十三大报告中对有计划商品经济条件下政府职能作了进一步阐述，认为"新的经济运行机制，总体上来说应当是'国家调节市场，市场引导企业'的机制"；1992年，我国确立了建立社会主义市场经济体制的改革目标；十五大后，我国对政府经济职能认识又有了进一步深化；党的十六大报告提出，完善政府的经济调节、市场监管、社会管理和公共服务的职能；党的十七大报提出，加快行政管理体制改革，建设服务型政府。因此，各个时期对政府职能的不同认识，势必影响各级政府服务职责的划分。

2. 地区发展不平衡

各地区经济社会发展水平的不平衡性，客观上为统一划分各级政府事权与财权边界带来了困难。在政体上，我国是单一制国家，各地区政府架构高度一致。从理论上讲，同一行政层级的政府承担同样的公共服务职责，具有相同的边界范围。但实际上，由于各地区经济社会发展的极不平衡性，在东部地区某一级政府能履行的职责，到中西部地区，同级别的政府就有可能难以承担相应的职责。如东部沿海地区有的乡镇财政收入达亿元之多，承担本地区义务教育经费支出绰绰有余，而在不少中西部地区，县级政府承担义务教育都有困难，需要依靠上级政府的转移支付。这样，客观上为统一划分各级政府事权与财权边界带来了困难，在现有宪法框架内，各地区自由探索的余地较小，制约了这一问题的解决。

3. 既得利益阻力

在计划经济体制下和改革开放初期，虽然各级政府的职责范围、事权财权划分边界问题不太突出，未提上政府的议事日程，但已形成一定的规模和格局，目前在此基础上明确划分各级政府事权财权边界，必然涉及现有利益格局的调整。上级政府多一些，下级政府就会少一些，反过来也一样，容易引发各类矛盾和利益冲突，具有一定风险，有些年份在稳定压倒一切的环境下，明确各级政府的职责、事权和财权边界等问题，就很难取得实质性进展，改革步伐相对缓慢。同时，在政府职责的某些领域，如医疗卫生、社会保障等问题，认识上存在巨大的分歧，也是明确划分各级政府职责进展缓慢的重要原因。在没有取得社会各界广泛共识的情况下，贸然划分某些职责、事权和财权边界，就存在一定的政治风险。例如，目前社会各界对医疗卫生改革的基本方向、发展的基本模式都存在严重分歧，要解决上述问题就有一定难度。

4. 职责法定相对滞后

世界各国大体都是运用宪法和相关法律，明确规定各级政府职责和活动范围，并配置实现其职责所需要的财力。我国在利用宪法和法律明确政府职责方面，处于相对滞后状态，在政府行政管理中出现了诸多难以解决的问题。例如，有观点认为我国仍处于转型时期，体制改革还不到位，各级之间的关系还在探索，过早用"法律"规范各级政府的公共服务职责，理解认识上的不同，必然会对依法规范职责划分产生影响；我国宪法对中央和地方政府职责权限作了原则规定，但并未详细列举或陈述；《教育法》等专门法律也未就各级政府在本专业领域的职责做出明确界定，如《教育法》规定"国务院和地方各级人民政府根据分级管理、分工负责的原则，领导和管理教育工作。中等教育等以下教育在国务院领导下，由地方人民政府管理"。这样，在政府管理活动中，地方政府以及地方政府间关系，主要依靠行政法规、部门规章来规范和运行，不够稳定、规范，相互推诿扯皮、办事效率低下的现象较为普遍。

二、政府间公共服务职责划分的国际经验

一个国家如何划分各级政府的公共服务职责，取决于经济、政治、政府体制、行政区划、地理条件、人口数量、历史传统等多种要素，因而世界各国的做法既存在差异，也有诸多共同之处。通过比较分析，可以发现其中一些带有共性的做法和经验。

（一）当代各国政府间公共服务职责划分的做法

1. 美国

美国是一个联邦制国家，除联邦政府外，全国有 50 个州，1 个华盛顿哥伦比亚特区，3042 个县，约 81900 个市、镇和学区。

美国公共服务职责在联邦政府和州政府之间划分，主要遵循两个准则，一是公共服务的收益范围，一是公共服务效率。如果一项公共服务收益范围主要是一个较小辖区范围的居民，则由地方政府承担供给责任。若一项公共服务涉及两个地方行政辖区，则由其共同的上级政府承担供给责任。如城镇道路、桥梁、供电、供水、供气等市政设施，其服务对象主要是在该城镇生产生活的居民、企业，供给责任主要由城镇政府承担。而跨行政区域的高速公路、环境污染治理等公共服务，则由州政府或联邦政府负责。至于在全国范围内收益的公共服务，如国防、外交、社会保障等，主要由联邦政府承担。从效率的角度讲，某类服务由哪一级政府提供效率更高，则由哪一级政府承担。如义务教育收益的对象是全体国民，但受居住环境、地理位置、受教育者的年龄等因素影响，义务教育由地方政府负责，比联邦政府效率更高，因而其供给责任划归地方政府。

美国宪法明确了美国政府的各项公共服务职责，并由国会负责确定联邦政府超出州和地方政府权力的明确范围。联邦政府也安排了一些法令来限制州和地方政府的支出决定，如环境和健康法规；有条件地接受联邦补助，特别是健康和福利服务等。同样，州政府也规定了地方政府的行为。因此，各级政府都有明确的公共服务职责范围。同时，相互之间进行补充和交叉。相对于联邦政府，美国州和地方政府的主要职责是提供本辖区范围内的公共服务和收入再分配，促进本区域的经济发展和提高本区域的竞争力。具体的支出责任及比例为（2010 年）：公共秩序与安全（治安、消防和检查等）82.3%，教育 85.3%，医疗卫生 25.9%，住房与社区事务 16.4%，经济事务 60%，一般公务支出为 44.6%[①]。

为保证州和地方公共服务责任的实现，平衡地区财力差距，联邦政府对州和地方政府实行补助制度，且不仅数额大，而且种类多（占其支出的 23%）。据美国国会预算办公室统计，目前联邦政府对州和地方政府的补助种类约 400 个，可以分为以下三类：（1）分类补助：这类联邦补助的特点是强制性、有指定用途。（2）总额补助：这类联邦补助由州或地方政府在联邦政府指定的用途内安排使用，如交通补助、净化水补助等。在使用这类补助资金时，州或地方政府有一定的灵活性。（3）收入分享：是联邦政府在一些地区的资产、土地的收益，特许经营权收益等按一定比例留给当地政府，用于指定的用途。收入分享在联邦补助中所占比例很小。

政治体制上的联邦制，使得联邦政府、州以及州以下地方政府在财政上相对独立，而且州及地方政府有许多自主权。联邦政府主要依靠所

---

① GOVERNMENT FINANCE STATISTICS YEARBOOK（2011），Prepared by the IMF Statistics Department，Publication Services，2012，p. 485.

得税，其大约三分之二的税收收入源于个人所得税。美国州和地方政府有着实质上的自主权，只要不违反联邦宪法和本州有关法律，他们可以自主选择他们的税收结构。税率、税基和各项收费可以不经过联邦政府的批准，由各州确定。目前，州政府趋向于主要依赖于所得税和销售税，地方政府趋向于主要依赖财产税、用户收费和州政府的补助。

2．日本

日本是一个单一制国家，政府体系分为3级：中央，都、道、府、县（相当于省）和市、町、村（基层政府）三个层级。目前，日本有1都1道2府43县，以及653个市、2006个町、594个村。

日本实行中央集中领导下的地方自治体制。在政府间职责划分方面，日本战后采用"限制列举"方式，现行"地方自治法"则采用大陆法系国家通用的"概括授权"方式，对各级政府间职责进行原则性划分，并通过个别法对政府间职责进行具体界定。在这种体制下，形成了日本中央和地方各级政府间独特的公共服务职责划分（参见表7-3）。

表7-3 日本政府间支出责任划分

区分	安全	社会资本	教育	福利卫生	产业经济
中央	外交；防卫；司法刑罚等	高速公路；国道（指定区间）；一级河流（指定区间）	大学；资助私立大学	社会保险；医师执照等；医药品等许可证	货币；关税；通商；邮政通讯；经济政策；国有林
都道府县	警察	国道（其他）；县道；一级河流（指定区间）；二级河流；港湾；公营住宅决定都市计划	高中；特殊学校；中小学教员工资与人事；资助私立学校（幼-高）	生活保护（町村）；儿童福利；老人福利保健；保健院	地区经济振兴；职业培训；中小企业诊断与指导。
市町村	消防；户籍；居民基本台账	城市计划事业；市町村道；准用河川；港湾；公营住宅；下水道	中小学校；幼儿园	生活保护（市）；老人福利保健；儿童福利；国民健康保险；上水道；垃圾处理；保健院	地区经济振兴；农田利用整理

注：居民基本台账包括如下内容：（1）国民健康保险、国民年金被保险资格、儿童津贴资格等；（2）选举人有关资料；（3）有关课税记录；（4）学龄薄、生活保护、预防接种、印鉴证明等其他资料。

资料来源：财政部网站，http：//yss. mof. gov. cn/zhengwuxinxi/guojijiejian/200810/t20081008_ 80892. html.

　　为保证各级政府实现其公共服务职责，日本建立了完善的转移支付制度。转移支付由三部分构成，即地方让与税制度、地方交付税制度和国库支出金制度。（1）地方让与税制度。包括地方道路税、石油气税、汽车载重量税、航空燃料税和特别吨位税等5种中央税。这些税种征收后，全部返还给地方。建立地方让与税制度主要是为了充实地方修建公路、港口、机场等基础设施的财源。（2）地方交付税制度。地方交付税总额又由作为中央地方共享税的法定分享比例决定，即所得税、法人税、酒税的32%、消费税的24%、烟税的25%。在按上述比例交付地方的税收总额中，有94%是普通交付税，6%是特别交付税。（3）国库支出金制度。国库支出金按下拨性质不同分为三类：A：国库负担金。即中央与地方共同承担的事务中，全部由地方负责办理，中央按自己负担的份额拨给地方的经费。B：国库委托金。即对于本应中央承办，但因发生在地方，按照效益原则而委托地方承办的事务，由中央负担其全部费用。C：国库补助金。是中央对地方兴办的事项认为有必要予以奖励和资助而拨给的资金。

　　3．英国

　　英国是一个单一制的国家，国会是整个联合王国的唯一主权机关。英格兰和威尔士实行两级地方政府制—郡和比郡小的区。现在英格兰和威尔士分为53个郡，郡下分为369个区。大伦敦被分为32个行政区。

　　英国是中央比较集权的国家，中央政府拥有对地方政府的规范权和监督权，中央政府集中的收入一般要占总收入的80%左右，但中央政府与地方政府的职责划分比较清晰。英国中央政府与地方政府之间权限与职责的划分在不同地区存在着一定的差别，即英国中央政府下放给英格兰、威尔士、苏格兰、北爱尔兰区议会的权力并不完全一致。中央政府的职责主要包括国防和国家安全、外交、社会保障、贸易与商业调控、教育等。几乎所有的地方政府都对其辖区的居民提供教育、个人社会服务、警察与消防、道路维护、娱乐和文化设施、环境服务（废物处理与道路清洁等）等公共服务。地方政府的主要职责还要在郡议会和区议会进行划分，郡议会主要负责诸如教育和图书、消防和民防、高速公路和交通、个人社会服务、战略性计划、消费者保护、废物处理与回收等需要一定规模或战略规划的职责；区议会则承担一些诸如住房、地区规划控制与执行、娱乐、停车（根据县议会的授权）、垃圾收集、环境健康等对当地居民具有直接影响的职责；部分职责属于双方共同承担的领域，例如促进经济发展、博物馆及公园的建设和维护、发放执照等。

在英国的公共财政支出总额中，中央财政支出约占70%的比例。在英国的地方公共财政支出当中，教育是最大的项目。其次是住房及社区环境支出，并且该项支出占地方公共财政支出的比重不断提高。英国中央预算对郡预算的补助形式有两种：一是定额补助拨款即中央对核定的郡级政府的总收入与总支出的差额进行补助。二是专项补助拨款。

4. 法国

法国是一个中央高度集权的单一制国家，政府体系分中央、大区、省和市镇4个层级，现有22个大区政府，96个省政府、3.6万多个市镇政府和8个海外省区政府、2个特别行政区政府。

法国将公共服务分为中央专有职责（属于国家事务）、地方专有职责（属于地方自治事务）和中央地方共有职责（属于共有事务）。各级政府公共服务职责划分情况是：中央政府的专有职责包括国防、公共安全（地方治安事务也由中央派出机构管辖）、高等教育、国家文化设施、大型国道、国土规划等；中央与地方共有职责包括教育、文化、医疗卫生、社会保障、公共设施建设、环境保护等；大区和省两级政府的职责比较接近，主要包括社会文化事业，地方公共交通和道路，国土规划，初级教育（属于省的职责）、地方治安，公共设施建设等；市镇职责比较简单，主要包括市镇规划、公共设施、公用事业、民政事务等。

法国在财政上中央高度集权，居于主导地位，在全国财政支出中（2010年），中央政府支出占88.2%。中央政府在公共服务中承担主要支出责任，如中央政府支出分别占政府医疗卫生总支出的98%，社会保障和福利总支出的92%，教育总支出的65%,① 比重远大于其他国家的同类支出。

5. 俄罗斯

俄罗斯是一个联邦制国家，政府体系分联邦政府、联邦主体（类似于联邦制国家的州）政府、地方政府3个层级。目前，俄罗斯有89个联邦主体（包括共和国、边疆区、州、直辖市、自治州和民族自治区），联邦主体下设地方自治机关（包括区、市、市辖区、镇和村）。

俄罗斯宪法和法律对联邦、联邦主体和地方政府之间公共服务职责作了划分。联邦政府的职责包括国防、外交、邮政、基础科研、铁路、空运、海运、核能力、联邦运输交通、空间探索、国家养老金、联邦投资项目等；联邦与联邦主体和地方的共同职责包括教育、医疗、社会保障、公路、道路、基础设施、建设河流运输、科学文化、环境保护、防灾抗灾等；地方政府的职责包括地方基础设施、市政、住房、市级道路、卫生、文化体育设施、消防、地方公共秩序等。

俄罗斯主要依据各级政府的管辖范围（或受益范围）来划分支出责任，如联邦政府对全国范围内的公共服务项目承担支出责任，联邦主体和地方政府对各自管辖范围内的公共服务项目承担支出责任，但许多支出项目与政府间职责划分有很大的出入，政府支出划分的界限并不清晰

---

① GOVERNMENT FINANCE STATISTICS YEARBOOK (2011), Prepared by the IMF Statistics Department, Publication Services, 2012, p. 202.

（参见表 7 - 4）。在全国财政支出中（以 2010 年为例），联邦政府支出为 67.7%，地方各级政府支出为 32.3%①。

表 7 - 4　俄罗斯政府间支出责任的划分（1997）

支出职责	联邦政府	联邦主体政府	地方自治机构
国防	100%（军用住房建设除外）	军用住房建设	无
司法/内务安全	100%	无	无
对外经贸关系	国家级项目	一些地区负责维持本地区的外贸关系	无
教育	所有大学和研究机构的支出	所有技术和职业学校	所有小学和中学的工资、建设和维护
文化和公园	国家博物馆及剧院	地区博物馆	无
健康	医学研究机构	三级医院，精神病医院，兽医院，诊断中心，专门服务医院（心血管等）	二级医院 基层医疗诊所 医疗服务
道路建设	联邦道路建设和维护	州级道路建设和维护	城市道路的维护
公共交通	无	大多数公共交通设施	一部分交通设施，包括地铁系统
消防	无	大部分消防服务	自愿的，军用的及企业性的服务
图书馆	专门图书馆（例如列宁图书馆）	专门图书馆服务	大多数地方图书馆服务
公安服务	全国民兵组织	交警和全国民兵组织	地方公安警察
卫生（垃圾回收）	无	无	垃圾回收
污水处理	无	基础设施资本投资	大部分日常运营支出
公共设施（天然气、电力和自来水）	无	对企业的补助金	对企业的补助金
住房	无	一部分住房建设和补助金	一部分住房建设、补助和维修
价格补贴	食品和医疗补贴的一部分	无	燃料、大众交通、食品（牛奶，面包）、医疗

---

① GOVERNMENT FINANCE STATISTICS YEARBOOK（2011），Prepared by the IMF Statistics Department，Publication Services，2012，p. 398.

福利补贴	部分属于中央政府的职责	部分属于州政府的职责	对上级政府提供资金的项目进行管理
环境	全国环境问题	地区性环境问题（例如，森林保护等）	无
公共企业	联邦投资项目，补贴信贷，特殊部门的补贴（采矿，农业，税收优惠等）	对特殊部门的补贴（农业），投资，赞助，税收优惠	各种明确或隐含的补贴和优惠

资料来源：［俄］Jorge, Martinez - Vazquez, Jameson Boex "俄罗斯财政分权化改革"，载于政府间财政关系课题组编译《政府间财政关系比较研究》，中国财政经济出版社2004年版。

6．澳大利亚

澳大利亚是一个联邦制国家，政府体系分为三级：中央政府、州（地区）政府以及地方政府（包括城、镇、市和郡）。现有六个州，两个地区以及900个地方政府机构。

澳大利亚各级政府公共服务职责划分与其他联邦制国家相似，分为联邦、州和地方政府的专有职责与共有职责，职责范围比较明确。联邦政府的专有职责包括国防、外交、移民、邮电、航空、国家自然资源和环境保护、国家级文化设施建设等；联邦、州和地方政府的共有职责包括教育、医疗卫生、社会保障、住房、通讯、环境保护、重大灾害援助、公共交通等；州以下地方政府的职责范围比较狭窄，仅负责本地公共设施建设、治安、城市规划、公路、建筑、桥梁、排水、公园、休闲设施等。

在各级政府公共服务支出方面，联邦政府支出占了大头。以2010年为例，在全国财政支出中，联邦政府支出比重最大，达59.5%，州政府支出次之，达34.9%，地方政府支出再次之，仅占5.6%[①]。

7．印度

印度是一个联邦制国家，共有28个邦，7个中央直辖区，人口多、地域广，语言文化复杂，经济发展水平差异大。

---

① GOVERNMENT FINANCE STATISTICS YEARBOOK （2011），Prepared by the IMF Statistics Department，Publication Services，2012，p. 65.

根据 1950 年的印度宪法，行政层级分联邦政府（即中央政府）、邦政府及地方政府，并明确规定了中央政府及各邦政府的行政职责（即事权）。中央政府的行政职责包括促进科技文化发展、网络型基础设施建设等全国性事务，如国防、军事、外交、核能、国家公路、海运、空运、铁路、邮电、外贸、外汇、金融、保险、邦间贸易、基础工业等方面。各邦政府的行政职责包括维护本地的法律与秩序、地方行政管理、警察、教育卫生、邦内贸易、水利灌溉、农牧渔业、农村发展、邦属工矿业等方面。可见，中央政府行政职责涉及全国，履行职责所需费用较多，而各邦政府行政职责主要涉及其辖区，履行职责所需费用较少。

与此对应，为满足中央和各邦政府履行职责需要，印度宪法赋予中央和各邦政府相应的财权。在财权分配上，优先考虑中央拥有雄厚的财力，强调中央财政收入在国家财政收入中的主要地位。印度中央政府平衡各邦财力的方式主要有税收分成、转移支付及贷款三种形式。印度宪法规定，中央应根据需要向各邦提供财政转移支付。其目的是解决各邦的财政赤字，缩小低种姓及贫困阶层在获得教育等服务方面的不平等，解决各邦发生的自然灾害及法律秩序等方面的问题。转移支付采取两种形式：一是有条件的转移支付，需要与各邦警察、监狱管理、低种姓的发展及其他有关问题联系起来，各邦之间有所不同。二是无条件的转移支付，即中央向各邦提供的转移支付没有具体的条件，也没有具体用途，但根据不同邦的特殊情况区别对待，如对于边境地区、争端地区的转移支付。

8. 巴西①

巴西是一个联邦制国家，分为联邦、州和市 3 级政府。巴西通过立

---

① 国家发改委经济体制综合改革司培训团："巴西公共服务部门改革的情况及启示"，《经济体制改革信息》，http：//www. sdpc. gov. cn/tzgg/shlygg/t20060614_ 73863. htm。

法，对联邦、州和市政府之间的公共服务职责、事权和财权进行了合理划分，保证了各级政府公共服务的有序运行。

巴西各级政府的公共服务职责范围明确。在公共教育方面，市一级政府负责举办和提供幼儿教育和8年义务教育，所需费用由联邦政府、州政府和市政府三方分担。市一级政府还负责提供属于义务教育阶段的残疾人特殊教育、少年和15岁以上成人扫盲教育、初级技工学校教育等。举办中等教育学校是州政府的职责，费用由州财政负担，联邦政府给予适当补助。高等教育主要是联邦政府的职责，联邦政府在每个州举办一所大学，费用全部由联邦政府负担。在卫生医疗方面，联邦、州和市分级管理公立医疗机构，其中市政府负责市级医院和卫生站的规划、建设、运行管理等，联邦和州政府按照法律规定向市政府拨付部分医疗经费；州政府负责规划、建设和管理州立医院，除圣保罗等人口较多的州，一般只有1~2所州立医院；联邦政府除了对州和市进行医疗经费转移支付外，还在全国各地建立了一批条件较好的医院，装备先进的医疗设备和仪器，配备医术精良的医生和护士，为服务区域内州立医院无法治疗转来的疑难病症提供免费治疗。在科技方面，基础科学、高新技术研究是联邦政府的职责，联邦主要依靠科技部所属的科研机构和公立大学开展科学研究。少数财政相对宽裕的州在预算中列支少量科技经费，供州立大学和非营利机构开展适用技术研究。市一级政府一般没有科研经费预算。

巴西实行刚性的公共服务预算制度，公立公共服务机构运行经费全部由各级财政预算保障。例如，根据宪法规定，明确了联邦、州和市级政府对教育的支出责任：联邦政府应使用不少于整个国家预算的13%发展教育，州政府投入文化和教育项目的经费不低于本级税收收入的25%，市政府财政收入的25%必须用于维持和发展教育。《科技进步法》

规定：全国对科技的投入必须保持每年5%的增长率；政府为企业每免税1雷亚尔，企业须投入3.3雷亚尔用于技术开发；如果企业将营业收入的5%用于科研，政府将减免其当年50%的所得税。

（二）国外经验借鉴

通过比较分析，可以发现当代各国政府间公共服务职责划分的一些共同做法和经验。

1. 中央与地方政府之间职责的范围比较明确

按照不同公共服务的属性和特点，当代各国一般将公共服务分为全国性的、地方性的或跨区域性的三个部分，分别划归中央政府专有职责、地方政府专有职责、中央与地方共有职责。一是中央政府的职责范围，是指那些受益范围涉及全国、为全国公众共同享有的纯公共服务，或者关系国家整体利益和需要国家统一管理的全国性的公共服务，如国防、航空、铁路、邮政、电信、国家资源和环境保护、国家级公共设施建设和保护等。二是地方政府的职责范围，是指那些受益范围限于一定行政区域范围之内、为当地居民享用、与地方利益直接相关、外溢效应不强的地方性的公共服务，如地方性的公共设施、道路、交通，社会福利，住房，治安、消防，城市建设、公用事业、垃圾处理等。三是属于中央和地方政府的共有职责范围，一般是指那些外溢效应较强、区域均等化或地方无力提供的跨区域性公共服务，如公共教育、医疗卫生、社会保障和福利、跨区域道路交通、公共安全、环境保护等。

2. 各级政府分别负责各自职责范围内的事务

国际比较表明，世界主要国家在政府间纵向关系上大都实行地方分权或地方自治，层级政府之间不是行政隶属关系，但中央政府通过立法、司法、财政和行政等方式保持对地方政府控制和监督。在公共服务领域，中央政府和地方政府依法履行各自承担的公共服务职责。中央职责范围内的事务，由中央政府负责，在地方履行一般也由中央政府在地方的派驻机构直接履行，实行垂直管理，经费由中央财政承担，或者委托地方政府具体实施，中央政府负责制定政策标准和提供资金；地方职责范围内的事务，由地方政府负责管理，自主决定，承担支出责任，上级政府一般不加干预，但通常以某些方式给以帮助；中央和地方共有职责范围内的事务，中央政府主要负责制定政策法律、分担支出责任和提供转移支付等，地方政府主要负责具体实施和管理，分担部分支出责任。

3. 中央政府在基本公共服务上承担较大的支出责任

当代各国政府间公共服务事权财权划分比较清晰，各级政府对职责范围内的事务承担支出责任，并有稳定的财税收入来源。在基本公共服务方面，由于具有再分配性质和区域均等化的要求，中央政府往往承担较大的支出比重。

4. 通过立法划分各级政府的职责

大多数国家普遍重视通过立法形式对政府间职责（包括公共服务职责）做出正式划分，以保证各级政府依法履行职责。在联邦制国家，联邦与州之间职责划分在宪法中有明确规定，州与地方之间的职责划分在州宪法中加以明确。例如，《德意志联邦共和国基本法》第 87 条规定联邦公共服务事项包括联邦行政、联邦铁路、联邦邮政、联邦水道及船舶航行管理、社会保险管辖范围超过一州领域者，第 91 条规定联邦与各州共同任务包括大学扩建与新建、大学附属医院、教育规划、促进科学研究等。[①] 在单一制国家，宪法对各级政府间职责划分一般有原则性规定，并通过专门法律予以明晰。例如，根据 1995 年日本《地方分权推进法》

---

① ［捷］维克托·纳普：《各国法律制度概况》，法律出版社 2002 年版，第 1215 页。

规定，推进地方分权，"明确划分中央与地方公共团体应分担之任务"，中央应重点负担国家事务或冀望全国统一规律之事业；地方公共团体（政府）应负担与身边居民相关之事务；中央与地方负担跨区域之事务。按照1983年法国《划分市镇、省、大区和国家权限法》规定，省地方自治事务包括社会福利政策、健康保险补助、交通要道维护、公共建筑物建造和维护、环保政策、初级中学教育；市镇地方自治事务主要是初级教育、市政规划建设和维护、文化体育活动等事项。

关于各级政府职责划分的立法形式，从各国宪法规定看，大致有如下三种：（1）列举式。如《俄罗斯联邦宪法》第114条规定，联邦公共服务职责包括制定联邦预算，保障联邦在文化、科学、教育、卫生、社会保障和生态领域实行统一的国家政策，保障国家防御和安全，环境保护。（2）剩余式。如《美国联邦宪法》第10条修正案规定："本宪法所未授予合众国或未禁止各州行使之权利，皆由各州或人民保留之。"（3）概括式。如《瑞士联邦宪法》第3条规定"各州在联邦宪法的限度内享有主权。凡未委托于联邦政府的权力，概由各州行使。"

三、明确划分政府间公共服务职责的思路和对策建议

党的十八大报告提出，要"加快形成政府主导、覆盖城乡、可持续的基本公共服务体系"。[①] 贯彻落实十八大提出的目标要求，政府责无旁贷，任务艰巨，其中关键的一点，是明确合理划分政府间公共服务职责分工，充分发挥各级政府的作用。国家"十二五"规划纲要和国家基本公共服务体系"十二五"规划，对中央与地方政府的基本公共服务职责

———————

① 《坚定不移沿着中国特色社会主义道路前进为全面建成小康社会而奋斗——在中国共产党第十八次全国代表大会上的报告》，人民出版社2012年版，第34页。

作了原则规定。党的十八届三中全会决定提出，要"加强中央政府宏观调控职责和能力，加强地方政府公共服务、市场监管、社会管理、环境保护等职责"，为中央与地方政府全面正确履行职能，更好地提供公共服务，指明了方向。

根据中央全面深化改革的精神，结合我国实际，进一步明确划分各级政府间公共服务职责的总的思路，是以建设服务型政府为目标，根据不同层级政府的职能定位，合理划分中央政府的职责、地方政府的职责、中央和地方政府的共同职责，在此基础上细化各级政府的职责分工，建立职责明确、分工合作、法治保障的政府间公共服务管理体制。

（一）需遵循的八个原则

各级政府职责划分涉及面广、错综复杂、难度很大，需要根据一定原则进行科学合理的划分，而不应成为层级政府间"收收放放"、"讨价还价"的博弈对象。根据国内外相关理论和实践经验，我们认为，科学划分政府间公共服务职责需遵循以下几个指导原则。

1. 受益范围原则

该原则以公共服务的受益范围为划分标准，将受益范围惠及全国公众或者事关国家整体利益的全国性公共服务，划归中央政府承担，如国防安全服务；将受益范围只涉一定区域内或者与当地居民利益直接相关的地方性公共服务，划归地方政府承担或由地方政府为主承担，如城市基础设施；将受益范围超越不同省区的跨区域性公共服务，划归中央与地方共同承担，如跨省道路交通。也就是说，应当使公共服务的受益范围与政府的辖区保持一致。对此，财政联邦主义理论的解释是，如果一个行政辖区提供公共服务的收益和成本刚好能够内部化，即该行政区内居民为服务供给支付了成本，同时又能共享这些服务，使收益和成本范围保持一致，那么这时公共服务提供的效率最高。①

2. 溢出效应原则

该原则以公共服务是否具有溢出效应为划分标准，将具有溢出效应的服务视作高层级政府介入的理由。外溢效应越大，高层级政府分担责任也越大。这是因为诸如公共教育、卫生防疫、环境保护等公共服务，都具有正的外溢效应，如果某地方为提供此类服务支付了成本，却没有得到全部收益，而其他地方享受了溢出收益，却没有为此支出相应的成本，"搭了便车"，那么势必会影响地方政府提供此类服务的积极性，导致供给不足。这就应有中央或区域性政府的介入，比如对提供该类服务的地方政府给予财政补助或财政转移，使外溢部分的成本得到补偿，以矫正溢出问题。在实际中，这类服务适合作为中央政府和地方政府的共同职责，由地方政府负责提供，中央政府承担部分支出责任。

3. 效率原则

该原则以效率高低为划分标准，哪一级政府能够更有效率地提供某项公共服务，就将该项公共服务职责划归哪一级政府。效率原则的适用往往有多重含义，或是指某一级政府提供的服务能够最有效地满足社会公众的需要和偏好，如地方政府往往更了解本地居民需求，能够提供更适合本地居民的服务；或是指能以最小的成本取得最大的效益，即最有经济效率。但这种理解的适用范围有限，因为许多公共服务，如国防、公路、义务教育、公共安全等服务都具有普惠性，在大多数国家都是由政府免费提供的，主要是为了满足公民生存发展的基本需求，至于花钱多少，是否有经济效益，通常不在考虑之列，并不适合以成本效益来测算；或是指规模经济，因为有些公共服务具有网络性、不可分割性、投

---

① ［英］简·埃里克·莱恩：《公共部门：概念、模型与途径》，经济科学出版社2004年版，第271—272页。

资大回收慢等规模经济的特征，这时由中央或省级政府提供更有效率，如国道、铁路、航空规模经济的服务，由中央集中提供比由地方分散提供更有效率。

4．区域均等化原则

该原则以促进公共服务均等化为划分标准，将具有收入再分配性质的职责，如统筹协调、财力分配、转移支付等职责，划归中央政府承担，省级政府也可承担区域性再分配职责，基层政府则无力承担这项职责。这是因为中央政府可以通过全国性税收和补助，如向富裕省份征收更多的税，向落后省份提供更多的财政补助，来缩小地区间公共服务的差距，使不同地区的公众都能享有水准大致相同的公共服务。实践表明，实现区域间公共服务均等化，如使困难家庭儿童获得基本的教育和医疗，解决生存发展的"起跑线"问题，将有助于缩小社会收入差距，促进社会公正，所以又称公平原则。在我国现阶段，强调区域均等化原则有着特别重要的意义。因为我国城乡之间、地区之间的收入差距较大，尤其需要通过合理划分各级政府的职责范围和收支比例，向全体公民提供均等化的基本公共服务，以减少由于收入差距导致的社会不公现象，促进社会公正与和谐。

5．各有侧重原则

该原则以层级政府不同功能为划分标准，要求在公共服务分工上中央和省级政府侧重政策制定的责任，基层政府侧重组织提供的责任，做到各有侧重。理由在于，中央和省级政府的功能作用具有宏观性、间接性的特点，所以应重点负责公共服务的宏观管理、政策法规制定、区域统筹协调、促进均等化等决策性职责；而低层级政府的功能作用具有具体性、直接性的特点，由于地理位置等原因比高层政府更了解本地居民的需求，提供更高效的服务，所以应重点负责公共服务的组织实施、具体提供等执行性职责，主要是面向社会公众直接提供公共服务。国际经验表明，大多数公共服务都可由地方政府来提供。"最明白无误和最重要的原则是，公共物品和服务应当由能够完成支付成本和赢得收益的最低级政府提供"。①

6. 财力和事权相匹配原则

该原则要求根据公共服务事权划分来配置相应财力，使各级政府承担的支出责任与获得的财力相匹配，保证收支平衡。含义包括：一是首先要明确支出责任划分，然后再确定收入来源，而不能"本末倒置"②；二是一级政府承担了多少支出责任，就应有多少财力作为保障，承担的责任越多，得到的财力也越多，财力与事权必须相统一；三是合理划分财力，使各级政府特别是地方政府有稳定的财税收入，以履行公共服务职责。这里的财力划分，可以是政府间税收划分，也可以是来自上级政府的转移支付。

7. 符合改革方向原则

该原则要求现阶段各级政府公共服务职责划分应与未来的体制改革方向相一致。政府纵向组织架构是职责划分的基础，政府间公共服务职责划分必须与政府层级、行政区划等方面的改革保持一致。目前，我国设有五级政府，行政层级偏多，改革的方向是扁平化，减少政府层级，例如"省直管县"、"乡财县管"、行政区划调整等项改革，都在研究探索之中，最终可能逐步形成3~4级政府架构，政府间公共服务职责划分也应考虑到上述改革趋势，避免为今后改革设置障碍。

---

① 世界银行：《1997年世界发展报告：变革世界中的政府》，中国财政经济出版社1997年版，第121页。

② ［美］罗·巴尔（Roy Bahl）：《财政分权制的实施原则》，世界银行学院财政分权课程辅导教材（电子版），http：//www. worldbank. org. cn/chinese/training/expenditure%20function%20assignmentsCH. htm. 2010－3－30.

8．法制原则

该原则要求依法划分各级政府公共服务职责，使职责划分更加明确、规范并保持相对稳定，为各级政府履行职责提供明确无误的法律依据。基本含义包括：一是要以基本法律的形式，明确划分各级政府公共服务职责，以保证职责划分的权威性和指导性；二是根据基本法律的框架，相关法律、法规和规章应明确各级政府在各种公共服务中的职责范围、职责分工和财政保障，增强职责划分的可操作性、相互协调性；三是建立政府间公共服务职责划分和修改的必经法律程序，如果职责划分需要进行调整变化，必须经过法定的程序，防止随意修改变动。

上述原则从不同视角为政府间公共服务职责划分提供了依据、方法和途径。这些原则之间有的相互协调，相互促进，有的则相互冲突，应用范围有限，因而需要全面考虑，精心设计，实现政府间公共服务职责的最优配置。

（二）合理界定中央与地方的专属职责和共同职责

党的十八届三中全会决定指出，"适度加强中央事权和支出责任，国防、外交、国家安全、关系全国统一市场规则和管理等作为中央事权；部分社会保障、跨区域重大项目建设维护等作为中央和地方共同事权，逐步理顺事权关系；区域性公共服务作为地方事权"。这就明确了中央与地方事权的划分范围。根据三中全会决定的要求，中央与地方的公共服务职责划分，也应分为中央政府的职责、地方政府的职责、中央和地方政府的共同职责。

1．职责范围：区分中央与地方的专属职责和共同职责

改变以往政府职责划分层层细化、分级管理的传统套路，突破"职责同构"模式，根据各种公共服务的属性和特点，将公共服务职责分为

中央政府的专属职责、地方政府的专属职责、中央和地方政府的共有职责三大部分，确立各级政府公共服务职责范围的总体框架。

——中央政府的专属职责是提供全国性公共服务。主要包括：国防外交、国家安全；铁路、民航、国道、邮政、电信；全国广播电视和气象、国家级公共设施（如国家公园）、国家级科研（如航空航天）等。目前，可考虑将社会养老保险由现在的分级负责，改为由中央统一负责，实现社会保障代码全国通用，基础养老金全国统筹，社保关系全国续转。上述服务的受益范围涉及全国或事关国家利益，应由中央政府负责提供，承担全部支出责任，实行垂直管理。

——地方各级政府的专属职责是提供地方性公共服务。主要包括：地方性的道路、交通、公共设施、文体设施、住房保障、治安；供水供电供气等公用事业；城市规划建设、环境卫生、垃圾处理等。这些服务的受益范围主要是当地居民，外溢效应不大，应由地方政府负责提供，承担全部支出责任，实行地方统一负责管理。

——中央和地方政府的共同职责是提供跨区域性公共服务。主要包括：公共教育、医疗卫生、社会保障、环境保护、就业；跨省区的道路、交通、基础设施（如水利设施）、资源保护、灾害救助等。这些服务具有外溢效应，或者受益范围在技术上难以测算，单独由中央或地方负责都不合适，应由中央和地方共同提供，并分清主次责任和支出分担比例。

2. 履职重点：中央政府侧重政策协调，地方政府侧重直接提供

根据不同层级政府的定位、功能和特点，明确各级政府在公共服务中的履职重点，使高层政府在政策协调方面承担更大责任，低层政府在直接提供方面承担更大责任，着力解决各级政府在履职过程中分工不清、推诿扯皮、上下错位等问题。

中央政府作为最高层级的政府，在公共服务提供中应重点承担宏观

政策制定方面的责任，主要负责制定政策法律、发展规划、基本标准和监督执行；加强对全国性和区域性事务的统筹协调，合理分配财政资源，促进城乡间、地区间基本公共服务均等化；同时，还对中央负责的公共服务负有组织提供的责任。

省级政府作为中间环节的区域性地方政府，承上启下，在公共服务提供中以"中观"政策制定方面的责任为主，主要是根据中央的方针政策，结合本地区实际，制定公共服务的政策规划、具体标准并监督执行；统筹协调本地区事务，分配财政资金，推进基本公共服务均等化；对本级负责的公共服务承担组织提供的责任。

市、县和乡镇政府作为直接面对社会公众的地方政府，在公共服务提供中承担直接提供的责任，主要是根据上级政府的政策、法律和标准，为本辖区内居民直接提供公共服务，做好本辖区各类服务的统筹协调、组织实施和资金筹措，重在具体落实。

3. 实现途径：采取可操作的行动策略

新中国成立以来，特别是改革开放以来，我国在政府间公共服务职责划分方面已制定和实施了一些制度和法律，在基本方面、主要环节上已有了一定的依据，目前需要进一步完善和具体化，使之更为明确合理，具有更强的可操作性。一是突出重点。在一定时期内优先选择一些矛盾较为突出、社会关注度高，迫切需要解决的领域突破，再向其他领域发展。二是依次递进。一般而言，上级政府职责比下级政府宏观、综合，而下级政府比上级政府具体、细致。根据上述特点，可采取依次递进的方式，先明确具体后明晰宏观，逐步理清各级政府公共服务职责边界。三是依法规范。在实践基础上，将改革成果上升到法律，通过立法明确划分各级政府公共服务职责，使各级政府依法提供各项公共服务，城乡居民依法维护自身权益。

（三）明确各级政府在实现基本公共服务国家标准中的职责分工

我国地区间、城乡间发展不平衡，各级政府对公共服务的重视程度不一，在这样的国情背景下，实现基本公共服务均等化的任务任重而道远。一个现实可行的思路选择，是以制定基本公共服务的全国最低标准作为"抓手"，明确各级政府的职责分工，建立绩效评估和行政问责制度，加快推进基本公共服务均等化。

1. 国家基本公共服务的范围

由于公共服务范围的十分广泛，地区间、城乡间公共服务差距形成原因复杂，在较短时间内大幅度缩小差距，是不现实的。可行的路径是突出重点，首先实现基本公共服务均等化。根据《国家基本公共服务体系"十二五"规划》（以下简称《规划》）的要求，由政府组织提供基本公共服务包括公共教育、劳动就业服务、社会保障、基本社会服务、医疗卫生、人口计生、住房保障、公共文化、环境保护等领域的基本公共服务。[①] 这些服务是所有公共服务中与全体公民生存和发展直接相关的领域。其中，公共教育、医疗卫生、社会保障又是社会各界关注度最高、差别最大、反映最强烈的三类公共服务，应作为当前政府工作的重中之重。当然，随着国家经济发展水平的提高，社会公共事业的发展，政府对基本公共服务的范围还可以调整扩大，增加服务项目，提高服务标准。

2. 各级政府在基本公共服务中的职责划分

《规划》不仅确定了国家基本公共服务的范围、标准和重点项目，而且还对中央和地方承担的职责进行了划分。基本要求是综合考虑法律

----

① 国务院印发《国家基本公共服务体系"十二五"规划》，《中国改革报》2012 年 9 月 5日第 5 版。

规定、受益范围、成本效率、基层优先等因素，合理界定中央政府与地方政府的基本公共服务事权和支出责任，并逐步通过法律形式予以明确。中央政府主要负责制定国家基本公共服务标准和政策法规，提供涉及中央事权的基本公共服务，协调跨省（区、市）的基本公共服务问题，以及对各省级政府提供的基本公共服务进行监督、考核与问责。按照国家统一制度框架，省级政府主要负责制定本地区基本公共服务标准和地方政策法规，提供涉及地方事权的基本公共服务，以及对市级和县级政府提供的基本公共服务进行监督、考核与问责。市级和县级政府具体负责本地基本公共服务的提供以及对基本公共服务机构的监管。[1][2] 此外，《规划》还对各类国家基本公共服务中中央与地方的支出责任作了原则划分。以公共教育为例（参见表7-5）。

表7-5 "十二五"时期基本公共教育服务国家基本标准

服务项目	服务对象	保障标准	支出责任	覆盖水平
九年义务教育				
义务教育免费	适龄儿童、少年	免学费、杂费以及农村寄宿生住宿费，免费向农村学生提供教科书；农村中小学年生均公用经费标准，普通小学不低于500元，普通初中不低于700元	中央与地方财政按比例分担	目标人群覆盖率100%，九年义务教育巩固率达到93%
寄宿生生活补助	农村家庭经济困难寄宿学生	年生均补助小学1000元，初中1250元	地方政府负责，中央财政适当补助	目标人群覆盖率100%
农村义务教育学生营养改善	贫困地区农村义务教育学生	在寄宿生生活补助基础上，集中连片特殊困难地区每生每天营养膳食补助3元（每年在校时间按200天计）	地方政府负责，国家试点地区中央财政承担，其他地区中央财政适当补助	目标人群覆盖率100%
高中阶段教育				

---

① 国务院印发《国家基本公共服务体系"十二五"规划》，《中国改革报》2012年9月5日第7版。

② 魏礼群：《积极稳妥推进大部门制改革》，《求是》2011年第6期，第17页。

中等职业教育免费	农村学生、城镇家庭经济困难学生和涉农专业学生	免学费	中央与地方财政按比例分担	目标人群覆盖率100%，使高中阶段教育毛入学率达到87%
中等职业教育国家助学金	全日制在校农村学生及城市家庭经济困难学生	资助每生每年不低于1500元，资助两年	中央与地方财政按比例分担	目标人群覆盖率100%
普通高中国家助学金	家庭经济困难学生	平均资助每生每年1500元，地方结合实际在1000—3000元范围内确定	中央与地方财政按比例分担	目标人群覆盖率100%
学前教育				
学前教育资助	家庭经济困难儿童、孤儿和残疾儿童	具体资助方式和标准由地方确定	地方政府负责，中央财政适当补助	目标人群覆盖率100%，学前一年毛入园率达到85%

资料来源：国务院印发《国家基本公共服务体系"十二五"规划》，《中国改革报》2012年9月5日第8版。

总的来看，随着《规划》的颁布实行，中央与地方政府在基本公共服务职责划分方面前进了一大步，比以前更加合理，更加确切，但仍属于一种原则性划分，存在着不少模糊不清的地方。一是上述各种基本公共服务究竟由哪级政府负责或为主负责，似乎都可管，但管什么，管多少，并不清晰。二是在同样标准下，由于地区间、城乡间发展水平和财力不同，实际公共服务质量仍有不小差距。三是在不同公共服务中多级政府支出责任的比例尚未确定，比如各有分担多少，上级政府补助多少等，仍未具体敲定，在执行中容易产生偏差或争议。

3. 明确各级政府在实现国家标准中的职责分工

实现基本公共服务国家标准，必须明确各级政府的职责分工，各有侧重。从改革方向看，中央和省级政府作为全国及区域基本公共服务的政策制定者、统筹协调者，应当充分发挥再分配的功能，更加侧重区域协调、费用分担、转移支付等方面的责任，指导帮助各地区，特别是欠发达地区实现国家标准；市、县和乡镇政府作为基本公共服务组织者、执行者，要按照国家标准，承担直接提供的责任。为保证按国家标准达标和可持续，就应以立法或协议的形式，明确各级政府在各种基本公共服务中的职责分工、分担比例，形成硬约束。在实施国家标准的过程中，应定期对各级政府履行职责情况进行检查监督，加强对各级财政支出、项目实施、实际效果的绩效评估，形成激励机制，对履行职责不力的部门和地方应公开问责。下面，我们尝试以公共教育、医疗卫生和社会保障三大基本公共服务为例，来进一步明确各级政府的职责分工（参见表7－6）。

表7－6　各级政府公共教育、医疗卫生、社会保障的职责分工

各级政府	公共教育
中央政府	中央政府制定、实施国家公共教育方针政策以及长期发展规划；制定公共教育法规、制度；保证公共教育经费投入，并承担调节各地区教育发展不平衡的任务，实现区域之间、特别是城乡之间公共教育均衡发展；制定、实施城乡公共教育基本标准；组织全国范围的师资队伍培训、培养；开展公共教育教学规律研究；进行公共教育的国际交流活动
省级政府	省级政府负责省内国家教育方针、政策和法律法规的贯彻执行；根据国家法律、法规、制度和有关方针政策，制定本省公共教育管理的规章、制度；以国家基本标准为依据，在全省范围制定、实施城乡统一的公共教育标准；负责本省公共教育经费投入符合《教育法》等法律、法规要求，并负责在全省范围内进行调解、平衡教育投入，保证公共教育服务城乡均等化的实现，开展教师培训、进修工作；教育、教学质量的监测、管理工作；负责公共教育教材建设
市（地）级政府	市级政府负责本辖区范围内国家教育方针、政策和法律法规的贯彻执行；平衡、调节本辖区范围内的教育资源配置；管理本级直接管理的公共教育机构；举办中等师范教育机构，培养本地区公共教育师资
县级政府	县级政府执行国家教育方针、政策和法律法规；安排公共教育财政资金，连同上级政府转移支付资金，保证公共教育正常公用经费支出、教职工工资福利支出；负责教育部门的人力资源管理；组织中小学校舍建设、图书资料、仪器设备的采购；监督公共教育质量；批准公共教育机构的设立
乡镇政府	乡镇政府执行国家教育方针、政策和法律法规；协调公共教育阶段中小学土地征用；治理学校周边治安环境、卫生环境、绿化建设、交通秩序等；负责供电、供水、供气等教育基础设施建设
各级政府	医疗卫生
中央政府	中央政府制定、实施国家公共卫生方针政策以及长期发展规划；制定公共卫生法规、制度；保证公共卫生经费投入，承担调节各地区公共卫生发展不平衡的任务，实现区域之间、特别是城乡之间公共卫生均衡发展；制定、实施城乡公共卫生基本标准；组织全国范围的医疗队伍培训、培养；举办国家重点高等公共卫生院校，开展公共卫生教学、科研工作，培养高层次公共卫生专业人才；开展公共卫生教学规律研究；进行公共卫生的国际交流活动

省级政府	省级政府负责省内国家公共卫生方针、政策和法律法规的贯彻执行；根据国家法律、法规和有关方针政策，制定本省公共卫生管理的规章、制度；以国家基本标准为依据，在全省范围制定、实施城乡统一的义务公共卫生标准；负责本省义务公共卫生经费投入符合有关法律、法规要求，并负责在全省范围内进行调解、平衡公共卫生投入，保证公共卫生服务城乡均等化的实现；开展医务人员培训、进修工作；举办高等公共卫生院校，开展公共卫生教学、科研工作，培养公共卫生专业人才；公共卫生服务质量的监测、管理工作
市级政府	市级政府负责国家医疗卫生方针、政策和法律法规在本辖区内的执行；医疗卫生工作的协调、平衡。举办中等公共卫生专业学校，培养中级专业技术人才
县级政府	县级政府负责贯彻执行国家公共卫生方针、政策和法律法规；指导乡镇开展预防和控制；上报、处置突发性公共卫生事件；开展妇幼保健工作；提供传染病、地方病等专业性公共卫生服务；管理医疗市场；开展食品、药品安全监督；组织开展公共卫生机构医务人员培训、进修工作；保障公共卫生服务经费需要
乡镇政府	乡镇政府贯彻执行国家公共卫生方针、政策和法律法规；开展疾病预防和控制；提供社区初级医疗保健服务；监督公共场所卫生；监督食品卫生。宣传公共卫生知识，提高农民健康水平；协助县级政府开展有关专项公共卫生服务
各级政府	**社会保障**
中央政府	中央政府制定、实施国家社会保障方针政策以及长期发展规划；制定社会保障法规、制度；保证社会保障经费投入，承担调节各地区社会保障发展不平衡的任务，实现区域之间、特别是城乡之间社会保障均衡发展；制定、实施城乡社会保障基本标准；组织全国范围的社会保障队伍培训、培养；举办国家重点高等社会保障院校，开展社会保障教学、科研工作，培养高层次社会保障专业人才；开展社会保障教学规律研究；进行社会保障的国际交流活动
省级政府	省级政府负责省内国家社会保障方针、政策和法律法规的贯彻执行；根据国家法律、法规和有关方针政策，制定本省社会保障管理的规章、制度；以国家基本标准为依据，在全省范围制定、实施城乡统一的社会保障标准；负责本省社会保障经费投入符合有关法律、法规要求，并负责在全省范围内进行调解、平衡社会保障投入，保证社会保障服务城乡均等化的实现；开展社会人员培训、进修工作；举办高等社会保障院校，开展社会保障教学、科研工作，培养社会保障专业人才；社会保障服务质量的监测、管理工作
市级政府	市级政府负责国家社会保障方针、政策和法律法规在本辖区的执行；承担社会保障工作的协调、平衡。举办中等社会保障教育机构，培养初、中级专业人才
县级政府	县级政府统筹管理全县养老、医疗、失业和工伤保险事务；承担农民养老、医疗保险补助资金；为灾民和最低生活保障家庭提供专项资金
乡镇政府	乡镇政府为农民办理养老、医疗、失业和工伤保险服务；收养农村无生活能力和供养来源的老年人、残疾人和孤儿；救助灾民和生活困难家庭；提供社会救济、抚恤资金

资料来源：作者自制。

（四）为各级政府履行职责提供财政制度保障

财政承担着为公共服务提供财力保障的重大责任。党的十八届三中全会决定提出，要建立事权和支出责任相适应的制度，中央和地方按照事权划分相应承担和分担支出责任，进一步理顺中央和地方收入划分。

按照三中全会决定的要求，在合理划分中央和地方公共服务职责的同时，还应当进一步明确各级政府支出责任和财力来源，完善政府间财政管理制度，为各级政府履行公共服务职责提供可持续的财力保障。

1. 明确划分各级政府支出范围

根据财政范畴性质与财政分配规律，各级政府公共服务职责的划分，就构成了划分各级政府财政支出范围的依据，以从财力上保障各级政府公共服务职责的实现。

2. 完善分税制管理体制与政府主体税源

为了保证各级政府履行公共服务职责，需要配置相应的财力。在分税制财政体制下，就需要形成各级政府的主体税种和税源。根据我国现行分税制体制运行情况，中央与地方共享税比例较大，地方主体税种不明显，今后深化改革的主要方向是向完全分税制过渡，形成中央与地方独立税种，各级地方政府都有其主体税种和税源。

3. 进行公共服务均等化财政转移支付制度设计

首先，创造条件，尽快取消实施了近20年的税收返还制度，消除原体制中不合理的既得利益因素；其次，整合专项转移支付和一般性转移支付项目，减少交叉重复，重塑专项转移支付和一般性转移支付功能，提高转移支付效果；再次，提高转移支付的透明度，向社会及时公布专项转移支付、一般性转移支付的计算公式，以及计算依据、数据来源等事项，大大减少政府间讨价还价的余地，接收社会监督；复次，增加对县乡政府转移支付规模，大大提高基层政府公共服务能力；最后，以基本公共服务为重点，建立转移支付效果监测、报告制度，不断改革和完善转移支付制度，实现各级政府公共服务职能。

4. 各级政府财政收支范围划分的宪法和法律保障

总结我国六十多年来处理政府间财政关系的实践，借鉴世界主要发达国家政府间财政收支范围划分的经验，政府财政收支范围划分，必须上升到宪法和法律的高度，才能保证各级政府依法行政、依法理财，履行公共服务职责。需要进一步加快财政管理法制化的进程，在修改宪法条件不成熟的情况下，通过完善《预算法》，或者制订《财政法》等途径，实现各级政府财政收支范围划分的法律保障。

（五）加快相关立法进程

通过制定和完善相关法律，依法明确划分各级政府职责，可为各级政府履行公共服务职责提供法律依据，提高职责划分的权威性和可预期性，从根本上解决各级政府职责不清、"法律打架"、随意性大等问题。为此建议：

一是尽早提上立法日程。关于依法规范各级政府公共服务职责划分，目前已取得广泛的共识，但对于何时立法问题则存在着分歧，如有观点认为不宜过早立法。在我们看来，立法条件成熟与否是相对而言的，目前我国已具备了"法律规范"的条件。在 2004 年，国务院印发的《全面推进依法行政实施纲要》就明确提出"合理划分和依法规范各级行政机关的职能和权限"的任务，现在已时过多年，我国已经初步建立了与市场经济相适应的行政管理体制，政府公共服务职能不断加强，各级政府公共服务职责划分的必要性和可行性已取得广泛共识，政府部门实施"三定"方案（定职责、定机构、定编制）已有多年。在此基础上，将各级政府公共服务职责划分提上立法日程，是可以做到的，并非是一件可望不可即的事。

二是先易后难立法。社会主义市场经济是一种法治经济，也要求政府依法行政。明确各级政府公共服务职责，需要有相应的法律依据。改革开放以来，我国在这些方面已制定和实施了一些法律制度，为政府间公共服务职责划分提供了一定的基本法律依据，现在需要的是进一步完善和具体化，使之更为科学合理，具有更强的可操作性。从实际情况看，在5－10年范围内有可能进行的立法选择方案包括：

选择一：先通过修订《教育法》、《卫生法》等单项法律，逐项明确各级政府供给的职责，具体划分各级政府公共服务职责，然后再通过修改《预算法》、《宪法》加以确定。

选择二：先修改《预算法》，或者制定《财政基本法》，划分各级政府支出范围，明确公共服务供给职责，然后再修改《教育法》、《卫生法》等单项法律，以致相衔接，最后通过修改《宪法》取得相应法律地位。

选择三：先修改《宪法》，大致划分各级政府公共服务职责，然后依据《宪法》修改《预算法》，或者制定《财政基本法》，修改《教育法》等法律，逐步明确各级政府公共服务的职责范围和支出责任。

综合比较上述三种立法方案，考虑到我国现实国情的复杂性，以及人民代表大会制度下立法的特点，我们认为，第一种方案具有先易后难、循序渐进的优点，相比而言更具有可行性，能够最大限度地减少阻力，推进政府间公共服务职责划分的立法进程。

三是采取"列举式"立法形式。世界各国的法律规定大致有列举式、剩余式、概括式三种方式。从实际情况看，概括式立法相对原则，界限模糊，不利于各级政府依法履行公共服务职责。因此，合理的选择是以"列举式"立法为形式，如在政府组织法、预算法或其他基本法律中，明确列举哪些是中央政府的公共服务职责，哪些是地方政府的公共服务职责，尽可能减少职责重叠；对于一时难以明确职责归属的部分，可以"剩余式"立法作为中央和地方的共同职责。同时，在各种专项法律法规中，也应尽可能以"列举式"立法，明确各级政府的公共服务职责分工和财政分配，为各级政府履行公共服务职责提供法律依据。

第八章

积极稳妥实施大部门制

积极稳妥实施大部门制，是转变政府职能、建设服务型政府的必然要求，是优化政府组织结构、提高政府效能的必然选择，是深化行政体制改革、推进政府治理现代化的重要举措。按照党的十八大要求，我国正在积极稳妥地实施大部门制，进展和成效都十分明显。但仍然存在一些亟待解决的问题。正确判断大部门制的实际进展，分析探讨存在的主要问题，提出进一步深化改革的思路和对策，对于积极稳妥实施大部门制，无疑具有重要意义。

一、实施大部门制的基本进展

继 2008 年探索职能有机统一的大部门制之后，2013 年 3 月，十二届全国人大一次会议通过了《国务院机构改革与政府职能转变方案》，要求在六个方面推行大部门制。2013 年 9 月，中共中央 国务院制定的《关于地方政府职能转变和机构改革的意见》，除要求与国务院机构改革相衔接推进大部门制之外，强调"各级政府要从实际工作出发，大胆创新，在更大范围、更多领域综合设置机构。特别是在市场监管、农业农村管理、交通运输、城市规划建设和市政管理等领域，加大机构和职责整合力度。"自 2013 年 3 月以来，新一轮大部门制改革已经推进了一年半，为积极稳妥实施大部门制，使改革取得预期成效，当前需要对大部门制改革的进展情况进行客观的研判。

（一）判断实施大部门制进展的主要标准

判断实施大部门制的进展情况，前提是确立客观科学的判断标准。依据大部门制改革的目标，可以从以下几个方面对大部门制改革的实际进展进行分析和判断。

1. 减少部门职责交叉分散，集中与统合公共资源的实现程度

减少部门职责交叉分散，集中与统合公共资源，是实施大部门制最基本的目标。部门职责交叉分散，势必将稀缺的公共资源碎片化，降低政府效能。将相同或相似职能交给一个部门之后，并不意味着改革的结束，而是改革的开始。相关部门合并之后，实现内部职能的有机统一至关重要。否则部门之间的职责交叉与分散会演变为部门内部的职责交叉与分散，依然难以实现职能的有机统一，难以实现公共资源的集约运用。

2. 强化权责统一的实现程度

强化权责统一，是实施大部门制的重要目标。权责一致是建设法治政府、责任政府的必然要求，也是提高政府效能的必要条件。部门之间"有利则抢、有责则推"，管理重复与管理"盲点"并存，不利于责任落实，不利于提高行政效能。在理论层面，行政系统由浅至深可分为组织结构、职能结构、权力结构、利益结构四个层面。在实践层面，基于部门利益的影响，机构重组、权力整合并不必然带来权责一致，因此需要考察实施大部门制在强化权责统一方面的实现程度。

3. 推进政府职能转变的实现程度

相对较少的政府组成部门覆盖政府基本职能，是大部门制的核心特

征。政府组成部门综合化设置必然带来政府组成部门的宽职能，但"宽职能"绝不意味着包揽全部相关职能。无所不包的大部门是不堪重负的大部门，是难以承受责任追究的大部门，是人民大众不满意的大部门。"水平减量"、"垂直减量"是大部门制存在的基本前提。"水平减量"，即政企分开、政资分开、政事分开、政社分开，是政府组成部门综合设置的前提，也是较少的政府组成部门保持"宽职能"的必要条件。"垂直减量"，即简政放权以及政府内部政策制定部门与执行部门之间的分离。

4. 建立决策权、执行权、监督权既相互制约又相互协调的实现程度

建立决策权、执行权、监督权既相互制约又相互协调的运行机制，这对实施大部门制来说是难度系数最大的目标。首先，决策权、执行权、监督权既相互制约又相互协调指的是行政决策中枢及其办事机构、组成部门、组成部门以外的其他类型政府机构之间的职权配置与相互关系。其次，决策权、执行权、监督权既相互制约又相互协调指的是大部门内部职权配置与相互关系。决策重在科学民主，执行重在效率，监督重在有效。因此大部门体系中的决策权、执行权、监督权各有自己的价值侧重。在一定意义上，利益的分配取决于决策，利益的实现取决于执行，利益的矫正取决于监督。利益分配重在公平正义，利益的实现重在效率效能，利益的矫正重在有力有效。决策权、执行权、监督权高度合一，容易形成部门利益（特殊群体利益）的"一条龙"，容易导致公共决策（公共管理）偏离公共利益。因此，推动"决策集中化，执行专门化，监督独立化"，就必须建立决策权、执行权、监督权既相互制约又相互协调的运行机制。

（二）中央层面大部门制改革的主要进展

中央层面即国务院的大部门制改革取得了积极进展，主要表现在以

下几方面。

1. 部门职责交叉分散逐步缓解，公共资源进一步整合

（1）解决了一些职责交叉分散问题。力求同一件事原则上由一个部门负责是解决职责交叉分散最基本的途径。大部门制改革使一些长期存在的职责交叉分散问题正逐步得到缓解。比如，在电影、音像制品、动漫和网络游戏管理方面，2008年国务院机构改革，明确动漫和网络游戏管理职责统一由文化部承担，电影管理职责统一由广电总局承担，音像制品管理职责统一由新闻出版总署承担，缓解了文化部、广电总局、新闻出版总署三部门长期存在的职责交叉问题。2013年3月，广播电视与新闻出版总局成立，文化管理领域职责交叉的问题进一步得到解决。在境外劳务管理方面，2008年组建人力资源和社会保障部时，明确将原劳动保障部的境外就业管理相关职责划入商务部，由商务部统一牵头负责外派劳务和境外就业人员的权益保护工作，解决了境外劳务两家共管的问题。在食品安全监管方面，2013年长期由卫生、质检、工商、农业、海关、商贸以及食药局等多个部门分段负责的职责已经统一交给食品药品监督管理总局，解决了职责交叉与职责分立问题。在工业行业管理方面，原由发改委、国防科工委、信息产业部分散管理的职责已经全部整合到工业和信息化部。在能源管理方面，国防科工委的核电管理职责划入国家能源局，国家能源局统一承担拟定、实施能源行业规划、产业政策和标准，发展新能源，促进能源节约的职责。在交通运输方面，铁道部、民航总局、国家邮政局以及原建设部的指导城市客运职责，2013年已经整合划入交通运输部。在海上执法方面，2013年将原国家海洋局及其中国海监、公安部边防海警、农业部中国渔政、海关总署海上缉私警察的队伍和职责整合，重新组建了国家海洋局，由国土资源部管理，海上执法机构、职责、队伍基本统一起来。2014年5月8日，国土资源部

正式挂牌成立不动产统一登记局，承担指导监督全国土地登记、房屋登记、林地登记、草原登记、海域登记等不动产登记工作的职责，标志着上述几项不动产登记即将结束长期以来的分散登记、分散管理的状况。

（2）公共资源进一步整合。实施大部门制对公共资源的整合可分为三种情况，一是部门内部行政职权的整合，二是技术资源的整合，三是平台资源的整合。

部门内部行政职权的整合主要表现为内设机构的整合，即建立大司局。2008年工业和信息化部把过去分管行业管理的十几个内设机构加以整合，综合设置为原材料、装备、消费品、电子信息4个管理大司局，集中了行业管理的规划与政策制定职能。2008年交通运输部组建了道路运输司，统筹承担运输线路、营运车辆、枢纽、运输场站的管理工作，承担车辆维修、营运车辆综合性能检测、机动车驾驶员培训机构和驾驶员培训的管理工作，并承担公共汽车、城市地铁和轨道交通运营、出租汽车、汽车租赁等的指导工作。人力资源和社会保障部新组建了就业促进司、人力资源市场司、职业能力建设司和农民工工作司，负责拟订劳动力就业规划，指导和规范公共就业服务信息，拟定人力资源市场发展政策与规划，拟定各类人才培养与激励政策等职能。

技术资源的整合主要表现为构建统一的技术支撑体系。比如，2013年新成立的食品药品监督管理总局把工商总局、国家质量监督检验检疫总局的食品检验检测机构整体接收，与原国家食品药品监督管理局所属的食品安全检验检测资源进行了整合，建立了法人治理结构，初步形成了统一的食品安全检验检测技术支撑体系。

平台资源的整合既是资源本身的整合也是资源管理系统的整合。2013年国务院机构改革与职能转变方案明确提出，整合金融、工商登记、税收缴纳、社保缴费、交通违章等信用信息，推动建立统一的信用信息平台。这是对信息资源平台的整合。同时，还要整合工程建设项目招标投标、土地使用权和矿业权出让、国有产权交易、政府采购等平台，建立统一规范的公共资源交易平台。这是对资源管理系统的整合。

2. 权责脱节问题逐步得到解决

解决权责脱节问题，除了依靠部门整合之外，对于确需多个部门共同负责的事项，主要通过分清不同部门职责分工，建立健全部门之间的协调配合机制来解决，避免推诿扯皮。

比如，2013年国家卫生和计划生育委员会组建后，为理清责任关系，明确了与国家发展和改革委员会、国家食品药品监督管理总局以及国家质量监督检验检疫总局的职责分工。国家发展和改革委员会负责研究国家人口发展战略，拟订人口发展规划和人口政策，研究人口与经济、社会、资源、环境协调可持续发展，提出统筹促进人口长期均衡发展的政策建议等。国家卫生和计划生育委员会负责拟订计划生育政策，提出与计划生育相关的人口数量、素质、结构、分布方面的政策建议，参与制定人口发展规划和政策，以及落实国家人口发展规划中的有关任务。国家卫生和计划生育委员会负责食品安全风险评估和食品安全标准制定，会同国家食品药品监督管理总局制定、实施食品安全风险监测计划，参与制定食品安全检验机构资质认定的条件和检验规范。国家食品药品监督管理总局向国家卫生和计划生育委员会提出食品安全风险评估的建议，会同国家卫生和计划生育委员会组织国家药典委员会，制定国家药典。至于部门之间协调机制建设，国家卫生和计划生育委员会与国家质量监督检验检疫总局建立了应对口岸传染病疫情和公共卫生事件合作机制、传染病疫情和公共卫生事件通报交流机制、口岸输入性疫情的通报和协作处理机制，同国家食品药品监督管理总局建立了重大药品不良反应和医疗器械不良事件相互通报机制和联合处置机制。

再比如，为加强能源行业管理，国家能源局整合划入了国家发展和改革委员会能源行业管理的有关职责及机构、国家能源领导小组办公室的职责、国防科学技术工业委员会的核电管理职责。国家能源局主要负责拟订并组织实施能源行业规划、产业政策和标准，发展新能源，促进能源节约等。由于能源问题涉及多领域、多部门，为加强能源战略决策和统筹协调，还设立了高层次的议事协调机构国家能源委员会，负责研究拟订国家能源发展战略，审议能源安全和能源发展中的重大问题。

3. 政府职能转变逐步深入

政府职能转变逐步深入，体现在三个方面：一是实施大部门制本身是转变政府职能最直接的途径；二是按转变政府职能的要求对新组建部门职能进行重新定位；三是按照国务院统一要求继续简政放权，进一步取消和下放行政审批事项。

政府机构是政府职能的具体载体。因此，实施大部门制本身是转变政府职能最直接的途径。如2013年铁路政企分开，不再保留铁道部，成立交通运输部管理的国家局——国家铁路局，既奠定了中国大交通体制的框架，又实质性解决了铁路系统政企分开问题。

为避免穿新鞋走老路，按转变政府职能的新要求对新组建部门职能进行重新定位。党的十七届二中全会通过的《关于深化行政管理体制改革的意见》指出，"中央政府要加强经济社会事务的宏观管理，进一步减少和下放具体管理事项，把更多的精力转到制定战略规划、政策法规和标准规范上，维护国家法制统一、政令统一和市场统一。"党的十八大报告也指出："深化行政审批制度改革，继续简政放权，推动政府职能向创造良好发展环境、提供优质公共服务、维护社会公平正义转变。"十八届三中全会通过的《中共中央关于全面深化改革的若干重大问题的决定》强调："政府要加强发展战略、规划、政策、标准等制定和实施，加强市场活动监管，加强各类公共服务提供。加强中央政府宏观调控职责和能力。"新成立的大部门职能定位体现了政府职能转变的精神。比如，2008 年颁布的工业和信息化部"三定"方案（国办发［2008］72号），把该部职能明确界定为管规划、管政策、管标准，并强调要充分发挥行业协会的作用。人力资源和社会保障部的"三定"方案（国发［2008］11 号）则取消了微观管理职能，如制定技工学校年度指导性招生计划的职能、综合协调外商投资企业劳动工资政策的职能、制定企业惩处职工的基本准则的职能等。同时，也强化了统筹管理的职能，如统筹机关企事业单位人员管理、统筹城乡就业和社会保障政策、统筹人才市场与劳动力市场整合、统筹机关企事业单位基本养老保险职能等。2013 年新成立的国家食品药品监督管理总局突出了拟定规划、起草法规、组织制定标准的职能，强化了对食品安全的预测、检测、控制与处罚职能。

深化行政审批制度改革是转变政府职能的切入点，取消和下放行政审批事项是深化行政审批制度改革的抓手。十七届二中全会以来，截至 2014 年 2 月 15 日，国务院共取消、下放行政审批事项 830 项，其中上一届政府 482 项，本届政府 348 项。在已取消和下放的行政审批事项中，既涉及宏观调控部门，如国家发展和改革委员会，又涉及很多新成立的大部门，如工业和信息化部、人力资源和社会保障部、食品药品监督管理总局等。随着行政审批事项的取消与下放，这些部门的职能转变正逐步得到落实（表 8－1）。

表8-1 2008年以来调整后的大部门取消、下放行政审批事项数量表

2008年以来调整后的大部门取消、下放行政审批事项数量表

部门	调整类型	调整时间					
		2010.7.4	2012.9.23	2013.5.15	2013.7.13	2013.11.8	2014.2.15
发展和改革委员会	取消	2	2	14		4	
	下放		3	11			
工业和信息化部	取消	3	7	10		7	7
	下放		1				
人力资源和社会保障部	取消	2	2	4		1	
	下放		2				
交通运输部	取消		3	7		7	1
	下放		2				3
环境保护部	取消	1	2	1		1	2
	下放		5				1
住房和城乡建设部	取消	2	3	2		1	
	下放						
国家铁路局	取消			1	1		
	下放						
卫生和计划生育委员会	取消				5		
	下放				3		
食品药品监督管理总局	取消	1	6	11	1	1	
	下放	3	14		3		2
合计		14	52	61	13	22	16

资料来源：根据中国机构编制网公布数据整理。

4. 决策权、执行权、监督权既相互制约又相互协调的运行机制逐步建立

决策权、执行权、监督权既相互制约又相互协调的运行机制是政府内部职权配置形式及其运行方式。实现决策权、执行权、监督权既相互制约又相互协调，是在政府内部建立一种决策权、执行权、监督权既适度分离又彼此协调的运行机制。就中央政府内部而言，决策权、执行权、监督权的适度分离与协调可分为三个层次。一是决策权、执行权、监督

权在行政决策中枢与政府组成部门、组成部门以外的其他类型机构之间的适度分离与协调；二是决策权、执行权、监督权在政府组成部门之间以及组成部门与相关国务院直属机构之间的适度分离与协调；三是决策权、执行权、监督权在政府组成部门与部门管理的国家局之间的适度分离与协调。

在第一层次上，2008年以来实施大部门制实践，中央基本没有在政府组织结构层面统筹考虑。行政决策中枢行使宪法第八十九条规定的18项职权，维持对各行业、各部门行政工作的领导和管理。政府组成部门以及组成部门以外的其他类型机构根据法律和中央政府的行政法规、决定、命令，行使本部门的行政管理权。

在第二层次上，2008年以来实施大部门制作了以下一些安排：一是进一步明确了部门之间的决策权划分。比如，组建工业和信息化部，从国家发展和改革委员会划入了工业行业管理的绝大部分决策权，如提出工业发展战略；拟订工业行业发展规划和产业政策；指导工业行业技术法规和行业标准的拟订；审批国家规划内和年度计划规模内工业通信业和信息化固定资产投资项目；拟定高技术产业中涉及生物医药、新材料等的规划、政策和标准；编制国家重大技术装备规划；制定对中小企业的指导和扶持政策等，进一步强化了工业和信息化部管规划、管政策、管标准的决策职能。二是进一步明确了部门之间、部门与国务院直属机构之间决策权与执行权的划分。比如，组建卫生和计划生育委员会，由国家发展和改革委员会负责拟定国家人口发展战略；拟订人口发展规划和人口政策；提出统筹促进人口长期均衡发展的政策建议。国家卫生和计划生育委员会负责拟订计划生育政策，提出与计划生育相关的人口数量、素质、结构、分布方面的政策建议，制定促进计划生育政策。相对于国家发展和改革委员会的决策来说，国家卫生和计划生育委员会的决策事实上就是一种执行。再比如，组建国家食品药品监督管理总局，国家卫生和计划生育委员会制定食品安全风险评估和食品安全标准，食品和药品监督管理总局负责执行，这本质上也是政府部门与国务院直属机构之间决策权与执行权的划分。

在第三层次上，2008年以来实施大部门制也给予了一些安排。2013年铁路政企分开，组建国家铁路局。交通运输部协助国家发展和改革委员会负责统一拟订交通运输体系发展规划和运输政策，国家铁路局配合执行。这事实上是部委和部委管理的国家局之间的决策权与执行权划分。重组国家海洋局，将海上执法权，海域使用监督管理权、海洋环境保护权等执行权统一起来，由国家海洋局承担。国家海洋局由国土资源部管理。国土资源部负责拟定土地资源、矿产资源、海洋资源的发展规划和发展战略，提出国土资源管理的政策建议。这也是决策权与执行权的相对区分。

（三）地方层面大部门制改革的主要进展

对实施大部门制来说，中央政府改革是上篇，地方政府改革是下篇，上下贯通，整篇文章才能做好。2008年8月，《中共中央国务院关于地方政府机构改革的意见》要求"各地要结合实际，积极探索实行职能有机统一的大部门制。"2013年9月，《中共中央 国务院关于地方政府职能转变和机构改革的意见》继续强调"结合地方实际，稳步推进大部门制改革"。按照中央要求，地方层面的大部门制改革积极推进，成效比较显著。

1. 根据中央部署稳步实施大部门制

在地方层面，除个别省份外，绝大部分地方政府实施大部门制基本是按中央既定部署完成了规定动作。根据中央精神，截至2013年底，全国31个省（自治区、市）都组建了人力资源和社会保障厅和环境保护厅。10个省（自治区、市）组建了工业和信息化厅，21个省（自治区、市）组建了工业和信息化委员会，其职能与工业和信息化厅类似。10个省（自治区、市）合并了卫生和人口计划生育委员会。在交通运输与住房和城乡建设机构设置上，北京、上海、天津和重庆四大直辖市与其他地方不同，对交通运输、国土资源、城乡建设和住房保障进行了重新组合，体现了直辖市在交通运输和城乡建设上的特殊性。北京成立了交通委员会和住房和城乡建设委员会。上海成立了城乡建设和交通委员会、住房保障和房屋管理局。天津成立城乡建设和交通委员会、国土资源和房屋管理局。重庆组建了交通委员会和城乡建设委员会。全国省级政府机构整合的情况见下表（表8－2）。

表8－2　省级政府机构设置与国务院新组建机构对照表

	工业和信息化厅（委）	交通运输厅	人力资源和社会保障厅	卫生和计划生育委员会	环境保护厅	住房和城乡建设厅
北京	经济和信息化委	交通委员会	√	尚未合并	√	住房和城乡建设委
上海	经济和信息化委	城乡建设和交通委	√	√	√	住房保障和房屋管理局
天津	经济和信息化委	城乡建设和交通委	√	尚未整合	√	国土资源和房屋管理局
重庆	经济和信息化委	交通委员会	√	√	√	城乡建设委
广东	经济和信息化委	√	√	√	√	√
福建	经济贸易委员会	√	√	√	√	√
浙江	经济和信息化委	√	√	尚未整合	√	√
江苏	经济和信息化委	√	√	尚未整合	√	√
湖南	经济和信息化委	√	√	尚未整合	√	√
湖北	经济和信息化委	√	√	尚未整合	√	√
山东	经济和信息化委	√	√	尚未整合	√	√
安徽	经济和信息化委	√	√	尚未整合	√	√

江西	√	√	√	尚未整合	√	√
山西	经济和信息化委	√	√	尚未整合	√	√
河南	√	√	√	尚未整合	√	√
河北	√	√	√	√	√	√
海南	√	√	√	尚未整合	√	√
内蒙古	经济和信息化委	√	√	尚未整合	√	√
辽宁	经济和信息化委	交通厅	√	√	√	√
吉林	√	√	√	√	√	√
黑龙江	√	√	√	尚未整合	√	√
广西	√	√	√	尚未整合	√	√
四川	经济和信息化委	√	√	尚未整合	√	√
云南	√	√	√	尚未整合	√	√
贵州	经济和信息化委	√	√	尚未整合	√	√
甘肃	√	√	√	√	√	√
陕西	√	√	√	√	√	√
青海	经济委员会	交通厅	√	尚未整合	√	√
宁夏	经济和信息化委	√	√	√	√	√
新疆	经济和信息化委	√	√	尚未整合	√	√

注:"√"表示与中央一致。资料来源:根据各地机构改革方案整理

在中央的倡议下,很多地方积极探索建立大部门制,顺德、深圳、成都、富阳等地成为典型。在目前中国内地大部门制实践中,顺德的大部门制改革力度最大,影响较大。顺德实施大部门制的指导思想非常明确:加大对职能相近机构的整合力度,在发展规划、城乡建设、社会管理、经济建设、市场监管、群团工作、政务监察等更多领域实行综合设置,形成职能配置科学合理、机构设置综合精干、权责明确清晰的党政组织架构。区委设置纪律检查委员会机关和五个工作部门,区政府设置十个工作部门(参见表8-3)。为切实提高党政工作部门的执行力,减少行政层次,缩短公共决策和管理链条,改革后的党政职能部门主要负责人分别由区委常委、区政府副区长兼任,建立部门首长负责制,实现党政决策和管理的扁平化。

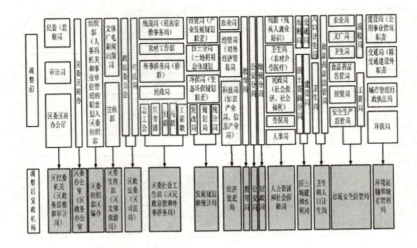

表8－3　佛山市顺德区区级党政机构设置表

说明：区委设置纪律检查委员会机关和工作部门5个。其中区委办公室挂决策咨询和政策研究室牌子；区机构编制委员会办公室为机构编制委员会的常设办事机构，既是区委的工作机构，又是区政府的工作机构，与区委组织部合署办公；区委社会工作部挂区委港澳台工作办公室、区政府港澳台工作办公室牌子。

区政府设置工作部门10个，其中：区政府办公室与区委办公室合署办公、区政务监察和审计局与区纪律检查委员会机关合署办公、区文体旅游局与区委宣传部合署办公、区司法局与区委政法委员会合署办公、区民政宗教和外事侨务局与区委社会工作部合署办公，列入区政府工作部门序列。

2. 部门职责交叉有所减少，职责关系逐步理顺

在部门整合的基础上明确部门的职责分工，是地方解决部门职责交叉的首要途径。比如，各地为理顺文化部门与新闻出版局、广播电视局之间的职责关系，截至2014年4月，全国已有近15个省（自治区、直辖市）整合成立了新闻出版和广电局，"扫黄打非"和新闻单位记者证监制管理的职能由新闻出版和广电局负责。明确文化厅负责动漫和网络游戏的管理。全国除西藏等个别地方外，在地级市以下，都实现了文化、新闻出版、广播电视管理部门的合并，从根本上解决了文化领域管理的职责交叉问题。此外，在水污染和水资源保护、湿地保护、高等学校毕业生管理、城市地铁、轨道交通建设管理等方面，各地也都明确了不同部门的职责分工，部门之间职责关系逐步明确清晰。

对于需要多个部门管理的事项，各地都在努力厘清主办和协办部门的责任。比如，广东省已经明确河道采砂管理、滩涂管理由水利部门主办，国土资源、海事、交通运输等部门协办；水域执法管理由水利部门主办，交通运输部门协办；职业卫生监督管理由安全生产监管部门主办，卫生和计划生育部门协办（深圳、顺德除外，深圳、顺德仍由卫生部门负责）；国有资产管理由省级国有资产管理部门主办，财政部门协办；烟花爆竹安全生产管理由安全生产监管部门主办，公共安全管理由公安部门主办；强制隔离戒毒管理由公安部门主办，司法部门协办等。

通过明确责任，各地也在逐步探索建立健全部门之间的协调配合机制。如内蒙古自治区发展和改革委、商务厅会同有关部门建立了外国投资并购区内企业安全审查部门联席会议制度。广东省由经济和信息化委员会牵头成立节能减排、产业转移、发展战略性新兴产业联席会议工作机制，都收到了良好的效果。

3. 对政府职能转变有所推进

地方政府在完成中央规定动作中，积极推进了政府职能转变。如，各地人力资源和社会保障部门普遍取消了拟定企业惩处职工的基本准则，将评估认定技工学校的职责交给社会中介组织。住房和城乡建设委员会取消了招标方式抄报、建设工程质量监督机构资质认定。食品药品监督管理局取消了中药保护品种证书初审，下放了餐饮服务许可。住房和城乡建设部门普遍增加了建立住房保障体系、完善廉租住房制度、解决低收入家庭住房困难问题的职责，强化了城乡规划管理、推进建筑节能、改善人居环境、促进城镇化健康发展的职责。经济和信息化委员会将原经贸委、国防科工办、信息办的工作职能进行分解重组，强化了管规划、管政策、管标准、管发展的新职能。交通运输部门强化了城乡一体的综合交通运输体系建设、促进各种交通运输方式相互衔接的职能。

4. 积极探索决策权、执行权、监督权既相互制约又相互协调的运行机制

对绝大多数地方来说，2008 年以来的大部门制改革还停留在组织结构改革的阶段，原有的运行机制并没有变化。一些地方也在探索决策权、执行权、监督权既相互制约又相互协调的实现形式，取得了一些突破，也积累了一些经验。例如，深圳市通过"委、局、办"职权的划分，实现"行政权三分"。"委"主要承担制定政策、规划、标准，并监督执行的职能。"局"主要承担执行和监管职能。"办"主要协助市长办理专门事项，是不具有独立行使行政管理职能的机构。实践表明，这种探索仅仅是开始，还有调整的余地。

深圳在建立大交通体制时将决策层与执行层做了相对明确的区分，改善了行政运行机制（具体参照图 8 - 1，图 8 - 2）。决策层按综合统筹、运输管理、规划建设三个板块设置，统筹决策。其中综合统筹板块按照"人、财、物、法、安"设置秘书、人事、财务审计、综合法规、安全管理五个综合处室。运输管理板块按照"客流、物流、信息流"设置公共交通、智能交通、物流发展、港航管理、空港五个专业处室。规划建设板块按照业务流程设置规划设计、发展计划、建设管理三个业务处室。执行层，按照专业管理与属地管理条块结合的原则设置，对专业性特征明显的事务，采用"垂直链条型模式"；对综合性特征明显的事务，采用"平面网格型模式"。

顺德按照"决策民主化和扁平化、执行集中化和统一化、监督外部

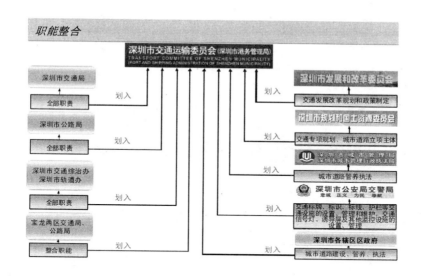

图 8 - 1　深圳市交通运输委员会职能整合

化和独立化"的原则，建立党政决策权、执行权、监督权既分工清晰又
统一协调的高效运行新机制。为提高党委、政府对地方发展改革战略决
策的民主化与科学化水平，区全局性重大公共决策集中由"四位一体"
的区联席会议行使。联席会议成员由区委常委、区人大常委会主任、区
政府正副区长、区政协主席组成。区联席会议的决策由党政大部门集中
统一执行。区纪委（区政务监察和审计局）负责对党政大部门的工作进
行纪律和绩效监督。顺德采取党政联动的方式，把党委与政府的决策权
统一起来综合配置，也是在中国特有的行政体制下对行政权力划分的突
破。

二、实施大部门制中仍然存在的主要问题

实事求是分析，不论在中央层面，还是地方层面，大部门制在实施

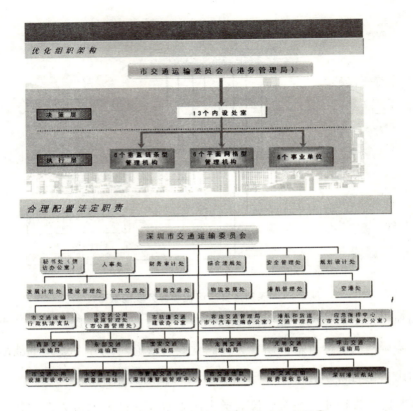

图 8 - 2　深圳市交通运输委员会组织架构①

过程中仍然存在一些亟待解决的问题。

（一）中央层面仍然存在的主要问题

根据大部门制改革目标和对大部门制实际推进情况的调查，在中央层面，实施大部门制仍然存在一些亟待解决的问题。

1. 部分领域职责交叉问题依然严重，公共资源有待进一步整合

在人力资源和社会保障领域依然是多家共管。社会保险由人力资源和社会保障部管理，社会救济和社会福利由民政部管理；企业年金由人

力资源和社会保障部、保监会、证监会、银监会按照各自的管辖范围共同管理，住房公积金和保障性住房由住房和城乡建设部管理；职工基本医疗保险、城镇居民基本医疗保险、新型农村合作医疗由人力资源和社会保障部门管理，城乡医疗救助由民政部门管理，商业健康保险由保监会监管；职业培训、企业职工培训、农村劳动力转移培训、劳动预备制培训、社会力量办学由人力资源和社会保障部管理，职业教育、企业职工教育、农村劳动力转移教育、中等成人教育、社会力量办学由教育部主管。

在环境保护领域，依然存在 7 部门共管的状况。流域环保、环保产业规划、工业污染治理规划、循环经济政策由发展和改革委员会负责；水资源开发、水资源节约利用由水利部门负责；城市地下水、城市排水、城市污水集中处理设施建设的管理和指导由住房和城乡建设部门负责；地下水、矿泉水的开发和经营权的管理由国土资源部门负责；指导农业生产者科学、合理地使用化肥和农药，控制化肥和农药的过量使用，防治农村面源污染由农业部门负责。饮用水水源保护区的划定由卫生部门负责。

工业和信息化领域也没有彻底解决职责交叉问题。工业和信息化部门与发展和改革委员会在促进战略性新兴产业发展，组织协调节能新产品、新技术、新设备、新材料推广应用等方面边界不清。《节约能源法》中工业节能主管部门没有及时调整和明确，影响了发展和改革委员会与工业和信息化部门的职责划分。

食品药品监督管理总局成立后，食品药品检验检测技术设备和人员主要依靠从工商与质检等部门划转，但实际划转量很小。工商系统 42 万工作人员中，有 1/3 从事食品安全，但实际划转的不到 1/6。其他人员都留在工商和质检系统。此外，在出入境检验检疫系统、疾病控制系统、环保系统、科研机构实验室、高校实验室等都有各自独立的食品和药品检验检测机构，这些不同部门的机构规模小、层次低、重复投入严重，而且标准不统一，国家投入到食品药品检验检测的人力、物力、财力得不到最大限度共享。

再比如，目前环境保护部门和水利部门各自拥有一套水环境监测系统，这两个监测系统在实际运行中各自为政，存在着严重的重复监测问题，浪费了宝贵的行政资源，而且由于水文站和环境监测站的数据不一致，在协调跨地区行政纠纷时，很难运用这些数据。

2. 权责不一致的情况依然存在

如，根据工业和信息化部"三定"方案，工业和信息化部在工业节能减排、企业兼并重组、两化融合、产业基地建设、关键性技术研发和产业化推广、培育发展战略性新兴产业等工业转型升级的关键领域和关键环节负有责任，但现实情况是，工业和信息化部缺少履行职责必要的资金和政策调控手段，相关资源仍掌握在其他部门手里。如，煤电油运都是工业运行的要素和命脉，但是工业的煤电油运的运营调控权、保障运行的组织等，都在发展和改革委员会，不在工业和信息化部。由于修订滞后，现有的法律法规也无法完全支撑工业和信息化部管理工业、通信业、工业化与信息化融合的内在需求。

3. 政府职能转变仍不到位

（1）政企分开目标未彻底实现。如，工信部管理的国家烟草专卖局，依然保持着政企合一、垄断经营的体制。

（2）各大部门仍普遍存在管得过多过细的问题。2013年新一届政府成立以来，已先后4次取消和下放行政审批权，共取消和下放348项，占本届政府成立前各部门审批事项总量的近20%。但具体到各大部门，取消和下放行政审批权数量仍然有限，现存的行政审批事项仍有取消和

下放的空间，特别是有些部门目前仍保留很多非行政许可审批。截至
2014 年 5 月底，国家发改委共取消和下放行政审批权 40 项，目前仍保
留 26 项，其中行政许可 13 项，非行政许可审批 13 项。工业和信息化部
共取消和下放行政审批权 35 项，目前仍保留 39 项，其中行政许可 34
项，非行政许可审批 5 项。人力资源和社会保障部共取消和下放行政审
批权 11 项，目前仍保留 21 项，其中行政许可 6 项，非行政许可审批 15
项。交通运输部共取消和下放行政审批权 23 项，目前仍保留 52 项，其
中行政许可 50 项，非行政许可审批 2 项。住房和城乡建设部共取消和下
放行政审批权 8 项，目前仍保留 23 项，其中行政许可 16 项，非行政许
可审批 7 项。

（3）政府部分职能仍有待进一步加强。首先是政府宏观调控职能仍
需加强。国家发展和改革委员会管了太多微观管理事务和具体审批事项，
宏观调控能力不足。其次是社会管理和公共服务职能亟待加强。比如，
环境保护部门在政府中的分量、地位以及发挥的作用并没有因为实施大
部门制而得以改观。在社会保障领域，从名义上看，人力资源和社会保
障部成立后，社会保障应是其核心职能，应该得到加强，但事实上，社
会保障工作并没有受到应有的重视和强化。

（4）目前的大部门制改革多停留在机构合并层次，实现职能的有机
统一尚有待时日[1]。2011 年 7 月，国家行政学院行政体制改革项目组在
中直机关就大部门制改革的推进情况组织了问卷调查，结果显示，有近
60% 的公务员认为大部门制改革遇到的最大的困难是部门合并后相关职
能难以整合到位，在地方的调查中，有近 60% 的公务员认为大部门制改
革当前最紧迫的工作是尽快实现部门内部的职能整合。

---

[1]　魏礼群：《积极稳妥推进大部门制改革》，《求是》2011 年第 6 期，第 17 页。

4. 决策权、执行权、监督权既相互制约又相互协调的运行机制依然处在艰难探索当中

目前学术界对于决策权、执行权、监督权既相互制约又相互协调的实现形式在认识上存在明显分歧。有观点认为决策权、执行权、监督权既相互制约又相互协调的实现应包括两个层次，一是政府部门整体层面上的决策、执行、监督适度分离的组织构架，二是政府部门内部决策与执行相分离的机制。也有观点认为决策与执行不是一种相互平行的关系，不像三权分立那样，而是一种更显纵向程序性分工，即从决策到执行，再到执行绩效评审和结果反馈，是同一个行政权力运行的两个环节、两个阶段。

在实践上，探索建立决策权、执行权、监督权既相互制约又相互协调的运行机制进展缓慢。一是强势部门继续垄断决策权，虚化了有些部门的决策权，决策权与执行权既不能相互制约也无法协调。比如，发展和改革委员会事实上在住房保障、道路建设、环境保护项目建设等方面具有最终的决策权。住房和城乡建设部、交通运输部、环境保护部是行业决策部门，但不具有完整的决策权，也不是执行部门，因此也不承担执行责任。由此导致决策权与执行权完全脱离。二是国务院直属机构、政府组成部门与部委管理的国家局与政府组成部门之间关系纵横交错，没有理清。有的国务院直属机构与部委管理的国家局履行了本来属于政府组成部门才有的决策权。

（二）先行探索大部门制的地方遇到的主要问题

与中央层面相比，地方实施大部门制过程中存在的主要问题与中央层面遇到的主要问题高度相似，在此不做赘述。先行探索大部门制的地方政府遇到的主要问题值得我们高度关注。下面以深圳、顺德为例来说

明。

1. 党政机构的迅速调整与改革之后的实效相对滞后之间的矛盾比较突出

有些行政体制改革的内容可以使老百姓立即得到实惠，如减税改革，降低门槛的工商登记制度改革。但大部门制改革通常不会立即让人民群众得到实惠，这也许是大部门制改革的天生"软肋"。先行先试大部门制的地方在较短时间内调整党政机构的力度较大。如，2009 年 7 月 31 日，深圳市正式启动并在 3 个月内完成了政府机构改革。机构调整后，市政府设置 31 个工作部门，共减少机构 15 个，精简幅度约三分之一，精简后的机构总数低于中央规定的大城市可以设置 40 个机构的限额①。再如，2009 年 9 月 14 日，广东省委、省政府批准《佛山市顺德区党政机构改革方案》，9 月 16 日，时任顺德区区长的梁维东公开宣布党政机构由 41 个减少到 16 个。9 月 17 日，新成立的 11 个部门正职到位，机构挂牌。至此，2009 年初开始酝酿的顺德大部门制改革终于尘埃落定。然而，老百姓并没有感受到大部门制改革给他们带来的实惠。因此，先行先试地方的经验表明，实施大部门制仅仅是综合改革的起步，必须启动行政审批制度改革、社会体制综合改革等一些配套改革，尽快提升公共服务能力，才能使人民群众尽快获得实惠。只有这样，才能夯实大部门制改革的社会基础。

2. "条""块"之间的矛盾比较突出

先行先试大部门制的地方主要遇到两个问题：一是上级政府部门可以凭借专项转移支付、各种达标评比等公共资源支配权、公共话语主导权干预下级地方政府部门设置。2009 年 7 月 31 日深圳市将市贸易工业

---

① 参见《深圳市人民政府机构改革方案》2009 年 7 月 31 日公布。

局、科技和信息局、高新办、保税区管理局、信息办整合组成市科技工贸和信息化委员会。2012 年 2 月 11 日，科技工贸和信息化委员会被拆分，即将原市科工贸信委承担的有关科技行政管理、高新技术企业服务、高新技术产业园区管理服务职责等整合，新设立了市科技创新委（市高新区管委会）。深圳市编办的解释是，2009 年大部门制改革时，科技部门与贸工部门整合组建了市科工贸信委，整合后，虽加强了科技与产业的统筹，但其管理领域涉及科技、经贸、工业、信息化、高新区、保税区、安全生产监督管理等多个方面，工作领域宽，实际工作中难免重此弱彼。"高新技术产业是深圳的核心技术产业，占深圳 GDP 比重超过30%，它的重要性可想而知。当时思考的深度欠缺"。但深圳市政协委员金心异的解释更加可信："这几年没有一个专业的部门带领高新技术产业的发展，特别在跟上级政府的有关部委对接方面，就出现不少问题。"顺德区委社会工作部，是在统战部基础上与民政、宗教和外事侨务局合署组建。但上级相关部门提出，统战工作是共产党的三大法宝之一，不能没有统战部。顺德区请示后，决定在社会工作部加挂统战部牌子。二是下级政府与上级政府对接的比较多（如顺德社会工作部对应省里 14 个部门，年终总结就要写 14 份），相关会议、汇报应接不暇，疲于奔命①。

3. 个人发展与机构整合之间的矛盾尖锐

2011 年 1 月 24 日至 25 日，就深圳大部门制实际运行状况，我们深度访谈了所有被调整部门的公务员代表。普遍反映是，"大部门制改革，对社会有好处，对百姓有好处，就是对公务员没有好处！"2009 年深圳科技工贸和信息化委员会成立后，17 个副职，公务员士气受到前所未有的打压，"70"后公务员 7 年后才有晋升机会。2014 年顺德党政机构由

---

① 国家行政学院广东省顺德区大部门制运行机制研究课题组访谈资料，2013 年 8 月 16日。

41 个变为 16 个，很多公务员为改革做出了牺牲。2009 年新成立的市场安全监管局，局机关 169 人，领导班子 13 人，内设 19 个科室；此外，直属单位、事业单位、分局还有 588 人。根据《公务员法》规定的职务层次，该局只有 1 个职位为科级正职，目前 12 个副局长为科级副职，其余 757 人全压在科员、办事员两个职务层次。

在我国，实施大部门制中存在主要问题的原因有：

一是现阶段政府职能转变不到位。国务院各部门职能转变的任务远未完成。截至 2013 年新一届政府成立，国务院各部门依然保留 1700 余项行政审批权，市场在资源配置中决定性作用的地位与角色依然没有确立；通过产业政策、价格干预进行宏观调控的惯性依然发挥作用；市场监管、社会管理、公共服务、环境保护职能依然薄弱。地方政府仍存在严重的职能膨胀的问题。地方政府职能膨胀，突出表现在日趋加强的经营行为上。比如，有的地方政府经营土地和金融，甚至直接将农村土地低价征用后再卖给有关开发公司，有时还为一个项目单独组建一个项目公司。2008 年，广州市原则通过了《城市建设投融资体制改革方案》，提出要在交通、水务、地铁、燃气、垃圾处理、城建、亚运城等重要领域培育七大专业投融资集团。再比如，有的地方政府还直接开展经营项目。从《2012 年河南省第一批重点建设项目名单》统计分析看，文件公布了 858 个项目。其中，工业项目 362 个，铁路项目 21 个，民航项目 4 个，公路项目 52 个，内河航运项目 4 个，电源项目 17 个，电网项目 7 个，煤炭项目 13 个，油气项目 13 个，城建项目 11 个。按项目个数统计，经营求利的项目最高能占到第一批省级重点项目的 59%。

二是缺乏顶层设计。从目前大部门制改革进程来看，中央层面与地方层面的大部门制改革缺乏顶层设计。大部门制实践基本停留在总结经验，不断深化，试图避免由于改革步伐过快所可能带来巨大风险的阶段，少数地方政府还在积极地"摸着石头过河"，大多数地方政府还停留在等待观望阶段①。2011 年 6 月，国家行政学院行政体制改革项目组在中央国家机关司局级干部培训班中就大部门制改革的推进情况进行了问卷调查，结果表明，有近 30% 的学员认为当前大部门制改革的重点是搞好顶层设计。2011 年 7 月，项目组在广东省佛山市顺德区和江门市就两地大部门制改革的推进情况在公务员中组织了问卷调查，结果显示，有近 35% 的公务员认为当前大部门制改革缺乏明确的改革思路，有近 44% 的公务员认为当前大部门制改革缺乏系统的、可操作的实施方案。2012 年 12 月，工业和信息化部原部长李毅中在中欧行政改革论坛上明确指出："大部门制改革绝不仅仅是工信部等少数几个部门的事情，需要搞好统筹设计，需要所有部门的配合，整体推动这项任务。"2013 年 1 月，工业和信息化部党组在《求是》杂志上撰文也指出："加强协调配合是推进大部门制改革的保障。……搞好顶层设计，……科学设计、分部实施、由简入难、逐步深化，积极稳妥地推进改革"②。

三是中央倡议性改革导致地方探索缺乏统一部署与行动。顶层设计的欠缺导致中央对如何推进大部门制改革基本采取了倡议性的做法。但倡议性的改革对改革没有统一部署，各地职能整合、职能规划、运行机制建设都处在独自摸索阶段。一些地方结合自身经济社会发展状况，创新性地提出了一些改革方案，并取得了实效，但由于与上级改革不衔接，同时缺乏有效的激励措施和制度保障，大部门制改革走走停停，使一些已经被证明确实有效的改革也难以推广。

---

① 宋世明：《实施大部门制的五大认识误区》，《中国行政管理》2014 年第 6 期，第 85 页。

② 中共工业和信息化部党组：《大部制改革：科学发展的有力保障》，《求是》2013 年第 1 期，第 37 页。

三、发达国家大部门制改革的经验与启示

现代意义上的大部门制最早始于当代西方发达国家。西方国家推进大部门制的某些经验，对我国实施大部门制有启发和借鉴的意义。

（一）大部门制改革离不开顶层设计

大部门制是政府机构改革的重要内容。从发达国家的经验来看，大部门制改革要取得实效，需要各项改革措施的协同配合，需要统筹考虑部门组织结构、协调机制与监督机制，需要把大部门制改革与合理划分不同层级政府权限结合起来，需要把整合机构设置与综合考虑行政决策中枢、政府组成部门、专业化执行机构之间的权力划分结合起来，需要把调整优化组织结构与理顺部门职能分工、完善行政运行机制有机结合起来，还需要综合考虑大部门制改革与其他改革的衔接配套，进而全面、科学地设计改革方案。因此，大部门制改革离不开顶层设计。

首先，顶层设计包括对大部门制改革的价值、目的、目标、路径进行超前设计。价值、目的、目标是大部门制改革的导航仪，为大部门制改革指明方向。没有顶层设计或顶层设计滞后，大部门制改革只能在黑暗中摸索，一些先行探索的部门就可能会陷入孤军深入、孤立无援的境地，最终导致渐行渐弱。

其次，顶层设计还包括对大部门制改革的推进过程进行统筹协调、整体推进与督促落实。许多国家的实践表明，统筹协调、整体推进、督促落实是消解大部门制改革阻力的不二法门。如，美国1937年、英国20世纪70年代、澳大利亚1987年、日本2001年推行的大部门制改革，无一不是由其执政党党魁兼行政首脑经过了较为长期的研究、设计与准

备，通过统筹协调、整体推进、督促落实最终实现的。

（二）科学化民主化法治化是推进大部门制的重要保障

实施大部门制势必遭到一些力量的抵制与反对。如果不把支持大部门制的力量有效组织起来，实施大部门制就是水中月、镜中花。政治领导、民间参与（特别是企业界与理论界的参与）、立法推动，三者一体化合力推动，是发达国家推进大部门制的普遍做法。

大部门制是政治体制改革的一部分，没有政治领导的推动是难以成功的。在政治领导方面，为推进大部门制，一般都建立了直属最高行政决策班子的专门机构。如美国1937年建立美国总统行政管理委员会，超前设计优化政府组织架构预案；日本1996年桥本内阁成立了以桥本龙太郎为会长、由各界民间人士组成的"行政改革会议"，以协助桥本首相确立大部门制的最终方案。韩国1998年建立了"政权接受委员会"直属的"政府组织改编审议委员会"，协助总统设计韩国大部门制方案。

政府归根结底是建立在社会基础之上，政治上层建筑最终要服从服务于经济基础与经济发展，只有依靠民众民间推动，才能更好地克服改革阻力。民间推动是可持续的改革动力。在民间推动方面，各类领导改革的组织在决策阶段充分集中管理专家、纳税人与政治家的智慧；在执行阶段充分依靠纳税人与具体服务对象的力量推进；在评估阶段也充分依靠民间与政府的互动。

职权法定、行为法定、程序法定、责任法定是依法行政的根本要求。所以先立法后改革，以立法来巩固改革成果。日本桥本首相1996年很快地把制定改革方案的规划带入了决策日程，审议咨询阶段却经过了1年的时间（1996年11月28日—1997年12月3日），1998年6月12日国会通过并公布了《中央省厅等重组基本法》，即决策方案通过了国会审查而得以合法化。1998 年 6 月 12 日－2001 年 1 月前是执行决策方案的准备时期（30 个月），2001 年 1 月决策方案得以落实，新的政府架构开始运作。新西兰、美国等几乎所有的发达国家都是在依法推动大部门制。

（三）行政决策中枢精干化，强化内阁对战略决策的领导权

行政决策中枢的精干化，是现代行政决策体制演变的基本趋势。大部分发达国家的政府组成人员（内阁成员）都比较精干。内阁成员数量与政府组成部门数量之间的关系表现为三种形式：一是部分国家政府内阁成员数量相当于内阁部数量，基本控制在 20 个以内。如，芬兰内阁成员 18 名，瑞典 11 名，西班牙 19 名，澳大利亚 17 名。二是部分国家政府内阁成员数量略多于内阁部数量，基本稳定在 20 个左右①。如，日本12 个内阁部，野田佳彦内阁成员 18 名，除首相、副首相、内阁部部长外，还包括首长指定的 5 名重要政府官员，分别是内阁官房长官、复兴兼防灾大臣、国家治安兼北朝鲜问题兼消费者大臣、金融兼邮政改革大臣、国家战略兼经济财政大臣。英国内阁成员由首相和首相指定的阁僚构成，除战争时期以外，20 世纪英国内阁成员大多为 20 人左右，战后内阁成员多数在 20～24 之间②。新加坡的内阁部有 15 个，内阁成员 17名。美国不是内阁制国家，但从华盛顿政府开始，总统设立内阁辅助其实施行政权已成惯例或常态。因此，内阁没有宪法规定的独立法律地位，只是辅助总统行使行政权的辅助机构。美国内阁成员由内阁部长与总统指定的重要官员构成。目前，美国内阁部 15 个，内阁组成人员 21 名，由 15 名内阁部部长、6 名内阁级别成员构成③。三是个别国家的内阁成

---

① 左然：《国外中央政府机构设置研究》，《中国行政管理》2006 年第 4 期，第 77 页。
② 宋世明：《发达国家政府大部门体制评析》，《国际资料信息》2008 年第 3 期，第 1 页。
③ http：//zh. wikipedia. org/wiki/% E7% BE% 8E% E5% 9B% BD% E5% 86% 85% E9% 98%81。

员数量少于内阁部长的数量，基本维持在 20 名左右。如，目前新西兰设置内阁部 30 个，但有的部长兼任几个部的部长，于是总理、部长组成的内阁成员只有 19 名。

行政决策中枢精干化的深层原因有以下几个方面。

1. 是确保行政首脑掌控决策领导权的内在需要

掌握决策的领导权是行政决策中枢最重要的职责。动议、审定、决断战略决策，抑制部门利益膨胀，是行政决策中枢的使命。因此，行政决策中枢首先不是选择决策方案，而是选择决策价值；不是权衡部门决策，而是把握战略决策领导权；不是平衡部门决策，而是判断部门决策是否与政府总体战略决策相一致。如果行政决策中枢过于庞大，不利于行政首脑对行政决策的领导，不利于弱化部门利益。

2. 是合理提高决策效率，及时回应重大社会诉求的需要

行政决策中枢不否认行政决策是一种法定程序，但是拒绝久拖不决；行政决策中枢不否认政府组成人员集思广益，但拒绝组成部门尾大不掉，架空行政首脑，以致出现"强部门、弱政府"的格局。

3. 是保持合理控制幅度的内在要求

任何行政首脑的知识、时间、精力都是有限的，因此必须合理确定控制幅度。1918 年英国政府机构改革委员会就认为："内阁人数不应太多，十人比较好，最多 12 人。"格累厄·沃拉斯说，内阁人数的增加不应超过 10 或 12 人[①]。为什么行政工作增加了很多，但 20 世纪英国内阁的人数却一直比较稳定？戴维·威尔逊与约翰·格林伍德的解释是，"首相们认真考虑过内阁需要多少成员才能做到有效协调，考虑过授予官职的人数，要求不能超过标准——稍多于 20——否则就难以控制，不能保

---

① 彭和平、竹立家等编译：《国外公共行政理论精选》，中共中央党校出版社 1997 年版，第 23 页。

证有效的决策工作。"①

4. 绝大多数发达国家的政府没有类似中国的分管领导体制

除政府首脑外，一些国家设置了 1 名政府副职，如美国、英国、日本等，但这些副职基本没有固定的实质性的分管工作，多是完成政府首脑临时交办的工作，国家的法定行政权真正由政府行政首脑来行使。政府行政首脑不可能通过政府副职去协调内阁部门，从而间接扩大控制幅度。这对发达国家来说是一个硬约束。

在强化内阁职能和首相领导作用方面，日本的做法更加典型。

20 世纪 90 年代，在国际竞争压力加大、经济处于长期低迷、资源配置方式正在发生根本变革的背景下，日本行政改革的重点是对传统的官僚制进行"创造性的破坏"，改革日本中央省厅的官僚支配体系，重新调整政治与行政之间的关系。改革的首要目标是强化内阁职能，突出首相的领导作用，改变权力过分集中于官僚的状态，加强政治领导在行政决策中的主导地位。

重新确立国民主导权与内阁主导权的地位，这是日本新一轮行政改革的指导思想。国民选举国会，国会任命首相，首相组织内阁，内阁领导政府各省厅，这是日本宪法与政治体制的要求，因此，从国民到首相（政治家）再到官僚的正向控制是正常的，从官僚到首相再到国民的反向控制是不正常的。简言之，内阁应该控制官僚，官僚不应该控制内阁。

根据日本国会 1998 年 6 月出台的《中央省厅改革基本法》，为了强化内阁职能，突出首相的领导作用，日本政府采取了以下措施。

一是明确规定首相在内阁会议上拥有就重大问题的"提议权"。并且将内阁会议的表决规则由原来的"一致同意"改为现在的"多数通

---

① ［英］戴维·威尔逊，约翰·格林伍德：《英国行政管理》，汪淑钧译，商务印书馆 991 年版，第 70 页。

过"。此前，即使首相同意的事情在表决时如果一个部委不同意，也会被一票否决。改革后的决策规则旨在瓦解以部门分割为主导的行政管理运作体制。

二是以内阁府取代原来的总理府，并加强其决策辅助、综合协调的地位。撤销原来的总理府，新设立内阁府，负责制定国家战略，内阁官房（办公厅）就重大方针政策进行规划。内阁府设置了由首相和有识之士组成的经济财政咨询会议、综合科学技术会议等审议机构，作为辅助首相决策的咨询机关。经济财政咨询会议负责就宏观经济政策、财政运用管理、预算编制的基本方针以及社会资本的综合规划进行审议。这样内阁府辅助首相决策的职能大大增强。内阁官房不仅统管内阁事务，而且是"最高的也是最后的协调机构"，为明确内阁对各行政部门的协调力度，明确内阁除拥有对大臣的任免权外，各省厅次官、局级的干部的任免也需要经过内阁认可，这样内阁官房综合协调中心的地位有望名副其实。根据新的《内阁法》，增加两名辅佐首相的辅佐官。为处理突发事件，首相秘书官、内阁参事官、内阁调查官的人数可以政令的形式决定增加。可由首相直接选拔和聘用优秀人才（包括民间人事）担任内阁官房的职员。

三是引进副大臣体制，强化各部委中政策制定过程中的政治主导。副大臣属于政务官，常驻日本各省厅，主要是督促各行政部门在政策制定过程中贯彻首相的政治意图。

四是整顿条块分割的政策审议会。在现行211个审议会中，审议基本政策的有176个，整顿后将压缩为90个，审议基本政策的有29个。政策审议会作为日本中央部委制定相关政策的咨询机关发挥了很大的作用。但存在条块分割、相对杂乱的缺点，相关的利益集团的代表人物担任审议会的要职，容易形成对行政决策的渗透，从而带来行政决策的扭曲。随着行政公开化建设进程的加快，日本传统的行政决策咨询机制也须做相应调整，扩大咨询范围，改进咨询技术，提高咨询质量，以弥补传统行政决策咨询机制的不足。

（四）与精干化的行政决策中枢相适应，设立高效的办事机构

精干化的行政决策中枢需要高效的办事机构。行政决策中枢的办事机构主要履行辅助决策与综合协调职能。随着现代科学技术和社会经济的迅速发展以及国际事务的瞬息万变，决策过程中的随机因素不断增多，行政决策中枢所面临的问题比过去复杂得多。这样一来，行政决策中枢所要解决的问题，所承担的责任与其知识和能力之间的差距越来越大。决策者迫切需要依靠各种"智力资源"与辅助机构来支撑决策。行政首脑办事机构成为辅助行政首脑及时做出正确决策的最重要的咨询机构。行政首脑办事机构按照"谋""断"分开的原则，为决策中枢提供决策情报和信息，协助决策者发现问题，提出目标，根据目标提出解决问题的决策方案，行政首脑决断后提出部署方案，从而为决策中枢提供决策支持与预测评价。

行政决策中枢的办事机构是政府综合协调的中心。大部门需要大协调。覆盖政府基本职能的政府组成部门相对越少，部门职能则相对越宽，部门权力则相对越大，对政府综合协调能力的要求则相对越高。在分层、分类协调的基础上，将行政决策中枢办事机构定位为综合协调中心，目前已经成为实行大部门制国家的通行做法。综合协调中心内涵为：一是尽管存在多种协调机构，但内阁办公厅是中央层面权威最高的协调机构。二是内阁办公厅的协调属于最终协调。三是其协调结果具有强制执行的效力。

行政决策中枢的办事机构（特别是内阁办公厅）成为政府综合协调

中心的深层原因，主要有以下四个方面。

第一，是实现政府决策领导权、保证决策统一、执行高效的内在需要。为统一各职能部门的行政决策，有效遏制部门对职权、利益、项目的争夺，有效弱化部门利益与割据行政，维护政令统一，发达国家普遍重视综合协调中心建设。发达国家之所以没有出现我国普遍存在的部门规章打架、部门职责冲突，与其充分发挥行政首脑办事机构（特别是内阁办公厅）对各部门的综合协调作用有着直接关系。

第二，政府的综合协调中心必须设置在行政决策中枢。这就像人的神经中枢必须位于大脑中一样。行政首脑办事机构就位于行政决策中枢，贴近行政首脑，便于协助行政首脑实现行政决策领导权。

第三，将行政首脑办事机构作为综合协调中心，是比较多种协调主体协调效果后的理性选择。英国、日本在将内阁办公厅作为综合协调中心之前，先后进行了多种探索。实践表明，将内阁办公厅作为综合协调中心是最佳选择，除此之外的任何部门所发挥的协调作用只能是辅助性的，不是决定性的，否则就会出现政府综合协调中心的旁落。美、英、日等国家把行政首脑办事机构作为最后协调中心都经历了一个过程。美国对行政首脑办事机构的重视始于 20 世纪 30 年代，标志为美国 1937 年 1 月《美国总统行政管理委员会报告》的发表①。自 1939 年开始开启了建立与加强行政首脑办事机构的进程。1916 年内阁办公厅的建立，确立于 1974 年希斯首相的大部门制改革；日本起步于 1947 年《内阁法》实施，确立于 2001 年 1 月 6 日中央省厅结构性重组。

第四，越是探索建立职能较宽的大部门，越是需要加大综合协调力度。协调与被协调是力量之间的一种对比。组成部门职能越宽，职权相

---

① 宋世明：《大部门体制的基本构成要素》，《中国行政管理》2009 年第 10 期，第 34 页。

对越大，协调难度相对越大。没有强有力的、法律地位高于组成部门的综合协调中心，政府就难以实现决策统一科学、执行顺畅高效、监督有力到位。

（五）为提高行政效能，执行机构实行专业化

提高执行效能是执行机构的使命所在。执行机构的专业化是提高执行效能的首要前提。执行机构的专业化并不排斥执行机构设置的综合化，但这种综合化必须以提高专业化水准为前提。正是执行机构的专业化内在要求，使得执行机构设置专门化，成为实行大部门制国家的通行做法。世界各国实践表明：执行机构的类型不宜过多过滥，其数量根据实际需要科学确定。管理方式与运行方式的根本转变是提高执行机构效能的关键。如果绩效管理不成熟，组成部门下边挂一些执行机构也容易失效。

值得注意的是，政府组成部门是"少机构，宽职能"，绝不意味着所有类型的政府机构数量一定少，职能一定宽。当前实行大部门制的国家，内阁部门虽然相对较少，但执行机构相对较多。如，美国设置15个内阁部，独立机构却有69个；爱尔兰16个内阁部，执行机构高达134个；德国设置13个内阁部，执行机构36个；俄罗斯设置17个内阁部，其他职责部门却有29个。

在推进大部门制中，发达国家强调决策权、执行权、监督权既相互分离又相互协调。决策权、执行权、监督权的相互分离与协调首先指的是行政决策中枢及其办事机构、组成部门、执行机构之间的职权配置与相互关系，其次是指组成部门与执行机构之间的职权配置及其相互关系。概括起来，有以下几种类型。

1.新加坡：在内阁部外设立法定机构

新加坡是一个城市国家，只设中央一级政府，没有地方政府。截止到 2012 年 1 月，中央政府设置 15 个内阁部，按照决策、执行相分离原则，在内阁部之外设立内阁部归口管理的法定机构 64 个。新加坡法定机构是从事监管、执行、服务工作的组织类型。许多专业的法定机构被创建用来执行重要的国家目标，这些目标包括帮助地方企业区域化，推动专业化的教育、培育艺术和保护环境，目前法定机构遍布经济发展、社会管理、公共服务等领域。除外交部没有法定机构，64 个法定机构分别由在新加坡 14 个内阁部归口管理。以贸易与工业部（MTI）为例，该部委是目前下属法定机构最多的一个部，共有 10 个法定机构，其他部都归口管理 1~9 个数量不等的法定机构。新加坡所有法定机构都是依据国会专门法律成立的，是独立于政府序列和公务员体系之外的法定实体，属于半政府机构。其设立、职责、经费来源等均由法律规定。法定机构的监管与问责来自三方面，一是法定机构向所属部部长负责，通过各部部长对国会负责。法定机构依法自主开展有关业务，独立承担法律责任。二是财务监管，法定机构的账户必须由新加坡审计长或总理任命的审计员来审计。三是由于机构的职责、运作和监督都有法律的明确规定，法定机构必须将开展业务的情况向社会公开，接受社会的监督。

2. 英国：内阁部之内设立执行机构

英国执行局是 1970 年英国工党希斯政府大部门制改革后出现的。1988 年，保守党撒切尔政府开始系统地建立执行局。在政策制定与执行分离的原则下，中央各部（Ministry）设立核心司（Department）与执行局（Agency）。核心司专门负责政策制定，执行局专门负责政策执行与服务提供。执行局是内阁部直属机构，受主管部门领导，经费预算和人事任免受主管部门直接约束，接受主管部长与公众的监督。英国执行局与新加坡法定机构区别在于三个方面：（1）它不需要单独的立法授权产生，而是由政府内部行政权的再分配而产生。（2）它不是为了统筹协调政策，而是为了形成简约透明的政策制定与执行责任体系，从而提高决策质量与执行效率。（3）执行局首席执行官的地位与职权，不是由法律与行政层级决定的，而是通过框架协议规范的。英国1988年以来设立执行局主要基于以下三个原因：一是通过相对分离政策制定与执行职能，提高决策的质量与执行的效率。二是通过采用企业化的管理方式和以结果为导向的管理实践，提升政府效能、效率、效益和灵活性。三是通过提高执行专业化水准改善公共服务供给，提高公民对政府的满意度。

权力的接受者必须对权力的授予者负责。根据英国内阁责任制，英国议会直接向内阁部长授权，内阁部部长直接向议会负责，部长是政治责任的唯一承担者。在内阁部内部成立独立执行机构，从而使作为政治家的内阁部部长撇清了业务类公务员在执行环节的责任。由此形成的责任链条是，执行局向部长负责，部长向议会负责。这是英国效仿瑞典等国家建立执行局的内在动因。

3．新西兰：结构性分离

根据政策、所有权、资金与执行分离的理念，新西兰产生出一种三层政府体制①。第一层是政策性部委，主要从事政策制定、规制与提供公共服务。第二层是公共部门（又名皇家实体，Crown Entities），主要从事规制以及具体提供公共服务。第三层由私人或非营利性部门组成，与公共部门竞争服务合同。

就第一层次来说，根据1988年的《政府部门法》，国家公共服务委员会通过合同雇佣首席执行官，专门负责部门的执行工作。自1994年4月1日36位首席执行官就职起，新西兰就严格运行这一体制。2002年首席执行官与财政部、国家服务委员会签订产出协议。决策者是部长、

---

① 袁方成等：《对新西兰"整体政府"改革的理解》，《政治学研究》2011年第5期，第109页。

财政部。监督者为国会选拔委员会、决策者、审计部门等。[①]

就第二层次来说，主管部长根据需要可以与部门之外的皇家实体签订产出协议，实行绩效管理。

新西兰内阁部对皇家实体的监督权配置与运行体现在五个方面：一是提交意向声明。皇家实体机构应在每一个财政年度之前向归口管理的内阁部部长提交意向声明（Statement of intent）。内阁部长参与意向声明制定，并将意向声明提交众议院。意向声明为众议院监督运行、内阁部部长评估绩效提供了基础。二是皇家实体提交年度报告。年度报告的内容应与机构意向声明相吻合，提供的充分信息足以使得政府能够准确评估机构实际绩效[②]。各皇家实体同时将年度报告报送国会审计署，审计署就报告信息的真实性进行审查后提出各机构审计报告。三是主管内阁部部长有权要求皇家实体就单项产出或全部产出签订产出协议。双方签署产出协议并没有正式的法律效力，只是协助双方澄清、调整、管理各自的期望与责任。换言之，主管内阁部部长购买的是结果，而不是一般的"产出"，产出只有达到特定的标准才能获得财政资金。值得注意的是，内阁部部长与内阁部的首席执行官必须签署产出协议，而主管内阁部部长是否与皇家实体签订产出协议，取决于主管内阁部部长。四是财政部部长实施的监督。五是公众实施的监督。皇家实体并不对公众直接负责，而是通过主管部部长对国会负责，通过国会对公众负责。但皇家实体必须根据《信息公开法》向社会（尤其是新闻媒体）信息公开，提高透明度，接受社会监督。设在国会的官员舞弊调查员调查任何与行政

---

① 赵路等：《西方典型国家政府绩效考评的理论实践及其对中国的启示》，《宏观经济研究》2009年第3期，第86页。

② 张少春主编：《政府公共开支绩效考评理论与实践》，中国财政经济出版社2005年版。年度报告信息具体包括运行信息、年度服务绩效报告、年度财务报告、年度审计报告、薪酬公开信息等。具体参见新西兰《2004年皇家实体法》第4部分第151条"Form and content of annual report"。

管理有关的事务，皇家实体拒绝进行信息公开的行为属于其调查对象。

就第三层次来说，私人与非营利部门与政府部门（或公共部门）签订公共服务协议，实行绩效管理。

四、继续推进大部门制改革的思路与对策

大部门制改革不可能一步到位，必然有一个逐步推进、深化和完善的过程。为减少失误，降低改革成本，需要深入探讨继续推进大部门制改革的思路和对策。

（一）继续推进大部门制的主要目标

加强服务型政府建设是继续推进大部门制的根本目的所在。脱离了服务型政府建设，推进大部门制探索就失去了应有的价值。为加强服务型政府建设，我国继续推进大部门制应实现以下目标。

1. 加强政府社会管理与公共服务部门建设

既然推进服务型政府建设是稳步推进大部门制的目的，那么，加强社会管理与公共服务部门建设就是稳步推进大部门制的首要目标。如，组建国家卫生与计划生育委员会就是为了实现这个目标。为更好地坚持计划生育的基本国策，加强医疗卫生工作，深化医药卫生体制改革，优化配置医疗卫生和计划生育服务资源，提高出生人口素质和人民健康水平，2013 年国务院机构改革将卫生部的职责、人口计生委的计划生育管理和服务职责整合，组建国家卫生和计划生育委员会。

2. 实现行业决策的系统化，提高政府工作效能

同一行业决策的系统化与集中化，有利于弱化政出多门的弊端，有利于实现公共资源的集约配置。例如，2013 年国务院机构改革实行铁路

政企分开，建立了大交通体制框架。为充分发挥各种交通运输方式的整体优势和组合效率，将铁道部拟定铁路规划和政策的行政职责划入交通运输部，从而使交通运输部统筹规划铁路、公路、水路、民航发展，加快推进综合交通运输体系建设。

3. 减少部门职责交叉分散，集中与统合公共资源

部门职责交叉分散，势必将稀缺的公共资源碎片化，降低政府执行力。2013年国务院重新组建国家海洋局就是减少部门职责交叉分散，集中与统合公共资源的典型案例。在2013之前，中国海上至少有四支执法力量，即原国家海洋局及其中国海监、公安部边防海警、农业部中国渔政、海关总署缉私警察。执法力量分散，重复建设问题突出，执法效能不高，维权能力不足。整合以上四个部门的队伍与职责，重新组建国家海洋局（由国土资源部管理），就是为了集中和整合已有海上执法力量，加强海洋资源保护和合理利用，维护海洋权益。

4. 强化权责统一，提高行政效能

权责一致是建设法治政府、责任政府的必然要求，也是提高管理效能的必要条件。2013年以前，原国家质量监督检验检疫局负责生产环节食品安全监管职责，原国家工商管理总局负责流通环节食品安全监督管理职责，原国家食品药品监督管理局负责餐饮环节的食品安全监督管理职责。名义上"铁路警察，各管一段"，实践中是"有利则抢、有责则推"，既有重复监管，又有监管"盲点"，不利于责任落实，不利于提高监管能力和监管效能，难以满足人民群众对食品安全问题的高度关注，难以满足人民群众对药品的安全性和有效性的更高要求。2013国务院机构改革将国务院食品安全委员会办公室的职责、国家食品药品监督管理局的职责、国家质量监督检验检疫总局的生产环节食品安全监管职责、国家工商行政管理总局的流通环节食品安全监管职责整合，组建国家食

品药品监督管理总局。国家食品药品监督管理总局加挂国务院食品安全委员会办公室牌子。新组建的国家卫生和计划生育委员会负责食品安全风险评估和食品安全标准制定。农业部负责农产品安全监督管理，将商务部的生猪定点屠宰监督管理职责划入农业部。从此，食品药品安全监管领域的权责脱节问题在较大程度上得以解决。

（二）下一步积极推进大部门制的突破口

选择大部门制改革的突破口，必须充分把握大部门制所依托的客观条件。大部门制依托的客观条件分为经济、社会和政治三个方面。

1. 经济条件

市场经济是推进大部门制的经济基础，而大部门制为市场经济发展提供组织支撑。凡是搞计划经济体制的国家，现代意义的大部门制不可能建立起来。因为，分行业、按产品种类设置政府部门（特别是经济管理部门），是计划经济条件下机构设置的基本依据和普遍现象。例如，1981 年苏联设置 64 个部委中 56 个是经济部门；1981 年中国国务院有100 个部门，其中 52 个部委即半数以上是专业经济部门。那么，是否有了市场经济就一定有大部门制？也不一定。因为更深层次的原因是资源配置方式对政府组织架构及其部门设置具有决定作用。而基于我国现阶段特有的经济增长方式，市场在资源配置中还没有完全发挥决定性作用。这就是为什么探索建立大部门制力度比较大、运行比较顺利、效果比较明显的地区，多在市场经济相对发育比较成熟的东部沿海，如广东省等。随着中国市场经济体制不断完善，中国将会日趋具备实行大部门制的经济基础。

2. 社会条件

政府需求归根结底由社会需求决定，社会需求强度决定大部门制改革优先选择领域。如，为什么美国 1967 年有机整合了 8 个部门的职能建立了运输部？通常认为这是基于加快综合运输体系的需要。其真正的原因在于，当时美国部门分割的交通管理体制导致交通事故居高不下，为了提高交通的安全性，美国被迫建立了大交通体制。可见，组织架构及其组织部门的调整必须以真实的社会需求为支撑。

探索建立大部门制的最终有赖于人民群众的支持，最终依靠社会力量的协助，否则，势必孤掌难鸣，行而不远。因此，大部门制必须让人民群众获得实惠，必须充分发挥社会组织在公共管理中的作用。实践表明，仅有大部门制，人民群众是不认账的。只有把体制内改革向体制外延伸，通过深化行政审批制度改革和社会体制综合改革，让人民群众更便利地获得高质量的公共服务，让社会获得更多的参与政府协同共治的空间，才能使大部门制改革得到人民群众的支持，也才能达到大部门制改革的真正目的。

3. 政治条件

东部沿海地区的经济、社会条件基本差不多，为什么有的省份推进大部门制有声有色，而有的地方却裹足不前？这要考虑推进大部门制的政治条件。大部门制改革本质上属于行政权力在党政机构内部的重新配置。因此，一是需要党政主要领导亲自推动，二是需要党政联动。我国的行政权力是双载体，政府及其部门、一些党委部门都在行使行政权力。如果没有党政主要领导推动和党政联动，大部门制改革就难以取得预期进展和成效。

基于经济、社会和政治三个条件，同时符合下列四个标准的，就有可能是下一步实施大部门制的突破口：一是职责交叉有目共睹；二是职责交叉带来的问题已经获得共识；三是所涉及的管理和服务对象特别广泛；四是通过现行协调机制解决不了既定问题。凡是同时符合这四个标准的，就应该成为下一届大部门制改革优先选择领域。具体言之，应建立大市场监管体制、大知识产权保护体制、大国家自然资源资产管理体制；应继续完善大农业管理体制、大文化管理体制、大社会保障管理体制、大应急管理体制、大环保管理体制等。

全国各地市场经济发育程度不同，遇到的主要矛盾不一样。即使是同样的矛盾，其严重程度也不一样。因此，大部门制改革的重点与路径也应有所区别。总的来看，在经济相对发达地区实施大部门制，应侧重解决社会管理和公共服务方面的问题，兼顾进一步改善投资环境；在经济欠发达地区实施大部门制，应侧重于改善投资环境，并根据财政能力解决最迫切的社会管理和公共服务问题，介于两者之间的，可适当取舍。

（三）积极稳妥实施大部门制的主要任务

按照党的十八届三中全会精神，加强服务型政府建设，实现政府的有效治理，必须积极稳妥地实施大部门制。其主要任务包括以下几方面。

1. 经济管理领域实施大部门制，重点是建立国家经济规划部门与统一的市场监管部门

处理好政府和市场的关系，使市场在资源配置中起决定性作用和更好发挥政府作用，对推进经济建设至关重要。党的十八届三中全会对如何更好发挥政府作用提出了明确要求，即实现科学的宏观调控与有效的政府治理。其一是要健全以国家发展战略和规划为导向、以财政政策和货币政策为主要手段的宏观调控体系。特别是深化投资体制改革，确立企业投资主体地位。企业投资项目，除关系国家安全和生态安全、涉及全国重大生产力布局、战略性资源开发和重大公共利益等项目外，一律由企业依法依规自主决策，政府不再审批。其二是要进一步简政放权，深化行政审批制度改革，最大限度减少中央政府对微观事务的管理，同

时加强中央政府宏观调控职责和能力，加强地方政府公共服务、市场监管、社会管理、环境保护等职责。其三是"改革市场监管体系，实行统一的市场监管"。

基于以上分析，可以得出两点推论：第一，应不失时机地将现行的投资管理部门改为国家经济规划部门，即将国家发展和改革委员会改为国家经济规划部。第二，应在不降低执法专业水准的前提下，整合相关部门的职责，建立大市场监管部门。

2. 政治建设领域实施大部门制，重点在于建立综合执法体制

依法行政是依法治国的重要任务，推进法治政府建设是深化政治体制改革的重要内容。党的十八届三中全会对"深化行政执法体制改革"做出具体部署，要求"整合执法主体，相对集中执法权，推进综合执法，着力解决权责交叉、多头执法问题，建立权责统一、权威高效的行政执法体制。"这一要求事实上明确两项任务，其一是要对行政执法主体进行整合；其二是要对行政执法权的运行机制进行改造。由此，在行政执法领域按照实施大部门制的基本要求，进行机构调整和运行机制的再造，必然成为政治体制改革的重要组成部分。

3. 文化建设领域实施大部门制，必须进一步完善大文化体制

2008 年以来，文化建设领域实施大部门制已经取得了明显进展：一是文化单位转企改制取得突破，国有文化单位转企改制已全部完成，文化领域的政府直接经营逐步转变为政府间接管理。[①] 二是文化市场的准

---

① 截至 2012 年 10 月，全国承担改革任务的 580 多家出版社、3000 多家新华书店、850 家电影制作发行放映单位、57 家广电系统所属电视剧制作机构、38 家党报党刊发行单位等已全部完成转企改制；全国 3388 种应转企改制的非时政类报刊已有 3271 种完成改革任务，占总数的 96.5%。全国已注销经营性文化事业单位法人 6900 多家、核销事业编制 29 万多个。

入与退出机制逐渐健全，现代文化市场体系已具雏形。^① 三是全国市县（区）政府已经普遍建立了大文化管理体制并取得了明显成效。2013 年 5 月，中央下发《关于当前意识形态领域情况的通报》提出要在省级政府探索建立大文化管理体制。党的十八届三中全会对文化建设提出了新的要求："按照政企分开、政事分开原则，推动政府部门由办文化向管文化转变，推动党政部门与其所属的文化企事业单位进一步理顺关系。"党的十八届三中全会的这一精神，实际上是要求推进大文化管理体制。

4. 社会建设领域实施大部门制，主要是建立社会大安全管理体制与完善大社会保障体制

按党的十八届三中全会的部署，社会建设领域实施大部门制至少包含两项内容，一是在国家安全领域实施大部门制；二是在社会保障领域实施大部门制。

设立国家安全委员会是在国家安全领域实施大部门制的体制与机制基础。国家安全委员会的职责主要有三个，一是制定与实施国家安全战略；二是对事关国家安全的重大问题做出决策；三是集中各部门力量，对国家安全工作进行统一领导与统筹协调。因此，国家安全委员会是国家安全领域的决策中枢，承担国家安全的综合决策与议事协调的双重责任。国家安全委员会的成员除国家主席、国务院总理、全国人民代表大会常务委员会委员长和负责涉外事务的副总理或国务委员之外，还有外交部、国防部、公安部、国家安全部、商务部、港澳办、侨办、新闻办等部门的负责人。从大部门制"体"与"制"相统一的角度来看，设立国家安全委员会基本奠定了国家安全领域大部门制的组织结构与运行机

---

① 据文化部统计，截至 2012 年底，在文化部管理的全国行业各类文化市场中，全国共有文化市场经营单位 240993 家，从业人员 160.7 万人，演出、娱乐、艺术品、网吧、网络音乐、网络游戏六大市场总规模超过 5000 亿元。

制基础。

关于在社会保障领域实施大部门制，党的十八届三中全会首先明确了改革任务，即"推进机关事业单位养老保险制度改革。整合城乡居民基本养老保险制度、基本医疗保险制度。"至于完成任务的路径，通常要按推进大部门制的思路进行设计。一是进一步整合职能，即将相同或相似的职能交给一个部门管理。如把原卫生部的新型农村合作医疗的职能划入人力资源和社会保障部，由人社部统一承担城镇职工基本医疗保险、城镇居民基本医疗保险、新型农村合作医疗的职能。二是整合资源，推动建设统一的社会信用信息平台，社会保障信息是社会信用信息的重要组成部分。三是整合机构，把目前承担社会保障职能的相关机构重新进行整合，组建新的社会保障管理机构，负责社会保障集中统一管理，并承担社会保障政策制定、宏观调控和督促检查的职能。

5. 生态文明建设领域实施大部门制，主要是建立健全国家自然资源资产管理体制与统一的自然资源监管机构，并将大环境保护体制进一步升级为大生态环境保护体制

根据党的十八届三中全会的部署，生态文明建设至少需要健全四个方面的体制，一是健全国家自然资源资产管理体制；二是完善自然资源监管体制；三是建立国家公园体制；四是改革生态保护环境保护体制。对前两个体制，习近平总书记在《关于〈中共中央关于全面深化改革若干重大问题的决定〉的说明》中指出："我国生态环境保护中存在的一些突出问题，一定程度上与体制不健全有关，原因之一是全民所有自然资源资产的所有权人不到位，所有权人权益不落实。针对这一问题，全会决定提出健全国家自然资源资产管理体制的要求。总的思路是按照所有者和管理者分开和一件事由一个部门管理的原则，落实全民所有自然资源资产所有权，建立统一行使全民所有自然资源资产所有权人职责的

体制。

"国家对全民所有自然资源资产行使所有权并进行管理和国家对国土范围内自然资源行使监管权是不同的，前者是所有权人意义上的权利，后者是管理者意义上的权力。这就需要完善自然资源监管体制，统一行使所有国土空间用途管制职责，使国有自然资源资产所有权人和国家自然资源管理者相互独立、相互配合、相互监督。

"山水林田湖是一个生命共同体，人的命脉在田，田的命脉在水，水的命脉在山，山的命脉在土，土的命脉在树。用途管制和生态修复必须遵循自然规律，如果种树的只管种树、治水的只管治水、护田的单纯护田，很容易顾此失彼，最终造成生态的系统性破坏。由一个部门负责领土范围内所有国土空间用途管制职责，对山水林田湖进行统一保护、统一修复是十分必要的。"[①]

这就必然要求在国家自然资源资产管理与自然资源监管领域实施大部门制；必然要求建立国家公园体制，对碎片化的自然保护地进行整合调整；必然根据党的十八大关于加快建立14项生态文明制度的要求，将以往的大环境保护体制升级为大生态环境保护管理体制。

---

① 习近平：《关于〈中共中央关于全面深化改革若干重大问题的决定〉的说明》，《人民日报》2013年11月16日。

第九章

加快推进事业单位改革

在我国，事业单位是公共服务的直接提供者，是发展社会事业、保障和改善民生、促进经济发展的重要力量。《中共中央国务院 关于分类推进事业单位改革的指导意见》（中发〔2011〕5 号）及相关配套文件对事业单位改革进行了系统部署，明确要求到 2020 年，建立起功能明确、治理完善、运行高效、监管有力的管理体制和运行机制，形成基本服务优先、供给水平适度、布局结构合理、服务公平公正的中国特色公益服务体系。党的十八届三中全会进一步要求"加快事业单位分类改革"。事业单位改革是深化行政体制改革的重要组成部分，是建设服务型政府、健全公共服务组织体系的紧迫任务。而深化分类改革、健全治理结构、完善监管体制则是事业单位改革的三个中心环节。

一、分类推进事业单位改革

分类推进事业单位改革是事业单位改革的基本战略。为有效实施这一战略，要明确事业单位改革目标模式，科学设计改革路径与路线图，分步推进分类改革。

（一）事业单位属性

实施分类改革首先需要分析事业单位在社会转型中的演变脉络及发展趋势，明确事业单位属性及事业单位分类的依据，对事业单位进行科学分类。

1. 社会组织划分与事业单位属性

1998 年颁布的《事业单位登记管理暂行条例》第二条规定："本条例所称事业单位，是指国家为了社会公益目的，由国家机关举办或者其他组织利用国有资产举办的，从事教育、科技、文化、卫生等活动的社会服务组织。"该界定未按照现代社会组织分类标准明确事业单位的属性。

现代社会组织通常划分为三大类（部门）：第一部门（政府组织）是运用公共权威提供公共物品、实现公共利益的组织；第二部门（企业组织）是通过市场机制提供私人物品以实现私益最大化的营利性组织；第三部门（非营利组织）是运用社会机制提供准公共物品以实现特定公益最大化的民间组织。从法律角度看，目前我国的社会组织主要划分为党政机关、事业单位、企业、社会团体、民办非企业单位、基金会六大类，这六类组织在法人分类上分别属于机关法人、事业单位法人、企业法人、社会团体法人（1986 年制定的《民法通则》确立）、民办非企业单位法人（1998 年制定的《民办非企业单位登记管理暂行条例》确立）、基金会法人（非营利性法人，2004 年颁行的《基金会管理条例》确立）。

对事业单位属于哪个部门目前还存在争议。改革开放以来相当长时间，人们依然延续我国计划体制下形成的机构编制分类，将事业单位作为现实实存的一类社会组织而未关注其属性问题：《事业单位登记管理暂行条例》只是明确事业单位是指国家为了社会公益目的举办的社会服务组织，尚难由此判定事业单位是政府部门或是其他部门。从事业单位人事管理、社会保险等改革看，总趋势似乎是将事业单位人事管理、社会保险等与企业接轨。2014 年 5 月发布的《事业单位人事管理条例》的一些规定体现了这一趋势，例如第三十七条规定："事业单位工作人员与所在单位发生人事争议的，依照《中华人民共和国劳动争议调解仲裁法》等有关规定处理。"原先劳动争议与人事争议分别适用不同法律法规、由两个机构调解仲裁规定取消。第三十五条规定："事业单位及其工作人员依法参加社会保险，工作人员依法享受社会保险待遇。"社会保险改革大趋势是建立统一的以企业社会保险为基础的社会保险体系，2008 年启动的事业单位养老保险就是要实现事业单位养老保险与企业养老保险接轨。

但是，第一，公共部门以什么样方式雇佣工作人员并不改变公共部门的组织属性，国际趋势是政府越来越多地雇佣不实行职业常任（永业制）的聘任制工作人员。第二，《公务员法》第七十七条规定"国家建立公务员保险制度"，而机关公务员养老等保险也在改革，大方向同样是与企业保险接轨。《事业单位人事管理条例》第一条规定：为了规范事业单位的人事管理，保障事业单位工作人员的合法权益，建设高素质的事业单位工作人员队伍，促进公共服务发展，制定本条例。与《事业单位人事管理条例》（征求意见稿）相比较，正式出台的《条例》加上了"促进公共服务发展"，说明事业单位是从事公共服务的组织；与《事业单位登记管理暂行条例》对于事业单位是社会服务组织的规定比较，进一步突出其公共性。因此，虽然我们无法直接依据《事业单位登记管理暂行条例》、《事业单位人事管理条例》确定事业单位属性，但公益、公共服务及国家机关举办等表述，显示其与一般社会组织的区别。

2008 年 8 月 1 日国务院发布的《公共机构节能条例》第二条规定：

"本条例所称公共机构，是指全部或者部分使用财政性资金的国家机关、事业单位和团体组织。"该法规将事业单位列入公共机构，明确事业单位的公共机构属性。

2. 事业单位分类及分类困难

改革开放以来，在急速社会变迁条件下，事业单位体系严重分化，目前三大大部门均可见到事业单位的形迹，如使用事业编制的"官办社团"，行使政府机关职能、人员参照公务员法管理的行政管理类事业单位，市场化运作并逐步转企改制的生产经营类事业单位等。这一方面导致事业单位组织的分化、异质化，另一方面导致事业单位分类的困难。

事业单位分类困难的深层次原因包括：一是事业单位是我国特有组织，传统事业体制政事不分，改革开放以来又产生事企不分问题，致使计划经济时期形成的界定、分类标准，已无法反映市场经济条件下社会组织变迁与事业单位实际状况。二是30多年改革及实际管理中将许多可企业化运行的单位和行使行政职能的单位纳入事业单位体系，如1993年机构改革将国家气象局、国家地震局更名为中国气象局、中国地震局并由国务院直属机构改为直属事业单位，而证监会、保监会、银监会等具有行政机关性质的机构因政府精简机构需要而被定为事业单位。这导致事业单位体系庞杂，门类众多，职能及特性各异，政事不分、事企不分严重，目前承担行政职能和从事生产经营活动的单位占事业单位总数的20%左右。三是在社会转型、组织变迁日益加速的当今时代，机构职能、责权关系等常常交叉重叠、快速变化，泾渭分明的组织界限已难确认，这对传统上同质程度相对较高的公共部门冲击尤为明显："政府机关、事业单位和国有企业常常交织在一起，使得事业单位和其他公共部门机构之间的界限模糊不清。"① 四是公益性被作为识别事业单位的主要标志，分类改革的基础性工作是依据公益性进行分类并将非公益服务性单位剥离出去，而作为事业单位分类核心概念的"公益性"，"这一术语本身缺乏明确的定义"。②

（二）事业单位分类

科学分类是实施分类改革与管理的基础。依据什么标准分类又是科学分类的前提。对事业单位的分类主要是按行业、隶属关系、行政级别、经费来源、功能进行。③ 其中，从功能（职能）角度对事业单位进行分类是近年来探索并进入实际操作的最重要分类标准。

1. 分类模式

改革政策提出的分类意见是"三大类 + 两小类"，即根据现有事业单位的社会功能，将事业单位划分为承担行政职能的、从事公益服务的和从事生产经营活动的三大类，从事公益服务的又进一步细化为公益一类与公益二类两类（此前主管部门曾细化为公益一类、二类、三类，即"三大类 + 三小类"，目前部分省市在分类目录制定及改革中依然将公益类分为三小类）。

2. 分类基本依据

由于我国事业单位情况极为复杂，仅仅依据事业单位的功能对事业单位进行分类还不够充分，建立科学规范的分类体系必须以社会组织变迁为基础，综合考虑各种因素，形成综合性的分类体系。事业单位由政

---

① 世界银行东亚和太平洋地区减贫与经济管理局：《中国：深化事业单位改革，改善公共服务提供》，中信出版社 2005 年版，第 3 页。
② 世界银行东亚和太平洋地区减贫与经济管理局：《中国：深化事业单位改革，改善公共服务提供》，中信出版社 2005 年版，第 6 页。
③ 高红：《事业单位分类的局限性与理论重构》，《天津行政学院学报》2011 年第 3 期，第 79—85 页。

府举办，事业单位的功能实质是政府职能的延伸，因此，事业单位分类必须考虑政府职能因素。事业单位是由国家机关举办或者其他组织利用国有资产举办的社会服务组织，国家不仅出资举办而且承担提供经费供给职责，因此，财政供养方式应在分类中体现出来。事业单位承担专业化（从事教育、科技、文化、卫生等活动）的服务功能，上述服务分属于特定行业，各行业有不同的特点、不同的政策，因此，事业单位分类还应考虑行业因素。根据我国事业单位的发展实际，并借鉴市场经济国家的经验，我们认为事业单位分类依据应包括以下四个基本要素，其中政府职能与事业单位功能是核心要素。

一是政府职能。根据政府在一定历史时期所承担职能确定政府应承担的社会事业职责，这是政府在社会事业领域有所为有所不为的界限，是政府举办不同类型事业单位的前提，也是政府对各类事业单位承担什么样的责任、以什么样的方式进行管理的依据。二是事业单位功能。目前我国各类事业单位承担功能存在差异，其提供的产品和服务的公共性程度不同。而功能不同，其运行方式、改革方向就不同，需要政府支持的程度与方式也不同。三是经费来源。不同事业单位经费自给率即是否有稳定的经常性业务收入，通常影响乃至决定国家采取何种预算管理方式；而经费自给率既反映该单位提供产品和服务是否具有公共性（与公益性相关），也反映单位组织收入、运行效率等因素。四是行业性质。各类事业产出分属于不同的行业。不同行业在经济社会中占有的位置、承担的作用是不同的，各个行业的市场化程度、组织营利能力（或经费补偿能力）差异较大，国家介入程度以及对各个行业实行的行业政策是有区别的，分类体系的设计应充分考虑上述因素。

目前改革政策提出的"三分法"，立足社会组织分类与分化实际，较准确把握事业单位工作性质（公益服务）、行业分类（社会事业），及其与政府职能及财政关系（公共服务、政府出资举办、提供经费支持），有助于科学分类与推进事业单位分类改革。依据"三分法"，立足现有事业单位范围内不同活动的界定，以功能为基础，以公益性为核心，综合考虑各种因素形成具体的分类体系：首先按照政府公共服务职能与事业单位社会功能将现有事业单位划分为承担行政职能、从事生产经营活动和从事公益服务三个大类；其次结合行业特性、市场供求关系、经费补偿机制等因素，特别是根据职责任务、服务对象和资源配置方式等情况，将公益服务事业单位进一步细分为两类：承担义务教育、基础性科研、公共文化、公共卫生及基本医疗服务等基本公益服务，不能或不宜由市场配置资源的划入公益一类；承担高等教育、非营利医疗等公益服务，可部分由市场配置资源的划入公益二类。

此外，考虑各事业单位的复杂性，以及此前将公益类分为三类，一定时期可以允许实行"三大类＋三小类"分类法（目前许多省市施行此类分类办法，一些省市要求尽量不要将事业单位划入公益三类），逐步将公益三类转化、取消。山东省机构编制委员会2014年3月18日出台的《山东省事业单位分类目录》将公益类分为三类，规定同时具备以下两个条件的，认定为公益三类：（1）具有一定的公益属性；（2）在国家政策支持下可以通过市场配置资源。划入公益三类的具体目录是"时政类报刊，广播电视，彩票发行，公益性规划设计，土地房屋权属登记，公益性培训机构，公证，重要涉密文印机构，经济仲裁，殡葬服务等"。

同时，依据社会变迁、公民社会兴起等因素，结合国外非营利组织大量承担公益服务经验，事业单位虽可"三分"但改革方向却可有四个选择。

（三）分类改革战略

分类改革是事业单位改革的基本战略，《中共中央 国务院关于分类推进事业单位改革的指导意见》要求"今后 5 年，在清理规范基础上完成事业单位分类，承担行政职能事业单位和从事生产经营活动事业单位的改革基本完成"。分类改革要解决的问题实质是"向何处去"与"如何去"的问题，而分类改革必须以职能的科学界定以及选择相应组织承接为基础。

1. 改革方向选择

党的第十七届二中全会通过的《中共中央关于深化行政管理体制改革的意见》及《中共中央 国务院关于分类推进事业单位改革的指导意见》均要求：按照政事分开、事企分开和管办分离的原则，对现有事业单位分三类进行改革。主要承担行政职能的，逐步转为行政机构或将行政职能划归行政机构；主要从事生产经营活动的，逐步转为企业；主要从事公益服务的，强化公益属性，完善法人治理结构，加强政府监管。上述要求将事业单位改革确定为三个方向：转企、回归政府、保留事业单位体系内。除此之外，是否还有其他选择？

在实际改革中，转为民间非营利组织（近年来政策部门改称"社会组织"）成为事业单位分类改革的一个新选择。党的十六届六中全会通过的《中共中央关于构建社会主义和谐社会若干重大问题的决定》提出要"推进政事分开，支持社会组织参与社会管理和公共服务"。这为向非营利组织转化提供了政策支持。《中共中央关于全面深化改革若干重大问题的决定》明确要求"推进有条件的事业单位转为企业或社会组织"，从而指明了事业单位改革的新路径。

2. 改革"第四方向"的依据

中央为什么提出推进有条件的事业单位转为社会组织（非营利组织）？其现实基础是什么？

改革开放以来，我国社会转型的基本线索是由"大政府，小社会"

向"小政府，大社会"转化，政企、政资、政事、政社分开不断推进，以政治权力、计划体制包办社会事务、配置社会资源的"总体性社会"逐步向"国家——市场——社会"三元模式转变。首先是经济（市场）领域从国家计划控制下逐渐独立出来，市场在资源配置中的决定性作用得到确立；以各类民间组织、各种民间关系构成的公民社会不断发展，政社分开又不断调整政府与社会的关系以及社会交往模式。政治国家、市场经济、公民社会三元结构的形成，特别是国家明确将"构建公益服务新格局"作为改革的重要目标，鼓励社会力量兴办公益事业、充分发挥市场机制作用，资源由单一的计划分配向国家机制、市场机制、社会机制三种机制共同配置转化。

政府职能转变、市场体制形成、公民社会发展，加快了社会组织的变迁。一方面，事业单位开始主动或被动地进行调整、变革，结果是事业单位在功能、性质、运行等方面严重分化；另一方面，民间非营利组织不断发展壮大，成为提供社会公益服务的重要力量。在此背景下，事业单位转企、回归政府机构乃至转化为非营利组织均成为现实的改革与发展趋势。其中，部分事业单位（如一些公益性科研机构、义务教育之外的教育机构、非营利性医疗机构、体育俱乐部、艺术表演机构、扶贫组织等），与非营利组织从事同类公益性服务，可以通过社会化运作汲取资源，可向民间非营利组织转化。而在湖北、深圳等地，事业单位向非营利组织转化已经进入政策设计或实际操作阶段。

3. 目标模式选择

公益性事业单位是本来意义而且是最大量（占80%）的事业单位，公益性事业单位改革方向是保留在事业单位体系内优化体制机制，这恰恰是事业单位改革最艰巨的任务，是2016年到2020年改革的重点任务。公益性事业单位改革的基本思路是：将计划经济时代政府包办社会事业而举办的事业单位，通过优化体制机制，转化成为履行政府向社会提供公共服务、具有公益性的公共服务组织。

公益类事业单位是国家举办、国有制的社会服务组织，其职能是以服务方式履行政府向社会提供公共服务职能，新型公共服务组织只能以上述事业单位为组织基础。因此，这种适应社会转型、履行政府向社会提供公共服务职能的组织，应当是脱胎于传统事业单位、剥离了非公益性职能的新型公共服务组织，为表示其与传统事业单位的区别，可将其称为"公立事业法人"。

（四）分类推进改革

分类改革的基本思路是：行政管理类——依照政府机关管理——转为政府机关；生产经营类——企业化管理——转制为企业；部分社会公益类——按照非营利机构管理和运行——转为民间非营利组织；多数社会公益类——建立现代事业制度——转为"公立事业法人"。

1. 行政管理类回归政府

行政管理类事业单位转为政府机构的最大困难来自政治决策。一方面如仅把数以百万计的从事行政执法、行政执行人员回归政府机构，成为使用行政编制的公务员，那么，30多年政府精兵简政的成果将面临"价值重估"问题。另一方面，具体实施受到了严格控制行政机构编制的限制。多年来政府精简主要是压缩行政编制。此次分类改革方案明确要求行政管理类回归政府"不得突破政府机构限额和编制总额"。在严控行政机构编制与现实行政编制极为紧缺的条件下，短期内将行政管理类事业单位转为政府机构难度极大。

基于以上分析，合理的做法应是：根据国家有关法律法规和中央有关政策规定，按照是否主要履行行政职能，从严认定承担行政职能的事业单位。结合行政体制改革，特别是探索实行职能有机统一的大部门体制，推进承担行政职能事业单位改革，如整合一行（中国人民银行）三会（证监会、保监会、银监会）机构和职能。涉及机构编制调整的，在不突破政府机构限额和编制总额条件下，有序、渐次纳入行政机关体系。暂时无法回归政府的行政管理类事业单位，依法规范行政授权行为，人员参照公务员法管理，使其行政管理与执法行为受到严格约束。政府不再设立此类事业单位，依据条件成熟情况，逐步、逐个向行政机构转变，或逐步将行政管理性职能收归行政机构。其大致程序是：通过职能审查明确事业单位是否行使行政管理职能；确定其行政管理职能是剥离出去、划归相关行政机关，还是将行使行政管理职能事业单位回归行政机构；依据现实条件特别是相关政治决策，决定是一次性将行政管理类事业单位回归政府还是暂时保留在事业单位范围内；最终目标是实现主要承担行政职能的事业单位逐步转为行政机构或将其行政职能划归行政机构。

另一种改革思路是在传统行政机关外设立某种特殊的行政机构。我国政府机构类型单一，行政机关之外的公共机构一般不作为政府机构。而承担行政职能、政事不分的事业单位的工作通常具有较强专业性，这类单位与机关化的行政部门存在差异。可通过修改政府组织与机构编制法律法规建立某种专业化的"特殊行政法人"（日本及我国台湾地区正进行类似改革），人员主要由专业技术类公务员构成，此类机构编制单列（可不受一般行政机构编制数量限制）。这一问题目前虽仅属于理论及政策探讨范围，但可以选择局部地区进行试点，结合专业技术类公务员制度改革进行。

2. 生产经营类转企改制

生产经营类事业单位转制为企业是迄今为止事业单位分类改革推进最快、进展最明显的领域，其重要原因是：我国国有企业改制进行多年，基本形成较稳定、规范的改革思路、政策与方式，事业单位改制可以大致套用国有企业改制办法进行，从而形成便捷有效的改革路径。

事业单位转企要经历"变性之痛"：人员失去事业编，由政府保障的"国家人"成为直接面对市场竞争的"社会人"。同时，由于事业单位转企改制尚未形成系统配套的政策，行业、地区差异较大，特别是对改革具有"兜底"功能的社会保险改革争议颇多、停滞不前，转企改制简单套用国有企业改制做法，容易忽视事业单位的特殊性（如资产非经营性、人事社会保障制度与企业二元分立等），更难保证事业单位改制后生存与发展、改制单位人员利益不受损。因此，事业单位转企不可简单"一改了之"、"一转了之"甚至"一卖了之"，必须科学设计、精心实施，坚持"以人为本"的原则，解决好"人往何处去，钱从何处来"两大难题。

为推进生产经营类事业单位转制为企业，应采取以下措施：其一，制定方案。在对单位的职能、人员、资产、运营等进行全面系统周密调查、分析，特别是做好资产清查、财务审计、资产评估等工作基础上，核实债权债务，对运营情况做出准确鉴定，预测改制成本及改制过程可能发生的问题。在改革主管部门、单位主管部门指导、主持下制定改制方案，经职工大会或职工代表大会讨论后按原隶属关系报政府审核批准。其二，实施改制。按照政企分开、政资分开原则，明晰产权归属；转制事业单位与原主管部门脱钩，注销事业单位法人，核销事业编制，形成市场化运行机制，成为真正的市场竞争主体。由于生产经营类事业单位类型繁多、情况复杂，可采取股份制、股份合作制、合伙制、转让国有产权等方式进行改革；既可改为或进入国有企业，也可以改为或进入非国有企业；既可以成建制转企，也可以将相关单位合并重组再改制。其三，政策扶持。政府在财税支持、政府购买、人员培训等方面提供优惠，创造良好外部环境；设立一般为5年的过渡期，转制单位给予保留原有税收等优惠政策，原有事业费可继续拨付；制定相关政策尽可能地留用原事业单位职工，防止改制引发大规模失业进而影响社会稳定、影响其他单位改制积极性。其四，妥善做好人员安置、分流等与职工切身利益密切相关的各项工作，包括组织离岗人员通过劳动技能培训等方式重新就业；政府通过提供公益性岗位等方式安排上述人员就业；符合提前退休条件职工准予办理提前退休，对已办理离退休手续的职工可继续享受事业单位待遇；为职工预提并办理养老、医疗、失业、生育、工伤、住房公积金等"五险一金"，实现身份置换。

3. 部分社会公益类转为非营利组织

现实中，事业单位向非营利组织转化已经形成多种方式。受制度变迁相对滞后等影响，事业单位向非营利组织转化尚未形成制度化路径，同时整体转制这种国有企业改革模式难以直接适用事业单位向非营利组织转化。因此，应立足于事业单位改革与非营利组织发展，明确方向，整合改革路径，制定科学、可行的改革目标与推进措施。

其一，确定转化范围。通过对各类事业单位职能作用、运行机制、资源汲取方式、产出类型等进行比较研究，将其中提供非基本公共服务、通过社会化服务汲取资源的部分公益性事业单位转化为非营利组织。其二，明确转化路径。对已初步形成的改革路径进行深入、系统分析，梳理出事业单位向非营利组织转化的基本路径，即将"按非营利性机构运行和管理"作为引导性而非实质性转化路径，将事业单位整体改制为非营利组织作为基本路径，从而逐步形成规范转化路径。其三，破解转化难题。国有资产转化为非国有非私有的"社会公共财产"、"国家人"转变为"社会人"、事业单位作为公共机构转化为民间组织、脱离财政供养形成新型运行机制，既是转化四个关键环节也是四大转化难题。应以建立健全产权、劳动人事、登记管理、公共财政、治理机制等相关制度为基础，探索并形成有效、规范改革路径，推进事业单位资产规范转让，促使"国家人"转为民间组织"社会人"，形成动态性的公共机构与民间非营利组织转化机制，健全非营利组织自主、自治、自愿、自律运行机制，从而破解四大转化难题。

4. 多数社会公益类事业单位转为"公立事业法人"

前述三类改革均是从事业单位体系中剥离出去，因而涉及组织属性改变等问题。作为事业单位改革主导模式的多数社会公益类转为"公立事业法人"，不涉及组织属性改变问题。

"公立事业法人"不是传统事业单位的简单翻版，体制机制重塑是向"公立事业法人"转化的核心问题。应以强化公益属性为中心，实施职能调整、理顺政事关系、完善治理结构、组织机制再造等多方面变革，使适应计划经济的传统体制机制向适应社会转型与服务型政府建设的现代事业单位体制转变。

其一，纯化事业职能。通过明确政府与事业单位关系，确定事业单位职能范围，逐步剥离现有事业单位体系中非事业性职能、机构；根据职责任务、服务对象和资源配置方式等情况将公益类事业单位细分为公益一类与公益二类（可在某些区域一定时期保留过渡性的公益三类），并分别确定两类事业单位分类改革的范围和方式。其二，健全治理结构。落实事业单位自主权，逐步建立多类型的法人治理结构，非法人单位优化治理机制，建立适应各自特点并有明确责任机制的治理结构。其三，优化运行机制。一方面完善激励机制，一方面强化约束机制，逐步将适应计划经济与高度集中行政体制下的事业单位组织管理、人事管理、资产管理、财务管理、管理决策、监督约束等管理与运行机制，转变为科学、高效、适应现代事业单位体制的运行机制。其四，强化问责制。在建立事业单位绩效评估制度基础上，推行合约管理，形成政事之间法定绩效责任关系，严格约束事业单位和政府的行为；健全多元化监督约束体制，发挥政府、服务对象、独立监督机构、社会中介组织、社会舆论等监督和约束作用，提升其运行效率与服务的公平性。

二、健全事业单位治理结构

建立健全法人治理结构是事业单位分类改革的重要内容，是重塑事业单位治理机制的重要任务，是事业单位体制机制创新的关键环节。建立健全事业单位法人治理结构，需要探讨其理论依据和实现路径。

（一）法人治理结构实践探索及法律政策依据

《公司法》在1990年代颁行后，建立法人治理结构成为建立现代企业制度、完善公司治理的关键制度和机制。此后，非营利组织和事业单位等法人治理结构成为理论与实践高度关注的问题。

1. 实践探索

虽然早在20世纪80年代个别事业单位建立了"理事会"，但有理事会并不意味着建立了事业单位法人治理结构。建立事业单位法人治理结构有两个基本前提：一是法人，二是与法人治理相适应的治理结构。有关部门在梳理事业单位法人治理结构发展历程时，将其划分为初期摸索、局部试点和规范发展三个阶段。[1] 初期摸索阶段的特征是：事业单位在实行传统管理体制的同时，建立了理事会或董事会，"形似"但不"神似"。局部试点阶段的特征是：将建立理事会与改革事业单位管理体制结

---

① 岳云龙、陈立庚：《事业单位法人治理结构问答（2）法人治理结构是如何产生和发展的?》，《中国机构与编制》2012年第6期，第42—43页。

合起来，采取试点的方式，探索建立新的体制机制。其标志是2000年国务院办公厅转发科技部等部门制定的《关于非营利性科研机构管理的若干意见（试行）》，提出非营利性科研机构要积极探索实行理事会决策制。规范发展阶段以2011年党中央、国务院印发《关于分类推进事业单位改革的指导意见》（中发［2011］5号）为标志，建立法人治理结构成为事业单位改革的重要内容和方向。

2. 法人制度

就法人而言，1986年《民法通则》明确事业单位法人是我国四类法人之一。1990年代中期国家开始参照企业等通过政府核准登记取得法人资格做法，试点事业单位法人登记工作。1998年10月国务院颁布的《事业单位登记管理暂行条例》，首次粗线条地对事业单位法人设立、变更、注销和监督等提出明确要求，其第三条规定："事业单位应当具备法人条件"。事业单位法人资格取得通过登记或者备案两种形式。该《条例》第十一条规定："法律规定具备法人条件、自批准设立之日起即取得法人资格的事业单位，或者法律、其他行政法规规定具备法人条件、经有关主管部门依法审核或者登记，已经取得相应的执业许可证书的事业单位，不再办理事业单位法人登记，由有关主管部门按照分级登记管理的规定向登记管理机关备案。"如占事业单位近半数的教育类事业单位，《教育法》第三十一条规定："学校及其他教育机构具备法人条件的，自批准设立或者登记注册之日起取得法人资格。"取得法人资格后到编制管理部门备案既可。

3. 治理结构

就治理结构而言，2005年4月国家事业单位登记管理局颁布《事业单位登记管理暂行条例实施细则》，首次在规章层面提出"事业单位法人治理结构"设想。其后，结合事业单位分类改革试点，少数省市开始有意识推进建立事业单位法人治理结构工作。2008 年 2 月 27 日党的十七届二中全会过的《关于深化行政管理体制改革的意见》明确提出，主要从事公益服务的事业单位，"强化公益属性，整合资源，完善法人治理结构，加强政府监管。"2011 年《中共中央 国务院关于分类推进事业单位改革的指导意见》再次明确提出公益性事业单位"建立健全法人治理结构"的要求，同时提出"不宜建立法人治理结构的事业单位，要继续完善现行管理模式。"国务院办公厅印发的《关于建立和完善事业单位法人治理结构的意见》（国办发〔2011〕37 号）（以下简称《意见》）明确要求"要把建立和完善以决策层及其领导下的管理层为主要构架的事业单位法人治理结构，作为转变政府职能、创新事业单位体制机制的重要内容和实现管办分离的重要途径。"《意见》推出"理事会 + 执行层"的基本治理模式。具体内容是：

一是理事会决策。借鉴美国以董事会控制与监督为主导的"单一董事会模式"，明确理事会是决策监督机构的主要形式。此外，也可探索董事会、管委会等多种形式。理事会一般由政府有关部门、举办单位、事业单位、服务对象和其他有关方面的代表组成。同时，部分采纳日本及我国企业通用的"混合董事会模式"，提出"也可探索单独设立监事会，负责监督事业单位财务和理事、管理层人员履行职责的情况。"对于一般不设监事会的情况，有关政策解答提出："在事业单位法人治理结构建设中，要从实际出发，讲求精简效能，防止照搬企业做法和叠床架屋、重复设置机构的倾向"。①

二是管理层执行。管理层作为理事会的执行机构，由事业单位行政负责人及其他主要管理人员组成，管理层对理事会负责；按照理事会决

---

① 岳云龙、陈立庚：《事业单位法人治理结构问答（8）为什么事业单位法人治理结构中一般不设监事会?》，载《中国机构与编制》2012 年第 6 期，第 42 页。

议独立自主履行日常业务管理、财务资产管理和一般工作人员管理等职责；行政负责人由理事会任命或提名，并按照人事管理权限报有关部门备案或批准。事业单位其他主要管理人员的任命和提名，根据不同情况可以采取不同的方式。

三是按章程治理。事业单位需要制定章程，该章程应明确理事会和管理层的关系，包括理事会的职责、构成、会议制度，理事的产生方式和任期，管理层的职责和产生方式等；章程草案由理事会通过并经举办单位同意后，报登记管理机关核准备案。此外，还提出探索研究制定法人治理准则的设想。

国家事业单位登记管理局 2012 年 2 月印发《事业单位法人治理结构建设试点工作实施方案》，全面部署事业单位法人治理结构建设试点工作。试点目标是：5 年内在面向社会提供公益服务的事业单位中，选择一批具有广泛代表性的单位作为试点，总结经验，为 2020 年起建立完善的事业单位管理体制和运行机制奠定基础。[①] 中央编办 2012 年 5 月下发《关于印发〈事业单位章程示范文本〉的通知》（中央编办发〔2012〕11 号）（以下简称《章程文本》），其中包括适用于建立理事会的事业单位的章程示范文本，该范本以章程形式勾勒出事业单位法人治理结构基本框架及诸多操作性的具体要求。

许多地方在《意见》出台之前就开始探索建立事业单位法人治理结构并出台了政策规定，其中许多实践经验、政策内容被吸收进《意见》。但有法律政策规定及改革要求，并不意味着改革就能顺利推进。实际上，从法律依据（如《民法通则》关于事业单位法人的规定）到各地设计的法人治理结构架构，均有需要进一步明确、探讨之处。

---

① 《事业单位法人治理改革方案初定 去行政化破题》，http：//www. takungpao. com/finance/content/2012－05/03/content_ 79514. htm。

（二）事业单位及法人属性

《民法通则》根据法人设立宗旨、所从事活动性质将法人分为四类：企业、机关、事业单位和社会团体法人。《事业单位登记管理暂行条例》规定事业单位应当具备法人条件，这实际意味着一些事业单位可以不具备法人条件。事实也正如此，如我国130多万个事业单位中独立核算事业单位只有95.2万个。[①] 不具有法人资格部分是事业单位达不到登记条件不予登记；部分是行使行政职能，或与主管部门财务不独立等不宜、不愿进行法人登记。

我国的《民法通则》是改革开放不久、计划体制尚未解体情况下制定的，其对法人分类延续计划体制关于社会组织划分特别是编制管理关于机构编制的划分，如企业、机关、事业单位和社会团体等。而今视之，《民法通则》对法人划分确实是不够完善甚至相当粗疏，如包括中小学、乡镇"七站八所"等在内的100多万个事业单位有必要、有能力都成为独立法人吗？美国近15000个作为一类地方政府的学区仅为准公立法人。[②] 而德国"除了特定历史条件的例外，公立学校迄今为止仍然是隶属于公共团体的没有法律能力的公共设施。"[③] 作为深圳首家建立事业单位法人治理结构重要制度渊源的香港职业训练局，是依据《香港职业训练条例》而成立的法定机构，辖有高峰进修学院等13家机构成员，但只有香港职业训练局是法人单位，其所属的13家教育培训机构虽然具有一定管理和营运权甚至包括与相关单位签订合同的权利，但皆非独立法人。如此比较，我国让每个事业单位都成为独立法人的要求制度基础并不坚

---

① 张红岩、侯庆方：《我国事业单位改革路径探析》，《中央财经大学学报》2006年第12期，第21—24页。

② 王名扬：《比较行政法》，北京大学出版社2006年版，第92页。

③ ［德］汉斯·J.沃尔夫等：《行政法（第三卷）》，商务印书馆2007年版，第309页。

实、现实必要性亦不充分。① 另外，我国法人虽无公私法人之分，但公共部门与非公共部门存在巨大差异。故应进一步将事业单位确定或理解为公共机构、公法人，② 需要在比较、借鉴各类组织特别是公法机构法人治理结构基础上构建中国特色事业单位法人治理结构的基本框架。

（三）治理结构比较及借鉴

现代意义的法人治理结构最初是针对公司企业治理而言的，一般指"公司法人治理"或"公司法人治理结构"。"非营利法人的治理结构脱胎于营利法人治理结构，但是却有其自身的特质。"③ 传统企业所有者与经营者不分，但现代公司制企业所有权与经营权是高度分离的，由此产生了委托代理关系。同时，所有者与经营者的信息是不对称的，存在着代理风险。为解决"代理问题"、理顺委托代理关系，既有效激励代理人又防止其损害委托人利益，需要通过制度安排达到所有权、经营权及监督权的分立与制衡，从而形成结构复杂的公司治理结构。

1. 公司企业法人治理结构

法人治理结构的实质是通过合理配置权利协调各利益相关者关系，实现所有权、经营权及监督权分立与制衡，形成有效的激励机制、约束机制和制衡机制。"公司是股东借以获取营利最大化的工具。"④ 在两权高度分散情况下以股东大会、董事会、监事会和经理层为基本架构的企业法人治理结构，构成现代企业制度的基础。所有者组成的股东会是权力机构，拥有最高决策权；股东会不是常设机构，故在股东会之下设置

① 方流芳：《从法律视角看中国事业单位改革——事业单位"法人化"批判》，《比较法研究》2007 第 3 期，第 1—28 页。
② 金连民：《论我国事业法人的公法人属性》，《经济与法制（下旬刊）》2010 年第 2 期，第 26—27 页。
③ 金锦萍：《非营利法人制度研究》，北京大学出版社 2005 年版，第 63 页。
④ 江平主编：《法人制度论》，中国政法大学出版社 1994 年版，第 229 页。

公司常设机构包括董事会及经理层、监事会，分别作为业务执行机关、辅助业务执行机关、监督机关行使执行权、监督权，但董事会亦行使相当大的决策权，在很大程度上是实际"决策者"。由于国有独资公司所有者是单一的，设立股东会无意义，股东会职权分别由国有资产监督管理机构及其授权公司董事会乃至政府行使，《公司法》第六十七条规定：国有独资公司不设股东会，由国有资产监督管理机构行使股东会职权。国有资产监督管理机构可以授权公司董事会行使股东会的部分职权，决定公司的重大事项，但公司的合并、分立、解散、增加或者减少注册资本和发行公司债券，必须由国有资产监督管理机构决定。其中，重要的国有独资公司合并、分立、解散、申请破产的，应当由国有资产监督管理机构审核后，报本级人民政府批准。

2. 社会团体法人治理结构

我国社会团体法人普遍采用的治理结构模式是：会员大会或会员代表大会是最高权力机构；理事会是执行机构，在会员（代表）大会闭会期间领导本团体开展日常工作，对会员（代表）大会负责；理事会（部分社会团体还设常务理事会）承担大量决策职能，是实际的"决策者"。通常秘书长主持办事机构开展日常工作及其他工作，但社会团体章程也可规定理事长（会长）负责具体执行事宜，副理事长（副会长）、秘书长协助理事长（会长）开展工作；为加强内部监督机制，除会员（代表）大会可以进行监督外，可以设立监事会（或监事）专司监督职能。

3. 基金会法人治理结构

基金会是以财产为基础的组织（相当于财团法人），无人格化所有者与意思机关，依据章程运行。其治理结构主要包括分别行使决策权、监督权、管理权的理事会、监事、执行机构。《基金会管理条例》规定：理事会是基金会的决策机构（注意：是决策而非权力机构），依法行使章程规定的职权；基金会设监事，监事列席理事会会议；理事会设理事长、副理事长和秘书长，从理事中选举产生，理事长是基金会的法定代表人；执行权由理事长或秘书长或两者共同行使。

4. 民办非企业单位法人治理结构

民办非企业单位依据法律地位分为法人、个体、合伙三种类型，以法人型单位为代表。民办非企业单位同样是以财产为基础的组织（属中国特色、简陋型的财团法人），无意思机关，依据章程运行。治理结构架构通常是：理（董）事会（决策机构）、执行层（院长、校长、所长等），监事会非必设机构，也可只设监事。

5. 域（境）外公共服务机构治理结构

事业单位是我国特有组织，域（境）外与之对应或相近的公共服务机构（公务法人、公共设施、法定机构等）类型多样，有法人实体，有非独立法人，其治理结构大致有以下三大类型：一是单一领导制（"执行负责人"模式，所谓一人治理模式），如在德国该模式广泛应用于部门代理机构，且都有明确的层级组织。二是"管理委员会＋首席执行官"模式，如英国的非政府公共实体管理委员会有一名主席和一些非执行成员组成，多数为兼职；① 英国的执行机构管理委员会由一名资深官员和两名外部委员组成。其职责包括监督履行职责，制定战略、计划和政策，签订框架文件等。首席执行官受管理委员会的委托对机构进行全面管理。三是"理事会（董事会）＋管理执行层"模式。具有广泛代表性的理事会负责对重大问题和政策做出决定，如战略规划、机构经营目标、主要人事安排以及管理人员薪酬等；执行负责人负责日常工作并贯

---

① 经济合作和发展组织：《分散化的公共治理：代理机构、权力主体和其他政府实体》，中信出版社 2004 年版，第 116、270—274 页。

彻理事会的决策，沟通内外联系等;① 一些机构还在理事会或管理执行层下设置一些专门委员会，提供咨询建议或负责特定业务管理;理事会成员和执行负责人一般都由政府或者政府主管部门任命或者确认。

比较以上五类组织的治理结构，特别值得注意的是以下五个方面:一是无论是否有人格化的所有权主体，只要存在委托代理关系就必然需要一种协调委托代理关系的治理机制。二是对所有权、经营权或决策权、监督权和执行权进行分权制衡与有效协调，是法人治理结构所要解决的核心问题，也是治理机制构建的关键所在。三是所有权、经营权或决策权、监督权和执行权需相应的组织载体承接，而不同组织类型法人机关的设置、机关承担的权力存在差异，如基金会、民办非企业单位等以财产而非成员为基础的组织没有意思机关或权力机关;监事会在我国公司企业通常要设置，而其他组织则不设置是惯例。四是营利机构与非营利机构在治理结构方面存在较大差别，非营利机构出资者不等于营利机构出资者，如基金会、民办非企业单位等"财团法人"，或社会团体等"社团法人"不存在人格化的所有者，出资在理论及法律意义上相当于捐赠，因而，其治理结构不能简单套用公司企业治理模式。五是公共机构与社会组织（公法组织与私法组织）设立依据、组织宗旨等存在巨大区别，虽然公共机构可以借鉴乃至一般性套用私法人特别是公司企业治理结构一些做法、组织形式，但必须体现公共属性;而且公共机构类型多样，不都具有独立法人地位，所以其治理结构多样化;但建立承担决策功能的管理委员会或理事会（董事会），是规模较大公共服务机构特别是法人机构的通常做法。

事业单位作为我国特有的组织，政府与事业单位、事业单位与服务

① 左然:《中国现代事业制度建构纲要——事业单位改革的方向、目标模式及路径选择》，商务印书馆 2009 年版，第 185 页。

对象、所有者与经营者等之间存在复杂的委托代理关系，内部人控制、代理冲突等问题普遍存在。同时，作为提供公共服务的公共组织，拥有政府部门、社会公众、服务对象、经营伙伴、单位员工与领导等诸多利益相关者，各利益相关群体有不同利益诉求，并以不同方式参与事业单位决策、运营、监督等活动。因此，协调各利益相关群体关系，理顺所有权、经营权及决策权、执行权、监督权关系，解决内部人控制、代理冲突等问题，是事业单位改革与发展必须面对的重要课题。

从改革实践看，我国事业单位法人治理结构很大程度上借用乃至照搬公司企业的法人治理结构。《广东省事业单位法人治理结构试点工作政策问答》指出："事业单位法人治理结构在组织架构和运行机制上主要借鉴了公司法人治理结构的相关经验……"嘉兴市探索建立的事业单位法人治理结构更明显体现公司企业治理结构特点：建立以产权关系为基础、代理关系为纽带的现代事业法人治理结构，形成理事会决策、管理层执行、监事会监督"三权"相对分离、相互制衡又相互协调的权力运行机制。① 但公司法人治理结构能满足事业单位善治的需要吗？应特别关注广东省及深圳市借鉴新加坡、香港等国家和地区做法，在事业单位改革中建立"法定机构"。法定机构是根据特定的法律、法规或者规章设立，依法承担公共事务管理职能或者公共服务职能，不列入行政机构序列，具有独立法人地位的公共机构。在现有的法律框架下，法定机构作为事业单位法人进行登记管理。② 国（境）外法定机构是公共机构。如依据《香港职业训练条例》而成立的法定机构——香港职业训练局，其治理架构是由 18 位非政府人员、三位政府官员、执行干事组成理事

① 《嘉兴市探索构建以事业法人治理结构为核心的现代事业制度》，http：//www. hbcz. gov. cn/420101/lm2/lm3/2012－07－11－9099618. shtml.

② 《广东省法定机构试点工作政策问答》，http：//www. gdbb. gov. cn/detail. jsp？infoid＝12759.

会，由21个训练委员会和五个一般委员会协助推行专业教育及训练工作。香港类似机构还包括管理所有公立医院的医院管理局等。广东省实施法定机构改革的意义在于：一是进一步明确事业单位的公共机构属性；二是强调机构法定，通过"一事一法"或"一类一法"方式在政府机关之外依法独立设置；三是法定机构具有独立法人地位与规范的法人治理结构，独立运作。

在我国，事业单位作为政府举办提供公共服务的公共机构，其法人治理结构应立足公共服务机构（公法人）这一组织属性，以产权与公务两条主线理顺所有者与经营者、公共服务提供者与生产者关系（德国类似我国事业单位的公共设施，"公共设施作为公共行政的物质组织形态"，"组织形式属于公法形式，而不是使用关系属于公法形式"，[1] 即公共设施属于实现公共行政、公共服务的物质手段，集物质手段与公务目的于一身，与我们提出的"产权与公务两条主线"有相通之处）。同时，积极吸收、借鉴公司企业、非营利组织与国外公法人等治理结构的原则、架构、运行机制，形成具有中国特色、符合事业单位要求，以理事会为中心、多元参与，决策权与执行权、监督权分权制衡与有效协调的治理机制，从而在强化公益属性前提下实现善治。

（四）事业单位法人治理结构

从整体来看，事业单位建立法人治理结构工作已从局部探索向普遍试点推进。但目前面临的问题很多，整体进展缓慢。建立健全事业单位法人治理结构迫切需要解决以下一些问题。

1. "权力机关"及权力分解

所有者组成的股东会是公司最高权力机构，但事业单位作为政府举

---

① ［德］哈特穆特·毛雷尔：《行政法学总论》，法律出版社2000年版，第577—580页。

办提供公共服务、非营利、实体性的组织，没有人格化的所有者，也无作为社团法人成立基础的成员。因而其治理结构不包含类似由出资者（股东）组成的权力机构，也不能以会员（代表）大会作为最高权力机构。因为，（1）事业单位国家举办、国家所有，其所有者是单一的。由于国有资产国家统一所有，其他组织（国有企事业单位、人民团体等）利用国有资产举办亦可视为国家举办。（2）不同政府部门（特别是分属不同政府的部门）举办事业单位，理论上可以根据各部门的出资额确定各部门的权利义务。但不同政府部门举办均属政府举办，其资产属于国家统一所有，从终极所有权角度划分出资额与股权是没有意义的，出资额度（或"股权结构"）对事业单位治理也不发生决定性作用甚至没有什么作用。（3）事业单位不存在经济意义的"股东"、"股权"。股权是指股东因出资而取得的、依法定或者公司章程的规定和程序参与公司事务并在公司中享受财产利益的、具有可转让性的权利；政府举办事业单位的主要目的不是为了取得"股权"、成为可以获取经济利益的"股东"，而是为了实现社会公益目的、提供公共服务。

公司由股东设立（股份有限公司发起人亦需认购全部或部分股份），而事业单位是政府举办。举办事业单位、实现事业单位善治是为了实现社会公益，与股权结构无直接联系。没有股东及股东会，也无社团法人之类组织的成员大会，因而一般意义上的权力机关在事业单位治理结构中并不存在。理事会、董事会或管委会等虽可以行使决策等权力但其本身并不是权力机关，"理事会是事业单位法人治理结构中的最高权力机构，行使着最高决策权"[①]之类的说法是不准确的。国家政策法规并无理事会是权力机关的说法，《章程文本》只规定"本单位设立理事会作

---

① 贾希凌等：《事业单位法人治理结构研究刍议——以公立医院法人治理结构研究为例》，《上海商学院学报》2013 年第 6 期，第 9 页。

为决策机构和监督机构，理事会向举办单位报告工作。"（这一点，基金会、民非亦如此：《基金会管理条例》第二十一条规定"理事会是基金会的决策机构。"《民办非企业单位（法人）章程示范文本》第十条规定"理事会是本单位的决策机构。"）如果说事业单位必须有"权力机关"，此"权力机关"只能是其举办者——无明确经济利益诉求的政府。

《章程文本》第五条规定出资主体多元化的单位，可增加条款载明出资者、出资方式、金额等。第六条规定有多个举办单位的，应按责任主次顺序依次载明。但责任主次顺序并非必须按照第五条关于出资主体多元化单位载明的出资金额排序，没有出资额大小决定权责大小的明确规定。公司法则明确规定股东会会议由股东按照出资比例行使表决权（公司章程另有规定的除外）。原因是：股东出资是为获利，而举办事业单位是为实现社会公益目的。《章程文本》第十条列举举办单位的八项权利，但没有享有资产收益的规定；而公司法第四条规定公司股东依法享有资产收益等权利。这进一步明示：事业单位是从事公益服务、非营利的公共机构，政府与事业单位之间不仅存在产权关系还存在公务关系。因而，不能仅仅依据产权关系、依据所有权与经营权分离构建其治理机制，只是"弱化出资者角色"是不够的，而应突出公务关系、公益属性，这要求注意借鉴、吸纳非营利组织、国外公法人治理原则及组织架构。

然而，让政府去充任每一个事业单位的"权力机关"，既不可能也无必要。《公司法》关于国有独资公司不设股东会，国有资产监督管理机构行使股东会职权、授权公司董事会行使股东会的部分职权做法，对于解决权力机关缺失是有借鉴意义的：作为出资者的政府可以将部分所有者行使的权力授权给事业单位理事会，由其决定部分重大事项；但有关事业单位合并、分立、解散以及组织宗旨、重大战略规划等事项的决策权应直接由政府行使。这样，事业单位理事会是"代行"一些所有者权力、具有某些"权力机构"特征的决策机构。事实上，在股权高度分散的现代公司企业，作为权力机构的股东会拥有的相当部分控制权转移到董事会，将其称之为"最高权力机构"是恰当的，因部分"权力机构"权力实际由董事会行使："在一个形式上有所有人的企业里，随着所有人的控制权不断地被稀释，这种企业与无所有人的企业（非营利机构）之间的差别就渐渐消失了。"① 但性质上理事会依然是受托者而非所有者、是行使诸多决策职能的执行机构而非权力机构。需要说明的是，在事业单位法人治理结构改革中，一些地方出台相关政策将事业单位理事会定性为"权力决策机构"是不恰当的。②

2．理事会中心架构

所有者缺位、没有"权力机关"，在治理上带来的问题是缺乏人格化所有者这一重要利益相关者，使事业单位的国有资产成为"人人皆有又人人皆无的资产"。因而，构建符合事业单位公共性及其产权结构的治理机制，必须发挥理事会在治理中的核心作用，弥补所有者缺位、关切度不足等问题。

重新划分、合理配置决策权、执行权和监督权是构建事业单位治理机制需要解决的关键问题。因此，应根据决策机构、执行机构、监督机构相互分离、相互制衡原则，建立以理事会（董事会、管委会等）为中心的法人治理结构，进而形成事业单位独立运作、自我发展、自我约束、自我管理的运行模式。理事会在性质上是行使部分权力机关职能的执行

① ［美］亨利·汉斯曼：《企业所有权论》，中国政法大学出版社2001年版，第354页。
② 2007年8月13日发布的《深圳市建立和完善事业单位法人治理结构实施意见》：理事会是事业单位的最高权力决策机构，负责确定事业单位的发展战略和发展规划，行使事业单位重大决策权。事业单位理事会不是股东会与董事会的合体，虽然承担部分权力机构职权。可以将理事会视为决策机构，但作为权力机构则是不合适的。

机关，是事业单位经营管理的决策机构，行使经营管理重大决策权。《意见》要求"要明确事业单位决策层的决策地位，把行政主管部门对事业单位的具体管理职责交给决策层，进一步激发事业单位活力。"其主要职能包括：发展规划、财务预决算、重大业务等决策事项，按照有关规定履行人事管理职责，监督单位运行；任命或提名事业单位行政负责人并按照人事管理权限报有关部门备案或批准；拟定、通过事业单位章程草案并经举办单位同意后报登记管理机关核准备案。理事会对举办主体（政府）负责，理事会行使重大决策权特别是某些"所有者"权力（拟定章程、制定发展战略与规划、资产处置等）时需要举办主体（政府）一定方式的认可。这样，理顺政事关系成为事业单位能否建立法人治理结构、完善问责机制并使其有效运行的重要基础，其关键是：既不能取消、弱化政府特别是主管部门对事业单位的监督管理，但要将原先事无巨细的直接、微观管理改为间接、宏观管理；主管部门主要通过向事业单位委派理事、提名或任命事业单位理事长、审定发展规划或制定相关政策等对事业单位进行监督管理；事业单位在自主经营的同时，应及时向主管部门反馈业务开展情况，一些重要事项如发展规划、财务预算等需报主管部门审定或备案。

理事会构成既要体现代表性、吸纳各利益相关群体，又要体现政府主导。因此主要由四部分组成：一是政府或政府相关部门（财政、审计等）委派代表；二是举办单位代表；三是事业单位代表，除行政负责人等为当然理事外，其他事业单位理事可通过职工（代表）大会或其他形式民主选举产生；四是社会代表，主要由服务对象、社会知名人士及其他利益相关者代表组成，具体人选可由政府、事业单位、社会组织提名、推荐产生。

3. 决策与管理分离

理事会产生的管理层行使管理权。行政负责人及其副职、财务负责人等组成事业单位的管理层。行政负责人对理事会负责，参与理事会决策，定期向理事会汇报事业单位的运行管理状况，接受理事会监督。

"管理层实行行政负责人负责制"（见广东省《关于推进我省事业单位法人治理结构试点工作的指导意见》）。此外，与公司企业通常将董事长作为法定代表人不同（新公司法改为公司法定代表人可由董事长、执行董事或者经理担任），行政负责人是事业单位的法定代表人。因此，正如部分权力机关职能移入理事会（董事会）一样，理事会（董事会）实际将部分甚至许多权力交给行政负责人，行政负责人在一定程度上兼具企业经理与董事长双重身份，这成为目前事业单位治理结构的一个重要特征。由是，理事长在事业单位治理结构中更多充任理事会召集人、会议主席、签署文件、督促检查等角色，已很难对事业单位活动进行直接干预，理事长乃至理事会事实上也非事业单位管理与决策的真正中心。一些地方改革试点中甚至直接让行政主管部门领导担任理事长。这样，理事会独立发挥决策机构作用的能力及理事长的地位将大大下降，其权力部分上移主管部门，部分下移管理层，真正"集权者"是作为单位法定代表人的行政负责人，或者是集行政首长与理事长于一身的主管部门领导。

过度强调行政负责人负责制、理事长对主管部门的依存乃至依附，且将重要权力上交或下移后理事会还能成为决策机构吗？不以理事会为中心的法人治理结构还有多大实际价值？因此，决策与管理（执行）应当分离，但理事会核心地位必须强化，这是法人治理结构所需更是事业单位实现善治的基础，原则上，"在非营利法人中，董事会是一切权利、权力、责任、义务的中枢。"[1]

---

[1] 陈金罗等：《中国非营利组织法的基本问题》，中国方正出版社 2006 年版，第 131 页。

4. 多元治理与善治

公共服务涉及政府、事业单位、社会公众等众多利益相关者，事业单位治理需要发挥多元治理作用，形成以理事会为中心的多元治理机制。

监事（监事会）制度。总体看，相关政策对于有关监事及监事会的规定大都做淡化处理，监事及监事会作用有限甚至可有可无：《意见》明确"理事会作为事业单位的决策和监督机构"，《章程文本》将"监督管理层执行理事会决议"作为理事会职责。广东省甚至要求"监事主要由事业单位内部职工选举产生的代表兼任"，而《公司法》的规定则是"监事会应当包括股东代表和适当比例的公司职工代表，其中职工代表的比例不得低于三分之一。"监事主要由单位内部职工兼任的好处一是不占编制、减少成本，二是熟悉单位情况、易于开展监督。其不足，一是内部职工与单位利害关系密切，其在防止"内部人治理"方面存在先天而致命的不足；二是在官本位色彩浓厚、工会独立性不强情况下，内部职工对单位特别是单位领导的监督是困难的。如果让监事（监事会）充分发挥作用，其构成需要多元化，人员需要专业能力和独立性。监事（监事会）可由单位职工、审计等政府部门代表、独立监事等组成。规模较大的事业单位应设置监事会，而中小型事业单位也可只设监事，或由理事会行使监督职能，这需要在理事会中选择精通法律、财务等知识且独立性、权威性较高的理事专司监事职能，从而更好地履行监督职能。

专家参与机制。根据单位特点和工作需要，理事会可以下设咨询委员会或战略、审计、财务、薪酬与考核等专门委员会，其成员通过外聘或内选相关领域的专家代表组成，负责为理事会及管理层决策和管理提供专业咨询建议并承担部分管理事务；在专业性强的如高校、研究院所等单位，可以将学术或专业决策权赋予相应的专业委员会（如学术委员会），体现专家治理要求。

民主管理机制。职工是事业单位重要利益相关者。对于职工民主参与问题，国家层面未做统一规定。广东省只是泛泛提出理事会决策应综合考虑职工（代表）大会有关决定和意见，职工（代表）大会可以选举1～2名代表进入理事会会议；深圳市、河南省则规定事业单位涉及全体职工切身利益的重大事项应当提请职工（代表）大会讨论或者审议（但未明确这种讨论、审议是否是理事会决策的依据）。应进一步通过章程明确职工民主参与的作用、方式、程序，特别是对职工（代表）大会与理事会决策、行政负责人管理关系及三者协调运作机制进行规范。

5. 多种治理模式选择

我国事业单位的类型、规模、职能、所属行业、运行方式、责任机制等差异巨大，没有一种治理模式可将包括3000万职工、100多万个机构的事业单位全部纳入其中。发达市场经济国家公共服务机构治理模式也是多样化的。在进行事业单位法人治理模式改革时，可以根据政府对不同事业单位的管理要求，不同事业单位的职能、特点、规模等，选择符合实际的治理模式。

首先，具有法人地位与不具有法人地位事业单位治理模式应分开，法人治理结构主要适用事业单位法人。非法人事业单位在理论上属于政府的特殊组成部分，可以依据行政机关组织法有关规定进行管理，也可在登记时即注册为非法人事业单位（目前尚无此规定，但可以探索建立这一制度）；没有独立法人地位的事业单位更适宜行政首长负责制（一长制）。

其次，根据事业单位规模、工作性质等，可以系统、全面分解决策权、执行权、监督权，设立理事会、管理层、监事会（监事）、职工代表大会、专业委员会等多个机构进行治理，也可仅设理事会、管理层进行治理，其中"理事会＋管理层"是目前改革政策主要倡导且简便易行的治理模式。

再次，法人治理结构可以在事业单位层面建立（如高校）。也可将多个事业单位整合，形成所谓"主管级事业单位"（类似香港职业训练局），在"主管级事业单位"层面设置理事会、建立法人治理结构，履行国有资产出资人、公共服务监管者职责，对所属事业单位实施综合管理。由于在"主管级事业单位"层面形成法人治理结构，其下属各事业单位已难以称作独立法人（虽然依据现行法仍可将其看作是中国特色的"事业单位法人"，但其独立性事实上已不存在），可不再设理事会，也可以设立仅具有咨询功能而非决策功能的理事会、管委会等机构。

最后，并非所有事业单位都有必要、有可能建立法人治理结构。实际上，我国许多事业单位不属于能够独立行使权利、承担义务的法人实体，比如大多数中小学、乡镇"七站八所"等等。因此，不宜把在大多数事业单位建立法人治理结构作为政策目标，而应考虑解决以下问题：一是将完善我国的法人制度、调整法人分类体系（如重新修改《民法通则》等）提到议事日程，合理界定法人内涵与外延；二是将事业单位与事业单位法人分开，法人单位建立法人治理结构；三是非法人单位依据自身需要创新治理机制，或执行改革政策要求"不宜建立法人治理结构的事业单位，要继续完善现行管理模式。"

三、完善事业单位监管体制

监管是指运用公共权力设定和实施规则与标准的活动。事业单位作为政府举办的公共服务组织，健全政府监管体制、强化对事业单位监管，是保持事业单位公益性、实现公共服务均等化、高效提供公共服务的重要条件。

（一）加强事业单位监管

这里所讨论的事业单位监管，是对分类改革完成后成为"公立事业法人"或分类改革过程中现有"社会公益类事业单位"的监管。事业单位作为公共服务机构，属于公共部门，因而，对事业单位监管可以一般地划入政府内监管范畴；但事业单位提供的服务涉及广泛的社会事业领域，这一领域包含众多组织并与社会公众利益密切相关，加之现行法将事业单位视为与政府机关分离的"社会服务组织"，因而，事业单位监管又与政府对外监管关系密切。

首先需要明确，事业单位并不存在"无监管"问题。一个实际存在的事业单位被许多政府部门所"监管"。比如，审计、财政、国有资产管理、机构编制、人事、业务主管、纪检监察、督查以及物价、工商、税务、环保等部门等均可对事业单位实施某种程度的审查、监督、检查。一些机构对公私部门均进行监督，一些仅对公共部门或公共资源进行监管（如审计、国有资产管理、机构编制等）。对事业单位财政资金使用合法性、国有资产安全性、登记审查与年检、机构编制控制、人员"进管出"、业务履行情况、廉政勤政情况，及是否执行物价、工商、税务、环保等有关规定，均属于政府有关部门监管的内容。

事业单位不存在"无监管"问题并不意味监管"缺失"、监管低效问题不存在，管办不分与监管缺位是事业单位"体制机制上存在的两大症结"。[①] 而社会公众包括政府对事业单位服务、绩效等满意度不高等问题，与监管不力有直接关系。究其原因，一是事业单位机构人员众多、行业分布广泛、隶属关系复杂、业务专业性强等，导致监管难以做到

---

① 马凯：《积极稳妥地分类推进事业单位改革》，《国家行政学院学报》2012年第2期，第4—9页。

"无缝隙";二是事业单位乃是计划体制国家包办事业服务的产物,在国家举办、国家供养、国家管理环境下,缺乏实在、有力的竞争者导致激励与约束机制匮乏;三是政府特别是主管部门与事业单位存在复杂而紧密的隶属关系、利益关系,在政事不分、部门所有条件下政府监管在部门利益驱使下会变成一种"合谋";四是政府监管体制、监管运行机制不健全特别是政事不分、管办不分,多个政府部门监管及外部监管与内部治理缺乏有机结合,监管活动既难有效进行也难以形成合力。概而言之,政事不分、管办一体是监管"缺失"、监管低效的两大体制性根源。

由此导致的结果是事业单位虽被密集层叠的"监管网络"覆盖,但更好地监管或有效地监管是"缺失"、"匮乏"的。因此,如何对事业单位实行更好监管是亟待解决的重大课题。实现更好监管必须完善监管体制,首先要理顺政事关系,切断政府部门与事业单位直接隶属与利益关系,解决政事不分、部门所有、事业单位行政化等问题,建立远距监管体系;其次,协调多个监管主体的关系,核心是通过管办分离理顺出资者、主管者的关系,整合多种监管职能,形成监管合力。

(二) 政事分开,建构"一臂之距"监管体系

虽然有"曾经的偷猎者可以成为最好的守护者"的说法①,但监管者与监管对象保持必要组织、社会关系等的距离,是防止监管者被"俘获"、实现有效监管的前提条件。对我国来说保持必要距离的前提是政事分开,使事业单位从政府"附属物"状态下摆脱出来,成为独立或相对独立主体,政府及政府部门不再充当事业单位"婆婆"、"利益代言人",从而通过建立"一臂之距"(Arm's length)监管体系健全监管体制。

---

① [英]克里斯托弗·胡德等:《监管政府——节俭、优质与廉政体制设置》,三联书店2009年版,第7页。

1. 推进政事分开

我国长期实行政事一体化的管理体制，政事不分是其基本特点，而政事分开是事业单位体制改革的主线。虽然对政府和事业单位之间的关系如何定位还有待进一步明确，但推进政事分开既是事业单位改革的基本原则，也是建立有效监管体制的基础。政事不分包括政事机构不分、人事不分等，核心是政事职能不分。因此，应以公务分权（德国称之为分散）与决策与执行分离为基础，通过职能评估审核，明确政事职能关系，将行政职能归政府、事业职能归事业单位，并进而做到政事机构、人事、财务、运行方式等分开，使事业单位特别是事业单位法人成为具有独立性的组织实体，切断主管部门与事业单位隶属、人事、利益等的直接关系，形成"臂距"监管体系，避免"关联交易"、部门利益等对监管的负面影响。

（1）评估并界定政事职能。在实体职能方面通过公务分权（分散）将政府的服务性职能（公共服务）与管理性职能（宏观调控、市场监管、社会管理）分开。同时，将服务职能中向社会提供的非商业性公益服务、向政府部门提供的支持性服务、向社会提供的可进行商业化运作服务三类服务划分开，前两者作为事业单位职能，而承担可商业化运作服务单位应认定为生产经营类事业单位并实施转企改制进入市场。在运作职能方面以决策与执行分离为中心，将政府政策性事务划分出来，作为政府专有事务；对执行性事务进一步细分，将执法性质的执行、管理性质的执行与服务性质的执行剥离开，其中服务性质的执行应作为事业职能。

（2）界分政事职能并实施职能剥离。在实体职能与运作职能双重审查基础上，明确政府职能与事业单位职能及两者关系。首先在政府层面，将直接提供服务的职能从政府机关剥离出来，而将事业单位承担的行政职能收归政府。在事业单位层面，通过对现有事业单位范围内各类不同活动的界定，厘定、清理现有事业单位职能，区分不同职能的性质进而通过分类改革逐步剥离非事业性（非公益服务性）职能，纯化事业单位职能，从而实现政事职能分开。

2．形成"臂距"监管体系

在政事分开基础上，政府各监管部门与事业单位形成由相关规则确定的"距离"，进而建立远距监管体系对事业单位进行监管。虽然无法以定量方式确定"一臂之距"的空间实际长度，但形成一定的制度框架，使政府保留对事业单位的适当控制，是事业单位公益性的重要保障：既避免事无巨细的干预，又使事业单位的行为符合其组织宗旨。

（1）合理确定"距离"。事业单位作为非机关化的公共组织，与政府机关同属公共部门，政府对事业单位监管不同于政府对一般社会经济社会事务监管，具有"政府内监管"性质。但事业单位又不在机关直接层级节制体系内，事业单位通过"公务分权"、获得法人资格等具有相对独立性，这是设定"合理距离"的现实基础。但由于不同政府监管部门与事业单位职能、机构、人事等方面的关系存在差异，确定"政事距离"时应考虑上述差异，以监管者能够充分掌握监管对象行为的各种信息、可以实施纠偏措施并有效防止监管者被"俘获"为原则。

（2）完善相关政策法规。进一步完善《事业单位登记管理暂行条例》等政策法规，及时吸收事业单位改革发展形成的成功经验，使之制度化。同时，加快制定事业单位组织法，通过立法对事业单位性质、宗旨、政事关系、组织机构、业务活动、财务、人事以及违法违规行为等做出较系统、全面的规定。此外，明确监管工作的政策特别是法律标准，从而使监管可以在不依赖层级节制、摆脱命令主义条件下进行。目前，工商行政管理部门对工商登记管理实施"先照后证"改革，构建"宽进严管"体制机制。但事业单位作为财政供养的公共机构，其设立必须实行严格的"许可主义"，实行"严进加严管"登记管理制度，因此要完善相关政策法规，建立统一各类事业单位管理登记制度。

（3）规范各项常规监管制度。目前的年检等常规监管存在走过场问题，无法真实反映事业单位活动和运作情况。应采取以下措施加以改进：一是在《事业单位登记管理暂行条例》等相关政策法规中明确年检等各项常规监管的具体内容、责任、权力，明确机构编制部门与主管部门等行使监管职能部门的关系。二是可以设立牵头部门（如出资部门、主管部门或机构编制部门），集中相关部门进行联检（甚至可与绩效评估一并进行），提高监管效率并避免多头检查对事业单位带来的压力。三是对行为规范、一定时期年检与绩效评估等成绩优良的单位，可给予免检待遇，进而通过典型示范引导事业单位规范运营。当然，可以通过加强后续监督管理、采取抽检、完善公示公告及绩效评估等制度取消年检。①

（4）建立信息披露制度。一是建立事业单位重大信息披露制度，明确信息披露内容、程序和有效途径，定期在一定范围或向社会公开职能履行、重大财务开支、收入及盈余情况以及重大活动等，接受来自政府、服务对象及其他利益相关者等的监督。同时，对不披露信息或信息披露不实问题，制定制约措施，形成相应的失信惩戒制度。二是各行使监管职能部门应及时通报、公开各项规则、标准，使事业单位明确自身行为目标及惩戒标准，也使各方了解政府规则、标准等，更好发挥多方监督作用。

（5）强化政府监管与社会监督联动机制。积极推进政社分开，完善社会治理体系，将社会监督作为政府监管的助手，建立政府监管与社会

---

① 多地结合审批制度改革已经取消年检，但取消年检后应加强后续监管。

监督良性互动、高效联动机制。积极发挥社会舆论的监督作用，特别是大众媒体监督作用。建立"第三方监督"机制，通过同业自律、社会审计、专业评估等方式，独立对事业单位实施监督。如英国医药价格管理中，国民卫生服务体系使用和偿付的药品必须经过全国健康和诊疗卓越研究所（NICE）评估，NICE 作为独立第三方对新上市药品进行成本—效益评估，NICE 依据评估结果决定是否推荐；国民卫生服务体系依据评估结果及 NICE 意见决定是否使用。培育、发展分行业、民间性的消费者协会等组织，提高其公信力并且由消费者与政府对其进行"赋权"，使其成为重要的社会监督主体，从维护服务对象权益角度对事业单位进行监督。

（三）管办分离，加强主管监管与出资人监管

政府行为可分为公共利益代表者、出资者、业务主管者、行业管理者、服务购买者、绩效评估者等多种职能活动，上述活动分散在多个政府部门。但从监管职能实际作用看，事业单位主管部门及行使所有者职能的部门通常是最重要的监管者。因此，理顺管办关系，充分发挥主管部门监管与履行出资人职能部门监管作用，是协调多个监管主体关系，整合多种监管职能活动，形成监管合力达到更好地监管的重要途径。

由于长期实行管办一体体制，政府举办、管理乃至供养事业单位，形成政府既管又办、管办不分的职能结构与组织体制。上述体制最突出问题是将公共管理者与出资者、公共行政权与所有权两种身份、两种不同性质权力（权利）混杂，这既不利于政事分开、发挥主管监管与出资人监管作用，又容易引发主管部门权力过大、以公共行政权行使所有权、事业单位依附主管部门等问题。完善监管体制必须进行管办分离改革，改变传统管办不分体制，理顺国家公共管理者与出资者双重身份、公共

行政权与国家所有权关系，并形成管办分离的有效形式。

1. 理顺管办职能关系

管办分离的关键是理顺管办职能关系，明确公共管理者与出资者各自职能范围。因此，以理顺政事关系为基础，全面进行职能评估审核，厘清监管者职能与举办者职能，明确管办职能关系。

（1）评估并界定管办职能。通过实体职能审查，将公共利益代表者、出资者、业务主管者、行业管理者、服务购买者、评估者等多种职能活动厘清并适当予以归并，从而将政府作为公共管理者职能，与作为国有资产代表者具有的所有人职能分开，进而确定与各类职能相适应的运作方式、组织形式。同时，细化主要由政府主管部门行使的监管者职能，将其定位为政策导向、规划布局、宏观调控、准入管理、质量监控、信息发布、业务指导、监督执法、购买服务、营造发展环境等工作，具体可概括为"管宏观、定政策、做规划、抓监管"职能。所有人职能是由于出资（举办）而形成一系列权能，通俗而言即"人、财、物"等管理职能。

（2）明确监管者职能与出资人职能关系。首先，明确政府作为事业单位出资人与国有企业出资人职能的不同，国家出资举办事业单位不同于出资举办企业，是为了实现公共利益、提供公共服务，两者主要区别是：一是资产性质经营性与非经营性的区别；二是实现经济目标为主与实现公益目标为主的区别。其次，把握政府监管者职能与出资人职能关系特殊性，管办分离是为了更好地实现政府公共服务职能，这种监管者职能与出资人职能关系并不同于政企关系中的公共管理者与所有人职能关系：一方面表现为监管者职能与出资人职能均统一于、服务于公共服务；另一方面表现为因举办事业单位而形成的出资者职能是为了更好履行公共管理者职能，政府在公共服务领域出资不是为了"股权"、成为

"股东"，在此意义上，出资者职能实质是实现公共管理职能的政策工具或手段，是公共管理职能的延伸。

2. 形成管办分离有效形式

社会事业的多样性与管办关系的复杂性，使管办分离并不存在唯一的"最佳模式"。包括3000多万职工的事业单位体系，各类、各个单位与政府、市场、社会关系复杂，存在职能、行业、规模、隶属等级、运行方式等方面的巨大差异。因此，理顺以管办关系为核心的政府监管、举办关系，应立足政府事业职能复杂性与事业单位多样性，鼓励各地大胆实践，不断积累经验，逐步形成符合行业特点、有助于理顺管办职能关系、加强政府监管并可激发事业单位积极性的多种实现形式。

（1）形成多样化管办分离模式。既有体系内管办职能分离。管办机构不分设但主管部门管办职能适度分离。与传统管办不分体制不同，一是在原政府主管部门内部对监管职能与举办职能适度分离；二是向事业单位放权，特别是探索建立法人治理结构，使事业单位成为独立法人实体。这一方式适用于部分承担基本公益服务的事业单位，但其有效的前提是必须改变原有的管理模式，使管办职能适度分离，解决主管部门管得过细、过死问题；同时下放管理权，使事业单位拥有相应人财物管理权。

既有体系内管办机构分设。在既有行政管理框架不变情况下，成立隶属或附属于主管部门、专司出资人职能的机构，使管办职能分离有相应机构承接相应职能，如卫生部门倡导的"在卫生行政部门框架下成立相对独立的公立医院管理机构"①。这一形式可能存在的问题是管办职能最终均汇总到主管部门，因而增设的专司出资人职能机构的职能难以独

---

① 张茅：《突出重点难点 进一步深化医疗卫生体制改革》，《行政管理改革》2012年第12期，第58—62页。

立履行到位。因此，应通过相关立法将履行出资人机构变成"法定机构"等，使其相对独立行使出资者职能。

既有体系外管办机构分设。在主管部门之外建立专司有关举办职能的机构，原政府主管部门作为公共管理者履行监管职能，对全行业不分公办、民办实施统一管理。这一形式通过机构独立从而较彻底剥离原主管部门人财物管理职能，有助于实现管办职能彻底分开。但这种做法一方面对传统的主管部门直接对接事业单位管理模式及权力、利益格局形成巨大冲击。另一方面，由于增设新机构可能出现事业单位"两个婆婆"、"一仆二主"问题。因此，科学细分主管部门与举办机构权责利关系、建立主管部门与举办机构有效协调机制成为改革成败的关键。

体系整合后管办机构分设。打破出资人机构按照传统条条管理而分设的模式，在社会事业领域建立集中履行多领域事业单位出资者职能的机构，政府出资举办、面向公众提供服务的公益性事业单位从原政府职能部门的条条管理中分离出来，由举办机构统一承接管理其人财物等职能。如北京市海淀区借鉴经济体制改革建立国资委的做法，政府组建统一的公益事业举办机构——公共服务委员会，作为政府特设机构，统一行使举办职能。该模式2005年推出后曾在学术与实务两个领域产生重要影响。但由于该形式彻底改变原有管理模式，致使来自原体制的阻力巨大，实际运行困难重重。这一创新需要将管办分离与大部制改革相结合，通过宽职能、粗线条行政机构设置，改变传统"条条专政"、主管部门管理过细问题，给出资人机构及事业单位预留更大的职能空间与行为自由度。

（2）协调外部监管与内部治理关系。尽管事业单位监管具有"政府内监管"性质，但事业单位具有相对独立性，其内部治理与外部监管属于性质不同的两类活动。同时，政府与事业单位两者间存在复杂的关系，政府作为事业单位举办者、公共管理者，应通过多种方式作用于事业单位内部治理，引导与影响事业单位行为。因此，协调外部监管与内部治理关系，是有效监管、机构善治的重要条件。一是界定外部监管与内部治理界限。在明确政事关系基础上保持事业单位独立性及政府监管机构的独立性，通过立法确定监管者与监管对象、外部监管与内部治理的法定范围与关系模式，使外部监管与内部治理按照各自目标、运行方式相对独立进行。二是完善资产监管与运营链条。完善出资人制度，如在政府部门或"主管事业单位"层面建立行使出资人职能的机构，作为政府办医、办学、办文化等公共服务职能和事业单位国有资产监督管理的责任主体，受政府委托履行国有资产出资人职能，监管并合理配置事业单位国有资产。三是健全治理体系。在法人治理结构中制度化地设计政府介入方式，政府或政府相关部门通过委派理事会代表、参与事业单位重大决策等方式，将政府公共政策目标融入事业单位运营之中，并将事业单位诉求向政府传达，协调政府监管与事业单位内部治理关系，提高事业单位运营水平与政府公共服务绩效。

第十章

构建社会主义公共财政体制

中国正站在新的发展起点上。2013 年，中国全年 GDP 达 56.8 万亿元，占世界 GDP 的比重从 2005 年的 5% 提高到 12% 左右。但是，中国在公共服务方面的进步远不及辉煌的经济成就。实现党的十八大提出的"两个百年"的奋斗目标，中国面临发展、稳定、资源、生态、服务等一系列棘手难题的挑战。满足民众快速增长的公共需求，亟需从战略层面进行深入的思考与选择。党的十八届三中全会明确指出，必须切实转变政府职能，深化行政体制改革，创新行政管理方式，增强政府公信力和执行力，建设法治政府和服务型政府。同时强调，财政是国家治理的基础和重要支柱。由此可见，财政在建设服务型政府及推进国家治理体系和治理能力现代化中的独特地位和重要作用。构建社会主义公共财政体制已成为社会各界的共识，也成为下一步改革的核心环节。

一、公共财政的科学内涵

公共财政是指市场经济中，以国家为主体，通过政府的收支活动，集中一部分社会资源，用于履行政府职能和满足社会公共需要的经济活动。其逻辑前提是"市场失灵"，核心概念是"公共产品"，基本职能是资源配置、公平分配和稳定经济。不同的经济体制决定着不同的财政模式，历史上先后出现的财政模式大体上可分为三类：一是与自然经济相适应的"家计型"财政，其特点是公私不分，管理不规范、不透明，随意性大，收支缺乏有效监督；二是与计划经济体制相适应的"生产建设型"财政，其突出特点是政企不分，大包大揽，统收统支；三是与市场经济体制相适应的财政模式是"公共财政"。公共财政一方面为作为社会管理者的政府实现其职能提供财力，另一方面又从财力上制约和规范政府职能的范围，促进政府职能的转变。公共财政的科学内涵主要体现在以下几个方面。

（一）公共性

相对于计划经济条件下大包大揽的生产建设型财政而言，公共财政只以满足社会公共需要为职责范围，凡不属于或不能纳入社会公共需要领域的事项，公共财政原则上不介入；而市场无法解决或解决不好的，属于社会公共领域的事项，公共财政原则上就必须介入。政府解决公共问题，对社会公共事务进行管理，需要以公共政策为手段。而公共政策的制定和执行，又以公共资源为基础和后盾。公共财政既是公共政策的重要组成部分，又是执行公共政策的保障手段。

（二）公平性

计划经济体制下，政府对国有经济和其他经济成分实行"区别对待"的财政政策。市场经济的本质特征之一是公平竞争，这就要求政府必须实行一视同仁的财政政策，为社会成员和市场主体提供平等的财政条件，而不是只考虑某些集团、某些阶层或某些个人的要求和利益。政府应抛弃传统的"成分之见",对待一切市场主体使用统一的法律和制度,不管其经济成分,不论其性别、种族、职业、出身、信仰、文化程度乃至国籍,只要守法经营,依法纳税,政府就不能歧视,财政政策上也不应区别对待。

(三) 非盈利性

公共财政只能以满足社会公共需要为目标,退出生产经营性领域,一般不直接从事市场活动和追逐利润。通过满足社会公共需要的活动,为政府发挥其公共管理职能提供必要的物质基础。公共财政的收入,是以统一的税收方式取得,为满足社会公共需要而筹措的;公共财政的支出,是以满足社会公共需要和追求社会公共利益为宗旨,不能以盈利为目标。

(四) 服务性

随着经济的发展和市场机制的不断完善,公共财政的服务功能大大增强。西方发达国家的公共财政具有鲜明的服务性,包括国防、环保、基础设施、义务教育、医疗卫生保健等在内的政府公共支出,已占到整个公共支出的70%以上。中国政府虽然将公共服务作为主要职能之一,但履行情况较为滞后。因而构建公共财政体制要更加强化政府的公共服务职能。

(五) 法制性

市场经济是法治经济,这就要求公共财政应以法制为基础,实行规范管理。一方面,政府的财政活动必须在法律法规的约束规范下进行;另一方面,通过法律法规形式,依靠法律法规的强制保障手段,社会公众得以真正决定、约束、规范和监督政府的财政活动，确保其符合公众的根本利益。公共财政要把公共管理的原则贯穿于财政工作的始终，以法制为基础，要求政府依法行政，日常管理既要规范又要透明，最大限度约束政府逐利行为。

二、构建社会主义公共财政体制的重要意义

理论上，财政是各国提供公共服务的重要资金来源甚至是主要来源，政府履行其管理责任主要通过财政拨款来实现。诚如熊彼特所言，政府所有的功能都需要财政支持，政府的所有行为都会反映到财政上来。公共财政体制是与市场经济紧密地连在一起的。党的十四大确立了中国经济体制改革的目标是建立社会主义市场经济体制，这就决定了必须建立公共财政体制。十五届五中全会和十六届三中全会又将建立和健全公共财政体制，作为建立和完善社会主义市场经济体制的一项重要任务。"十二五"规划强调要继续深化财政体制改革。党的十八大进一步提出要加快改革财税体制，健全中央和地方财力与事权相匹配的体制，完善促进基本公共服务均等化和主体功能区建设的公共财政体系。党的十八届三中全会强调："科学的财税体制是优化资源配置、维护市场统一、促进社会公平、实现国家长治久安的制度保障。必须完善立法、明确事权、改革税制、稳定税负、透明预算、提高效率，建立现代财政制度，发挥中央和地方两个积极性。"[1] 总的来看，构建社会主义公共财政体制至少具有以下几个方面的意义。

---

[1] 《中共中央关于全面深化改革若干重大问题的决定辅导读本》，人民出版社 2013 年版，第 19 页。

（一）福利经济学的意义

福利经济学是现代经济学的重要理论分支之一，主要研究如何通过资源配置来提高效率，如何通过收入分配实现公平，如何进行集体选择来增进社会福利。福利经济学之父庇古（A. C. Pigou）认为，福利由效用构成，效用就是满足，人性的本质就是追求最大的满足即最大的效用，也可以说追求最大的福利。国民收入总量越大，社会经济福利越大；国民收入分配越是均等化，社会经济福利就越大。要想增加经济福利，就必须要增加国民收入；同时，还要消除国民收入分配不均等的情况。按照经典教科书的解释，经济学是研究如何实现资源的优化配置的学科，但福利经济学将这一认识向前推进了一步。毕竟，发展只是手段而非终极目的，如果发展的成果不能由全体人民共享，增进民众福利，甚至发展的代价远高于成就，这样的发展又有何意义？人类是继续以经济增长为追求目标，还是以经济发展与福利增进并重为追求目标？答案显然是后者。在追求增长的同时兼顾福利增进，政府财政的宏观调控不可或缺。

（二）基于外部性的考量

市场失灵的表现之一是无法解决外部性问题。无论是教育、医疗还是社会保障都具有较强的外部性。政府提供公共服务是对市场失灵的有效干预，必须以维护社会公平，增进民众福祉为唯一目标。以教育为例，对于个体而言，获得良好的教育不仅本人受益终身，整个家庭及国家也会随之受益。但家长囿于短视或其他原因，对子女教育经常投入不足。如果完全由市场配置教育资源，有可能导致资源配置的不合理，效率低下，很难达到预期目标。对于转型中的中国而言，由于就业难度加大及教育费用支出的高涨，许多适龄青年放弃高考，结果是贫者愈贫，陷入低水平循环而无法得到改变，这与社会的进步与国家竞争力提升相悖，因而迫切需要政府介入。政府通过运用财政支持下一代改善教育，提升人力资本水平，增强竞争力，从而跳出"贫困陷阱"。可以说，现代政府的主要职责都应围绕满足民众的公共需求这一目标而展开。政府通过财政补贴等手段提供各种公共服务，为社会成员提供一个有效的抵御市场风险的机制，既有助于促进社会公平与社会和谐，又能实现国民经济与国民福利的同步发展。必须清醒认识到，政府为居民提供公共服务对政府而言绝不是单纯的负担，长期来看，更是一种有效的投资。

（三）践行科学发展观的应有之义

科学发展观是以人为本、全面协调可持续的发展。发展并不只是经济的单方面增长，还包括教育、社会保障、资源环境和生态保护等在内的全面发展。归根结底，发展成效的好坏应以人的福利改善与否进行评判。如果国家发展的成果，只能由某些利益集团和社会精英分享，而不是全体人民共享，如果国家经济实力在提升，可是人民幸福感却在下降，这种发展显然不是我们所追求的发展。政治经济学理论中，社会主义生产的目的就是最大限度地满足人民群众日益增长的物质文化需要，尤其是与发展相关的公共需求。二战结束后，西方国家和亚洲新崛起的一些国家和地区，纷纷建立了不同类型的公共服务体系，实现均衡持续的发展，成为各国学习效仿的标杆。作为发展中国家，中国不可能实行西方"从摇篮到坟墓"的高福利型服务模式，但完全有可能建立适合中国国情的公共服务体系。通过构建社会主义公共财政体制为社会成员提供适当的生活保障和各类公共服务，实现民众福利的最大化。这是中国共产党代表人民群众根本利益的重要体现，也是深化改革、稳定社会、安邦兴国的根本性战略。

（四）改善民生的必然要求

中国自改革开放以来创造的经济奇迹有目共睹，但蕴含积累的矛盾也在不断深化变迁，"经济腿长、社会腿短"的不合理现象没有随着经济实力的增强得到根本改观，正面临"中等收入陷阱"的挑战：社会底层向上流动异常艰难，中产阶层存在强烈的"被剥夺感"，富裕阶层大批移民海外，各种利益集团逐步生成并日趋固化，非常不利于社会稳定及发展。在20世纪80年代，中国面临的主要矛盾是人民群众日益增长的物质文化需要与落后的生产力之间的矛盾。当时中国最需要解决的是温饱问题，即民众的生存问题。但经过多年发展后，民众的诉求已从求温饱转向求发展，求享受，从而对教育、医疗卫生、社会保障等公共产品类服务提出更高的要求。但是，政府目前所能提供的公共产品总量不足、质量较低，分布也不均衡，无法满足民众基本的公共需求。我们认为，中国当前面临的主要矛盾已出现重大转折，民众对公共产品及公共服务需求的不断增长与政府供给能力不足成为主要矛盾之一。这一矛盾的解决需要一方面通过推进政府职能转型，促使政府转变发展理念，真正从发展型政府转变为服务型政府，增强提供公共服务的决心；另一方面，需要加快完善公共财政体制，通过有效的制度设计保障各项服务目标的实现。

三、中国公共财政体制建设的进展与问题

党的十四大以来，中国确立了建立社会主义市场经济体制的目标，这是一种政府与市场明确分工，行政机制与市场机制相互补充，市场机制在资源配置中起基础性作用的经济形态。它要求财政退出市场能够发

挥作用的领域，弥补市场"失灵"带来的不足，服务和保证市场的正常运行。中国由计划经济体制转向市场经济体制，要求财政模式也必须进行相应的转变，从原来的"生产建设型"财政转到公共财政上来。同时，公共财政模式的确立与否，也直接影响到中国社会主义市场经济体制的建立和完善。1998年以来，建设社会主义公共财政的目标更加明确，财政改革不断向纵深推进，初步建立了社会主义公共财政体制的运行框架。尤其是近些年来，中央注重社会发展和改善民生，政府公共支出结构中投向公共服务领域的比重在不断提升，但总体上还没有实现从以经济建设为主的财政体系过渡到以公共服务为主的财政体系。

（一）公共服务支出偏低

UNDP的研究报告指出，如果一个国家希望取得理想的人类发展水平，必须保持适度的公共支出比率（大约为25%），并将这一支出的大部分配置到社会部门（超过40%），且集中在社会优先领域（超过50%）（UNDP，1998）。但中国的现实情况是，政府投向公共服务领域的财政资金明显偏低，与民众的期望存在一定差距。

其一，公共财政投向教育服务亟待提高。教育是一国保持持久竞争力的关键所在，良好的教育是中国加快转变发展方式，提升自主创新能力的基础。自主创新的核心要义在于人才，人才培养显然离不开教育，因而，作为具有较强外部性的准公共产品，教育发展自然离不开政府财力的支持。再者，教育公平是一个社会公平最起码的要求，对于生活在底层的居民而言，只有让子女接受教育，才能提升下一代的人力资本价值，增强核心竞争力，最终摆脱贫困。①

财政性教育支出占 GDP 比重是衡量一个国家政府重视教育程度及发展水平的重要标志之一。从世界范围内看，早在 20 世纪 80 年代，世界各国财政性教育支出占 GDP 比重平均水平已达 5.2%，发达国家 5.5%，发展中国家 4.5%。巴西 5.4%（2007），以色列和北欧一些国家高达 9%。1993 年，中国在国家教育中长期规划中提出，到 2000 年，财政性教育支出占 GDP 比重达到 4%，但这一发展目标直到 2012 年才实现。下图显示 2000 年以来的财政性教育支出占 GDP 情况，从图中可以看出，2000 年财政性教育支出占比为 2.58%，直至 2006 年这一比重才提升至 3%，2009 年达到 3.59%，距 4% 还有一定的差距。2010 年，新的国家教育中长期规划纲要正式实施，提出到 2012 年要实现 4% 的目标。2012 年，中国正式实现这一目标。不过，即使实现 4% 的目标，我们与其他国家的教育投入还是存在较大差距。

其二，公共财政投向基本医疗卫生领域不足。在计划经济时期，中国为民众提供的是较低水平的基本医疗卫生服务。在农村通过推行"赤脚医生"等政策措施有效解决了农民的看病问题，受到世界银行的高度评价。改革开放后，医疗卫生改革也在缓慢推进转型中，总的趋势是逐步走向市场化，民众看病难、看病贵问题日益凸显，成为社会各界普遍关注、高度重视的民生问题。从公共经济理论看，社会主义市场经济时期的医疗卫生服务是政府"去责任化"的过程，即本应由政府承担的医疗卫生服务让渡给市场，政府在获取大量税收的同时，却没有为民众提供相应的医疗卫生服务。从统计数据上看，1990 年，政府在卫生费用中

---

① 现行的教育体制不利于社会底层居民子女的向上流动。各种数据表明，优质的高等学校中来自贫困家庭的孩子越来越少，而各种所谓的"自主招生"更是变相剥夺农村学生的机会，再加上就业中存在的各种"潜规则"，底层居民下一代向上流动的通道正在被堵塞。

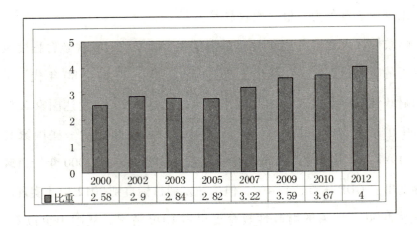

图10—1　财政性教育支出占 GDP 比重　　　　单位:%

承担的比重约为 25.1%，个人承担的比重为 35.7%，而到 2000 年，政府承担的份额急速下降至 15.5%，个人承担的比重则上升至 59%，由此民众看病贵的压力骤增。自 2008 年开始，中央开始进行新一轮医疗卫生改革，强调将基本医疗卫生服务作为公共产品向全民提供，政府计划投入 8500 亿投入到医疗卫生领域，逐步提升在医疗卫生支出的比重，民众医疗费用压力得到了一定程度的缓解，（见表 10 - 1）。

表 10 - 1　1990 - 2013 年卫生费用分担情况

单位:%

	政府	社会	个人
1990	25.1	39.2	35.7
1994	19.4	36.6	43.9
1996	17.0	32.3	50.6
2001	15.9	24.1	60.0
2002	15.7	26.6	57.7
2004	17	29.3	53.6
2007	20.3	34.5	45.1

2009	27.4	35.1	37.5
2010	28.7	36	35.3
2011	30.7	34.6	34.8
2013	30.1	36	32.9

资料来源：中国卫生统计提要，卫生部。

其三，公共财政支持社会保障不足。社会保障制度是一国为其国民提供的基本型公共服务制度，是国家的"安全阀"和"稳定器"。社会保障支出，包括财政性社会保障支出、社会保险基金支出及福利服务支出、补充社会保障支出等。社会保障支出占一国 GDP 的比重高低既反映一国的社会公平程度，也反映该国调节国民收入分配根据的力度。中国社会保障事业取得了长足进步，但仍存在一些需要着力解决的难题，如社会保障的普惠性不强，"补缺"特色较为明显；社会保障的公平性有待进一步提高；社会保障的适应性也需要加强；社会保障的支出水平亟待提升等。在国际上，社会保障支出占公共支出的比重在40%以上，新兴工业化国家及部分发展中国家的这一指标也大多在20%以上，作为世界第二大经济体的中国，中国财政性社会保障支出占国家公共支出的比重明显偏低（郑功成，2008）。表10－2反映的是部分国家2005－2006年社会保障支出水平。

表 10－2　部分国家 2005－2006 年社会保障支出水平

单位,%

国家	占 GDP 比重	占政府公共支出比重	国家	占 GDP 比重	占政府公共支出比重
瑞典	23.9	42.25	挪威	17.2	38.30
法国	21.2	42.16	日本	12.3	31.68
德国	20.8	46.71	英国	18.2	35.82
波兰	17.8	40.43	中国	6.6	25.30

资料来源：转引自"十二五"规划战略研究（下），第1149页。

（二）经济建设支出比重下降，但总量依然巨大

经济建设支出是国家用于生产性投资和基本建设方面的财政支出，这些支出或与社会公共需要有关，或与宏观调控有关，主要包括基本建设支出、支援农业生产支出、城市维护费、环境保护支出、简易建筑费、地质勘探费、国有企业挖潜改造资金、国家物资储备支出等。

经济建设支出的变化与经济体制密切相关。计划经济体制，国家在资源配置中居于主导地位，经济发展主要靠政府推动，是政府主导型经济，经济建设所占比重自然偏高。直至改革开放初期，经济建设支出占政府支出的比重仍然较高，1978年高达64%，中国政府是典型的"经济建设型"政府。在不断深化改革进程中，中国经济建设支出总量仍在不断增加，但其在政府支出中所占比重不断下降，如2006年，经济建设支出占公共支出的比重为27%。为应对国际金融危机，中央出台一揽子刺激计划，经济建设支出又有所提升。从理论上，中国目前已进入完善社会主义市场经济阶段，政府的主要职能应转变提供公共产品与公共服务，但中国目前经济建设支出占政府公共支出的比重依然偏高。

（三）政府行政成本增长过快

政府行政成本即政府的行政费用支出，指财政用于国家各级权力机关、行政管理机关和外事机关行使其职能所需要的费用支出。也是维持国家政权存在、保证各级国家管理机构正常运转所必需的费用。19世纪80年代，德国经济学家瓦格纳考察了英、法、德、美、日等国的经济发展状况后，提出了著名的"瓦格纳定律"。其大意是：随着人口规模扩张和工业化进程的推进，政府活动不断扩张，政府公共支出也将随之不断增长，这是社会经济发展的客观规律。在其后的100多年中，"瓦格纳

定律"得到强有力的统计支持，成为研究政府公共经济行为的"第一定律"。在瓦格纳看来，以下三方面因素是造成政府活动扩张、公共支出不断增长的主要原因：其一，随着工业化进程的快速推进，市场中行为主体之间的关系变得越来越复杂，因而对商业法和契约法产生了需求，而后者又要求建立司法体系与管理制度，以规范行为主体的市场活动。与此同时，劳动分工更加精密，劳动关系复杂多样，也需要公共部门加强管理。其二，在资本主义发展早期，政府仅仅是所谓的"守夜人"，其主要职能局限于维持国家机关运转、保障国家安全、防御外敌入侵和维护司法公正等领域，对私人生产和企业的经营活动极少干涉，支出规模相对较低。随着经济发展，市场中普遍存在的垄断行为、信息不对称、管理不完善等导致市场运行偏差增大，当信息不能充分反映市场信号，无法为生产者和消费者提供必要的决策依据时，市场失灵的情况就会增多，其结果是政府经济管理职能得到大大强化，政府管理机构膨胀，管理人员增加。其三，城市化带来的密集居住会产生外部性和拥挤效应，也需要政府出面进行干预和管制，政府提供的公共产品或服务的范围日趋扩大。典型的例子如义务教育、基本医疗卫生、市政基础设施等项目，具有某种程度的准公共产品属性，投资额较大，外部性显著，私人部门通常不愿意承担，即使承担也容易因私人垄断而导致社会不安定。所以，政府有必要介入这些项目，将这类产品和服务的提供纳入其职能范围，这是一种理性选择。

总之，随着经济发展的深化、社会民主化程度的提高及民众对社会公共产品要求的提高，政府的规模在不断膨胀，行政成本也随即上升。那么，中国的情况究竟如何呢？新中国成立初期的前3年，政府行政成本占政府支出的比重一直很低，平均只有5.6%（1953－1957年）。改革开放以后，政府行政成本占政府支出比重呈现出不断上升的态势。据统计，从 1978～2006 年的 28 年间，中国行政成本增长 89 倍。行政费用支出占政府公共支出的比重：1978 年 4.71%，到 2006 年上升到 18.73%，这一比重，比日本 2.38%、英国 4.19%、韩国 5.06%、法国 6.5%、加拿大 7.1%、美国 9.9% 分别高出 16.35、14.54、3.67、12.23、11.63 和 8.83 个百分点。

四、公共财政偏离公共服务的成因分析

在社会主义市场经济条件下，公共财政的主要职责是提供公共产品与公共服务，但受到诸多因素影响，中国公共财政偏离公共服务，由此也导致民生问题凸显，民众的幸福感没有随经济的发展同步提升。深入分析，致使公共财政偏离公共服务的深层原因主要表现在以下几个方面。

（一）服务型政府建设的迟滞

改革开放实现了从"以阶级斗争为纲"向"以经济发展为中心"的转变。发展是硬道理成为社会各界的共识。本来，发展的含义是经济社会的全面进步，绝不仅仅是单纯的经济增长。但是，在经济发展过程中，发展是硬道理在一种程度上被异化为经济增长是硬道理，GDP 是硬道理。GDP 与财政收入增长越快，在中央主导的分成体系中获得的份额越多，为 GDP 而竞争的激励机制由此生成。各级政府不愿丧失独立发展的机会，纷纷关注增长，竭力做大 GDP 蛋糕。在这种可量化的考核标准刺激下，地方政府不仅是一级行政机构，而且演变成一个市场主体，政府在很大程度上"被公司化"。书记成为"公司董事长"，市长成为"公司总经理"。此外，对地方而言，加快资本形成规模，推动辖区经济增长符合官员自身的经济与政治利益。当某地扩大了资本形成规模而相邻地区未能扩大时，该地区将在经济增长、可支配财政收入、就业及官员政绩等方面获取更大收益，而所谓的为民服务，改善民生成为各级政府的"次优选择"。从各地近些年的实际发展情况看，部分地方政府仅仅是满足中央政府对公共服务的基本要求。

（二）政绩竞争——官员晋升的影响

理论上讲，官员市场是较为封闭的"内部劳动力市场"，在此市场中，无论是省、市还是县乡一级，都始终处于一种政治晋升博弈中，即某一官员的晋升会直接导致其他官员机会的丧失。官员作为"理性经济人"，其个人利益包括权力、地位、薪酬、声望等等，其中，晋升是地方官员最重要的利益诉求。现行管理体制下，GDP 贡献大的地区官员晋升的机会相对较多[①]，对于理性的官员来说，怎样将本辖区的政绩显示出来，进而超过兄弟辖区，在促进辖区发展的同时实现个人晋升是一种理性的选择。因此，不论其他地区采取何种策略，参与竞争的官员都会有强烈的发展冲动，尽量避免在博弈中处于劣势地位。从每届政府任期的开始和政府换届前的一段时期都可以清楚看出地方官员推动地方经济发展的痕迹。

公共经济理论认为，与中央政府相比，地方政府更接近选民，具有信息优势，从而更加了解当地居民的公共服务需求，能够更快地对这种需求变动做出快速反应。公共经济学家蒂博特（Teibout，1956）提出，在各个地方政府之间提供公共服务的竞争和以自由迁徙为前提的"用脚投票"的相互作用下，地方政府公共服务的供给将逐步趋于均等化，最

---

① 典型代表如苏州，作为一个地级市，该市由于在经济发展领域的卓越表现，自上世纪90 年代以来其主要领导多数被提拔为省部级干部，其下辖昆山市的多名主要领导晋升为副省部级干部。

终达到资源的有效配置。这即是说，居民可以通过"用脚投票"对地方政府的行为产生影响，地方政府按照居民的要求改进自身行为。但这一模型在中国仅在一定范围内有效。同一城市的居民通过选择教育、医疗服务更好的居住地区，进而带动某一片区域房价上涨和服务改善，如各大城市的"学区房"。但从全国范围来看，由于根深蒂固的户籍制度限制，居民的流动性大大降低，"用脚投票"机制难以充分发挥其约束力。在中国，地方政府是中央政府在地方上多维任务的代理人，受到中央政府的委托激励，试图实现委托代理人间的利益一致；而与委托任务息息相关的居民却被忽略在委托合同之外。在这种对上负责而对下不负责的制度政策导向下，地方政府的目标往往并不是以满足居民的公共服务需求为主，而是以满足政府自身的利益最大化为主要目标，并不是当地百姓最迫切的生计发展。此外，在政府拥有资源配置权的情况下，政府部门存在自我膨胀的倾向，各级官员也有改善自身利益的内在诉求，也就是说，不发展或发展速度过慢，辖区主要领导都会面临来自政府内部的压力。

（三）政绩考核体系的单一化

中国的市场经济目前仍处于完善阶段，地方政府的强力主导是典型特征。在一定地域范围内，各种国有资源，如土地、矿产等都可以以极低的成本进行配置整合。在较长的时期内，对地方官员的考核方式过于单一，一切以经济发展论英雄，这样，兄弟城市之间形成一种激烈的竞争关系，竞争的标准就是各种经济指标。具体反映到经济领域，从一个市来考虑，只有尽力整合各种资源，扩大投资需求，争取提高资本形成规模，进而取得高额的 GDP 和财政收入，地方政府的行为越来越像一个"公司"，各地政府为创造所谓的"政绩"，经常争资源、争土地，争项目，这样的例子在全国各地屡见不鲜，影响经济社会的和谐健康发展。

（四）现行体制设计不合理

首先，长期以 GDP、财税收入，招商引资等"硬指标"来考核地方政府的政绩，在相当大程度上弱化了政府的公共服务能力，使政府的公共服务职能严重缺位。对地方政府激励监督机制不健全，使得地方政府提供公共服务的积极性不高。

其次，政府间事权划分不合理导致基本公共服务供给总量不足。中国政府间关系中存在的问题，可概括为内外不清，上下不明。所谓内外不清，主要是指政府与市场之间的事权划分不清，政府活动存在越位与缺位的现象。这实际上也是一种政府失灵，这种政府失灵，甚至比市场失灵造成的损失和危害更严重，可将其概括为"闲不住的手"和"看不见的手"。"闲不住的手"主要指政府的"越位"行为，本应由企业或私人承担的竞争性项目的投资，政府却介入承担，有些部门还对企业行为进行直接干预，企业自主权仍然没有完全下放和落实。再者，一些有条件进入市场的经营性事业单位，如行政事业单位办的出版社、杂志社、培训中心以及一些民间性质的协会、学会、研究会等，许多仍然由财政负责经费。这些机构一方面享受到财政拨款的好处，另一方面同样可以得到市场化改革带来的利益。"看不见的手"用来指政府的"缺位"行为，即本应由政府来管的事情政府却没有管，或没有管好。比如，政府对基础科研、义务教育、医疗卫生、社会保障以及对农业和环境保护等方面的支出供给远远不足，直接影响了经济社会发展的进程。

所谓上下不明，是指中央与地方在执行中支出责任划分不规范，存在"错位"现象。上级政府与下级政府之间"大马拉小车"和"小马拉大车"的失衡格局并存。中央政府把省级政府的部分税收权力上收到中央，各省也依次类推，把市级政府的财政税收上收到省里，而市级也把县乡税收上收到地市，由此带来的后果是，县乡政府的财政力量大大削弱。在许多地区，地级市与其所辖县（市）的矛盾非常突出。同时，随着改革不断向纵深推进，中央把一部分公共服务责任下放到省里，省里则下放到地市，地市又下放到县乡，但公共服务责任在下放的同时，并没有伴随着相应的财政转移支付，因此形成各级政府财力和公共服务的支出责任不对称，中央财政的日子相对好过，省里也过得不错，地市也还可以，而多数县乡政府实际上是"吃饭财政"和"讨饭财政"，个别地方甚至是"抢饭财政"，与老百姓争利。据统计，中国近70%的公共支出发生在省及省以下，其中，有50%的支出发生在市、县、乡三级，尤其是县乡两级政府担负着沉重的支出责任，基层政府实际上承担着无限责任。基层政府的支出责任与财力保障严重不匹配，导致出现"支出责任在基层，财力分配在上级"的不合理局面。

由于政府间事权划分的内外不清和上下不明，结果造成政府提供公共服务的效率不高。比如，提供义务教育的职责多数放在县乡政府，即使不考察这项职能赋予县乡政府所造成的财政支出压力，仅就义务教育的受益范围远远超出县乡的行政范围，就会发现其不合理性。县乡政府对此类公共服务尽力的内在动力天然是不足的。由于地方没有足够的资金，也导致一些地方政府的商业化倾向。目前很多地方房价飙升，原因之一就是地方政府相当部分的财源来自于土地及相关收入，地方政府乐见地价上涨、房价上涨，从而获得更高的土地收益。这种商业化的倾向与地方政府应承担的提供公共服务的职能之间有诸多相悖之处。

在收入划分方面，实行分税制后，现行税制规定增值税、企业所得税及其有关的城建维护税等大部分税收，仍然是在生产项下征收的。由此，生产型企业多的地方，财政收入自然就高，生产型企业少的地方，财政收入就低。尤其是增值税作为第一大税种，由中央和地方政府按照七五、二五比例共享，这对地方政府来说是举足轻重的。为了确保税源，地方政府自然想方设法上投资项目，特别是那些带来大额税源的重化工业项目，只要企业开工投产，不管有无赢利，按生产规模，都要向地方缴纳增值税和营业税。从税收权限模式上看，仍表现为中央集权，这也是大多数单一制国家共同存在的问题。由于税则不稳定，使得税权划分的过程成为中央与地方博弈的过程，放权－收权－放权－收权的循环变得不可避免。地方政府财力与逐步增加的公共服务支出责任不相协调。地方税收体系没有税源广、税基厚的主体税种。下级政府受到上级政府过多的财政管制，基层政府行使职权的物质基础越来越薄弱，甚至已被动摇。在中西部地区，尤其是少数民族地区自主性财源明显不足，不得不依靠中央转移支付维持运转。①

（五）缺少均等化的转移支付形式

转移支付（Transfer Payment）是从西方国家引进的概念，中国从1995年才开始正式实施过渡期转移支付办法。《现代汉语词典》的解释是：转移支付是指政府或企业的一种不以取得商品和劳务作为补偿的支出。联合国《1990年国民账户制度修订案》的定义更为广泛，即货币资金、商品、服务或金融资产的所有权由一方向另一方的无偿转移，转移的对象可以是现金，也可以是实物。具体来说转移支付包含两层含义：一是无偿性，是所有权由一方向另一方的无偿转移；其次，转移支付是所有权的转移。由此，政府间转移支付可以认定为各级政府之间的财政

---

① 部分西部省份的财政支出中，来自中央的转移支付占其总财力的70%，地方自有财力仅占30%；有些县来自上级政府的转移支付占90%以上，自有财力不足10%，由此导致支出责任与财力保障严重倒挂。

资金、资产或服务由一个政府向另一个政府无偿转移，一般是上一级政府对下级政府的补助。根据国际货币基金组织《政府财政统计手册》中的支出分析框架，政府间转移支付有两个层次，一是国际间的转移支付，包括对外捐赠、对外提供商品和劳务、向跨国组织交纳会费；二是国内的转移支付，既有政府对家庭的转移支付如养老金、住房补贴等，又有政府对国有企业提供的补贴，还有政府间的财政资金的转移。一般通称的财政转移支付是指政府间的财政资金转移，是中央政府支出的一个重要部分。

从国际上看，转移支付是平衡中央与地方财政关系的最常用也最有效的财政手段，各国都非常重视。根据是否指定资金用途，转移支付一般分为两大类：一类是以促进基本公共服务的地区均等化为目标的一般性转移支付（也称为无条件转移支付）；一类是围绕中央政府的特定政策目标实施的专项转移支付（也称为有条件转移支付）。对于大多数国家来说，一般性转移支付是转移支付体系的核心，专项转移支付通常起辅助作用，但也有少数国家专项转移支付是作为主体存在的，如美国的专项转移支付（有条件转移支付）占全部政府间转移支付的90%以上，这与其他西方国家以一般转移支付为主的情况有很大的不同。一般性转移支付的优点在于不指定特定用途，由地方统筹安排，不需地方财政资金配套。目前，世界上大多数国家都采用一般性转移支付作为向下级转移支付的主要形式，通常占到全部转移支付资金的50%以上。这样可以给予下级政府更大的财政支配权，也有利于基层政府根据本地区的实际需要安排财政支出。

目前中国转移支付制度存在以下问题：转移支付制度结构不合理，形式过多，种类过于庞杂，专项转移支付资金比重偏高等。设计转移支付的出发点是消弭各地间财力差距，应以一般性转移支付为主，专项转移支付为辅，但在实际工作中，专项转移支付却经常高于一般性转移支付。以2009年为例，中央对地方一般性转移支付11320亿元，占全部转移支付比重40%；专项转移支付占全部转移支付12359亿元，占比43%；税收返还4942亿元，占比17%。

近年来，一旦实行重大改革，往往配套出台转移支付项目，致使转移支付种类越来越多，计算日趋复杂，转移支付资金的规模效益也无法得到充分发挥。比如，民族地区转移支付是2000年配合西部大开发，支持民族地区发展而推出的。县乡财政奖补资金转移支付是2005年为了缓解县乡财政的困难而推出的，这些专项性财力转移支付在财力性转移支付中占相当大的比重。而在中央实施主体功能区规划后，财政部门又出台了针对禁止开发区和限制开发区的转移支付形式。此类转移支付大多数服务于特定政策目标，具有专门用途，不仅不能增加地方的财政的可支配财力，地方政府还需要额外增加配套资金，不利于缓解地方财政困难。

缺少具有均等化功能的转移支付，现行的转移支付同时兼顾公平与发展的双重目标，既要促进财力均等化，又要照顾经济发达地区积极性，因而导致转移支付并没有达到地区收入均等化的目标。依据宽口径的转移支付方式，税收返还应是中国财政转移支付的形式之一。它是在分税制改革时为保证地方既得利益所确定的资金再分配方法，主要目的是确保地方利益，保护发展较快地区的积极性。具体做法是：以1993年为基期年，按照分税制财政体制改革规定中央从地方净上划的"两税"作为1994年的返还如数返还给地方，以后年度在1994年的基数上逐年递增，递增比例按照当年增值税和消费税平均增长率的1：0.3计算。税收返在相当长的时期里一直占中央对地方财政转移支付总额的50%以上，近年来虽然持续下降，但仍占一定比重，2013年占10%以上。

由于税收返还基数的确定和中央税收增量返还比例"一刀切"，没有体现地区差别。由此，一个地区的消费税和增值税收入越高、增长越快，得到的税收返还也就越多。西部经济基础相对薄弱，发展相对缓慢，财政收入增长就慢。在同样的税收返还比例下，获得的税收返还量就小。税收返还使强者更强，弱者更弱，地区间的苦乐不均现象没有得到改变，地区差距有拉大之势。所以，这种不合理的税收返还制度其实对缩小地区间的经济发展差异起到了一种"逆向调节"的作用，拉大了区域间公共服务的差距。

专项转移支付规模较大，比重偏高。由于存在严重的信息不对称以及管理制度的不完善，专项转移支付在使用过程中管理混乱，其效益难以有效评估，再加上强大的"跑部钱进"利益集团的存在，专项转移支付的效果已大大弱化。专项转移支付的规模偏大一方面不利于地方政府统筹安排，而且许多项目要求地方配套资金，有些项目配套比例甚至高达70%以上，加剧地方财政收支紧张的矛盾，"钓鱼工程"也屡禁不止。另一方面，在地方财政财力紧张的情况下，执行中被挤占和挪用的现象十分严重。相当部分的专项资金也没有用到规定的用途上，部分资金成了地方政府的"吃饭钱"，中央政府试图通过专项转移支付达到的目标并没有实现。

省级以下规范化的转移支付制度仍不规范。从1995年开始，省级政府参照中央对地方政府的转移支付方法，建立了省对下级政府的转移支付制度和办法，主要形式包括原体制补助、转移支付补助、增加工资补助、结算补助、其他补助和专项补助。大部分地区省市两级都以县级单位为对象，实施多次转移支付。但是，由于资金规模有限，尽管增幅很大，但绝对值仍然偏小。从县级财政得到的转移支付构成来看，专项拨款约占半数左右，均等化转移支付规模偏低。并不能从根本上解决县级财政问题，部分贫困地区基层财政收支矛盾仍然较为突出。

"跑部钱进"难以遏制。现行转移支付体系是随着分税制改革逐步建立起来的，并没有一部专门的《转移支付法》来明确规定和约束中央及地方各级政府的财政转移支付行为。这就造成在转移支付中人为操作因素较大，专项转移支付资金成为"稀缺资源"，成为各地争取的目标，地方政府必然要争先恐后"创造条件"来"跑部钱进"。"跑部"之所以可以"钱进"，根本原因在于按照现行财政体制，中央财政拥有大量需要通过转移支付向地方分配的公共资金，而且多跑多得，少跑少得，不跑不得。专项转移资金用于固定的项目，主要是支持地方基本建设，成为诱发"跑部钱进"的主导因素。① 在"跑部进钱"的过程中，往往是那些有资源的地方能够拿到钱，而最缺钱的地方，在"跑部"的资源占有上也是最少的。这些转移支付并不能够真正转移到最需要资金的地方，也不利于基本公共服务均等化目标的实现。中央转移支付的不规范、欠透明状态，成为各地纷纷设立驻京办的原因之一。因此，要彻底遏制"跑部钱进"现象，需要建立财力与事权相匹配的财税体制，尽可能地减少和压缩转移支付的规模，降低地方官员"跑部"的必要性才是根本之计。

总的来看，在目前的转移支付体系中，完全遵循严格的均等化原则的转移支付不足20%，超过80%的部分与财政均等化的逻辑不符，有些转移支付效果可能是负面的。

五、构建社会主义公共财政体制的思路与对策

从现在到2020年，中国仍处于加快转变发展方式，建立健全基本公

---

① 据有关部门统计，中央各部门掌握的专项转移支付项目多达220多种。

共服务体系的关键时期。"十二五"规划提出,完善公共财政制度,提高政府保障能力,建立健全符合国情、比较完整、覆盖城乡、可持续的基本公共服务体系,逐步缩小城乡区域间人民生活水平和公共服务差距。习近平总书记在关于《中共中央关于全面深化改革若干重大问题的决定》的说明中指出,这次全面深化改革,财税体制改革是重点之一。通过明确事权、改革税制、稳定税负、透明预算、提高效率,加快形成有利于转变经济发展方式、有利于建立公平统一市场、有利于推进基本公共服务均等化的现代财政制度,形成中央和地方财力与事权相匹配的财税体制。当前需要以党的十八届三中全会精神为指导,全面推进财税体制改革,构建社会主义公共财政体制。

(一) 以公共服务为取向推进公共财政改革

中国改革开放成功的重要原因之一是"做对了激励",包括对企业、个人和政府的激励,将全社会的力量凝聚到发展生产力上来,中国由此发生了翻天覆地的变化,但由于激励机制设计的原因,民众并没有充分分享经济成长的成果。过去三十多年来,中国政府已在"做大蛋糕"方面上积累了丰富经验,未来应在"分好蛋糕"方面继续努力,以实现包容性增长为皈依转变经济发展方式。中央提出的"包容性增长"是一种与单纯追求经济增长相对立,倡导一种机会平等、社会和经济协调发展、可持续的发展观,强调民众公平合理地分享经济增长。从一定意义上说,1994年分税制改革所带来的制度红利已基本释放完毕,其对中国经济的发展功不可没,但也带来一些不容忽视的问题。未来一个时期,应重启公共财政改革,公共财政应从经济建设型向公共服务型转变,更加关注民生,优先解决民众的基本需要。就公共支出的优先顺序而言,当以民众基本的需求为着眼点,以民生问题为优先。民众对公共服务提出的要求政府在经济发展中为民众提供与经济发展水平相适应的公共产品与公共福利，通过设计合理的财政治理制度保证各级政府有能力和条件实现这一目标，强调民众的参与性。发展必须植入公共经济治理理念，从经济增长更快转向经济社会发展更好，民众生活更幸福，让弱势群体得到保护，在经济增长过程中保持平衡、稳定与和谐。

（二）以公共服务层次性为依据划分政府事权

政府间事权的划分是政府有效履行职能的第一步。美国学者埃克斯坦（Echesten）认为，应当根据公共产品（公共服务）的受益范围来有效划分各级政府的职能，并将其作为财权分配的依据。从理论上讲，全国性公共服务应该具有三个方面的突出特征：一是公共服务的受益范围限定在整个国家的疆域之内，无论国土面积大小，都是如此，确保全国人民都受益。二是公共服务的受益在整个国家的疆域内分布得相当均匀（至少，全国性公共服务提供者的愿望是如此），无论何种内容的公共服务及国土面积的大小，也都是如此。三是全国性公共服务的提供者只能是中央政府，而不可能是某一级地方政府。与全国性公共服务对应的是地方公共服务，即由各级地方政府提供，只能满足某一特定区域（而非全国）范围内居民公共消费需求的服务。地方性公共服务的特征也表现在三个方面：一是这类服务的受益者主要是本辖区内的居民；二是受益范围基本上被限定在某一个区域之内，并且这种受益在本区域内分布得相当均匀；三是地方公共服务的提供者是各级地方政府，而不应该是中央政府。

公共服务的层次性对于中央与地方财政关系的要求，就是要实行分级财政管理体制，为各级政府有效地提供受益范围各异的公共服务创造条件。进一步讲，中央与地方政府之间的事权和财政支出范围，可以分为以下四类①：（1）完全归中央政府承办的事务，指那些全体国民共同受益且必须在全国范围内统筹安排的事务，主要包括国防、外交、国家安全、中央级行政管理、经济社会发展规划、宏观经济政策的制定、实施，基本法律法规的颁布，重大基础科学研究和高新技术开发等。（2）完全归地方政府承办的事务，指那些仅限于某一辖区内的社会成员共同受益，而且由地方承办效率更高的事务。主要包括辖区内重要基础设施建设和城镇公用事业发展，辖区内的社会治安、消防及行政管理，辖区内经济社会发展规划的制定、实施，地方性法律法规的颁布，卫生防疫与计划生育等。（3）中央承办地方协助的事务，指那些由中央政府出面承办效率更高，但是受益范围不面向全体国民，也不局限于某一行政辖区，而是跨越几个辖区的事务。比如，跨省区的基础设施建设，如京沪高铁，南水北调，大江、大河、大湖的整治，跨流域环境污染的治理等，这些事务必须由中央出面组织、协调，但是根据受益与付费相对称的原则，相关地方政府要积极配合，尤其是提供必要的财力保证。（4）地方承办中央资助的事务。由于地方政府充分了解信息，贴近民众，对这类事务的处理效率更高，且其成果可归全体国民共享。如重要历史文化遗产的发掘保护整理，完全由地方政府承担，支出压力会很大，但若中央政府给予一定财力支持，将会调动地方的积极性。党的十八届三中全会对中央和地方事权做出较为清晰的界定：适度加强中央事权和支出责任，国防、外交、国家安全、关系全国统一市场规则和管理等作为中央事权；部分社会保障、跨区域重大项目建设维护等作为中央和地方共同事权，逐步理顺事权关系；区域性公共服务作为地方事权。中央和地方按照事权划分相应承担和分担支出责任。中央可通过安排转移支付将部分事权

---

① 孙开：《财政分权与分级财政》，《公共经济学评论》2006年第1期，第122页。

支出责任委托地方承担。对于跨区域且对其他地区影响较大的公共服务，中央通过转移支付承担一部分地方事权支出责任。[①]

（三）建立公共服务导向均等化型的财政转移支付制度

如果说在经济活动领域应该坚持效率优先、兼顾公平为原则，以市场机制调节为基础；社会公共服务领域要坚持公平优先、兼顾效率的原则，以政府管理制度和机制为基础。对于当下的中国而言，改革完善转移支付，可继续在以下几方面有所突破。

1. 借鉴德国经验，探索"兄弟型"转移支付模式

中国能否引入德国的兄弟型转移支付模式，取决于以下因素：一是整体的经济状况，二是中央政府的财力状况；三是已有的基础如何，四是纵向转移支付在中国实施的情况。目前中国东部发达地区的经济发展水平和收入水平已接近一些发达国家的水平，有条件、也有义务从财力上支持不发达地区的发展。如果以经济规模来衡量，以2008年数据为基准，广东经济规模可以排在世界的第18位（按照汇率换算的GDP总量，下同），在土耳其之后（相当于土耳其的67%），超过波兰、印度尼西亚（世界第4大人口国）、比利时、瑞士、瑞典、沙特阿拉伯；排名第2和第3位的山东和江苏，经济规模都超过挪威、奥地利、伊朗、希腊、丹麦、阿根廷；排名第4位的浙江，经济规模超过委内瑞拉、爱尔兰、南非。[②]

中国是发展中大国，东部与中西部地区差距过大，单靠中央对地方的纵向转移，实现地区间公共服务的均等化难度很大。东部发达省区支

---

① 《中共中央关于全面深化改革若干重大问题的决定辅导读本》，人民出版社2013年版，第21页。

② 张维迎：《市场的逻辑》，上海人民出版社2010年版。

援西部不发达省区已有一定的政治思想基础，如发达省区与西藏地区之间的对口支援，只是规范性不高，稳定性较差，未形成制度。中国的纵向转移支付存在一些缺陷需要弥补。东部发达地区支援中西部不发达地区，有利于加快地区间的协调发展，提高国家整体经济发展水平，增强国家的凝聚力，从而最终也有利于东部地区经济的发展。

2. 完善"家长型"纵向转移支付体系

在探索横向转移支付的同时，仍需完善家长型转移支付体系。提高一般性转移支付比例。一般性转移支付是最具有平衡地方间财力差异，促进公共服务均等化的转移支付形式。世界上许多国家都将一般性转移支付作为中央对地方转移支付的主要形式。一般性转移支付比重过低不仅削弱了中央政府均衡地方财力的作用，也限制了地方政府在区域性公共服务供给中的自主性。应分步提高一般性转移支付比例，使其成为转移支付的主要形式。

中国是一个地域辽阔、民族众多的国家，不同地区之间的农村情况差别很大，所需的基本公共服务也各不相同。如西部地区农村可能更需要将资金更多地投入到饮用水、子女义务教育方面；而经济发达地区的农村则可能会更多投向医疗卫生、养老保障等其他基本公共服务方面。因此，应赋予地方政府更多的可支配资金，让他们根据自己地方的实际情况安排符合他们自身需要的公共服务。另外，如果一般性转移支付资金不足，也会限制一些自身资金困难的地方政府提供基础公共服务的能力。在目前中国地区间财力、公共服务水平差距较大的情况下，增加一般性转移支付，更好地体现转移支付制度的公平性。

中央和省级政府应逐步加大对财政困难县乡的支持力度，逐步缩小各地区基本公共服务能力差距。同时引入因素法，将义务教育、医疗卫生等基本公共服务经费作为基本因素纳入到转移支付体系中，以非人格化制度应对主观因素可能带来的负面影响，保证农村享受公共服务的水平不断提高。总的来讲，应赋予地方更多的可支配资金，让他们根据自己地方的实际情况安排符合他们自身需要的公共服务。在一般性转移支付资金配置计算方法中，增加主体功能区因素，逐步增加对限制开发和禁止开发区域的转移支付规模，重点保障欠发达地区地方履行公共职能的基本财力。健全边疆民族地区社会事业加快发展的转移支付机制。财力性转移支付占比重逐步提高，这标志着转移支付对地区均等化能力和作用的提高。（见表 10 - 3）

表 10 - 3　各类转移支付比例变化情况

内容	2002	2005	2006	2008	2009	2010	2011	2013
一般转移支付	22.3%	33.2%	35%	37.7%	40%	45.2%	45.9%	50.2%
专项转移支付	32.6%	30.7%	33%	43.4%	43%	39.3%	41.4%	39.4%
税收返还原体制补助	45.1%	36.8%	32%	18.7%	17%	15.5%	12.7%	10.4%

资料来源：根据财政部数据整理。

3. 调减规范专项转移支付

专项转移支付是由中央各部委按照"条条"管理转移到下级政府，带有指定用途，地方政府无权挪作它用。专项转移支付，虽然较为有利于克服转移过程中的"跑冒滴漏"，使资金直接到基层，但实际上强化了条块分割，容易形成条块打架等情况。中国的专项转移支付实质上是财权部门化的体现，过多地表现为部门利益，再加上需要地方政府层层配套，是中央部门"条条"干预地方"块块"的重要载体，也被称为"王爷经济"，难以体现中央的真正意图。

当然，专项转移支付在促进基本公共服务均等化的进程中也发挥了巨大作用。例如，近些年中央在新型农村合作医疗、义务教育等方面的专项转移支付就有效地解决了许多问题，此类专项转移支付的力度仍需加大。与此同时，也要将一些效果不大、不规范的专项转移支付进行清理甚至取消。新设立的专项转移支付应仅限于中央基本公共服务责任范围内。对由于各部委之间缺乏协调而造成的重复交叉项目，应当进行整合。对于中央全额负担的转移支付项目，不再要求地方政府的配套资金。对专项转移支付的原则、程序进行规范，提高透明度。

具体而言，当前应当做以下几件工作：第一，要科学界定专项转移的标准，即要明确具备什么条件才能列入专项转移支付。[1] 如前所述，列入专项转移支付的项目应是具有外溢性、突发性、特殊性、非固定性等特征的项目。例如，突发性的自然灾害（2008 年汶川 8 级大地震）和疫情（2003 年 SARS 危机）的救治等。根据专项转移支付应具备的上述特征，义务教育、公共卫生、社会保障和一般性的扶贫等支出都不应列入专项转移支付的范畴。二是明确界定专项转移支付的性质和范围。专项转移支付要以促进地区之间、城乡之间协调发展为主要目的，其投资范围应主要限定在与民生密切相关的基本公共服务领域以及体现国家战略意图的关键领域和环节。三是控制压缩专项转移支付规模。专项转移支付只能是辅助的形式，规模不能过大。随着信息技术的普及，应逐步推行政府采购和国库集中支付制，提高专项转移支付资金的使用效益。四是列入专项转移的项目要经过科学论证和严格的审批程序。应列入一般性转移支付的不能列入专项转移支付，不断降低专项转移支付比例。从 1994 年至今，一个总的趋势是专项转移支付比重在下降，财力性转移支付，包括一般性转移支付的比重在提高。五是要加强对专项转移支付项目的监督检查和绩效评估，防止被截留挪用，提高其使用效果。另外，已有的中央财政专项转移支付过多地要求地方财政有相应的配套资金。

---

① 安体富、任强：《公共服务均等化：理论、问题与政策》，《财贸经济》2007 年第 8 期，第 53 页。

这直接导致未能拿出足够财力配套、但实际上更需要专项资金支持的地方不能拿到项目，只好采取虚报数据的做法，影响专项转移支付目标的实现。因此，专项转移支付项目的确定，有必要根据实际情况，适当放弃需要地方配套资金的要求。

4. 逐步取消税收返还

税收返还是 1994 年分税制改革时中央与地方相互妥协的产物，是旧体制的延续，当时的出发点是为了维护地方既得利益，为了分税制财政体制改革方案的顺利推行，在当时是必要的。

在 1994 年分税制财政体制改革以后的相当长的一段时期内，税收返还是作为财政转移支付的主要形式而存在的。税收返还占比过高直接扩大了地方政府间财力上的差距，加剧了区域间经济发展差距和公共服务差距。事实上，中央对地方税收返还政策，实际上默认了起点的不公平，财政收入增长快的东部沿海省份得到的财力继续增加，而中西部落后地区由于财政收入增长慢相应得到的财力没有较快增长，不同省份财力差距因税收返还的存在进一步拉大。应该看到，由于税收返还的数量大，又属于逆均等化的转移支付形式，因此，不能将其永久性固定化，必须逐步予以清理。

为此，应从促进城乡和地区基本公共服务均等化的高度出发，统筹安排转移支付体系，逐步降低税收返还和原体制补助的比例，直至最后取消。目前财政收入连续多年高速增长，已经具备了取消税收返还的条件。如果说一次性取消税收返还难度较大，可制定一个时间表，在规定时间内逐步取消，而后将其纳入一般转移支付形式中，这样，整个转移支付体系将适合基本公共服务均等化的总体要求。

5. 规范省级以下转移支付制度

作为世界上最大的发展中国家，地方政府承担绝大部分的基本公共服务支出责任。在完善中央政府对地方政府的转移支付体系的同时，也应注重完善省对其以下政府的转移支付体系，逐步缩小辖区内的地区财力差距，进而保证全国地区间城乡基本公共服务差距的缩小。

从各国实践来看，很少有国家能够保证所有地方政府的自有财政收入能够完全满足地方支出需求，往往需要各种形式的转移支付，以均等化各级政府的财政服务能力。对于均衡化问题，中国不仅要在中央与各省这一层次上实现均等，更重要的是要在省以下各级财政实现均等。对于省以下转移支付资金，要打破省对下体制补助、专项补助、结算补助以及其他补助的界限，根据转移支付资金总量和调控目标按照因素法统一核定各地的标准收入、标准支出及总补助数额，充分发挥省一级调解县域之间财力均衡的作用，逐步缩小辖区内地区间财力差距，从而确保全国地区间财力差距的缩小。

6. 建立健全转移支付监督机制

建立科学的转移支付评价监督体系，强化对转移支付资金的预算约束。一是组建独立于政府各部门的中央财政拨款专家委员会，专门负责财政转移支付公式的确定和调整，这是提高财政转移支付效率的有效途径。该委员会应该由专职人员组成，其决策过程应置于公众的监督之下。中央可视地方转移支付资金使用的效率对下一年转移支付的额度进行调整。二是逐步建立人大监督、政府监督、审计监督、社会监督的财政转移支付监督体系。各级政府向同级人民代表大会及其常务委员会报告财政转移支付收支情况，接受其监督。各级政府监督下级政府的财政转移支付预算执行，下级政府应当按要求向上级政府报告财政转移支付预算执行情况。各级政府审计机关应当对财政转移支付资金进行审计。三是针对专项转移支付，应提高资金分配的透明度，建立健全财政转移支付公示制度，逐步将转移支付资金的分配、使用情况向社会公开，确保专项资金使用效益的最大化。

7. 加快制定《转移支付法》

从世界上大多数国家的财政转移支付实践来看，虽然各国转移支付的形式、结构和规模等方面各不相同，但都用法律对转移支付制度做出了规定。日本关于政府间财政转移支付的相关法律包括《地方交付税法》、《义务教育法》、《土地改良法》、《宪法》、《地方自治法》、《财政法》、《地方财政法》等。德国通过《基本法》、《财政转移支付法》等对财政转移支付作了明确的规定。在澳大利亚、英国和意大利等国家的财政转移支付制度中，也都体现了法制化的特点。目前，中国政府间的转移支付还缺乏一套系统、完整的法律规范，《转移支付法》尽管已纳入全国人大立法计划，但至今仍未出台，大量的转移支付由中央部门的"决定"或"通知"来规定。由于法律约束和监督机制不健全，致使财政转移支付受人为影响因素较大，不能保证转移支付资金的合理流向和统筹安排，难以确保转移支付资金向农村倾斜，从而降低了地方政府提供公共服务的能力，地方政府也无法形成稳定的预期。

宪法作为保障人民权利的根本大法，却没有针对转移支付的专门规定，这造成均等化缺乏最高法律的支撑。因此，应在宪法中增加相关转移支付的规定，明确其在促进基本公共服务均等化，保障全体人民享受到大体相当的基本公共服务，为制定专门的转移支付法奠定基础。加快推进财政转移支付立法建设，赋予财政转移支付相应的法律地位，明确中央政府与地方政府事权与财权的划分标准。通过法律对财政转移支付的政策目标、资金来源、核算标准等做出具体的、权威性的统一规定，确保财政转移支付有法可依。国务院应设立独立的政府间财政转移支付机构，专门负责各级政府财政转移支付的协调工作。该机构应保持相对的独立性，以更客观地平衡各级政府的财力。在正式的法律未出台之前，可抓紧制定办法，如《财政转移支付条例》等，加强对专项转移支付管理工作的约束，减少其"挤出效应"。在此基础上，总结经验，制定出具有前瞻性、科学性的《转移支付法》，建立起良好的激励约束机制与绩效评价体系，努力提高转移支付资金的使用效益，形成制度红利。

（四）以提高公共服务能力为旨向改进税收制度

党的十八届三中全会提出，深化税收制度改革，完善税收制度。笔者认为，未来应以提高公共服务能力为旨向改进税收制度。

1. 适当扩大地方税权

提供公共服务，需要有基本的税种为基础。适当扩大地方税权。分税制较为完善的国家的地方政府在治理地方税方面都有一定的自主权，包括地方税的立法权、解释权和减免权等。中国是发展中大国，现实国情决定中央政府需要集中财力，进行有效的宏观调控，因而实行相对集中的税收管理模式。但另一方面，中国幅员辽阔，人口众多，地区经济发展很不平衡，各地情况差别很大，为调动地方的能动性，实现基本公共服务均等化，也需要进行适当的分权，建立完善的地方税体系。从国际范围内来看，分税制较为完善的国家的地方政府在治理地方税方面都有一定的自主权，包括地方税的立法权、解释权和减免权等。

中国宪法规定，在不与宪法及行政法规相抵触的前提下，省级人大可以制定地方性税收法规。1994年分税制也规定将属于地方收入的管理权限下放给地方。但是实际操作中这项规定并没有真正落实。地方政府只享有少数地方税法的实施细则制定权，其他的地方税税种的立法权、税法解释权、税目税率调整权、税收减免权等都集中在中央手里。虽然中央税的税收立法权全部集中在中央，但参与中央税立法的部门过多。除少数税法由全国人大及常委会立法外，大部分税收法规由国务院、财政部和国家税务总局制定，行政机关集立法与执法于一身，一些非财税部门也以各种方式间接参与中央税的立法活动，影响了税收立法的权威性、合理性、公平性和稳定性。

按照"财力与事权相匹配"的原则，适当调整中央与地方政府之间收入的划分，赋予地方一定的税收立法权，使地方政府能够根据自己的实际情况，设立和开征一些对宏观经济和中央税收影响较小的地方税种，一方面有利于地方政府对区域经济发展进行适度调节；另一方面，有利于地方政府获得稳定的财政收入，拓宽地方的财源。未来的趋势应是：中央立法为主，省级立法为辅，建立两级立法相辅相成的立法格局。地方政府的税收立法权可按不同税种分别处理。对于维护全国统一市场和公平竞争的地方税种，涉及全国税收政策，其立法权仍集中在中央；税源较为普遍，税基不易转移，对宏观经济影响较小的地方税种，中央负责制定基本税法，其实施办法、税目、税率调整以及征收管理等权限可下放给地方；税源零星分散，纳税环节复杂，征收成本大的地方税种，立法权可全部下放给地方；允许地方立法机构对具有地方特点的税源开征新税种，设置征管办法，并报上级机关备案。

2. 合理调整税种

从税种上看，中央政府为履行宏观调控职能，应掌握流动性强、不宜分割、具有宏观经济反周期"稳定器"功能的税种以及有利于贯彻产业政策的税种。地方政府可以适当开征与地方经济发展密切相关，对全国经济影响不大，流动性弱、具有信息优势和征管优势、并能和自身职能形成良性循环的税种，以保证地方有稳定的税源。若按税种的调节作用划分，对于收入与财富具有再分配作用，对经济波动有调节作用的税种应划分中央税；与地方经济的发展息息相关，体现经济发展和税收增长的内在联系划为地方税。税种划分还应体现便于征管、最低税收成本的原则。由中央征收效率较高的税种应划归中央税，反之，应划归地方税。

在地方税种中，资源税的调整近年来成为社会关注的热点。随着整体经济的向好，资源消耗大幅度增加，但资源开发地并没有享受到资源开发带来的好处，多数地区仍处于"富饶中的贫困"，资源开发地政府缺乏为农民提供基本公共服务的财力。因此，应积极推进资源税改革，增加地方可用财力。一方面，提高资源税税负。总的来看，中国资源税的单位税额和总体税负偏低，而国内资源类产品价格已基本与反映长期成本的国际市场价格接轨，产品超额利润大部被生产企业赚取。因此，有必要适当逐步提高资源税税负，有效发挥税收调节作用。另一方面，改变征税方式。过去按照从量定额的方式征税，实际就是按企业生产实物产品数量征收，没有考虑企业在生产过程中的浪费和对环境的破坏成本，以及价格变动因素。由从量定额（按销售数量征收定额税）向从价定率（按销售额征收定率税）方式转变，以实现差别计税、分档调节，体现勘探、环境污染、生产安全等长期的可持续成本，可以促进企业合理开发利用矿产资源，达到降耗、减排、增效的目的，同时也能有效增加资源开发地政府的收入，让资源税成为地方的主要税源。

（五）探索以公共服务为重点的公共经济治理模式

中国经过30多年的改革开放，成功实现从计划经济向市场经济的转型，社会主义市场经济体系框架基本建立，但与之相适应的政府治理结构是否改革已经到位了呢？由于没有处理好政府与市场的关系问题，政府管了很多管不了也管不好的事情，由此导致政府规模不断膨胀。因此，需要彻底厘清政府与市场，政府与企业、政府与社会、政府与中介组织的关系，切实做到政企分开、政资分开、政事分开、政府与中介组织分开，真正发挥市场在资源配置中的决定性作用。政府这只"看得见的手"在"该出手"的地方才出手；在"不该出手"的时候决不能"乱伸手"。政府"看得见的手"应是"扶持之手"而非"攫取之手"、"掠夺之手"。只有政府职能转型到位了，大量不属于政府管理的事项交给市场和中介组织了，政府才能将精力、财力真正投向公共服务领域。

1. 减少政府经济建设性支出

目前的公共支出结构是与中国长期实行的经济体制有直接关系的。在传统体制下，企业只是国家的一个"生产车间"，财政是典型的经济建设型财政，其正面效应与弊端此处无须赘言。在完善社会主义市场经济，逐步实现基本公共服务均等化的大背景下，必须对现有公共支出格局进行调整，否则财政不足以承担促进基本公共服务均等化的重任。与OECD国家相比，中国政府仍然高度关注经济增长，在资本形成和转移支付方面的支出比用于教科文卫等公共服务支出高出许多。因此，必须重新思考公共支出结构的战略定位。

政府应逐步退出对竞争性领域的投资，坚决把直接用于一般竞争性领域的公共投资压下来，充分发挥企业作为市场经济主体的作用。但这并不是说全部取消政府的经济建设投资，从1955年经济建设支出占全部支出的比重超过50%，到1980年接近60%，此后不断下降，到2005年降至30%以下，但在整个公共支出结构中仍占有重要地位。考虑到中国现实国情，政府对一些关系社会主义经济命脉，承担着"经济使命"和"政治使命"的极少数国有企业仍需给予一定的支持；对于城市地铁，农村公路及高速铁路、公路等承担公共服务职能的基础设施也应大力支持。其中的关键是经济建设性支出切忌"撒胡椒面"，而应突出重点，有所为，有所不为，充分发挥经济建设支出的杠杆作用。

2. 降低政府行政费用支出

政府职能划分的合理与否对于降低行政费用支出也是至关重要的。

要彻底降低行政费用支出，解决机构重叠，政出多门带来的行政成本过高问题，必须合理界定政府职能，厘清政府与市场，不同层级政府之间的关系。切实做到政企分开、政资分开、政事分开、政府与中介组织分开。真正发挥市场在资源配置中的决定性作用。政府这只"看得见的手"在"该出手"的地方必须果断出手；在"不该出手"的时候不能变为"闲不住的手"。不同政府之间的职能划分应上升到法律层面，中央事务毫无疑问应由中央承担，地方性事务地方应充分履行其职责，中央与地方共同承担的事务应通过法律法规予以明确，防止"大马拉小车"与"小马拉大车"的情况出现。

建设阳光政府，倡导透明消费。哲人云：阳光是最好的防腐剂。只要将所有的消费公之于众，必然会对政府产生一定的约束作用。对于公务接待，应制定明确标准，并请社会各界进行监督。如在香港，政府公务接待有明确上限，午宴每人350元，晚宴450元，政府各部门必须按照相关的政府规例和指引处理与公务接待事宜，并由部门首长或副首长亲自批核所有报销的开支。对于公务用车，可根据各地经济发展实际情况及财政承受能力，逐步实现货币化并在其薪酬中加以体现。有些地区已经进行公车货币化改革，积累了一定的经验，关键是中央政府下决心并采取切实可行的措施推动这项工作。对于公费出国，应具体情况具体分析，必须注意的一个倾向是决不能将出国视为政府官员的一种福利。前几年曾出现某地领导为出国"考察"而虚构邀请函的荒唐事件，需要引起重视。此外，建设阳光政府还需对"三公消费"加强审计监督，通过报纸杂志、广播电视等大众传媒保障公民的知情权、自由表达权以及监督权，并逐步实现审计监督结果的公开化，让全社会都参与监督，力争遏制住不断膨胀的"三公消费"。

3. 建立公共预算型国家

完善《预算法》，增强公共预算的权威性与约束力。事实上，每年的两会应是对政府预算的审议而不是其他，但现在的两会更多成为某些攻府及部门的表扬与自我表扬大会，审议政府预算被严重边缘化，人大代表无法对预算情况提出具体有针对性的建议，预算监督流于形式。因而，应赋予人大代表提出预算修正案的权力，对于政府"三公消费"应限制其增速和比重，严格预算责任追究制度，只有将预算进一步具体化，才能确保民众的知情权，也才能从根本上化解"三公消费"的不断膨胀问题。

4. 提高政府公共经济治理能力

关于政府职能的研究近年来已经汗牛充栋，不同研究领域的学者对此都有不同阐释。但学界共同的认识是，经过 35 年的改革开放，中国在政府改革方面是裹足不前的，这在某种程度上已影响了其他领域的改革与发展。改革是加快转变经济发展方式的强大动力，必须以更大决心和勇气全面推进各领域改革，要使上层建筑更加适应经济基础发展变化，为科学发展提供有力保障。有学者研究认为，中国经济持续快速增长，创造出世人瞩目的"中国奇迹"。一个重要原因是优良的道路、机场、港口、电力、通讯乃至自来水供应等硬件基础设施为经济社会发展提供了良好环境（张军，2008）。事实上，搞好基础设施既有利于营造良好环境、有助于招商引资及促进辖区经济增长，基础设施本身也是最容易度量、能够满足地方官员需要的"政绩"。与此相对应的是，"隐性"公共产品供给不足，在义务教育、医疗卫生、社会保障、环境保护等需要较长时间才能显示绩效的民生社会领域，政府重视程度不够。即使在显性公共产品供给上，政府也只是重视"地面以上"，地面以下投入不足，每逢极端天气，公共产品供给的脆弱性暴露无遗。理论上分析，基层政府是上级政府在地方上多维任务的代理人，上级政府激励远大于辖区居民的激励约束，由于"唯上不唯下"，与发展息息相关的居民却被忽略在委托合同之外。基层政府的目标往往并不是以当地百姓最迫切的生计发展，满足居民的公共服务需求为主，而是注重满足政府自身的利益最大化。

当前，中国正从温饱型社会向全面小康社会转型，人民群众面临的主要矛盾是日益增长的公共需求与政府提供的公共产品数量不足，供给能力不强，基本公共服务不均等之间的矛盾，实现包容性增长，追求发展的公平与正义成为大多数人的诉求。发展是一种过程，不是简单的经济增长，其绩效应由多种综合因素来确定。政府良好的公共经济治理能力是中国当前稀缺的公共产品，因此，应将服务型政府建设继续推进，建设一个现代意义的公共经济治理型政府，将市场的还给市场，政府的归政府，彻底处理好"越位"、"错位"及"缺位"等难题，为辖区居民提供与经济发展程度相适应的公共产品，创造良好的生态环境和稳定的社会环境。

第十一章

加强公务员公共服务能力建设

国以才立，政以才治。《中共中央关于全面深化改革若干重大问题的决定》指出："全面深化改革，需要有力的组织保证和人才支撑。"在公共服务成为核心职能的服务型政府模式下，公务员公共服务能力是实现政府公共服务职能的关键性因素。因此，加强公务员公共服务能力建设，提升公务员公共服务能力，进而提高政府公共服务水平成为构建服务型政府的基础性工程。

何为公务员公共服务能力？公务员公共服务能力的构成要素是什么？现实中公务员公共服务能力状况怎样？公务员管理开发制度与机制如何影响公务员公共服务能力？如何在科学分类基础上通过改进公务员管理提高公务员公共服务能力？上述问题有待通过理论研究和实践探索达成共识，进而整体性推进公务员公共服务能力建设。

一、公务员公共服务能力及其建设

在公共服务作为公务员九大通用能力建设 10 年后，回顾、反思其建设推进还是需要从解析"元问题"开始。

（一）公务员与公务员公共服务能力

1. 公务员——"文职公仆"

"公务员"一词是舶来品，来自英文"civil servant"，基本含义是"文职服务员"、"文职公仆"或"文官"。各国法律对公务员范围界定存在差别。我国自推行公务员制度后公务员内涵与外延有较大变化，1993年颁布的《国家公务员暂行条例》对国家公务员的界定是："各级国家行政机关中除工勤人员以外的工作人员"，严格将公务员的范围限定在国家行政机关内。其他党政群机关和具有行政管理职能的事业单位工作人员虽然依照或参照公务员制度管理，但并不称为国家公务员。2005年颁布的《中华人民共和国公务员法》（以下简称《公务员法》，该法用公务员替代国家公务员概念）对公务员界定采用了列举公务员基本构成要件形式予以规范："本法所称公务员，是指依法履行公职、纳入国家行政编制、由国家财政负担工资福利的工作人员。"依据此规定，我国公务员的范围涵盖各级共产党机关以及人大、政府、政协、审判、检察、民主党派机关工作人员。除上述人员外，还有两类群体也被纳入公务员法管理范围：一是工、青、妇等人民团体机关工作人员，二是《公务员法》第106条规定经有关部门批准的"法律、法规授权的具有公共事务管理职能的事业单位中除工勤人员以外的工作人员"，都参照公务员法管理。据国家公务员局公开的数字，截止到2010年，我国共有公务员689.4万人，参照公务员法管理人员88.4万。① 另外，需要说明的是：国外公务员范围大都远大于我国，如公立学校、公立医院等公共机构工作人员通常具有公务员身份，而我国拥有3000万职工、作为政府举办的公共服务

---

① 《我国公务员数量约689万人 近两年年均增长15万人》，《人事天地》2012年第4期，第59页。

机构的事业单位，其工作人员不具有公务员身份。

公务员为什么是文职服务员、文职公仆？现代国家大多通过宪法和公务员法对此做了明确规定，如意大利《共和国宪法》第 98 条规定："公务员只为国民服务"；《日本国宪法》第 15 条第 2 款规定："公务员是国民全体，而不是一部分的服务员"，其《国家公务员法》第 96 条第 1 款规定："所有职员作为全体国民的服务员为公共利益而工作"。由此可以看出，为全体国民服务是公务员的基本职责，公仆是其本然属性。各国宪法和公务员法通过对公务员公仆属性的规定，以保证公务员这一职业群体应服务于全体国民、追求公共利益的根本价值取向及职责所在。

《中华人民共和国宪法》第 27 条第 2 款规定："一切国家机关和国家工作人员必须依靠人民的支持，经常保持同人民的密切联系，倾听人民的意见和建议，接受人民的监督，努力为人民服务"。《公务员法》第 12 条第 3 款规定公务员应当履行"全心全意为人民服务，接受人民监督"的义务。上述规定从根本上确立了为人民服务是我国公务员的宗旨与基本职责，也确立了我国公务员应以公共精神追求公共利益为核心价值。公仆属性与追求公共利益的核心价值，构成了公务员能力建设特别是公共服务能力建设的政治、法律与道义基础。

2. 公务员公共服务能力

2003 年原人事部印发的《国家公务员通用能力标准框架（试行）》，提出包括公共服务能力在内的公务员九大通用能力标准框架，并对公共服务能力进行粗线条的规定，即：牢固树立宗旨观念和服务意识，诚实为民，守信立政；责任心强，对工作认真负责，密切联系群众，关心群众疾苦，维护群众合法权益；有较强的行政成本意识，善于运用现代公共行政方法和技能，注重提高工作效益；乐于接受群众监督，积极采纳群众正确建议，勇于接受群众批评。应该说，该框架强调公共服务能力应作为公务员通用能力并一定程度体现了公共服务能力的特征与内容。但该框架只是提出四项要求，并未给出公共服务能力定义。

实际上，自从 2000 年底原人事部指出要"研究提出不同层次公务员的能力素质标准"后，公务员能力素质框架不断调整变化，公共服务能力成为公务员通用能力之一经历"从无到有"的变化过程。2001 年初，原国务委员王忠禹提出了国家公务员队伍和高中级公务员培训必须努力提高五种能力，即政治鉴别能力和抵御腐朽思想腐蚀的能力，总揽全局的战略思维能力，领导经济工作和驾驭市场经济的能力，科学决策和依法行政能力，统筹协调的组织能力和处理复杂问题的能力。2001 年 9 月，王忠禹和原人事部部长张学忠提出重点提高全体公务员七个方面能力：政治鉴别能力和抵御腐朽思想腐蚀的能力，培育和发展社会主义市场经济的组织领导能力，依法行政能力，专业化行政管理能力，调查研究能力，创新能力，学习能力。2003 年 11 月，原人事部下发《国家公务员通用能力标准框架（试行）》，明确了公务员必备的九种通用能力，即政治鉴别能力，依法行政能力，公共服务能力，调查研究能力，学习能力，沟通协调能力，创新能力，应对突发事件能力，心理调适能力。公共服务能力至此才正式纳入公务员通用能力框架之中。上述过程一方面反映了管理部门及其领导对公务员应具备的通用能力认识的不断深化，一方面说明对公务员公共服务能力的认识仍是初步的，因而没有给出定义，没有充分体现公共服务作为我国政府四大职能之一在公务员能力建设中的重要地位，更没有体现公共服务能力在公务员能力构成中的应有位置。

但《国家公务员通用能力标准框架（试行）》毕竟是主管部门制定的具有指导意义的能力建设标准，此后九大通用能力开始长达十年的建设实践及与之相关的理论研究工作。一些地方在实际操作中虽有所变通、有所创新，但基本遵循此《框架》。如《甘肃省处级以下国家公务员公共能力建设标准（试行）》将公务员能力分为"基本能力"、"初级能力"、"中级能力"和"高级能力"四个能力层次，公共服务仅属于与调查研究、沟通、协调、行政执行等并列的"初级能力"。《2006—2010年苏州市公务员能力建设纲要》则将公务员分为三类：担任各级机关领导职务及相当级别的人员（第一类）、机关内设机构领导职务及相当级别的人员（第二类），上述二类以外的其他公务员（第三类），公共服务能力排除在前两类人员能力要求之外，仅仅是普通公务员应具有的核心能力，而其"具体要求、实现和检验途径"是："能够起草公函、简报、工作总结等工作文稿，具备基本的外语阅读、口笔译能力；熟悉现代办公技术，能够用计算机网络技术办公，对统计资料进行分析研究，为领导决策提供依据；能够与有关业务部门、人员密切合作，取得工作上的支持与配合，准确出色完成会议的组织筹备工作，熟悉公务接待礼仪。"公共服务能力成为（严格说是下降为）掌握机关基本知识、办理日常事务、热情服务、礼貌待客等"普通文员"必备的"应知应会"能力。

由于存在上述局限，自原人事部推出《国家公务员通用能力标准框架（试行）》后，就有学者未按原界定而是结合政府转型、政府公共服务职能等展开深层次探讨，一些研究引入新公共服务理论、能力素质模型等解析公务员公共服务能力；① 一些研究成果还被纳入了公务员能力建设实践中。其中，值得注意的是湖北省参考陈芳教授及其团队的研究自2010年起推行公务员能力席位标准建设，② 湖北省要求各机关及岗位

① 潘劼、杨晓锋：《基于新公共服务理论视域下公务员服务能力提升研究》，《企业导报》2009年第5期，第160—161页。
吕华、罗文剑：《胜任力视角下公务员公共服务能力建设探析》，《胜利油田党校学报》2012年第5期，第45—48页。
② 张广科：《中南财经政法大学研究成果将在湖北公务员系统施行》，http：//www. hb. chinanews. com/news/2010/1230/69467. html。

制定能力席位标准。虽然该标准体系并未整体突破《国家公务员通用能力标准框架（试行）》对公共服务能力的界定，但有所创新，表现在：一是将能力标准与公务员职业发展联系起来；二是将能力标准制定具体到各公务员职位；三是将公共服务能力定位为"基础能力"之上的"政治与行政能力"而凸显其重要性；四是结合不同职级、不同职位等制定能力席位标准，因而能力具体要求乃至名称有所不同，如省直机关公共服务能力、团队管理能力对厅局级职务的要求、名称分别是公共服务能力、战略性团队建设能力，而对科办员职务的要求、名称则是服务基层能力、团队合作能力，等等。

从有关研究成果看，国内外理论界对公务员公共服务能力内涵和外延的认知存在一定差异，这种差异主要是受对公共服务和能力两个概念认知不同的影响。公共服务是一个内涵丰富的理论概念和重要的现实实践活动，可以从不同学科、不同视角以及不同研究需要去定义。据萨缪尔森等经济学家的公共物品理论，政府的所有产出以及公务员的所有职务行为都可视为公共服务。但从行为特征与我国政府职能定位（经济调节、市场监管、社会管理、公共服务）分析，公共服务应与公共行政（管理）对称，公共服务应视为不同于管理的行为、职能，可定义为有国家行为、公共资源介入的服务性活动，其目的是满足公民生活、生存与发展的某种直接需求。公共服务范围非常广、内容极其多样，大致可概括为公共设施、公共事业、公共信息等方面，在我国包括加强城乡公共设施建设，发展社会就业、社会保障服务和教育、科技、文化、卫生、体育等公共事业，发布公共信息等，为社会公众生活和参与社会经济、政治、文化活动提供保障和创造条件。

能力也是一个在多学科理论研究和社会实践中广泛使用的概念，同样具有丰富的内涵和外延。从心理学上讲，能力是指顺利完成某一活动所必需的主观条件，是直接影响活动效率并使活动顺利完成的个性心理特征。依据当代人力资源管理理论，能力是指行为主体有效工作时所需要的技巧、知识、经验、品质和行为。[①]

我们认为，对公务员公共服务能力的界定，应依据服务型政府、高素质公务员队伍建设的要求，借鉴美国心理学家大卫·麦克利兰（David McClelland）1973年提出的能力素质模型（Competency Model），以及20世纪80年代兴起的能力管理运动的相关理论（在能力管理模式下，行为主体相对于给定任务的胜任度成为衡量行为主体能力的关键核心指标），特别是按照党的十八大强调的"推动政府职能向创造良好发展环境、提供优质公共服务、维护社会公平正义转变"要求，准确、全面地把握公务员公共服务能力的内涵与外延。所谓公务员公共服务能力，就是公务员履行公共服务职能、为社会提供公共服务过程应具有的主观条件及其在公共服务活动中表现出的胜任程度，是公务员品德、知识、智能、体能、技能等的高度统一与综合体现。在能力管理前提下，公共服务能力各要素还可再分解细化乃至量化成众多的具体指标。

在服务型政府建设成为我国政府改革与发展方向的条件下，公务员公共服务能力在公务员能力体系中应居于中心位置，是公务员各方面能力的综合体现。同时，在"管理就是服务"政策语境下，政府管理活动与服务活动无法截然分离，公共服务能力的具体要求也体现在一些公共行政行为中，因而，公共服务能力高低直接或间接影响公务员其他能力的提升与作用发挥，影响政府公共服务及公共行政职能的有效履行。

---

① 希尔维亚·霍顿：《公共部门能力管理——欧洲各国比较研究》，国家行政学院出版社2007年版，第4页。

(二) 公共服务能力构成要素与能力框架

在定义与定位基础上，进一步通过对能力构成要素分析，架构起体现分类分级要求的公务员公共服务能力标准框架体系。

1. 公务员基本公共服务能力构成要素

解析普适性的公务员公共服务能力构成要素，可以参考、借鉴美国著名心理学家、哈佛大学教授大卫·麦克利兰提出的能力素质模型（Competency Model）。麦可利兰把能力素质划分为知识（Knowledge）、技能（Skill）、自我概念（Self - Concept）（包括态度、价值观和自我形象等）、特质（Traits）、动机（Motives）五个层次，认为，知识和技能等属于基准性素质（Threshold Competencies）；概念、特质、动机等属于鉴别性素质（Differentiation Competencies），真正能够把优秀人员与一般人员区分开的是鉴别性素质。据此，我们认为，由公务员的宗旨观念、权力观念、群众观念以及责任意识、服务意识、诚信意识、效率意识、职业道德、敬业精神等所构成的公共精神与职业素养是公务员的鉴别性能力素质；其作为行动先导的观念、意识和动机，决定行动的方向和持续程度，也制约其他能力要素的发挥水平。与现代化的公共服务手段、技术、工具、程序等相适应的有关知识、技能等，则是公务员的基准性能力素质，可以被直接观察和运用现代测评技术进行有效测评。相对而言，鉴别性能力素质养成要比基准性能力素质获得艰难得多。因此，公务员公共服务能力建设在全面提升能力素质的同时，应将着力点放在鉴别性能力素质上。

依据我国政府性质与公务员能力建设基本要求，参考大卫·麦克利兰能力素质模型及其他相关理论，我们将公务员基本公共服务能力在结构上分为公共精神、职业素养、专业能力三个层次。

（1）公共精神。公共性是现代政府的基本特征与内在特性，公共精神是超越个人、部门、集团利益而追求公共目标、实现公众利益的精神，是指引政府行为的价值导向，是现代政府存在的重要合法性基础，因而公共精神是政府公共性的集中体现与内在灵魂。对于公务员而言，公共精神是公务员履行公仆职责，进行公共服务的精神支撑与动力基础，是公务员鉴别性素质的核心要素。我国的《公务员法》将全心全意为人民服务作为公务员应当履行的基本义务。为履行这一基本义务，公务员必须牢固树立宗旨观念和服务意识，诚实为民，守信立政。正是宗旨观念和服务意识使公共精神有了先进文化的内涵，使其成为正确对待权力、超越个体私利、摆正自身与公众关系的价值准则。

公共精神内涵丰富。现代公共精神基本体现在民主精神、法治精神、公正精神、服务精神、责任精神、参与精神六个方面。[1]从公共行政角度看，现代政府的公共性以公共精神作为公共行政的灵魂，要求政府必须以公民的意志作为公共行政的首要原则，以实现公共利益为目标。从公共服务角度看，政府应把回应社会需求、服务公众、实现公共利益作为政府宗旨，把公共服务作为政府最重要职能："公共精神要求政府必须密切关注和认真回应公共利益需要和人民群众的愿望及要求。从理念上看，这要求各级政府和官员必须坚持'以人为本'，一切着眼于人民，一切为了人民，从而实现社会公共利益的最大化。"[2]

（2）职业素养。职业素养指个体表现出的组织化的素质和涵养，区别于个性化的个人素养，是个体在履职过程中表现出来的综合品质，反映职业内在的规范和要求。其核心是敬业精神与合作意识。职业素养可

---

[1] 刘少枫：《公共精神——公共行政发展的内在价值诉求》，《理论研究》2006 年第 2 期，第 44—26 页。

[2] 吴开松：《简论公共精神的现代内涵》，《光明日报》2008 年 11 月 4 日。

以量化为"职商"（career quotient 简称CQ），而"职商"是决定职业生涯成败的关键因素。任何一个职业均具有个性特征的职业素养要求，同时，职业素养也存在一些共同性的特征，如诚实、正直、守信、忠诚、公平、关心与尊重他人、追求卓越、承担责任等。

公务员是一种职业，而建立职业化的公务员队伍是现代公务员制度的重要要求。改革开放以来，伴随着干部人事制度改革特别是推行公务员制度，我国政府公务员职业化进程启动推进。但职业素养不是一蹴而就的，其形成是长期培育、训练、潜移默化的养成过程。公务员的职业素养主要包括职业道德、职业意识、职业作风等方面，其中一些要求与其他职业的职业素养相同，如敬业、合作、诚实、正直、守信、忠诚、公平、责任心等，另一些要求则与公务员职务、行使公权力、政府公共服务密切相关。《国家公务员通用能力标准框架（试行）》列举的公务员公共服务能力构成要素中，牢固树立宗旨观念和服务意识，密切联系群众，关心群众疾苦等大致属于公共精神，善于运用现代公共行政方法和技能，注重提高工作效益大致属于专业能力方面的要求，其他要素大都可归于公务员职业素养方面，如诚实为民，守信立政，责任心强，对工作认真负责，积极采纳群众正确建议，维护群众合法权益、接受群众监督等。职业素养与公共精神构成公务员鉴别性素质。公务员职业素养的具体要求，其上端与公共精神贯通，其下端又与专业能力相连。职业素养的养成是公务员能力建设特别是公共服务能力建设的重要环节。

（3）专业能力。虽然知识和技能等专业能力属于基准性素质，代表能力表层特征，但却是与公共服务关系密切，直接作用于服务行为，是公务员履行公共服务职责的必备能力。

改革开放以来，中央提出了干部队伍"四化"方针和建立高素质专业化的公务员队伍的目标。其中，对公务员突出了专业化要求。一方面，职业公务员从事的公共服务本身已是一种高度专业化的工作。随着社会分工日趋复杂多样，各类公共服务专业化需求日益强烈，公共服务已不是仅有"综合素质"的"聪明的门外汉"就可胜任的工作。"从全球范围看，由于科技进步和经济、文化的快速发展，各国政府所管理的公共事务的范围日益扩大，内容更加广泛，划分也更为详细，使政府行政管理的专业化得到了前所未有的强化。"因而必须改变公务员万金油的形象，① 提高公务员公共服务以及公共行政的专业化水平。另一方面，虽然政府机关公务员多从事管理性事务，与事业单位等工作人员直接提供公共服务有所不同，但公共服务所涉及的教育、卫生、文化、社会保障、公用事业等均属于高度专业化的工作，即使不直接从事操作性的服务提供，要做好决策、组织、协调、监督等管理事务也必须掌握相应专业的知识与技能，这其中既包括管理知识与技能，更包括与上述公共服务相关的专业知识与技能。因此，专业能力是公务员能力特别是公共服务能力不可或缺的重要组成部分。

2. 分类分级的公务员公共服务能力框架

作为职业公务员，基本公共服务能力是其从业的基本能力。但不同层级政府、不同职务的公务员，其公共服务能力的具体内涵与外延并不完全一致，理应构建起分级分类的公务员公共服务能力标准框架。

对公务员进行分类分级的能力标准建设是发达国家和地区公务员能力建设的通行做法。如英国 2005 年提出、2008 年制定推进战略与具体举措的基于 PSG 公务员胜任力（Competency）框架，该框架提出领导力、核心技能、专业技能、广泛的经验四个层面的胜任力，并针对不同层级

---

① 艾烨：《关于公务员职业素养培养的思考》，《法制与社会》2010 年第 2 期，第 236 页。

公务员提出不同能力要求，设计了广泛、多样化的建设路径与方式方法。① 美国将公务员分为初级、中级和高级三个层次，对每个层次的公务员能力标准分别作了规定。高级公务员能力标准包括：领导变革、对人的领导能力、结果驱动、敏锐的商业管理、建立联盟和沟通，其中每项能力素质都包括多项内容，如结果驱动能力包括六个方面的能力要素，责任、客户服务能力、决策能力、企业家能力、解决问题的能力、可靠的专业技能。② 澳大利亚更加重视高级公务员能力建设，建立了高级公务员五项核心能力框架，分别是塑造战略思维能力、取得结果的能力、开拓建设型工作关系的能力、成为个人进取和正直诚实的表率、有效交流的能力。

　　建立分类分级的公务员公共服务能力框架，是有效推进公务员能力建设的基本路径。早在 2003 年，原人事部在《国家公务员能力标准框架（讨论稿）》中明确提出了基于职务层级的公务员能力标准（见表11—1）。在正式下发的《人事部关于印发〈国家公务员通用能力标准框架（试行）〉的通知》（国人部发［2003］48 号）中，基于职务层级的公务员能力标准取消，改之以要求"各地、各部门在公务员培训、录用、竞争上岗、考核等工作中，要以标准框架为参考依据，并根据不同职务公务员的特点制定细化的标准。各地、各部门要在实践中不断完善公务员通用能力标准"。

---

　　① 唐亚林、鲁迎春：《基于 PSG 胜任力框架的英国公务员能力建设推进战略及其启示》，《中国行政管理》2011 年第 11 期，第 91—95 页。
　　② 傅兴国：《坚持能力导向深入推进公务员队伍能力建设》，《中国行政管理》2009 年第 11 期，第 10—12 页。

表 11 - 1　人事部公务员能力标准框架

公务员基本能力	科级领导职务公务员能力	处级领导职务公务员能力	司（厅、局）级领导职务公务员能力
政治鉴别能力、依法行政能力、公共服务能力、调查研究能力、学习能力、表达能力、创新能力、心理调适能力	除公务员基本能力外还应具备：组织执行能力、沟通协调能力、激励能力	除科级领导职务公务员能力外还应具备：综合分析能力、计划统筹能力、组织管理能力	除处级领导职务公务员能力外还应具备：战略思维能力、科学决策能力、知人善任能力、应对突发复杂事件能力

资料来源：《国家公务员能力标准框架（讨论稿）》，2003 年。

实际上，这是给出政策，让各地、各部门结合各自实际工作具体制定细化标准。一些地方如甘肃、重庆、广州等按上述思路进行探索，提出形成各具特色、分层级的公务员能力体系。我们认为，建立包括公共服务能力在内的公务员能力标准框架，应充分借鉴国外有益做法与经验，梳理、总结我国理论探讨与实际推进中取得的经验教训和研究成果，依据机关性质、工作职能、政府层级、职务层次等因素，围绕公共精神、职业素养、专业能力三大要素，精心提炼、科学规划、具体设计各级各类公务员公共服务能力的具体内涵、要求、标准、建设战略与措施，形成可操作的公共服务能力标准框架。

（三）加强公务员公共服务能力建设

能力建设是人力资源开发与管理的重要概念。简要地说，能力建设就是通过资源投入与制度构建从而增长知识、提升素质，提高人的学习、实践、创新能力的活动。公务员公共服务能力建设是为政府公共服务职能履行而进行的资源投入、环境优化、制度建设等的一系列活动的总和，在公务员管理、公务员制度完善、服务型政府建设中具有重要意义。

1. 加强能力建设是"人力资本时代"经济社会发展的重要战略

在工业化后期及知识经济时代，人才资源成为经济社会发展最重要、最活跃的战略性资源，人力资本在社会财富构成中所占的比重越来越大。

按照世界银行制定的财富衡量新标准，目前全世界人力资本、土地资本和货币资本三者构成比为64：20：16，人力资本是全球国民财富中最大的财富。大力加强能力建设、走人力资本积累优先发展道路，是实现科学发展、全面建成小康社会的必由之路。公务员是我国直接承担执政、施政的重要人才队伍，是履行政府管理与服务职能的核心力量，是构建服务型政府的人才支撑。因此，公务员公共服务能力的高低，直接关系到服务型政府建设的成效，关系到政府形象的塑造，关系到社会主义现代化建设目标的实现。

2. 加强公共服务能力建设是满足社会日益增长公共需求的现实需要

伴随着经济的持续快速发展，我国公共需求将进入一个全面快速增长期，社会公共需求的种类与范围、数量与水平较之以往均发生了很大变化，加之城乡、地区公共服务供给不均衡，公共服务历史欠账较多，这对政府公共服务供给能力提出了严峻挑战。党的十八大要求在"基本公共服务均等化总体实现"基础上，进一步提出"学有所教、劳有所得、病有所医、老有所养、住有所居上持续取得新进展"等更高要求。因此，提升公务员公共服务能力刻不容缓。

3. 加强公共服务能力建设是构建服务型政府的重要基础

构建服务型政府要求把公共服务作为政府的主导价值，在这一价值取向的基础上，确定政府的行政理念、制度安排和秩序维护。"如果说公共管理者在职业选择的过程中已经解决了对服务价值的选择问题，那么在他的公共管理活动中，就剩下如何创造性地实现服务价值的问题了"。[①] 也就是说，政府在确定了以服务为价值中心的目标后，关键的问题就是公务员如何实现这个目标。因此，加强公务员公共服务能力建设，

---

① 张康之：《公共管理：社会治理中的一场革命》（中），《北京行政学院学报》2004 年第2 期，第1—3 页。

全面提升公务员公共服务能力就成为构建服务型政府重要的基础性环节。

4. 加强公共服务能力建设是建设高素质公务员队伍的内在要求

小康大业，人才为本。党中央、国务院在《关于进一步加强人才工作的决定》中明确指出，人才问题是关系党和国家事业发展的关键问题。主要由公务员构成的党政人才是我国人才队伍的重要组成部分，从事执改、施政、行政活动的党政人才素质高低、能力强弱，对我国的改革开放与社会主义现代化建设大业有着重大影响。世界多极化、经济全球化深入发展，科技进步日新月异，知识经济方兴未艾……面对全球化激烈的智能型竞争，适应市场经济、知识经济快速发展的挑战，培养公共精神、提升公共服务能力，提高公务员引领社会、组织社会、管理社会特别是服务社会的各种能力，切实解决本领恐慌及能力不足问题，成为建设高素质公务员队伍的紧迫任务。

5. 加强公共服务能力建设是进一步深化改革的迫切需要

我国改革开放、经济建设等方面所取得的成就举世瞩目，这得力于我国经济体制等改革的推进、得益于各种改革"红利"。但改革已进入深水区、攻坚期，一方面长期积累的矛盾亟待通过深化改革破解，另一方面，经济体制及社会体制、文化体制等改革不断推进，要求政治体制改革必须跟上。政治体制改革停滞不前，其他领域改革所取得的成就以及进一步深化改革难以得到有效的保障。加强公务员公共服务能力建设，对于增强政府公共服务供给能力，满足社会公众公共需求，化解社会矛盾和冲突，平衡与协调多元利益诉求，实现社会运行规范有序，为政治体制改革创造良好的社会生态环境具有十分重要的作用。

二、公务员公共服务能力现状及原因分析

干部人事制度改革不断深化、公务员制度日趋完善，特别是 2005 年

《公务员法》颁布实施，为我国公务员能力建设奠定了更坚实的制度基础，公务员公共服务水平也得到了提升。进一步提升公务员公共服务能力，需要分析公务员公共服务能力现状、存在的主要问题及其主要原因。

（一）公务员公共服务能力现状

目前，我国的公务员主要由三部分人构成：一是公务员制度实施前的机关干部，二是推行公务员制度后通过公开考录新进公务员，三是军队转业到党政机关的转业干部。三类人员在政治思想、从政道德、职业素养、行政能力等方面总体是好的，但不可否认部分甚至相当多公务员在公共精神、职业素养、专业能力方面存在一些不足。虽然关于公务员公共服务能力深入、系统的量化研究尚未展开，但社会公众、管理者包括学者进行的调查、描述、研讨，以及我们进行的调查分析，可使我们从总体上了解公务员公共服务能力现状。我们的基本观点是：在公务员制度走过 20 年发展历程的今天，我国公务员的公共服务能力总体上与经济社会发展、社会公共服务需求相适应，基本能够满足政府工作需要（对此，国家公务员局给出了"公务员队伍建设全面加强，整体能力素质不断提升"的评价[①]）；也正因如此，我国政府的公共服务职能得以履行（对此，党的十八大用"基本公共服务均等化总体实现"予以肯定）。但毋庸讳言，目前公务员公共服务能力与我国经济转轨、社会转型的新形势相比，与建设服务型政府、转变工作作风、提高行政效能的新任务相比，与广大社会公众日益增长的多元化、多层次公共服务新要求相比，以及与希望得到更高效、更均等公共服务的新期望相比，还有诸多不适应之处，还存在不少不足与问题，而且一些问题还相当严重。

---

① 《尹蔚民出席全国行政机关公务员管理工作会议并讲话》，http：//www. gov. cn/gzdt/2013 - 01/09/content_ 2308066. htm。

综合国内有关研究成果与我们进行的相关调查，目前我国公务员公共服务能力存在以下突出问题。

1. 公共精神匮乏，服务意识不强

现代国家无一不把公共性作为政府的基本属性，进而将公共精神作为公共行政的精神、作为对公务员的基本要求。社会主义的中国，自建国之日起就将为人民服务、做人民公仆作为政府的基本要求，《宪法》、《公务员法》对此均有明确规定，这为公共精神注入更充实的内涵、提出更高的要求。但不可否认，一些公务员公共精神匮乏。一是宗旨观念淡薄，价值取向、工作定位出现偏差，不是以服务社会、服务公众作为工作目标，而是以自身利益最大化作为工作导向、把自身利益置于优先考虑地位。二是公仆意识缺乏，存留较浓厚"官本位"意识，不是把公职、公权作为履行公仆职责的手段，而是把公职作为显示自身身份的标志，甚至将公共权力作为谋取私利的手段。三是现代意识匮乏，保留、沾染许多资产阶级腐朽思想乃至封建遗毒，不能摆正自身与公众关系，高高在上，将服务视为某种"恩赐"而非对衣食父母的义务；不能一视同仁地对待所有社会公众，而是依据亲疏远近有等差地提供服务，甚至残存"非我族类其心必异"等陈腐观念。

公共精神匮乏导致服务意识不强。为公众提供优质高效的公共服务是服务型政府的基本职能，也是公务员的职责所在。我国宪法明确规定一切国家机关和国家工作人员必须"努力为人民服务"。近年来，伴随政府改革推进与机关作风改进和社会主义核心价值体系的学习宣传，公务员的整体服务意识有了普遍提升。但部分公务员依然存在着公仆意识淡薄，服务意识不强等问题。如张国臣等所做的调查结果显示，在对公务员问及"假若要制定一项面向广大市民的服务政策时，你优先考虑的问题是什么？"结果是选"上级有什么相关指示"占65.36%，"如何最让老百姓满意，获得方便实惠"占44.14%，"如何节省成本，使政府花最少的钱办最大的事"占39.79%。① 同一时期，景亭在江苏省所做的一项调查从另一个视角说明了这个问题，在回答吸引公务员的关键因素时，排在前四位的依次是：工资待遇（43%），发展机会（25%），工作环境（12%）以及社会保障（8%）。② 中共武汉市委党校对武汉市社会公众调查结果显示，对政府提供的基本医疗服务的不满意度高达42.2%，对政府提供的公共安全（生产、食品、卫生）服务的满意度仅为5.6%；认为目前公共事业领域存在的突出问题中，选择"乱收费高收费问题突出"占58.3%，"过分突出部门利益"占38.7%。③ 2012年零点研究咨询集团调查显示，公务员被认为是最幸福的群体，且幸福"指数"远远高于其他群体：

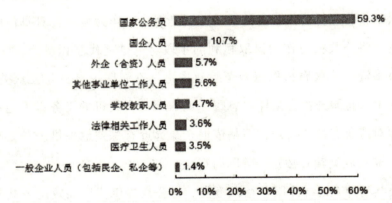

图11-1　您认为谁获得的幸福感更高

以上数据均表明，置于部分公务员心中首位的不是群众的利益需要，而是与个人利益联系紧密的上级指示或其他要求；不是关心人民群众疾

---

① 张国臣、程伟等：《公务员能力建设论》，人民出版社2009年版，第111页。
② 景亭：《中国公务员职业化研究》，南京师范大学出版社2010年版，第58页。
③ 中共武汉市委党校课题组：《提高公务员公共服务能力，推进和谐武汉建设》，《长江论坛》2007年第5期，第19—24页。

苦，而是关注自己的待遇及发展。公务员群体被认为是最幸福群体则从另一个侧面说明公众对其公仆身份、服务意识产生某种怀疑。一些公务员甚至将人民与党和政府视为"对立的双方"，在接受记者采访时竟质问"你是为党说话还是为人民说话"、"你是为人民服务还是为党服务的"等"雷语"。①

2. 职业素养有待提高，工作方法简单粗暴

我国公务员职业化起步较晚，职业道德、职业作风、职业意识等的养成尚需加强。从职业道德方面看，虽然公务员法、行政机关公务员处分条例、公务员行为规范等对公务员职业道德、行为规范做出了规定，但要求较笼统，与具体的职业活动特别是公共服务联系不够密切。从实践上看，开展的"做人民满意公务员"等活动虽在整体上起到倡导、引领作用，但对公务员个体实际影响有限。从职业作风方面看，虽然党和政府一直倡导实事求是、理论联系实际、走群众路线工作作风，但受封建遗毒、拜金主义等影响，公务员唯上是从、脱离实际、高高在上、推诿扯皮、热衷形象工程等现象还广泛存在。从职业意识方面看，相当多公务员并未真正将公共管理、公共服务作为一种职业，特别是一种"公仆"性质的职业，"官本位"意识浓厚，把公务员职业看作是做官，将公务员看作是高于众生、不同于其他职业的特殊群体。

职业素养不高必然滋生冷漠傲慢的服务态度和简单粗暴的工作方法。一些政府部门与公务员，没有很好发扬密切联系群众、关心群众疾苦、维护群众合法权益等良好传统，深入基层、扎实工作、认真负责做得不够，群众期待的积极热情、耐心细致的服务态度与工作作风时常被高高在上、散漫冷漠、傲慢无理的不良态度以及简单粗暴的工作方式所取代。

----

① 李红军：《从"替谁说话"到"为谁服务"》，《济南日报》2012年3月28日。

一些地方、部门"庸、懒、散、瞒、拖、慢"问题没有得到有效治理，办事拖拉、不讲效率、不负责任、官僚作风依然较为严重；不善于将上级政策与本地实际相结合，不愿做细致的群众工作，重说教轻说服，重命令轻指导，重管制轻协商，重罚款轻服务等做法比较普遍，甚至许多政府部门和公务员把服务收费特别是罚款当作创收手段而乐此不疲，专家测算2009年全国各类收费罚款约为21962亿元，超过税收的三分之一。① 这不仅损害了党群关系、干群关系，也在损害了公务员在群众心中"亲民、为民"的公仆形象，甚至导致局部党群干群关系恶化。有的专家对现阶段不良公共服务行为的主要表现进行了形象甚至漫画式地描述："勾兑"、"谋利"、"折腾"、"踢球"、"刁难"、"低效"，其中多数不良服务行为与态度及方法相关……②

3. 服务能力不高，服务手段陈旧

伴随经济社会发展与服务型政府建设，善于运用现代公共行政方法和技能，注重提高工作效益，提供便民、快捷、高效公共服务已成为时代要求。虽然公务员制度的建立，大批优秀人才通过公开考录加入到公务员队伍，加速了公务员队伍的新陈代谢过程，优化了公务员队伍的年龄结构和知识结构，但相当部分公务员的公共服务能力和服务手段与时代要求不相适应，"竞争恐慌"、"知识恐慌"和"本领恐慌"等问题不同程度存在，③ 服务方式与手段陈旧单一现象比较突出。上述问题在县乡基层公务员中表现得更加明显。陈凤娇在湖北省某县的调查结果表明，公务员较为普遍地存在以下问题：一是基础知识和专业知识较差，全县

---

① 《专家撰文称我国1年收费罚款达2.2万亿》，http：//news. sina. com. cn/c/2011 - 11 - 22/093623504850. shtml。

② 赵洪生：《关于提高公务员公共服务水平的思考》，《探索》2006年第6期，第78—80页。

③ 张子良：《公务员能力建设与职业化发展》，《行政与法》2006第9期，第34—38页。

乡镇干部中职前本科学历仅占5.8%，职前大专学历占15%，而受过正规全日制本专科教育更少；乡镇班子中熟悉精通农业科技、法律法规、市场管理等专业知识的少；二是缺乏使用高科技设备的技能，不能利用计算机实现资源共享、网络办公、在线服务等；三是驾驭市场经济的能力和自富带富能力弱，等等。[①] 上述情况在课题组对青岛市进行的基层公务员能力问卷调查中也得到印证。在回答"基层公务员能力素质是否适应当地经济社会发展和岗位职责要求"的问题时，除未作答外，58%的人回答是"适应"，29%选择"一般"或"较差"；由于培训机会不多、培训方法陈旧，公务员能力提升受到制约，公共服务技能单一、知识老化等问题突出；而激励机制不健全特别是晋升机会少，导致基层公务员学习意愿不强，如在回答"你认为自己在未来5年内有没有晋升的可能性"时，只有18%的公务员做出肯定性回答，有45%明确表示没有升迁的机会，37%没有对此作答。

4．专业化程度低，专业技能匮乏

专业化是干部"四化"方针之一："实现干部的革命化、年轻化、知识化、专业化，是革命和建设的战略需要"。[②] 对公务员而言，专业知识、专业技能是现代公共服务能力的重要组成部分。不容讳言，人们对专业化要求的内涵、意义、如何落实等问题还存有不少认识误区，与革命化、年轻化、知识化要求相比，专业化要求贯彻的持续性、有效性相对不足，特别是公务员队伍建设的"高素质、专业化"两大目标中的"专业化"已淡出，由此导致公务员专业能力提升缓慢甚至有下降趋势。根据课题组2009－2010年以青岛为中心所进行的调查，调查对象专业对

---

① 陈凤娇：《激励视角下乡镇公务员公共服务能力提升探讨》，《吉首大学学报》（社会科学版）2007年第7期，第66—68页。
② 邓小平：《精简机构是一场革命》，见《邓小平文选（1975－1982年）》，人民出版社1983年版，第351页。

口情况整体尚可，如选择对口、比较对口、一般、不太对口、不对口分别是19.8%、33.2%、29.2%、8.7%、9.1%。按5级李克特量表赋分计算，各群体对问题所作选择的分数的均值［公式1，其中M表示该问题的均值，mi表示选项在李克特量表下的评分（1-5分），ni表示选择该评分mi的人数，N表示填写问卷的总人数］是：专业对口情况平均值为3.462，大致介于一般与较好之间。

$$(1) M = \sum_{i=1}^{5} \frac{n_i m_i}{N}$$

表11-2　目前从事的工作与专业是否对口、专业化是否重要

工作与专业是否对口	人数	百分比	专业化是否重要	人数	百分比
不对口	23	9.1	不重要	12	4.7
不太对口	22	8.7	较不重要	11	4.3
一般	74	29.2	一般	67	26.5
较对口	84	33.2	较重要	97	38.3
对口	50	19.8	重要	66	26.1

资料来源：课题组的问卷调查。调查于2009年10月至2010年9月以青岛为中心进行，此外还包括西部的重庆、中部的洛阳、东部的天津与福州；调查对象以公务员为主体（占全部回收问卷的84.5%），共发放问卷400份，回收有效问卷253份。

调查中以下三个问题值得注意：一是认为专业化重要、比较重要的比例为26.1%、38.3%，高于认为专业对口、较对口的比例；认为专业化一般、不太重要、不重要的比例为26.5%、4.3%、4.7%，低于认为专业对口程度一般、不太对口、不对口的比例。以平均值计，专业化是否重要问题全部样本的平均值为3.781，高于工作是否与专业对口问题3.462的平均值。重要程度高于实际对口程度，至少说明调查对象在主观上认为专业能力还需要进一步加强、专业对口程度还需要进一步提高。二是在政府机关、事业单位、国有企业三大公共部门中，机关公务员专业对口程度最低（3.392），而且是唯一低于全部样本平均值3.462的群

体，国有企业、事业单位专业对口程度分别达到 3.800、3.781。这既与企业、事业单位所从事工作专业性要求高有关，也与近年来公务员选拔录用以及考核培训等突出"综合素质"与"通用能力"而对专业化要求有所降低相关。三是专业对口程度与专业化重要程度平均值 2009－2010 年调查均低于课题组成员 2002 年曾进行的调查（3.392：3.6、3.731：3.9875），说明实际专业对口程度与人们对专业化重视程度均有较明显下降。原因是制度设计与政策制定淡化专业化要求，长期制度运行、政策执行的结果自然导致公务员专业对口程度、对专业化重视程度乃至专业能力的下降。

（二）原因分析

从某种意义上说，精神、素养、行为、能力等是制度作用的结果，制度供给决定人在一定制度环境下的行为动机、行为模式、能力状态。1980 年 8 月 18 日邓小平在《党和国家领导制度的改革》指出"领导制度、组织制度问题更带有根本性、全局性、稳定性和长期性"，[①] 明确提出要改革党和国家领导制度，这既是我国政治体制改革的纲领性文件，也是指导干部人事制度改革的行动指南。1993 年《国家公务员暂行条例》颁布施行，公务员制度建立并不断完善，这对提升公务员整体素质能力产生积极作用。但我国的公务员制度、公共人事制度尚处在不断改革完善过程中，相关制度的不完善制约公务员公共服务能力提升和作用发挥。

1. 公务员分类管理体制尚未建立

分类管理是现代人事管理的基石。《国家公务员暂行条例》引入公

---

① 《邓小平文选》第 2 卷，人民出版社 1994 年版，第 333 页。

务员分类管理理念并建立职位分类制度，但其职位分类实质只有一般管理一类，只是在职务设置方面分为领导职务与非领导职务两类。《公务员法》第8条规定："国家对公务员实行分类管理，提高管理效能和科学化水平。"第14条对公务员类别进行了细分："国家实行公务员职位分类制度。公务员职位类别按照公务员职位的性质、特点和管理需要，划分为综合管理类、专业技术类和行政执法类等类别。国务院根据本法，对于具有职位特殊性，需要单独管理的，可以增设其他职位类别。各职位类别的适用范围由国家另行规定。"目前存在的问题是：一是横向分类不细。我国的公务员涵盖共产党机关、立法机关、行政机关、政协机关、检察机关、审判机关以及民主党派机关中的工作人员，此外部分群团组织、行使行政职能的事业单位依照公务员法管理，但分类体系没有反映上述各类不同组织、不同工作等的区别。《公务员法》主要对综合管理类公务员的管理进行规范，专业技术类和行政执法类公务员制度建设只是在局部（深圳等）进行试点，整体进展有限，特别是对专业技术类和行政执法类职位相对应的职务序列尚未予以明确，对与公共服务关系密切的专业技术类公务员职位设置、能力素质未设计出统一、科学、具体的要求和标准。二是纵向分类不细。从中央政府到基层乡镇政府公务员无中央、地方之分，但现实中存在着中央政府公务员、地方政府公务员的区别，① 特别在一级政府一级财政体制下上述区别具有实质意义。由于分类过粗，难以对不同类别、不同层级及不同职级公务员专业能力予以精细划分，构建起分类化的能力框架，就难以有针对性地分类开展对公务员管理和开发工作。

2. 科学高效的考录制度尚未形成

选贤任能是人事管理的中心环节，而考录是公务员制度的入口。录

---

① 参见赵立波等：《当代中国地方公务员制度研究》，山西人民出版社2001年版。

用人才的素质、能力通常决定公务员队伍整体素质、能力。因而科学有效的考录制度在公务员公共服务能力建设中具有基础性的作用。《公务员法》明确规定"录用担任主任科员以下及其他相当职务层次的非领导职务公务员，采取公开考试、严格考察、平等竞争、择优录取的办法。"目前公务员凡进必考基本实现，考录制度在实现公平选人方面发挥了积极作用，也是最为各方认可的用人形式。但存在问题也是有目共睹的。一是不必要资格条件限制多，如学历限制、年龄限制、区域限制、身高限制等等，甚至出现过人为"量身制作"资格要求现象，不利于拓展选人视野。二是考试内容对于专业要求有所淡化，笔试阶段只考申论、行政职业能力，结构化面试一般不进行而且也不易进行专业测试；考试内容脱离工作实际，缺少紧密联系工作特别是公共服务实际的应用型试题，不利于专才选拔。三是考试信度、效度不高。以结构化面试为主的面试虽有助于降低人为因素影响，但易于形成模式化；面试考官素质参差不齐，许多考官没有受过专业训练而主要依据经验进行判断，且易受用人部门、人际关系影响；加之上述笔试、面试方式使用多年，已形成套路、模式，考生通过辅导、模拟、自测等方式以及利用人事测评本身的"学习效应"，逐步掌握应对方式，使考试的信度、效度大大降低。（见表11-3）

表11-3　不同选拔任用方式2009-2010年、2004年、1999年三次调查

满意程度\各种形式	2009年均值	2004年均值	1999年均值
传统方式	3.391	2.766	2.527
公开选拔	4.043	4.050	4.063
竞争上岗	4.075	3.818	3.909
凡进必考	4.186	4.171	4.500

资料来源：课题组的问卷调查。2004年、1999年两次调查见赵立波：《完善党政干部选拔任用机制——十年跟踪调查与分析》，《山东行政学院学报》2012年第3期，1-7页。

依据课题组对不同选拔任用方式的调查，按5级李克特量表赋分计算出的平均值比较，与传统方式、公开选拔、竞争上岗相比，凡进必考最为各方认可，满意程度三次调查均位列第一。但十年间凡进必考与其他选拔任用方式之间的满意程度差距存在不断缩小趋势，这说明人们对凡进必考选人方式的科学性、公平性的信任有所下降。

3. 业绩导向的晋升机制尚不健全

《公务员法》第45条将竞争晋升原则予以明确："机关内设机构厅局级正职以下领导职务出现空缺时，可以在本机关或者本系统内通过竞争上岗的方式，产生任职人选。厅局级正职以下领导职务或者副调研员以上及其他相当职务层次的非领导职务出现空缺，可以面向社会公开选拔，产生任职人选。"这虽比传统单一委任制干部选拔、职务晋升方式有较大进步，但业绩导向、竞争性晋升机制尚不完善。一是能力主义要求难以在实际晋升中落实。能力及其体现——业绩应是职务晋升的基础，在其他条件相同或接近情况下正是能力、绩效将能者、平者、庸者分开。但一些机关工作可鉴别程度低，业绩难以衡量，加之用人不正之风等影响，导致能力本位的晋升导向、原则难以落实。二是竞争不充分。竞争是择优进而实现选人公平的重要基础。实际工作中竞争上岗限于机关或系统内部，竞争上岗、面向社会公开选拔存在针对特定个人或群体设置竞争条件问题，加之领导作用过大等，使竞争难以充分展开。三是晋升程序规定较为概括，对职位这一公共组织最重要的激励资源如何配置难以形成硬性约束。《公务员法》第44条关于公务员晋升领导职务设定了民主推荐、组织考察、讨论决定、办理手续四步程序，上述程序规范过于简约，难以有效防止任人唯亲、跑官要官、决策不民主等问题发生。四是职务晋升与专业因素相关度低，由此导致部分公务员认为与其在艰难的能力提升特别是专业能力提升方面下功夫，不如营造关系、跑官要官等更容易获得晋升，这在客观上导致公务员服务意识和工作热情下降，影响了公务员能力特别是专业能力的提升。课题组的调查进一步说明上述问题。[①]（见表 11 - 4）

表 11 - 4 选人用人方面存在的突出问题

选项	加权分
任人唯亲	896
跑官要官	873
论资排辈	797
决策不民主	796
考察失实	625
不反映民意	486
卖官鬻爵	444

调查结果显示：一是任人唯亲问题最突出。任人唯亲实质是公权私有、是用人腐败的典型表现形式。任人唯亲对公务员公共服务能力建设负面作用也最大：当远近亲疏成为选人用人最重要因素时，公务员将把主要精力用于营造关系、"亲近"领导而非加强能力建设。二是跑官要官问题日益突出。这反映当前部分公务员心情浮躁、对职位渴望与追求越来越强烈。三是论资排辈、决策不民主以及考察失实等问题不容忽视。论资排辈是多年存在的问题，这一问题虽未彻底解决但与改革开放初期相比，此问题关注程度有所下降；用人决策不民主问题普遍存在，其主要原因是：民主集中制贯彻不力问题近年来越来越突出，民主化的决策机制不健全，一把手在用人方面的实际决策权越来越大，在部分单位甚至到了独占用人权的程度。考察失实集中表现为考核、考察工作不够全

---

① 资料来源：课题组的问卷调查。说明：按照第一位得 7 分，第二位得 6 分，依次下来，第七位得 1 分；只划勾没排序的，统一按照 4 分来计算。

面、客观、准确、深入，这其中有责任心问题、道德问题，但技术、制度问题也不可忽视。此外，不反映民意、卖官鬻爵问题也广为关注。上述问题严重制约业绩导向晋升机制的形成。

4. 考核、奖惩、激励等工作有待规范

一是考核是世界性的难题，公共部门尤其如此。如著名公共管理学家温森特·怀特指出："评估很关键但又问题颇多"，原因是"许多问题植根于问题重重且自相矛盾的改革理论前提之中，而另一些问题是非预期后果"。① 虽然《公务员法》规定公务员考核要"全面考核公务员的德、能、勤、绩、廉，重点考核工作实绩。"但业绩衡量在理论、方法上没有突破性进展，致使考核常常是"认认真真走过场"，难以准确反映公务员的素质和绩效。二是奖惩机制作用不充分。奖励与处分主要针对少数人员，对绝大多数公务员难以产生实质性、直接影响。奖励主要是针对表现异常突出者：有显著成绩和贡献，或者有其他突出事迹的公务员或者公务员集体；而警告、记过、记大过、降级、撤职、开除六种行政处分主要是惩戒犯了严重错误的少数人员。三是工资报酬等激励作用发挥不充分。公务员整体薪酬水平并不算低，但不同区域、不同层级之间相差较大，部分经济不发达地区、乡镇基层公务员收入水平偏低，甚至存在拖欠公务员工资现象，影响公务员工作积极性。此外，薪酬管理不规范，公务员的薪酬由政府财政支付，各地特别是财力较好地区以各种名义发放奖金、津贴、补贴，但标准、水平并不公开，社会难以监督，上级难以掌握完整信息甚至即使掌握也难以进行干预，造成公务员津贴补贴滥发现象比较严重。滥发津贴补贴"不但会在不同地区、不同部门公务员之间造成了新的分配不公，而且扰乱了公务员工资管理秩序，成

---

① 国家行政学院编译：《外国行政改革述评》1997年，第184页。

为权力异化的重要诱因……各地滥发公务员津贴补贴的资金来源，基本是预算外资金"，[①] 而且数额巨大。但遗憾的是，这些审计出来的严重违法行为，公众极少见有相应的处罚结果，更少见谁主动出来担责。考核、奖惩、激励等管理机制不健全，影响公务员安于本职工作，使他们不愿投入时间、精力提升公共服务能力，甚至使少数公务员热衷于炒股、在营利机构兼职兼薪、经营办企业、搞权力寻租等。

5. 能力本位的开发培训机制有待完善

一是培训内容缺乏针对性。培训是提升公务员公共服务能力的重要制度化途径，《公务员法》第60条规定：机关根据公务员工作职责的要求和提高公务员素质的需要，对公务员进行分级分类培训。因分层次、分类别、分职级的公务员能力框架体系未形成，对各级各类公务员能力素质特别是公务员核心能力、公共服务部门专业能力缺乏准确描述，致使培训内容缺乏针对性，按需施教难以有效展开。二是培训的制度化不够。虽然《公务员法》规定初任培训、任职培训、专门业务培训、在职培训等四种培训，但制度化、法定化的培训主要是以职位胜任综合能力培训为主的初任培训、任职培训，专门业务培训、更新知识等培训开展有限，而且培训的针对性、专业化水平不高。三是培训资源缺乏整合机制，未形成竞争性培训体系。行政学院（校）、高校等培训机构未形成良性竞争、合作关系，各种培训资源难以充分发挥作用。从中央到地方的行政学院（校）及政府各系统的培训机构关系，以及培训主管部门与施教机构关系有待理顺，分工不明、多头培训、效率低下问题突出，特别是县级行政学校师资力量薄弱、难以提供有质量的培训。如何整合机构、共享资源、形成培训合力是培训体制亟待解决的突出问题。四是

---

① 《复旦博士统计称各地擅发300多项公务员津贴补贴》，http：//news. sina. com. cn/c/sd/2011 - 03 - 28/143822194529. shtml.

"干中学"运用不充分。依据课题组的问卷调查，在岗培训、岗位转换、工作丰富化等不脱离岗位、低成本的开发形式是最为调查对象认可的能力开发形式，因而做好在岗培训，有意识地运用人事管理相关活动如岗位转换，设计好与工作职位相关的激励方式（工作丰富化、工作扩大化等），对能力提升具有特别重要作用。但从总体看，"干中学"各种开发方式尚处于摸索阶段，实施的系统性、制度化不够。由于能力本位的公务员开发培训机制不健全，导致公务员能力特别是公共服务能力难以有效提升。

三、公务员公共服务能力建设推进战略

"政府只有通过提供充足优质的公共服务，才能证明自己存在的价值与合法性。没有服务就没有现代政府。"① 充分的人才资源供给是政府公共服务的保障。在干部队伍建设取得重要进展、基本公共服务均等化不断推进背景下，在服务型政府建设不断加快条件下，加强公务员公共服务能力建设更成为建设服务型政府的战略任务。

健全制度是能力建设的坚实支撑。随着市场经济发展、文化发展繁荣、社会更加和谐、政治体制改革不断推进，深化政府人事制度改革成为当代中国改革事业的重要内容。构建公共人事制度是服务型政府建设、公务员公共服务能力提升的制度基础。因此，应针对公共服务能力现状及存在问题，按照党的十八大提出的"完善公务员制度"和十八届三中全会提出的"坚持党管干部原则，深化干部人事制度改革，构建有效管用、简便易行的选人用人机制，使各方面优秀干部充分涌现"的要求。

---

① 李军鹏：《公共服务型政府》，北京大学出版社 2004 年版，第 30 页。

以制度建设为中心，坚持能力本位、业绩导向，突出专业化，加快构建公共人事制度，完善公务员管理与开发各具体制度，大力加强公务员公共服务能力建设。

（一）以公共性为根本构建公共人事制度

公共性是现代政府的本质特征，也是现代政府人事管理的本质特征。构建公共人事制度是政府人事制度改革与发展的方向，是提高公务员公共服务能力的基础性工作。"干部人事制度改革的最终目的就是要建立公共人事制度，其重点在于'公共'二字：一是强调公共人事权力归人民享有的宪法理念，二是强调公共人事制度建设的法制化，三是强调公共人事治理的科学化。建立凸显'公共性'的公共人事制度将是一个极其艰难困苦的历程，它将伴随着经济体制、行政体制和政治体制改革缓慢前行。"①

1. 体现公共性与公共精神

现代政府的公共性是指政府存在的目的是为了维护公共利益，实现公共目标，履行公共职能；政府的公共权力来自社会公众，政府受社会公众委托行使权力，实现服务社会宗旨；公平正义是政府的核心价值，公开、公平、公正是政府行为的基本准则，公共精神是现代公共行政的基本精神，是政府公共性的精神表达。因此"公平正义比太阳还要有光辉"、必须使公平正义成为社会主义国家制度的首要价值，②使公共精神成为公共人事制度的核心理念与指导原则。

2. 构建公共人事制度

我国公共人事制度作为公共行政体制、公共政治体制的重要组成部

---

① 刘俊生：《中国人事制度概要》，清华大学出版社2009年版，前言。

② 《温家宝：公平正义是社会主义国家制度的首要价值》，http：//npc．people．com．cn/GB/28320/116286/116574/7013664．html。

分，要以服务为宗旨，以公共精神为核心理念，形成以分类管理为基础，以能力为本位、业绩为导向，体现现代公共性特征的政府人事制度和管理机制。需要说明的是，广义公共人事制度是公职人员管理制度，在我国应包括公务员制度、事业单位人事制度及公共企业人事制度。在我国现行机构编制体制下，公职人员是被分割在政府（行政编制）、事业单位（事业编制）、国有企业（企业编制）等领域中，因而公共人事制度的核心部分是公务员制度，或者说狭义上的公共人事制度相当于公务员制度。

3. 推进体制机制转型

传统大一统的干部人事制度转化为公共人事制度，实质是体制机制的现代转型。公共人事制度作为现代公共人力资源管理制度，强调将服务社会作为宗旨，并把服务社会的宗旨转化成公共行政的内在价值追求与对外的庄严承诺。"公共行政的精神意味着对于公共服务的召唤以及有效管理公共组织的一种深厚、持久的承诺"，[①] 从而形成包括民主精神、法治精神、公正精神、服务精神等在内的公共精神，促使公务员不断提升素质能力。公共人事制度将公职视为共有、公用的公共资源，将公职视为最重要的政治资源，实行"公职开放"，公开、平等、竞争、择优选择公职人员，形成公平优先的用人导向与机制。强调能力本位、业绩导向，立足人才资源是第一资源、是最重要的战略性资源，以能力建设为主题，战略性、整体性地谋划、实施分类管理、选拔任用、考核评价、激励奖惩、培训开发等一系列管理活动，加强公务员队伍建设，提高公共服务能力。

---

① ［美］H. 乔治·弗里德里克森：《公共行政的精神》，中国人民大学出版社2003年版，第2页。

（二）以分类为基础形成公共服务能力框架

分类是管理的基础，合理的人事分类是人事管理科学化的基础。自20世纪60年代能力主义及其相关理念产生，特别是新公共管理兴起之后，以能力为基础的管理也从私营部门引入公共部门，探讨公职人员能力构成、形成以分类为基础的能力框架成为公共部门人力资源管理的重要议题。

1. 建立能力框架

能力框架不仅是各种能力的列表，也是表达、评估和测量能力的工具（Stabler，1997）。[①] 形成包括公务员公共服务能力要素指标体系的能力框架可以为测定、评价和提升公务员能力提供依据。虽然与世界绝大多数国家相比，我国公务员界定范围相对较窄，但公务员分类不细问题突出。不同性质机关、不同政府层级、不同职务等级以及不同业务性质的公务员，在职能任务和权限责任上有着很大的不同，其管理与服务的内容、方式和途径也不一样，对其能力的要求必然不能用统一标准，但现行公务员分类体系未体现上述差别。虽然原人事部提出了国家公务员通用能力标准框架，将政治鉴别能力等作为公务员九大通用能力。但上述能力框架强调"通用"而非分类、强调"通"而非"专"，难以据此建立起更具体、更具操作性，可以对能力进行精确表达、评估与测量的具体标准。因此，形成以分类为基础的能力框架成为建立健全公共人事制度的重要任务。

2. 分类分级

公务员能力框架在工作性质层面将公务员分为综合管理类、专业技

---

① 希尔维亚·霍顿：《公共部门能力管理——欧洲各国比较研究》，国家行政学院出版社2007年版，第5页。

术类、行政执法类三大类；在纵向层级上将公务员分为中央政府、地方政府公务员两大类，地方公务员可进一步将直接面对管理与服务对象的乡镇等基层政府公务员单列一类；在职能运作层面将公务员分为战略决策层、监督管理层、执行操作层三大类；在职务序列层面将公务员分为初级、中级和高级三个层次，初级公务员包括科及科级以下公务员，中级公务员包括处级公务员（县处级单位也可包括科级公务员），高级公务员包括司局级及以上公务员。以此为基础，提炼出各类公务员包括公共服务能力在内的应有能力，并对各种能力予以精确、简明地描述，设置用于评估、测量能力的指标体系，为开发、提升公务员能力奠定基础。同时，结合九大类公务员核心能力框架，不同性质机关（共产党机关、立法机关、行政机关、政协机关、检察机关、审判机关以及民主党派机关、群团组织机关等）履行不同职能，可以根据各类机关、部门职能性质、工作要求形成自上而下的能力框架体系。

3. 细化能力指标体系

分级分类后的每一个部门特别是从事公共服务的部门，应进一步从公共精神、职业素养、专业能力三个方面分层分级提炼出各种能力并进行列表，设置可用于能力培训、人事任用、评估测量等的能力标准体系。

综合各地经验并结合自身调查，以某地市级人民政府处级公共服务部门为例，粗线条地勾画其细化的能力标准指标体系。对于一个处级单位，处级领导职位属于战略决策层，科级中层职务属于监督管理层，科员属于执行操作层。按照公共精神、职业素养、专业能力三个方面对各层级公共服务能力进行细化，提炼出各层级能力主要构成因素并形成下列能力指标体系。其中公共精神要求是相同的，职业素养与专业能力则依据工作要求与职位能级差异各有侧重。此外，尽可能将公共服务能力指标与其他能力指标不交叉、不重复。

战略决策层：

公共精神：宗旨观念、人本观念、群众观念；服务意识、公平意识、法治意识；

职业素养：勤政为民、诚实守信；合作意识、担当意识；忠于职守、认同职业；

专业能力：规划服务发展战略、回应社会服务需求、了解专业基本知识、熟悉业务工作流程……

监督管理层：

公共精神：宗旨观念、人本观念、群众观念；服务意识、公平意识、法治意识；

职业素养：勤于政事、诚实守信；合作意识、责任意识；爱岗敬业、行为职业；

专业能力：指导协调服务推进、了解需求变化趋势、掌握专业知识技能、精通业务流程与方法……

执行操作层：

公共精神：宗旨观念、人本观念、群众观念；服务意识、公平意识、法治意识；

职业素养：勤于政事、诚实守信；心态积极、责任心强；爱岗敬业、忠于职业；

专业能力：落实服务公众任务、反馈需求变化信息、熟练运用专业技能、精通业务流程与方法……

（三）以能力为本位健全公务员管理制度

在 20 世纪 60 年代变革的政治经济背景下，产生了与能力运动相关的理念。而大卫·麦克利兰在 20 世纪 70 年代提出能力素质模型后，"能力主义"理论逐渐从理论走向现实。能力是与创造高效业绩联系的职务行为特性，公共人事制度设计也应以能力为本位，突出绩效导向，将能力本位理念贯穿于公务员管理的全过程，形成基于能力管理的体系化的公务员管理制度机制。

1. 依据组织战略设计公务员能力发展体系

一是形成组织发展的战略体系。引入 SWOT 理论等战略管理、战略规划分析工具，通过组织诊断、环境分析，明确组织使命，形成组织发展愿景、战略目标及推进措施。二是将组织发展战略与人才资源开发与管理紧密结合，一方面在制定组织发展战略时将组织人才资源现状与发展趋势作为重要依据，另一方面根据组织战略、发展定位检视人才资源现状、问题及其原因，根据组织战略、发展定位确定人才资源开发与管理目标、战略及具体措施，使提高组织人才能力与组织发展紧密结合。三是将人才资源视为公共部门最重要的战略性资源、第一资源，将激发、调动和积极发挥公务员能力作为组织管理的核心环节，突出能力建设主题，设计公务员能力发展体系。

2. 严把入口、楼梯口、出口三关

入口决定一个组织由什么人组成，因而是决定一个组织整体素质的最初始的重要关口，楼梯口是决定组织内部各层级由什么人构成的重要关口，而出口是决定什么人可以、应当离开本组织的关口。把住入口、管好楼梯口、畅通出口既是人事管理制度最主要的环节，也是从源头做好能力建设的重要手段。把好入口、楼梯口、出口"三关"最重要的是科学确定三个关口的"门槛"标准，"门槛"标准确定了，公务员进出上下以及由此展开的管理与开发工作便能合理进行。"门槛"的标准通常由法规设定，各地各部门可以以此为基础，结合人才资源供给情况，围绕建设高素质公务员队伍目标进行调整。从我国公务员的现状与结构优化的目标看，应逐步抬高入口、楼梯口"门槛"，适当降低出口"门槛"。

3. 以能力为本位建立健全管理制度和管理机制

在入口方面，坚持公开平等竞争择优和凡进必考的原则，科学设计能力测试体系，将基准性素质特别是鉴别性素质检测出来，真正选拔高素质的人才加入公务员队伍；在职务升降、奖励处罚、工资福利等方面健全各项具体制度并实施"功绩制"原则，依据能力与业绩适时进行激励奖惩；在出口方面，加大流动力度，拓宽出口，留住有潜力、有能力、有业绩的公务员，及时将不适于公务员职务、能力素质低的人员流出公务员队伍，使公务员进出有序，人员适才适所。

（四）以群众认可为导向完善考核评价机制

考核评价是世界性难题，"很少有什么问题像绩效鉴定那样令人事管理者感到苦恼，这确是一个最容易使人受到伤害的领域，因为没有人能想出更好的、现实的替代办法……"[①] 但考核评价却是能力建设关键性环节，公务员潜在及现实的能力及其发挥程度只有通过考核评价才能客观、准确地予以鉴别，而培训、奖惩、职务升降等开发与管理行为也应在此基础上实施。同时，考核评价机制本身具有自动的"纠错"、"纠偏"等矫正功能，促使公务员发现问题、正视不足进而提升素质能力。因此，应按照党的十八大关于"坚持注重实绩、群众公认"、"完善干部考核评价机制，促进领导干部树立正确政绩观"等要求完善绩效考核机制，实现"凭业绩论人才、因岗位选人才"。

1. 明确群众认可导向

各类人才工作性质、问责机制、评价标准存在差异，因此改进各类

---

① ［美］J. M. 谢夫利兹等：《政府人事管理》，中央党校出版社1997年版，第301页。

人才的评价机制首先需要明确考核评价导向。中央明确提出党政人才重在群众认可、企业经营管理人才重在市场和出资人认可、专业技术人才重在社会和业内认可的评价，为完善考核评价机制明确了方向与原则。群众认可导向有助于改变公务员"对上而不对下负责"问题，促使评价考核民主透明、有制度化保障。对于直接面对社会公众的政府公共服务，形成重在群众认可的考核评价，可引导公务员增强服务意识、公共意识、客户意识，强化政民互动，实现工作"重心下移"，进而着力提高服务能力，根据公众的合理需求，为基层、企业、城乡居民提供高质量服务。

2．建立考核评价指标体系

重在群众认可的考核评价须以科学、精确、可量度的指标体系为基础。首先，通过科学分类，将公务员公共精神、职业素养、专业能力与工作性质、政府层级、职能运作等层面的分类相结合，形成精确表达的能力标准框架体系。其次，将能力标准框架体系进一步细化，提取专门用于考核评价、具体的指标体系；鉴于专业化已经淡出公务员队伍建设的总体目标，有必要在"建设高素质公务员队伍"总体目标下明确专业化要求，或将专业化、专业能力作为"高素质"要件之一。最后，注重实绩。业绩是能力的展示，也是鉴别能力最直接的依据，能力本位一定与绩效导向或"注重实绩"相联系。因此，细化、提炼考核评价指标要将可检测的业绩作为重点，并以业绩为基础形成包括过程与结果、投入与产出、潜能与行为等的能力考核指标体系。

3．形成多元参与运行机制

实现重在群众认可关键是形成能够吸纳群众评议评价、由制度支撑的运行机制。按照以人为本，执政为民，建设服务型政府的要求，改变传统的"内对内"封闭化、"上对下"单向度考核方式，形成多元参与考核评价运行机制。一是加强公众参与，通过借助电话民意调查、网络在线问政、公众投票评议等方式将社会公众评议纳入公务员公共服务能力、业绩评估之中，科学确定指标权重，努力实现社会评议分值合理化，对于面向社会提供服务的机构其社会评议权重应加大。二是有条件的部门可采用第三方评估方式，由独立专业团体或专家对某些专业性较强、与社会公众联系密切的公共服务进行评价。三是将主管部门考核与组织人事、纪检监察、统计、审计等部门监督考核有机结合，即在根据《公务员法》"按照管理权限"进行考核基础上，通过多部门介入、合作，多渠道掌握信息，提高评价的全面性、准确性。四是将团体考核与个人考核相结合。在政府管理与服务中，公务员的绩效表现既与个人努力有关，更与团体协作、组织环境有关。社会公众对政府评价既与个体直接接触的公务员相关，也与政府部门整体表现相关。将团体考核与个人考核相结合，既有利于提高评估的科学性，更有利于团队协作与整体公共服务能力的提升。

（五）以公平优先为原则完善选人用人机制

选贤任能是人事管理的重要目标与中心环节。调查显示，目前选人用人存在首要问题是"任人唯亲"，"任人唯亲"首先是用人不公的问题。调查对象最认可的选人用人方式是凡进必考，其次是公开选拔、竞争上岗，而相对封闭、"相马"式的传统方式最为人所诟病，其原因是四者在能否实现公开、公平、公正择人方面存在差别。公职是一种政治资源，政治资源分配必须关注公平问题。因此，应按照《党政领导干部选拔任用工作条例》，以公平优先为重要原则，完善选人用人机制。当然，效率（具体表现为选人准确性、及时性等）也是重要的，但公职配置的公平性是有效选人用人的保证。

1. 明确公平优先的原则

立党为公，执政为民，体现在公务员选用机制改革、创新方面，首先应确立公平优先原则，公平、公正地分配、使用公职资源，让民众更多地参与公职的选择、管理、监督，把解决"任人唯亲"、用人不公作为当前改革的首要目标，进而创造平等参与、公开竞争的条件，扩大用人视野，强化监督，更好地选贤任能。坚持机会平等、结果公平，有助于树立良好的用人导向与组织氛围，任人唯亲、跑官要官乃至卖官鬻爵等行为就会受到遏制，公务员将更关注自身能力建设，优秀人才更容易脱颖而出，从而促进公务员成长与公共服务能力提升。

2．健全民主决策机制

"少数人在少数人中选择少数人问题"是用人不公、择人不当甚至用人腐败的直接原因。解决上述问题的关键是以民主决策为中心，以扩大参与为基础，健全制度化、民主化的公开、平等、竞争、择优选人用人机制。当前，应在总结各地改革经验的基础上，重点进行以下方面的制度创新：首先，建立健全用人决策票决制，更好地集中大多数成员的智慧。其次，以扩大公民有序政治参与为目标，积极创造条件扩大群众参与选人用人的各个环节，落实群众公认原则，在公务员晋升、考核、举荐等工作中，将群众满意不满意、支持不支持、拥护不拥护作为最基本标准。再次，严格选人用人程序，按照《党政领导干部选拔任用工作条例》规定的动议、民主推荐、考察、讨论决定、任职五大环节，既要将民主推荐结果作为选拔任用的重要参考，又要防止"以票取人"。最后，严把公务员入口，坚持凡进必考；完善内部竞争上岗制度，不断扩大公开选拔的范围，提高公推公选公务员的职务层次。

3．坚持能力本位，硬化实绩作用

突出实绩作用是新时期干部人事制度改革的一个重要原则，实绩是德、能、勤、绩、廉的综合体现，也是能力本位的具体要求。首先，树立科学政绩观，在公务员思想观念上解决什么是政绩、为谁创造政绩、怎样创造政绩问题。其次，把握好政绩与德、能、勤、廉诸因素的关系，既不能以绩取代其他因素，更不能引导、鼓励干部追求短期效应、做表面文章、搞"政绩工程"。最后，明确、细化业绩标准，完善考核考察机制，提高业绩鉴别的准确性，从而为硬化业绩在公务员选拔任用中的作用奠定基础。

（六）以能力建设为主题完善公务员培训机制

能力是开发出来的。面对市场经济发展、知识经济兴起与全球一体化不断深化，知识衰变、折旧速度加快，公务员要不断提高能力以应对快速变迁时代不断出现的新问题、新变化，应对新知识和新技术挑战，不断学习，提高素质，解决"本领恐慌"问题。现代人力资源管理与传统人事管理的核心区别是现代人力资源管理把人视为一种资源，即通过有效开发而能力不断增长、价值不断提升的资源。因此，完善公务员培训机制成为构建公共人事制度的重要主题与加强公共服务能力建设的中心环节。

1. 形成多元化、多层次的公务员开发机制

以分类为基础，针对不同职能、层级、岗位公务员，建立包括与专门学习相关的培训、与岗位工作相关的"干中学"、与丰富实际经验相关的轮岗交流、与个人工余时间有效利用相关的自我开发等多元化、多层次的开发机制。同时，通过组织、个人、社会共同努力，形成有助于终生学习、持续开发的社会环境，不断提升个人发展意愿；政府组织则应重视人力资源开发工作，加大投入，构建学习型组织，形成良好的组织学习氛围、共同学习成长的机制。强化"干中学"，通过岗位学习、岗位转换、工作丰富化、工作扩大化等开发管理与激励方法，使公务员在工作中就可持续提升能力，实现"干中学"。

2．整合培训资源，增强培训效果

培训主管部门、培训主渠道——行政学院、政府部门所属包括干部学院在内的各类培训机构、高等院校之间，形成管办职能分离、主渠道作用充分、各类施教机构优势互补、有序竞争的公务员培训体制。针对县级施教机构能力有限、政府所属各类培训机构散乱等问题，有必要通过机构整合形成规模效应，进而提高培训质量并通过整合提高施教机构发展的可持续能力。加强培训者培训，提高师资水平，同时积极支持、引导有实际工作经验、理论水平高的公务员参与公务员培训。依据以分类为基础的公务员能力框架，建立分类分层的培训体系。针对职位工作、职业发展等要求，科学设置培训内容，有针对性开展培训。针对能力建设特别是公共服务要求，借鉴各国通用的先进培训理念、培训方法，有选择地使用如案例法、情景模拟法、研讨式教学、体验式教学、实际操作、实地考察等方法，提高培训实效，形成从培训需求调查、培训目标与内容设计、培训实施、培训效果评估等完整的运行、监控体系，健全培训工作流程，强化过程控制，特别是加大需求调查和培训效果评估工作，及时解决存在的问题，不断提升培训质量。

3．突出专业性，强化开发培训的针对性

政府各部门特别是公共服务部门、专业技术类公务员应把握公共服务公共性、服务性、专门性等特点，围绕公共精神、职业素养、专业能力，创新公务员公共服务能力多样化开发培训形式，完善公务员公共服务能力开发制度和机制。同时，适应现代公共服务日趋专业化、专业能力成为公务员从事管理与服务必备的基本能力的发展趋势，针对政府公共服务特点与公务员公共服务能力方面存在的问题，结合公务员从事的具体工作，从专业精神、专业知识及专业技能三个层面，合理设计培训内容，选择培训方法，加强标准化和操作性训练，促使公务员掌握现代政府管理与服务的理念、程序、技能、手段与工具，提高专业能力，从而使从事公共服务的公务员成为具有现代公共精神、高度职业素养、精通专业知识与技能的复合型人才。

主要参考文献

一、经典著作类

1. 马克思:《路易·波拿巴的雾月十八日》,马克思,恩格斯:《马克思恩格斯文集》第 2 卷,人民出版社 2009 年版。

2. 恩格斯:《集权和自由》,马克思,恩格斯:《马克思恩格斯全集》第 41 卷,人民出版社 1982 年版。

3. 恩格斯:《反杜林论》,马克思,恩格斯:《马克思恩格斯文集》第 9 卷,人民出版社 2009 年版。

4. 列宁:《列宁专题文集:论辩证唯物主义和历史唯物主义》,人民出版社 2009 年版。

5. 毛泽东:《矛盾论》,毛泽东:《毛泽东选集》第一卷,人民出版社 1991 年版。

6. 毛泽东:《论十大关系》,毛泽东:《毛泽东选集》第五卷,人民出版社 1977 年版。

7. 邓小平:《邓小平文选》(第二卷),人民出版社 1983 年版。

8. 邓小平:《邓小平文选(第三卷)》,人民出版社 1993 年版。

二、中央文件与领导讲话类

1.《关于深化行政管理体制改革的意见》(2008 年 2 月 27 日中国共产党第

十七届中央委员会第二次全体会议通过),《人民日报》2008年3月5日。

2. 国务院:《中华人民共和国国民经济和社会发展第十二个五年计划纲要》,人民出版社2011年版。

3.《国家基本公共服务体系"十二五"规划》,《人民日报》2012年7月20日。

4. 胡锦涛:《坚定不移沿着中国特色社会主义道路前进为全面建成小康社会而奋斗——在中国共产党第十八次全国代表大会上的讲话》,人民出版社2012年版。

5.《中共中央关于全面深化改革若干重大问题的决定》,人民出版社2013年版。

6. 李克强:《政府工作报告——2014年3月5日在第十二届全国人民代表大会第二次会议上》,人民出版社2014年版。

7. 习近平:《关于〈中共中央关于全面深化改革若干重大问题的决定〉的说明》,《人民日报》2013年11月16日。

8. 习近平:《切实把思想统一到党的十八届三中全会精神上来》,《求是》2014年第1期。

9. 中共中央文献研究室编:《习近平关于全面深化改革论述摘编》,中央文献出版社2014年版。

10. 李克强:《在国务院机构职能转变动员电视电话会议上的讲话》,《人民日报》2013年5月15日。

11. 李克强:《在地方政府职能转变和机构改革工作电视电话会议上的讲话》,《人民日报》2013年11月8日。

三、学术著作类

1. 薄贵利:《集权分权与国家兴衰》,经济科学出版社2001年版。

2. 陈奇星:《综合配套改革中服务型政府的构建:以浦东为例》,人民出版社2012年版。

3. 迟福林:《二次转型与改革战略》,学习出版社,海南出版社2012年版。

4. 樊继达:《统筹城乡发展中的基本公共服务均等化》,中国财政经济出版社2008年版。

5. 高培勇:《财政与民生》,中国财政经济出版社2008年版。

6. 国务院发展研究中心课题组:《民生为本:中国基本公共服务改善路径》,中国发展出版社2012年版。

7. 何艳玲:《中国城市政府公共服务能力评估报告(2013版)》,社会科学文献出版社2013年版。

8. 黄恒学:《分类推进我国事业单位管理体制研究》,中国经济出版社2012年版。

9. 景亭:《中国公务员职业化研究》,南京师范大学出版社2010年版。

10. 沈荣华:《政府间公共服务职责分工》,国家行政学院出版社2007年版。

11. 世界经济合作与发展组织:《中国公共支出面临的挑战:通往更有效的公平之路》,清华大学出版社2006年版。

12. 世界银行:《1997年世界发展报告:变革世界中的政府》,中国财政经济出版社1997年版。

13. 世界银行:《2004年世界发展报告 让服务惠及穷人》,中国财政经济出版社2004年版。

14. 宋立、刘树杰:《各级政府公共服务事权财权配置》,中国计划出版社2005年版。

15. 宋增伟等:《服务型政府建设的理论与实践》,中国经济出版社2012年版。

16. 王名扬:《比较行政法》,北京大学出版社 2006 年版。

17. 吴爱明,沈荣华,王产平等:《服务型政府职能体系》,人民出版社 2009 年版。

18. 徐继华,冯启娜,陈贞汝:《智慧政府》,中信出版社 2014 年版。

19. 燕继荣:《服务型政府建设 政府再造七项战略》,中国人民大学出版社 2009 年版。

20. 于小千:《管办分离.公共服务管理体制改革研究》,北京理工大学出版社 2011 年版。

21. 原丁:《服务型政府回应力研究》,中央编译出版社 2013 年版。

22. 张国臣等:《公务员能力建设论》,人民出版社 2009 年版。

23. 张立荣:《当代中国服务型政府建设和公共服务体系完善理论与实证研究:以促进社会公平正义为依归》,中国社会科学出版社 2012 年版。

24. 曾维和:《当代西方国家公共服务组织结构变革:基于服务需求复杂性的一项探讨》,中国社会科学出版社 2010 年版。

25. 郑功成:《中国社会保障改革与发展战略(总论卷)》,人民出版社 2011 年版。

26. 中国(海南)改革发展研究院:《中国公共服务体制:中央与地方》,中国经济出版社 2006 年版。

27. 朱光磊等:《服务型政府建设规律研究》,经济科学出版社 2013 年版。

28. 左然:《中国现代事业制度建构纲要——事业单位改革的方向,目标模式及路径选择》,商务印书馆 2009 年版。

29. [德]迪特尔·梅迪库斯:《德国民法总论》,法律出版社 2000 年版。

30. [德]哈特穆特·毛雷尔:《行政法学总论》,法律出版社 2000 年版。

31. [德]汉斯·J.沃尔夫等:《行政法(第三卷)》,商务印书馆 2007 年版。

32. [德]赫尔穆特·沃尔曼:《德国地方政府》,北京大学出版社 2005 年版。

33. [法]让·里韦罗,让·瓦利纳:《法国行政法》,商务印书馆 2008 年版。

34. [美]埃莉诺·奥斯特罗姆:《公共事物的治理之道》,上海三联书店 2000 年版。

35. [美]埃莉诺·奥斯特罗姆等:《公共服务的制度建构》,上海三联书店 2000 年版。

36. [美]奥斯特罗姆等:《美国地方政府》,北京大学出版社 2004 年版。

37. [美]B.盖伊·彼得斯:《政府未来的治理模式》,中国人民大学出版社 2001 年版。

38. [美]保罗·乔伊斯:《公共服务战略管理》,清华大学出版社 2008 年版。

39. [美]戴维·奥斯本,特德·盖布勒:《改革政府——企业精神如何改革着公营部门》,上海译文出版社 1996 年版。

40. [美]J.M.谢夫利兹等:《政府人事管理》,中央党校出版社 1997 年版。

41. [美]莱斯特·M.萨拉蒙:《全球公民社会》,社会科学文献出版社 2002 年版。

42. [美]米纳什编:《政府间财政关系理论与实践》,中国财政经济出版社 2002 年版。

43. [美]乔治·弗里德里克森:《公共行政的精神》,中国人民大学出版社 2003 年版。

44. [美]E.S.萨瓦斯:《民营化与公私部门的伙伴关系》,中国人民大学出版社 2002 年版。

45. [美]约翰·柯林斯:《大战略》,中国人民解放军战士出版社 1978 年版。

46. [美]约瑟夫·E·斯蒂格利茨:《公共部门经济学》,中国人民大学出版社 2005 年版。

47. [美]约瑟夫·E·斯蒂格利茨、[印]阿玛蒂亚·森等:《对我们生活的误测——为什么 GDP 增长不等于社会进步》,新华出版社 2011 年版。

48. [美]珍妮特·登哈特,罗伯特·登哈特:《新公共服务·服务·而不是掌舵》,中国人民大学出版社 2010 年版。

49. [英]彼德·M·杰克逊:《公共部门经济学前沿问题》,中国税务出版社 2000 年版。

50. [英]克里斯托弗·胡德等:《监管政府——节俭,优质与廉政体制设置》,三联书店 2009 年版。

51. [英]斯蒂芬·贝利:《地方政府经济学·理论与实践》,北京大学出版社 2006 年版。

52. [英]希尔维亚·霍顿等:《公共部门能力管理—欧洲各国比较研究》,国家行政学院出版社 2007 年版。

53. [英]朱利安·勒·格兰德:《另一只无形的手》,新华出版社 2010 年版。

四、学术论文类

1. 薄贵利:《服务型政府有哪些特征》,《人民日报》2011 年 10 月 19 日。

2. 薄贵利:《准确理解和深刻认识服务型政府建设》,《行政论坛》2012 年第 1 期。

3. 薄贵利:《应重视和加强国家战略问题研究》,《人民日报情况汇编》2009 年第 162 期。

4. 薄贵利:《战略是管全局和长远的》,《人民日报》2013 年 10 月 17 日。

5. 薄贵利:《论研究制定服务型政府建设的战略规划》,《中国行政管理》2011 年第 5 期。

6. 薄贵利:《论服务型政府建设的战略目标与战略重点》,《国家行政学院学报》2012 年第 4 期。

7. 薄贵利:《建立和完善中国公共行政体制》,《中国行政管理》2004 年第 5 期。

8. 薄贵利:《构建中央与地方合理分权体制》,《新视野》2006 年第 2 期。

9. 薄贵利:《我国行政体制改革的总体战略论纲》,《学术研究》2006 年第 5 期。

10. 薄贵利:《稳步推进省直管县体制》,《中国行政管理》2006 年第 9 期。

11. 薄贵利:《论优化政府组织结构》,《中国行政管理》2007 年第 5 期。

12. 薄贵利,乌云娜:《精官简政,势在必行》,《新视野》2009 年第 5 期。

13. 薄贵利:《建设服务型政府必须深化行政体制改革》,《国家行政学院学报》2011 年第 1 期。

14. 薄贵利,尹艳红:《实现政府职能向公共服务的根本转变》,《新视野》2011 年第 2 期。

15. 薄贵利:《政府职能根本转变的判断标准和推进对策》,《中国行政管理》2011 年第 12 期。

16. 薄贵利:《政府规模要适度》,《人民日报》2013 年 5 月 8 日。

17. 薄贵利:《党和政府的工作重心应转移到社会建设上来》,《新视野》2011 年第 4 期。

18. 薄贵利:《构建服务型政府绩效管理体制》,《中国行政管理》2012 年第 10 期。

19. 薄贵利:《公共政治体制是建设服务型政府的政治保障》,《新视野》2014 年第 3 期。

20. 薄贵利:《推进政府治理现代化》,《中国行政管理》2014 年第 5 期。

21. 陈永正:《城乡公共服务均等化视角下地方公共财政体制改革》,《财经科学》2010 年第 1 期。

22. 程倩:《以服务型政府建设推动社会管理创新》,《中国行政管理》2012年第8期。

23. 迟福林:《我国统筹城乡发展的基本公共服务均等化因素》,《东南学术》2009年第6期。

24. 方流芳:《从法律视角看中国事业单位改革——事业单位"法人化"批判》,《比较法研究》2007年第3期。

25. 樊继达:《财政分权—增长竞争双重激励下的县域科学发展》,《国家行政学院学报》2010年第6期。

26. 樊继达:《以保障和改善民生为旨向转变政府职能》,《新视野》2014年第3期。

27. 樊继达:《更好发挥政府作用的理论思考》,《经济研究参考》2014年第24期。

28. 樊继达:《收入分配结构调整的协同策略》,《税务研究》2013年第1期。

29. 樊继达:《公共经济视域中的政府职能转型》,《新视野》2013年第3期。

30. 樊继达:《央地关系重塑:从政府职能配置的角度生发》,《行政管理改革》2012年第7期。

31. 樊继达:《提供生态型公共产品:政府转型的新旨向》,《国家行政学院学报》2012年第6期。

32. 樊继达:《治理土地财政:一个公共经济分析框架》,《国家行政学院学报》2011年第4期。

33. 樊继达:《发展型社会福利体系建设:对中国式财政的挑战及应对》,《中央财经大学学报》2011年第9期。

34. 樊继达:《政府转型,财税政策创新与主体功能区建设》,《新视野》2011

年第 6 期。

35. 樊继达:《东西部基本公共服务差距收敛:基于实证调查的分析》,《新视野》2010 年第 4 期。

36. 贾康:《中国财政体制改革之后的分权问题》,《改革》2013 年第 2 期。

37. 李鹏:《公共财政体制与政府公共管理职能》,《中共中央党校学报》2012 年第 3 期。

38. 李友梅,肖瑛,黄晓春:《当代中国社会建设的公共性困境及其超越》,《中国社会科学》2012 年第 4 期。

39. 廖文剑:《西方发达国家基本公共服务均等化路径选择的经验与启示》,《中国行政管理》2011 年第 3 期。

40. 刘少枫:《公共精神——公共行政发展的内在价值诉求》,《理论研究》2006 年第 2 期。

41. 刘寅斌,马贵香,李洪波,田雯:《我国 31 个省级地方政府公共服务能力的比较研究》,《统计与决策》2010 年第 20 期。

42. 陆学艺:《当前中国经济社会形势与社会建设》,《新视野》2011 年第 5 期。

43. 罗重谱:《中国事业单位分类改革轨迹及走向判断》,《改革》2012 年第 4 期。

44. 吕炜,王伟同:《政府服务性支出缘何不足?——基于服务型支出体制障碍的研究》,《经济社会比较》2010 年第 1 期。

45. 马凯:《积极稳妥地分类推进事业单位改革》,《国家行政学院学报》2012 年第 2 期。

46. 沈荣华:《各级政府公共服务职责划分研究》,《新视野》2011 年第 1 期。

47. 沈荣华:《国外大部制梳理与借鉴》,《中国行政管理》2012 年第 8 期。

48. 沈荣华,鹿斌:《我国地方服务型政府的建构与调整》,《上海行政学院学报》2014 年第 3 期。

49. 石亚军,施正文:《建立现代财政制度与推进现代政府治理》,《中国行政管理》2014 年第 4 期。

50. 石亚军,于江:《大部制改革:期待,沉思与展望——基于对五大部委改革的调研》,《中国行政管理》2012 年第 7 期。

51. 宋世明:《成都市大部门体制改革探索的个案分析》,《国家行政学院学报》2009 年第 1 期。

52. 宋世明:《大部门体制的依托条件》,《行政管理改革》2011 年第 11 期。

53. 宋世明:《发达国家政府大部门体制评析》,《国际资料信息》2008 年第 3 期。

54. 宋世明:《建立大部门体制的内涵与逻辑》,《学习论坛》2008 年第 3 期。

55. 宋世明:《论大部门体制的基本构成要素》,《中国行政管理》2009 年第 10 期。

56. 宋世明:《应从体制上打破机关事业单位人员与企业人员分割管理的局面》,《光明日报》2008 年 3 月 4 日。

57. 宋世明:《在大部制框架下实施公务员法》,《人民日报》2008 年 8 月 5 日。

58. 宋世明:《中国行政体制改革的表与里》,《法制日报》2013 年 3 月 1 日。

59. 宋世明,黄小勇,刘小康:《我国历次民航行政管理体制改革成效研究》,《国家行政学院学报》2012 年第 5 期。

60. 宋世明,赵子建:《系统推进食品药品安全监管领域大部门制的四个视角》,《行政管理改革》2014 年第 3 期。

61. 赵子建,宋世明:《实施大部门制的五大认识误区》,《中国行政管理》2014 年第 6 期。

62. 唐亚林,鲁迎春:《基于 PSG 胜任力框架的英国公务员能力建设推进战略及其启示》,《中国行政管理》2011 年第 11 期。

63. 汪智汉,宋世明:《我国政府职能精细化管理和流程再造的主要内容和路径选择》,《中国行政管理》2013 年第 6 期。

64. 王晓初:《深化事业单位人事制度改革的思路和目标》,《行政管理改革》2012 年第 4 期。

65. 温来成:《政府间公共服务职责划分及其财政管理体制支持问题研究》,《中国行政管理》2011 年第 10 期。

66. 吴帅:《分权,代理与多层治理:公共服务职责划分的反思与重构》,《经济社会体制比较》2013 年第 2 期。

67. 谢芬,肖育才:《财政分权,地方政府行为与基本公共服务均等化》,《财政研究》2013 年第 11 期。

68. 燕继荣:《服务型政府的研究路向——近十年来国内服务型政府研究综述》,《学海》2009 年第 1 期。

69. 俞可平:《沿着民主法治的轨道推进国家治理现代化》,《求是》2014 年第 8 期。

70. 张开云,张兴杰,李倩:《地方政府公共服务供给能力:影响因素与实现路径》,《中国行政管理》2010 年第 1 期。

71. 张康之:《我们为什么要建设服务型政府》,《行政论坛》2012 年第 1 期。

72. 张康之:《走向服务型政府的"大部制"改革》,《中国行政管理》2013 年第 5 期。

73. 张茅:《突出重点突破难点进一步深化医药卫生体制改革》,《行政管理改革》2012 年第 12 期。

74. 赵立波:《关于事业单位分类改革若干重大问题的思考》,《新视野》
    2010 年第 6 期。

75. 赵立波:《完善党政干部选拔任用机制——十年跟踪调查与分析》,《山
    东行政学院学报》2012 年第 3 期。

76. 窦泽秀,赵立波:《公务员公共服务能力建设的模型构建及路径选择》,
    《学习论坛》2011 年第 5 期。

77. 竺乾威:《文官公共服务能力建设:英国的经验及启示》,《南京社会科
    学》2013 年第 10 期。

后　记

本书各章执笔人如下(按章节顺序排列)：

导言、第一、三、四、五、六章：薄贵利，国家行政学院公共管理教研部主任、教授，国家行政学院国家战略研究中心主任，北京市人民政府专家咨询委员会委员。

第二章、第十章：樊继达，国家行政学院生态文明研究中心副主任、经济学教研部公共经济教研室主任、副教授。

第七章：沈荣华，中国行政管理学会副秘书长、研究员；温来成，中央财经大学教授。

第八章：宋世明，国家行政学院公共治理研究中心副主任，公共管理教研部人力资源教研室主任、教授。

第九章、第十一章：赵立波，青岛行政学院教授、博士生导师。

全书由首席专家统一修改、定稿。

薄贵利

二〇一四年七月二十八日